學鑒

【第六辑】

武汉大学中国传统文化研究中心『985工程』项目成果

杨逢彬 主编

武汉大学出版社
WUHAN UNIVERSITY PRESS

图书在版编目(CIP)数据

学鉴. 第6辑/杨逢彬主编. —武汉: 武汉大学出版社,2013.12
ISBN 978-7-307-12176-8

Ⅰ.学… Ⅱ.杨… Ⅲ.社会科学—文集 Ⅳ.C53

中国版本图书馆 CIP 数据核字(2013)第 277221 号

责任编辑:聂勇军　　责任校对:汪欣怡　　版式设计:詹锦玲

出版发行:**武汉大学出版社**　(430072 武昌 珞珈山)
(电子邮件:cbs22@whu.edu.cn 网址:www.wdp.com.cn)
印刷:湖北恒泰印务有限公司
开本:720×1000 1/16　印张:25.25　字数:361 千字　插页:2
版次:2013 年 12 月第 1 版　2013 年 12 月第 1 次印刷
ISBN 978-7-307-12176-8　定价:50.00 元

发刊缘起

当代中国，学术之繁荣，大有空前之势；然则是否绝后，吾辈不敢悬揣。学人如云而书刊如林，以概言当代学术之盛况，似乎并无矫诬之嫌。学人既夥，其研究之轨辙则不拘于一途；书刊甚众，其成果之公布亦各得于其所。然轨辙非一，其取径必有末路与康衢之别；文事既繁，其创获亦必有深弘与浅狭之殊。而鱼龙相杂，玉石共生，不惟有司惮于悉察，繄学人又恶乎尽辨！于是出版单位可定学术之高下，刊物级别能判文章之优劣，其于鉴照乏术衡程无式之际，由外以觇内，据简以控繁，未尝不可以济一时之穷耳。然舍经从权，行之既久，非惟其本末倒置之弊立显，而学术之种种颓败，又无不乘瑕蹈隙而起！长此以往，其所断送者又非徒学术之一端而已！斯有二三同仁，人称珞珈七子，亟思有以振济靡溺而救人心于万一。然狂澜既倒而清流不足以当其颓波，人心惟危而道德亦无以救其沦丧，此孔子所谓末如之何也！而七子者，于匪夷匪惠之时，何为邪？何不为邪？亦惟趋古人之风，学以为己而已矣，岂有他哉！然独学而无友，孤陋而寡闻，是以《易象》曰“丽泽，兑；君子以朋友讲习”，其言兑以两泽相丽而偶，像君子群居以切磋也。特七子聚而讲读，迄之于今者，钻燧改火，其数有五矣。而学之有所得于心，必有所应之于手者也，是以又不能无文。然海内君子，饱学之士众矣！欲与讲习之而切磋之，何由而能致之乎？庄生云遥而无闷者，其可得邪？此《学鉴》之必不可无也。且《书》有之曰“孝乎惟孝，友于兄弟，施于有政”，孔子亦有之曰“是亦为政，奚其为为政”！施于有政者，其于圣人则可，而区区七子者又何能间焉！然则《诗》不亦云之乎？“孝子不匮，永锡尔类”，又云“嘤其鸣矣，求其友声”，则“学鉴”云者，锡其“类”求其“声”而已。倘蒙海内君子有充类之思而继以伐柯之行，则浮尹旁达，又何虑滥风恶俗不能为之一改也！然则《学鉴》之发刊，尤为铭感于心而不可不志之者，武汉大学中国传统文化研究中心主任冯天瑜教授暨郭齐勇教授，既为七子之讲习辟其场所，亦予《学鉴》之创刊斥其资度；而武汉大学校长刘经南院士亦时加褒诱，武汉大学出版社社长陈庆辉博士又慨然承其梓事，其援引后进策励学术之公心，亦可鉴之于居诸也！

程水金

公历二〇〇六年一月廿五日

草于珞珈山麓颜乐斋

目　录

古典新论

经史抉微

诸子学衡

四库专论

典籍辨伪

文化创新

人文新论

古典新论

学鉴

“复”论（纲要）

◎ 吴根友

《易传》中有“复为天地之心”的说法，《老子》中有“吾以观复”的观点，可见，“复”在中国先秦的哲学思想文献中是一个重要的概念和一种重要的哲学观念。然而，在现代西方哲学成为中国哲学思想主宰的背景之下，中国传统哲学中许多有意义的哲学思想都被淹没了。本文尝试对中国传统哲学思想中固有的“复”观念所包含的哲学意义进行初步的阐发，为当代中国哲学的创新做一探索性的工作。目前提交的还只是一个纲要，更为详细的论述俟待来日。

一、“复”字的训诂意义

依照《说文解字》的解释：“复：行故道曰复。凡重、再意为此字之转注。”①在古代汉语中，与“复”字意思相同的有重、再、又、常、庸。《广雅·释诂四》曰：“复，重也。”另外《说文解字》又收“複”字，并解释道：“複，重衣也。”②可见，“复”的主要意思是

① 参见宗福邦、陈世铙、萧海波主编：《故训汇纂》，商务印书馆 2003 年版，第 459 页。

② 参见王力：《同源字典》，商务印书馆 1982 年版，第 311~312 页。

“重复”。而作为衬衣的“複”字是后来字。衬衣之“複”虽有重复之义，然而，此种重复之中又隐含着差异，像现代服装中的衬里，在面料上就不同于服装的外表部分。仅就此点而言，法国哲学家德勒兹在《重复与差异》一书中所说的：重复本身就是差异，① 就是十分睿智的洞见。

《文心雕龙》《原道》篇有“符采复隐”一语，《隐秀》篇有“隐以复意为工”一语。此两句中“复”字均指有文外之旨或言外之旨的意思。因而，“复”也是指双重的意思。不过，此处“双重”并不表示相同的意思，恰恰表现出“差异”之意，即文字或词语的表面意思与实际要表达的意思并不相同。“符采”一词，一般的注本都释为“玉之横文”。联系《宗经》篇“四教所先，符采相济”一句的上下文，“符”当训为“信”。因为“四教”中的三教——行、忠、信，皆属于“实”，而与“文”相对。实与文相合，即是符与采之间相得益彰。如果符采指玉之横文，何来“相济”呢?《原道》篇的“符采复隐”一语恰恰是指文王所创造的爻辞语言的表面意思与深层意思不相同，因而才有言外之重旨的意味。《总术》篇将“奥者复隐”与“诡者亦曲”作了对比，从而将“复隐”的言外重旨所包含的深奥意义与诡异者的言辞包含的曲折难懂的意思区分开来。至于《练字》篇“复文隐训，臧否大半”一语的复与隐二字，与上述所讲的复隐意思并不相同

本文并不想纠缠在语义训诂的历史脉络之中，而是想借助“复”字所包含的“重复”观念的阐述，揭示“重复”现象所具有的深邃而又丰富的哲学意蕴，尝试改变人们对于“重复”习以为常的看法。首先，我将坚持自己近些年来“即哲学史讲哲学”的方法，从中国哲学与思想中“复”的观念史出发，简单地梳理复的观念史脉络。其次，从先师萧萐父先生提出的哲学史研究中注意“纯化与泛化”②的辩证关系这一论断中吸取思想的营养，将哲学研究深入到

---

① 参见潘于旭：《断裂的时间与“异质性”的存在——德勒兹〈差异与重复〉的文本解读》，浙江大学出版社2007年版，第203页。

② 参见萧萐父：《吹沙集》，巴蜀书社1991年版，第410页。

人类广义的文化、文明活动之中，避免哲学思考走入单纯的科学实证或宗教迷狂之中，注意哲学思考的诗意特征。

二、“重复”与中国传统哲学中“复”的观念

与现代汉语重复、反复、往复等词意思相同或相近的古汉字，即是“复”字。而以“复”字所表达的重复、反复、往复的观念，在中国传统的思想中仅是一种普通的观念。将“复”作为一种哲学思考的对象，当以《周易》与《老子》两书为最早，而且比较集中。《周易》中有“复卦”，除复卦之外，其他地方也涉及“复”的观念。王弼本《老子》中“复”字多次出现，有的作动词，有的作名词。“吾以观复”之“复”字，当时是名词。“复众人之所过”的“复”字是动词。下面将以此两书及围绕两书中有关“复”观念的主要解释历史为出发点，以考察复观念的变化、发展的脉络。不过，就哲学思考的单纯性而言，本文主要讨论“复”观念里包含的“重复”观念，而对与“复”观念意义相关的概念场①——往复、返回、复性等思想暂时不予涉及。

（一）复为天地之心——《周易》哲学传统中的“复”的观念

近现代人马振彪在解释“复为天地之心”一句话时，曾对孔子以前解释“复”观念的历史作了一简明的概述，颇有启发意义。他说：“伏羲复卦取象，多主天道，文周引之于人事；孔兼言之曰，复其见天地之心乎，合人与天而一之矣。”②

马氏还将《复卦》中“反复”与“来复”作了适当区分，并将“反复”与“常道”的观念结合起来，有助于我们从哲学的角度阐发“复”

① 与吴弘渺教授讨论时获得的启迪。
② 马振彪著、张善文整理：《周易学说》，花城出版社 2002 年版，第 245 页。

观念所深蕴的哲学思想。他说："反复者天行之常，来复者本卦之象，于来见天地之心，而天心正未始离于反复中也。特自人观天，则以是察之，天道在人亦犹是也。"①马氏的意思是说，"反复"是自然天道的常则，从人类认识的角度来观察这种"反复"的常规，即是"来复"，天地的根本精神——天心正是在"一阳来复"的"反复"过程中体现出来。

《周易》第二十四卦为《复卦》。《复卦》"彖辞"中有"复，其见天地之心乎"一语，以显示"复"的重要性。依据"复"卦的卦象来讲，"复"乃是指阳气从冬至日开始慢慢上升。这种每年一度的周而复始的现象称之为"复"。如众所知，《周易》的哲学体系有崇阳卑阴的价值取向，故"阳气来时"象征事物朝向春天的方向推进，尽管冬至的季节正是天气变得越来越寒冷的季节转折点。故"一阳来复"往往被喻指或象征着事物朝向健康、积极的方向发展，甚至有学者将"一阳来复"视作元善。《周易·复卦》"彖辞"将每年一度的阳气回复现象看作"天地之心"，的确是大有深意的。历代的解易大家对此都有自己的解释。

王弼从其以老解易的思想体系出发，将"复为天地之心"解释成"反本"。如他说："复者，反本之谓也。天地以本为心者也。凡动息则静，静非对动者也；语息则默，默非对语者也。然则天地虽大，富有万物，雷动风行，运化万变，寂然至无是其本矣。故动息地中，乃天地之心见也。若其以有为心，则异类未获具存矣。"②

对于王注中"反本"之"本"，汤用彤先生解释为本体论之本体，即王弼以无为本之本，这符合王弼贵无的哲学思想。楼宇烈则认为，"本""指世界万物之根本"，"王弼以虚无、寂静为世界万物之根本"，③ 并未从本体论上立论。然而，汤氏与楼氏在肯定王弼"以

① 马振彪著、张善文整理：《周易学说》，花城出版社 2002 年版，第 245 页。

② 王弼著、楼宇烈校释：《王弼集校释》(上)，中华书局 1980 年版，第 336~337 页。

③ 王弼著、楼宇烈校释：《王弼集校释》(上)，中华书局 1980 年版，第 340 页。

虚无为本”的观点上则是一致的。依据王弼的贵无论思想体系，他所谓的“反本”，即是“返于无”，因为在他看来，“寂然至无”是天地之要本，只有返回于“寂然至无”的状态，异类才能获得存在，因而天地包容万物之心得以呈现。如果以“有”为心，而“有”总是有限的存在，不能让异类获得存在。这是王弼对“复为天地之心”的玄学化的解释。王弼的解释脱离了以阳气来解释“一阳来复”的汉代易学传统，使“一阳”变成了玄学化的“无”。这种解释虽然改变了“一阳”的内涵，但没有降低“一阳”的地位，反而提升了“一阳”的地位，因为《易》哲学的根本精神是“一阴一阳之谓道”，单独的阳是不可以成为“道”的。

宋人解“复为天地之心”的主流观点是“阳气来复，天地以生物为心”。这是宋儒在超越魏晋隋唐解易传统的基础上，在更高的理论层面回复到了汉代以“阳气”来解释“一阳来复”的传统之中。欧阳修曾说：

> 天地之心见乎动。一阳初动于下，天地生育万物者本于此，故曰天地之心。天地以生物为心也。①

张载说：“剥之与复，不可容线，须臾不复，则乾坤之道息。故适尽则生，昼夜相继，元无断续之时也。见天地之心者，天地之心唯是生物，天地之大德曰生。”②

程颐虽然是理学的创始人，以“理”为其哲学的本体，然对于“复为天地之心”这句话的解释却是从气论的立场出发的，如他说：“一阳得于下，乃天地生物之心也。先儒皆以静为见天地之心，盖不知动之端乃天地之心也。非知道者，孰能识之？”③

---

① 转引自马振彪著、张善文整理：《周易学说》，花城出版社 2002 年版，第 245 页。

② 转引自马振彪著、张善文整理：《周易学说》，花城出版社 2002 年版，第 245 页。

③ 程颢、程颐著，王孝鱼点校：《二程集》(下)，中华书局 1981 年版，第 819 页。

程颐虽然是从气论的立场来解释"复为天地之心"这句话的，但联系他对此卦的卦德的解释，还是可以看出他的"崇阳"的伦理学倾向。在该卦的开头部分，他这样说道：

> 岁十月，阴盛既极，冬至则一阳复生于地中，故为复也。阳，君子之道。阳消极而复反，君子道消极而复长也，故为反善之义。①

这样，"一阳来复"之"复"，即是向"善"的回复，而向善的回复才足以体现"天地之心"。程颐正是从"返善"之义角度来解释"复"为"天地之心"，以及整个《复卦》与各爻的意思。由此程颐超越王弼，回归汉易气论传统，同时也超越了汉易气论传统，对《复卦》的"一阳来复"做出了更为系统化的解释，使得"一阳来复"在气本论的基础上获得更为鲜明的伦理学意义。从这一角度看，程颐对《复卦》"一阳来复"、"复为天地之心"的伦理化解释，其实是宋儒从宇宙本体论角度重新解释儒家经典的一个重要方面的体现。

朱熹对"复为天地之心"一句话的解释，在遵照程颐说法的基础上更突出了人心在恶极而转向道德善的端倪，但又引用了邵雍的观点，以显示"天心之微"的特点，要求学习《周易》的人要努力体会天地变化的微妙之处。他说："积阴之下，一阳复生，天地生物之心几于灭息。而至此乃复可见，在人则为静极而动，恶极而善，本心几息而复见之端也。程子论之详矣。而邵子之诗亦曰：'冬至子之半，天心无改移。一阳初动处，万物未生时。玄酒味方淡，大音声正希。此言如不信，便请问包牺。'至哉，言也，学者宜尽心焉。"②

处在明末清初之际的王夫之，对《复卦》与"复为天地之心"的

---

① 程颢、程颐著，王孝鱼点校：《二程集》(下)，中华书局1981年版，第817页。

② 萧汉明著：《〈周易本义〉导读》，齐鲁书社2003年版，第176页。

解释，最富有哲学意味。在《周易外传》(36岁左右写成)中,① 王夫之从气本论的立场出发，将《复卦》解释成“人者，天地之心也”这样的人本主义思想，他说道：

> 故夫乾之六阳，乾之位也；坤之六阴，坤之位也；乾始交坤而得复，人之位也。天地之生，以人为始。故其吊灵而聚美，首物以克家，聪明睿哲，流动以入物之藏，而显天地之妙用，人实任之。人者，天地之心也。故曰：‘复，其见天地之心乎！’圣人者，亦人也；反本自立而体天地之生，则全乎人矣。何事堕其已生，沦于未有，以求肖于所谓‘太虚’也哉？②

他又说：“阴阳者，初不授人以危微，而使失天地之心者也。圣人曙乎此，存人道以配天地，保天心以立人极者，科以为教，则有同功而异用者焉。”③

他还说：“自未生以有生，自有生以尽于生，灵一而蠢万，性一而情万，非迎其始，后不易裁，《复》以‘见天地之心’，与化俱而体天道者民。阴感阳而变，变而与阳同功，性情互藏其宅，理气交善其用，《泰》以‘相天地之宜’，因化盛而尽人道者也。而要以为功于天地，以不息其生，故曰‘同功’也。生者实，不生者虚，而曰‘心如太虚’，则智如舜而戒其危，保其微，允执以为不匮其藏，又何为耶？”④

在《周易内传》(66岁左右写成)中，王夫之对《复》卦及“复为天地之心”的解释稍有变化。他说：“此推全体大用而言之，则作圣合天之功，于《复》而可见。人之所以生者，非天地之心乎？见之而后可以知生，知生而后可以体天地之德；体德而后可以达化。知生者，知性者也。知性而后可以善用吾情；知用吾情，而后可以

① 参见汪学群：《清初易学》，商务印书馆2004年版，第113页。

② 《船山全书》(一)，岳麓书社2011年版，第882页。

③ 《船山全书》(一)，岳麓书社2011年版，第882页。

④ 《船山全书》(一)，岳麓书社2011年版，第884页。

动物。故圣功虽仅于下学，而必以‘见天地之心’为入德之门。天地之心不易见，于吾心之复几见之尔。天地无心而成化，而资始资生于形气方营之际，若有所必然而不容已者，拟之于人，则心也。”①

王夫之的意思是说，天地自然而然的化成活动，以人的自主性来比拟，则可以称之为“心”，然实际上“天地之心”是不容易看见的。我们只能从“人心之复”的端倪处体察天地之心。而“人心之复”的端倪处即是“知生”，知生而后可以体察天地生息万物的大德。就人类的生存活动而言，“知生”也即是“知性”，“知性”即是要善于运用“人情”，善于运用人情就可能感动万物，从而让整个世界充满生机。因此，王夫之批评佛老、庄子等人的观点道：“乃异端执天地之体以为心，见其窅然而空、块然而静，谓之自然，谓之虚静，谓之常寂光，谓之大圆镜，则是执一嗒然交丧、顽而不灵之体以为天地之心，而欲效法之。夫天清地宁，恒静处其域而不动，人所目视耳听而谓其固然者也。若其忽然而感，忽然而合，神非形而使有形，形非神而使有神，其灵警应机，鼓之荡之于无声无臭之中，人不得而见也。乃因其耳目之官有所窘塞，遂不信其妙用之所自生，异端之愚，莫甚于此。”②

王夫之反对佛老、庄子、邵雍等人的贵静之说，而在“天地之心”是动而非静的这一点认识上，非常推崇程颐的观点，他说道：“程子曰：‘先儒皆以静为见天地之心，盖不知动之端乃天地之心也。’非知道孰能识之！卓哉其言之乎！”③并集中一段文字批评邵雍的观点(见上文朱熹解释“天地之心”所引邵子的观点)，进而也间接地批评了朱熹的观点。“邵子之诗曰：‘一阳初动处，万物未生时’，其言逆矣。万物未生处，一阳初起时，乃天地之心也。然非特此也。万物已生，而一阳之初起，犹迓继而微动也。……其曰：

① 《船山全书》(一)，岳麓书社 2011 年版，第 228 页。
② 《船山全书》(一)，岳麓书社 2011 年版，第 228 页。
③ 《船山全书》(一)，岳麓书社 2011 年版，第 228 页。

‘天心无改移’，则显与‘反复其道’之旨相违矣。”①

通过对历史上从主静的立场出发解释“复为天地之心”诸观点的批评，王夫之非常鲜明地表达了自己的观点，他说：“天地之心，无一息而不动，无一息而非复，不怙其已然，不听其自然。故其于人也为不忍之心，欲姑置之以自息于静，而不容已。而岂大死涅槃、归根复命、无转移之邪说所得与知哉！是则耳目口体止其官，人伦物理静处其所，而必以此心恻然悱然，欲罢不能之初几，为体天地之心而不昧。自其不流于物也，则可谓静，而固非淡味希声以求避咎也。”②

王夫之从“天地之心”生生不已和动态性特征出发，进而论述“人心”所具有的先天的道德同情特征，以及人应当持有恒德而不随物迁转的道德坚定性。这一人心的能动性可以表现在各个方面：“是心也，发于智之端，则为好学；发于仁之端，则为力行；发于勇之端，则为知耻；其实一也。阳，刚之初动者也，晦之所以明，乱之所以治，人欲繁兴而天理流行乎中，皆此也。”③

王夫之综合了历史上返本说、阳气回复说，以及以道德之善解说一阳来复，复为天地之心诸说的合理性要素，从气本论的立场出发，肯定人的合理情感、欲望，同时又高扬人的道德主体性与道德的尊严，对“复为天地之心”做出了极为深刻而又极富有人本主义的阐述。在《周易外传》中，王夫之主要从气本论的实有论角度出发，揭示“复为天地之心”，以及“存人道以配天地，保天心以立人极者”的人本主义思想；在《周易内传》中，王夫之仍然坚持气本论的立场，主要从人的道德感通性、人的道德理性尊严与道德主体性角度，阐述了“复为天地之心”的道德哲学内涵，批评了佛老、庄子、邵雍等人主静学说。

北宋以后，以“阳气回复，天地生物之心”的观点来解释“复为天地之心”这句话，是主流解释传统，清代乾隆、嘉庆、道光朝的

① 《船山全书》(一)，岳麓书社 2011 年版，第 229 页。
② 《船山全书》(一)，岳麓书社 2011 年版，第 229~230 页。
③ 《船山全书》(一)，岳麓书社 2011 年版，第 230 页。

刘沅对此句话亦从这一角度解释道：

> 刚长即阳气充盛之意，即一阳动处，见天地生生之意，未尝稍息，非谓止此是天地之心。盖天地无息，非从复卦艰难曲折之，则几疑纯阴之时真无阳矣。人心天理亦未尝一日亡，非复性之后观之，则几疑为恶之徒真无性矣。①

嘉庆、道光时代的易学家李道平，在综合汉易学虞翻、荀爽的易学思想的基础上，对“复为天地之心”作了如下解释：“《乾坤象传》曰‘大哉《乾》元’，‘至哉《坤》元’，‘《乾》元’即‘《坤》元’，‘天心’即‘地心’也。冬至之时，阴气已极，一阳复生，天心动于地中，故云‘阳起初九，为天地心’。‘天地之心’即天地之元，‘万物资始’于《乾》元，故云‘万物所始’。震为‘动’，‘几者动之微，吉之先见者也’，故云‘吉凶之先’。盖在《乾坤》则为元，在天地则为心。而其端倪，实于《复》之初阳见之，故曰‘见天地之心’。”②

《周易》除“复”卦之外，其他地方还多次讲到天地自然事物“反复”、“重复”的现象，如刚柔相推，日往月来，都是一个不断重复、反复的过程。正因为天地有这种重复、反复，才有了天地与人世间的“常道”。世间一切皆变，是《周易》反复要告诉我们的天地与人世间的真相。但这种变化绝对不是杂乱无章的，而是有周期、节律的。这种周期、节律就表现在事物在一个较大的循环过程中表现为一种重复与反复的现象。人类就应该通过仰观天象，俯察地理，远取诸物，近取诸身，努力把握变中之常。而最能深刻体认

---

① 转引自马振彪著、张善文整理：《周易学说》，第245页。刘沅（1767—1855），清代四川学者，祖籍湖北麻城刘家沟，先祖于明末迁蜀，先居眉山、长洲、温江，后迁双流。刘沅生在双流，至嘉庆丁卯（1807）迁居成都南关纯化街。他是历史上少有的被人奉为教主的学问大家，其著作《槐轩全书》，以儒学元典精神为根本，融道入儒，会通禅佛，体大精深，鸿篇巨制；又创立槐轩学派，名震一时。因刘沅在双流和成都的书塾中均有一株古槐，故世称刘沅为槐轩先生，其学为槐轩之学。

② 李道平著：《周易集解纂疏》，中华书局1994年版，第246页。

《周易》哲学的变化之常的，当是老子的哲学精神。老子哲学的“道”就是“常”的代名词，知“道”、守“道”、处“道”，以实现人的愿望，可以说是老子哲学的基本思想。

（二）《老子》“吾以观复”与“重复”

《老子》第十六章云：“至虚极，守静笃。万物并作，吾以观复。夫物芸芸，各复归其根。归根曰静，是曰复命。复命曰常，知常曰明，不知常，妄作，凶。”《老子》一书多处出现“复”字，共13次，其他12次均作动词，唯有此处“观复”之“复”可作名词。①

何谓“观复”？河上公注云：“言吾以观见万物无不皆归其本，人当念重（其）本也。”②河上公将“观复”解释为观看万物回归于道的过程。

王弼注云：“以虚静观其反复。凡有起于虚，动起于静，故万物虽并动作，卒复归于虚静，是物之极笃也。”③王弼其实也是将“观复”解释为“复其本”，然其对“本”的解释与河上公有所不同，其所谓“本”即是“无”。

任继愈将“观复”解释为“循环往复”，他将“万物并作，吾以观复”句翻译成“万物都在生长发展，我从而观察它的循环往复”。④在第十六章的题解中，他认为老子的“变化观”是“循环往复的”，并不是一直向前变化、发展的，他说：“老子主张要虚心、静观万物的发展和变化。他认为万物的变化是循环往复的，变来变去，又回到它原来的出发点（归根），等于不变，所以叫做静。”⑤

---

① “民复孝慈”（19章），“复归于婴儿”、“复归于无极”、“复归于朴”（28章），“既得其子，复守其母”、“复归其明”（52章），“正复为奇，善复为妖”（58章），“学不学，复众人之所过，以辅万物之自然而不敢为”（64章）。

② 《老子道德经河上公章句》，王卡点校，中华书局1993年版，第62页。

③ 王弼著、楼宇烈校释：《王弼集校释》（上），中华书局1980年版，第36页。

④ 任继愈译著：《老子新译》，上海古籍出版社1985年版，第94页。

⑤ 任继愈译著：《老子新译》，上海古籍出版社1985年版，第94页。

陈鼓应认为，“吾以观复”之“复”，即是“返，往复循环”的意思，① 并将此句话翻译成：“万物蓬勃生长，我看出往复循环的道理。”②陈鼓应虽然将“复”当作一名词来解释，并将其解释为往复、循环意思，但他显然也没有注意到“复”作为一种观念的重要性，故在其“引述”的文字中，对“复”的观念未作进一步的论述，反而对“复命”的观念作了引申性的阐述。不过，陈注中所引的吴澄注、胡寄窗之论，倒是有启发意义，表明古人、今人中，也有一些人将“复”当作名词“反复”来解释。吴澄说：“复，反还也。物生，由静而动，故反还其初之静为复；植物之生气下藏，动物之定心内寂也。”③胡寄窗说：“把自然界的变化理解为循环式的运动，即所谓‘万物并作，吾以观复’。既然万物变化只是周而复始的循环运动，人们即无须斗争，只须消极地顺乎自然。”④

孙以楷在总结前人观点的基础上，将“至虚极”之“虚”解释为“宇宙万物之本”，故“虚”即是“道”的代名词，“万物并作，吾以观复”，则是“通万物把握虚无之本体，通过‘并作’把握静的本体”。⑤“复就是复归其根，根即万物之本根。”⑥

廖名春在考察《老子》诸多版本的文字异同之后，对“吾以观复”解释道：“在万物群起之时，要守持住虚空以观看它们的复返。”⑦

今人刘笑敢在综合多家文本的基础上，对“致虚极，守静笃……夫物芸芸，各复归其根”一节的大意作了这样的概述：“尽管各本不同，本节大意则相同，即强调至人应该‘至虚’、‘守中’，

---

① 陈鼓应：《老子注译及评介》，中华书局1984年版，第125页。

② 陈鼓应：《老子注译及评介》，中华书局1984年版，第128页。

③ 陈鼓应：《老子注译及评介》，中华书局1984年版，第125页。

④ 胡寄窗：《中国经济思想史》（上），上海财经大学出版社1998年版，第207~208页，转引自陈鼓应：《老子注译及评介》，中华书局1984年版，第125页。

⑤ 孙以楷：《老子通论》，安徽大学出版社2004年版，第335页。

⑥ 孙以楷：《老子通论》，安徽大学出版社2004年版，第336页。

⑦ 廖名春：《郭店楚简老子校释》，清华大学出版社2003年版，第254页。

以求恒笃不变，而万物则必将复归于天道。”①可见，刘氏未对“复”字给予足够的关注，而且将“吾以观复”句中“复”字未作名词化的处理，仍然看作一动词“复归”。这就表明老子思想“复”的观念还未引起当代老学专家的足够重视。

综上所引文献，我们可以对古今有关“吾以观复”句的注释与解释归纳为两种观点：一是将“复”作动词处理，认为“复”即是回归于根本、道的运动。如河上公、孙以楷、廖名春、刘笑敢。二是将“复”当作名词，解释成“反复”。如王弼、吴澄、任继愈、胡寄窗、陈鼓应。而任继愈、胡寄窗二人都接受马克思主义的唯物主义辩证法思想，认为事物是向前发展的，故对老子“观复”的循环论思想都持一种批判的态度。

在综合考察前人对此句话的注释、理解的基础上，我个人认为，从十六章全文的意思来看，“吾以观复”即是静观、体察万物回归到道的这一反复出现的现象。故河上公注与王弼注的意思，在不同之中又有相同之处。河注归本，即王注归于虚静。而万物总是反复、重复地归于其本和归于虚静。回归到道即是“归根”，归根就是老子所追求的哲学意义上的“静”，而非一般生活现象上的安静与死寂。这种归根之静即是复命，复命就是回复到常道上来。认识的目标就在于把握至常之道，把握了常道即是智慧(老子称之为“明”)。老子认为，圣人就是那些把握了变化之中常道的人，因而也就是最有智慧的人。“常道”不是古希腊哲学中的不动者，而是变化中反复出现的某种“常规”。这种“常规”并不是一种实体性的存在物，因而不可能通过感性的方式去把握，而只能通过理性直觉去把握。这大约也是老子第一章所言的“道可道，非常道”的意思。

《老子》中有两种性质不同的“重复”，一是朝向“为道”目标的重复，一是朝向“为学”目标的“重复”。“为道日损”，“为学日益”。“日损”与“日益”所构成的两种不同性质的“重复”活动，受制于“为道”与“为学”目标的要求与指引。“为道”是要在杂多的现

---

① 刘笑敢：《老子古今——五种对勘与析评引论》(上)，中国社会科学出版社2006年版，第201页。

象背后提炼出一以贯之的统一性，“为学”则是一个逐物求新的过程。我们今天的世界就是一个“为学日益”的世界，这个世界是否还有“为道”的追求呢？当然还是有，今日科学界，无论是微观量子世界的分析式的研究，还是宇观世界的深度与广度的研究，都还包含在对大千世界统一性的认识之中。只是科学的“逐物之知”往往局限于具体的物质形态的统一性的探求。这种探求是否有一个终止点，不能预测。因为这个世界对于我们而言，暂时只能预设为无限。既然是无限，那么作为逐物之知的科学研究活动也将是无限的——只要人类一息尚存。19 世纪 50 年代末以来，以达尔文为代表的“生物进化论”思想，对于近现代以来的人文学产生了巨大的影响。而以斯宾塞为代表的社会进化论思想对于人文学、社会科学、人类的社会革命运动产生了直接而又巨大的影响。现代化运动中的乐观的进步论就与这种社会进化论密切地联系在一起。如今，人类学、生物学领域的进化论与反进化论的思想，仍然在作激烈的斗争，但是谁也不能完全说服谁。因为，自然界的进化与反进化甚至是退化的现象是并存的。① 在具体科学领域里得出的带有一定程度的普遍性规律能否作为宇宙万物运动、变化的普遍规律，这仍然是一个只能存疑的问题。具体科学领域里带有一定普遍性的规律如何不越界，不僭越，是科学家应当做的事情。

三、与“复”相关的词场

在汉语系统中，以“复”为词素而构成的双音节词汇中，有着非常丰富的义涵。这些义涵未必都具有哲学的意义，但透过这些词汇可以大体看出“复”字及由“复”字组成的词汇的意义域及其大致边界。以“复”字为词头的双音节词汇有：复杂；复辟、复古、复兴、复苏、复活；复习；复合、复婚；复印、复写、复制；复核、复议、复审，复查；复原、复元、复员、复旦；复仇；复土；复

---

① 参见张实《体质人类学》第二章、第三章第二节的内容。云南大学出版社 2009 年版。

命；复盘；复数、复方、复次等。

复杂，意思为内容与结构通过反复的重叠而变化成内涵丰富之物或事，不容易一下为人所认识。

复辟、复古、复兴三词，都表达让旧的东西再度重新唤起的意思，然而在价值判断方面有明显的不同。复辟是指旧的坏势力卷土重来。复兴是指好的文化传统在新的时代里又得到重生，如“文艺复兴”。复古则指恢复古代的制度。

复苏多指生命体又重新活过来了，如春天来了，万物复苏。词意虽属中性词，但与中国传统文化尊生、重生的思想联系起来，也有歌颂生命、生意的褒义蕴藏其中。

复活是指死过一次后的再生，既可以指肉体上的，也可以指精神上的。

复习是对知识进行反复、重温的活动，意在加强记忆，使外在的、陌生的知识内化为自己的、熟悉的知识。

复合，是原先在一起，后来分离的两事物又重新组合在一起；复婚是破裂、离婚后的一对夫妻再一次重新结合，进入婚姻的状态。

复印、复制、复写，意思相近，都是指对同一文本的再次重复。复印、复制往往借助机器，而复写多是手工形式借助于一定的技术。复写还有更抽象的意义，人在认识过程中通过感知的方式对对象世界进行复写，以便进入人的大脑记忆之中。

复核、复议、复审、复查：为了追求准确性，对所做事情再重新做一遍。

复原、复元、复员、复旦：复原是回到当初的状态。复元是回归开始的状态。复员是指从军队里退役而回到平常的生活之中。复旦是指新的一天早晨的开始。这些词都有从头开始，再来一遍的意思，与反复、重复意思比较相近。

复仇，即是报仇。

复土是专有名词，指掘穴下棺，以所出之土覆盖于棺上为坟。

复命有两层意思，一为完成使命后回报；一为老子所说的“归根曰静，是为复命”，是哲学性观念，也是本文所要仔细讨论的内容之一。

复盘是一现代词语，指一局象棋或围棋结束后，为研究该盘棋的得失，按照当初的行棋次序再重新走一次，以研究每一步的得失及其他的可能性。这是通过重复行棋步骤而研究行棋的合理性的行为。由此可见，有些"重复"的活动是研究某一事件或事物的必要手段。

复数是英语传入中国后新出现的词语，与单数相对。用于两个以上的名词的表达式，如两辆小轿车(cars)、两个苹果(apples)。

复方是医药上的专有名词，指有两种以上的不同成分的药物合成的一种药品，一般多用于中药或中药试剂。

复次为副词，表示又、再的意思。

以"复"字为词尾的双音节词有：回复、答复、报复、重复、反复、往复、恢复等。

回复、答复是一般性的词语，即是对问题的回答。"报复"与"报仇"的意思相近，只是仇恨的程度要轻一些。从语言学的角度看，在报复与报告的意义上，"复"与"报"为同源字，《周礼·天官·宰夫》"诸臣之复"注："复之言报也，反也。"依王力解释，此处"复"即是报告。① 现代汉语中"回复"、"答复"也是"报告"的意思。

重复、反复、往复等词都是指同一性质的事情不断循环的意思，而此种普通的意思中深蕴的哲学思想一直被掩藏着。恢复则指曾经的状态在中止后又再现了。本文就是揭示掩藏在这些词汇普通意义之下"反复"、"重复"的现象所具有的哲学义涵。

本文的侧重点不在于从语言学上讨论"复"字，而是以"复"这个词作为思想的概念，透过此概念所包含的重复、反复观念的阐述，以现代汉语哲学中"重复"概念与观念为基础，探讨人类生活中"重复"以及因重复到形成常规现象的哲学意义与生活的意义，以此对现代性文明过分追求创新和创造的思维方式、工作趋向、价值追求作一种平衡性的反思。希望人们重视、珍视那些必要的"重

---

① 参见王力：《同源字典》，商务印书馆1982年版，第244页。

复”、常规生活、常规性劳动的价值及这种生活对于创造和创新的意义。天地自然、人类社会正是在有节奏的重复和反复的过程中自然地蕴涵着、孕育着新意和诗意。忽视生活中必要的“重复”，创新与创造就失去了生活的土壤与生命的根基。在尊重日常、重复的基础上，提倡创新与创造，而不是在否定日常、重复的基础上，过分地追求创新与创造。奉常处变，经营常规，自觉地、有节奏地孕育变化，才是我们正常的求变、创新的正确之道。创新、创造是可欲的，也是人们应当追求的生活与价值目标，但脱离了重复、常规的创新和创造，轻一点说就是猎奇，重一点说，就有可能让人类走上万劫不复的毁灭之路。当代的人类可以飞离地球，在太空里探索，但地球仍然是我们唯一的、共同的家园。目前的人类，包括在今后相当长的一段时间内的人类，都将以地球为家乡，在无限的宇宙里做探寻者、旅游者。人类若不想成为宇宙里的流浪者，就必需认真保护、建设我们的地球，让人类这个共同的家成为我们从事创新与创造的常规之家、安宁之家。

四、无往而不“重复”的生物与文化现象

（一）“遗传”与“重复”

现代生物学告诉我们，遗传与变异是生物的共同特征。所谓“遗传”，即是指“生物通过生殖产生子代，子代和亲代之间，不论在形态结构或生理机能的特点上都很相似，这种现象叫遗传（heredity）”。① 而“遗传能保持种的特性的相对稳定”，② 没有“遗传”，物种将不复存在。当然，没有变异、进化，新的特种也将不会产生。

从“复”的观点看，“遗传”其实就是一种“复”的现象，“物种”的保持与延续，正是通过子代不断复制亲代的基因而得以保持其种

① 张实：《体质人类学》，云南大学出版社 2009 年版，第 12 页。

② 张实：《体质人类学》，云南大学出版社 2009 年版，第 24 页。

性。没有子代对亲代基因的复制，就不可能有任何科学意义上的物种存在。就生命科学的观点来看，“自我复制”是生命最重要的现象特征和生命特有的现象，甚至细胞膜可以自发地形成多层膜结构，例如硅酸盐可聚合成类似多聚核苷酸的双链互补形式的大分子，并且能进行自我复制。① 生物与生命的结构与生长过程是极其复杂的，遗传与自我复制只是其中的一种特性，但“复制”是其中不可缺少，且是基本的内容，这一点是由生物科学与生命科学所证明了的。在此，我仅引用科学界的一般性结论，以证明生物、生命过程的复制和重复现象的重要性，从而作为思考哲学观念——“重复”的科学基础。“总之原始生命是一个复杂的多分子体系，它并不是核酸与蛋白质等大分子简单的相加，而是出现了以核酸为主的遗传体系和以蛋白质为主的代谢体系的有机结合，即将蛋白质合成纳入核酸的自我复制能力、生长能力、控制与调节的新关系，原始生命也就随之产生了。”②

不过，在我们强调生命遗传过程中“重复”现象的重要性时，丝毫也没有意思要否定“变异”对于生命进化的意义。毋宁说，我们想借助于对“重复”观念的阐述，试图在遗传与变异的二者之中寻找某种重复与变化(或曰差异)的辩证关系。

(二)“传统”与“重复”

生物科学中有“遗传”现象，而且“遗传”现象是生命与物种保持的根本要素。在人类文化的发展历史过程中，“传统”就是类似生物学的“遗传”现象。没有传统，就没有人类的文化。

何谓“传统”呢？德国哲学家黑格尔曾经引赫尔德的话说道：“在哲学里，我们必须特别感谢传统，这传统有如赫尔德所说，通过一切变化的因而过去了的东西，结成一条神圣的链子，把前代的

① 张实：《体质人类学》，云南大学出版社 2009 年版，第 31 页。
② 张实：《体质人类学》，云南大学出版社 2009 年版，第 33 页。

创获给我们保存下来，并传给我们。”①

由此可知，人类文明中的“传统”与生物学中的“遗传”有某种类似性。不过，人类文明并不是简单的堆积，也具有生命的某种特征，即在遗传的过程中也有变异，甚至有“进化”的现象，正如黑格尔所言：“这种传统并不是一尊不动的石像，而是生命洋溢的，有如一道洪流，离开它的源头愈远，它就膨胀得愈大。”②

黑格尔还进一步讲到了人类对待自己精神传统的基本态度与方法，那就是有选择地继承，而不是像生物基因那样简单地自我复制。人类在“接受这份遗产，同时就是掌握这份遗产。……同时这样接受来的传统，复被降为一种现成的材料，由精神加以转化。那接受过来的遗产就这样地改变了，而且那经过加工的材料因而就更为丰富，同时也就保存下来了”。③

尽管人类在接受精神遗产的过程中会改变这些遗产，但文化发展过程中的“传统”就其主要的内容而言，是前人留给后人的遗产，因而从主要成分上说是“重复”的东西。过去历史上“重复”的东西结成“一条神圣的链子”，就是“传统”的基本内容，而“传统”自身也因为后代接受而改变了自己的形式。文化意义上的“重复”当然不是简单地复制，而是通过变形，让旧的东西在传承的文化生活中得以“复活”。因此，凡是能构成人类文化“传统”的东西，总是具有活力、活性的“过去的”东西。而人类正是通过接受前代的科学与精神的创获，并加以改变，从而产生自己时代的科学与精神创造的基础与全部财富。所以黑格尔又说：“每一世代对科学和对精神方面的创造所产生的成绩，都是全部过去的世代所积累起来的遗

---

① 黑格尔著，贺麟、王太庆译：《历史哲学讲演录》第一卷，商务印书馆1978年版，第8页。

② 黑格尔著，贺麟、王太庆译：《历史哲学讲演录》第一卷，商务印书馆1978年版，第8页。

③ 黑格尔著，贺麟、王太庆译：《历史哲学讲演录》第一卷，商务印书馆1978年版，第9页。

产。"①没有人类对前代文化遗产的重复与积累，就没有人类文化的发展与创新。在文化的传承、发展过程中，我们离不开适度的、合理的"重复"与积累。而且正是凭借着适度的、合理的重复与积累，我们才可以形成文化传统的链子，让人在变化、发展的过程中保持对自己的文化身份统一性的认同，从而避免自己将自己异化与放逐。

（三）"复古"与文化复兴

在人类的历史过程中，常常有一种复古的欲望或文化复兴的要求。这种意义上的"重复"，一方面包含着对传统经验合理成分的提纯与继承，而更重要的意义则是借助对历史经验的想象而达到文化、制度的创新。一味地复古或文化复兴，只能是彻底的失败。就中国历史的经验而言，西汉末年王莽改制，试图按照"周礼"来重整汉代的政治秩序，很快就失败了。而在文学领域里，无论是唐代的古文运动，还是宋代的古文运动，其实都是借复古而求文学创作的解放，而不是真正地回到秦、汉时代的文学形式与内容。相反，明代前"七子"的复古运动，提出"文必秦汉，诗必盛唐"的口号，其结果是文学创作的实绩远逊于唐、宋两代的古文运动。

就西方的文艺复兴而言，实际上是近现代资产阶级登上历史舞台之初，借助于古希腊、罗马文化的某些因素，为新兴的资产阶级登台提供文化、理论上的合理性辩护而已，对于此一文化复古运动的实质，马克思有非常精辟的论述。他说："黑格尔在某个地方说过，一切伟大的世界历史事变和人物，可以说都出现两次。……第一次是作为悲剧出现，第二次是作为笑剧出现。"②接着，马克思又说：

---

① 黑格尔著，贺麟、王太庆译：《历史哲学讲演录》第一卷，商务印书馆1978年版，第9页。

② 中共中央马克思、恩格斯、列宁、斯大林著作编译局：《马克思恩格斯文集》(2)，人民出版社2009年版，第470页。

> 人们创造自己的历史，但是他们并不是随心所欲地创造，并不是在他们自己选定的条件下创造，而是在直接碰到的、既定的、从过去承继下来的条件下创造。一切已死的先辈们的传统，像梦魇一样纠缠着活人的头脑。当人们好像刚好在忙于改造自己和周围的事物并创造前所未有的事物时，恰好在这种革命危机时代，他们战战兢兢地请出亡灵来为自己效劳，借用它们的名字、战斗口号和衣服，以便穿着这种久受崇敬的服装，用这种借来的语言，演出世界历史的新的一幕。例如，路德换上了使徒保罗的服装，1789—1814 年的革命依次穿上了罗马共和国和罗马帝国的服装，而 1848 年的革命就只知道拙劣地时而模仿 1789，时而又模仿 1793—1795 的革命传统。①

马克思在论述历史变革过程中的“重复”现象时，主要是揭示历史表象的相似性背后的实质不同，而且用喻证的方式论证了后来者是如何一步步地超越对前者的模仿而进入创造的阶段，他说：

> 就像一个刚学会一种新语言的人总是要把它翻译成本国语言一样；只有当他能够不必在心里把新语言翻译成本国语言，能够忘掉本国语言而运用新语言的时候，他才算领会了新语言的精神，才算是运用自如。
>
> 在观察世界历史上这些召唤亡灵的行动时，立即就会看出它们之间的显著差别。旧的法国革命时的英雄卡米耶德穆兰、罗伯斯庇尔、圣茹斯特、拿破仑，同旧的法国革命时的党派和人民群众一样，都穿着罗马的服装，讲着罗马的语言来实现当代的任务，即解除桎梏和建立现代资产阶级社会。②

---

① 中共中央马克思、恩格斯、列宁、斯大林著作编译局：《马克思恩格斯文集》(2)，人民出版社 2009 年版，第 471 页。

② 中共中央马克思、恩格斯、列宁、斯大林著作编译局：《马克思恩格斯文集》(2)，人民出版社 2009 年版，第 471 页。

中国学者、思想家梁启超在论述晚明至清末的近三百年学术史的变化实质时亦说，这是一场“以复古求解放”的运动。这一论述虽然不及马克思对“文艺复兴”的实质论述那样深刻，但也基本上揭示了中国社会自晚明以来通过复古而谋求民族思想文化创新的基本历史要求。

（四）信仰、常规与“重复”

当代中国人普遍有一种不安与焦虑，原因很多，其中重要原因之一是我们的生活变化得太快，固有的传统、信仰在现实中失去效力，人际的快速流动，生活的陌生化与人际关系的疏离化，让很多人在生活中失去依赖与信任感。生活信仰与生活常规的失落，让人产生一种漂泊的感觉。而信仰、常规，就其不动性与代代坚守的特征而言，就是重复。

任何一种信仰最初可能是由一个人或一个集团中的精英所创造的。然而能够成为信仰的观念与宗教形象，都是因为代代有人持守并在实践中不折不扣地践行，信仰才成其为信仰。常规与伦理准则也是如此。中国传统社会中的五常——仁义礼智信，作为传统中国人的一种伦理之常，就是代代重复的，而且也因之代代重复践行而让古代的中国成为礼仪之邦。现代工商业社会的兴起，特别是鸦片战争之后，西方工商业社会凭借坚船利炮打开帝国大门之后，中国传统的价值、信仰失落了。20世纪中国社会的巨变，其中重要的维度是信仰与常规的不断变换，真有“城头变幻大王旗”（鲁迅诗句）①的感觉。没有不变的、可信的精神支柱，没有代代人坚定不移、重复持守的信仰，也即是说，生活中没有一些必要的“重复”，人就会在急剧的变化中产生一种无所适从的漂泊感，进而由此产生一种焦虑、不安全感。

---

① 鲁迅原诗：“惯于长夜过春时，挈妇将雏鬓有丝。梦里依稀慈母泪，城头变幻大王旗。忍看朋辈成新鬼，怒向刀丛觅小诗。吟罢低眉无写处，月光如水照缁衣。”

（五）“重复”在艺术领域的表现

1. 音乐中的主旋律与变奏曲

艺术，就其本质而言，是不断追求创新的一种精神与心灵的活动，但很多的艺术作品中都包含着某种不同形式、不同程度的“重复”。很多艺术作品为了增强表达的效果，往往在结构方面有意运用艺术性的“重复”手段与形式。在一些大型乐章中，主旋律在作品中以不同调式不断地出现，形成结构相同而调式不同的具有美感的变奏。

2. 诗歌中的“重复”与咏叹

诗歌中，“重复”的诗句构成了不同诗意的回环、反复之美，如《诗经·蒹葭》篇：“蒹葭苍苍，白露为霜。所谓伊人，在水一方。……蒹葭萋萋，白露未希。所谓伊人，在水之湄。”《诗经·芣苢》：“采采芣苢，薄言采之。采采芣苢，薄言有之。”

3. 散文中排比句式

散文中的排比、对仗句式，也是某种形式的“重复”，正是通过某种句式的重复，以增强文章的表达效果。如苏轼的前《赤壁赋》开头一段：“浩浩乎如凭虚御风而不知其所止，飘飘乎如遗世独立羽化而登仙。”

4. 临帖中的“重复”与创造

在书法学习的过程中，临帖首先是一种“重复”而且以重复得到位为目标。不过这只是学习的初级阶段。当学习由临帖到脱帖的阶段时，则要求变化，而且通过练习其他的法帖来改变旧日所临之帖的风格。

接下来我们进一步追问的是：为何艺术中的重复能产生美的效果，而在其他领域里，特别是在知识的发现领域，一些劳动的领域里，重复使人产生厌倦？这就不能不联系到德勒兹所论的差异与重复的关系。

首先，所有艺术中的重复往往是以两种方式来实现的，第一是有差异的重复，而不是完全的机械的重复，而即使在某些较小的部分有完全的重复，也不是一种无奈的重复，恰恰是通过重复以达到某种艺术的强调效果。以音乐为例，七个音阶的交错使用，产生了一切现有的乐章，从而构成了一切音乐之美。然而这七个音阶的交错使用并未穷尽所有的声音之美，一切可能的声音之美仍然可以通过这七个音阶的交错使用，被不断地创造出来。当然，七个音阶的交错使用还可以依靠七个声调的变化。西洋音乐以C、D、E、F、G、A、B七个声调来划分，中国传统音乐则以宫、商、角、徵、羽、变宫、变商来划分，而西洋音乐中的A大调、B大调还有降调的形式。不管如何，这些声调都是固定的，当然也是有差异的。古往今来的音乐恰恰是通过这些有差异的重复而显示出声音之美的。

与颜色相关的绘画艺术、现代服装艺术，以石材、木材、泥土为元素的建筑艺术，也是通过一些固定的有差异的元素来创造出不同形式的艺术之美。

第二是通过重复而达到熟能生巧的艺术效果。像一些技巧性很强的艺术，都带有熟能生巧的特征。歌唱艺术、器乐演奏艺术、舞蹈艺术、艺术体操，甚至杂技(一种身体艺术)，都是通过正确重复一些基本性的动作而达到艺术效果的。庄子讲"技进乎道"的故事，最能体现"重复"与艺术的关系。一个厨子宰牛竟然能让自己的动作合乎桑林之舞，一招一式都切中经首之乐的节奏，的确显示了某种超越直接功利目的的劳动之美，也显示了一切以技术为基础的艺术类型的技艺之美。

其次，艺术中的"重复"往往采用一种时间与空间的浓缩方法，从而达到了一种突出某种情感、意识与认识的效果。这种重复往往是一种非均衡性的、非机械性的重复。

即使是艺术学习的初级阶段的模仿(当然不是今天许多家长逼着自己的孩子学习某一门艺术的模仿)，也不是简单的重复，而是在喜爱感情的驱使下有意识的模仿。这种感情喜好使得模仿与被模仿的对象之间产生一种情感的共振，故其"重复"过程中的单调被一种可欲的目标所化解。而由于主体的生命经验的重塑，对某些部分进行化约，某些部分进行突出，从而通过局部的改变而造成整体形式的某些变形，因而产生出不同的艺术效果。

五、作为哲学观念的“重复”及其意义

（一）重复与常规

中国古代思想中的“复”的观念与概念，其义涵十分丰富，其中重要的内涵之一就是重复、往复、反复的意思。而“重复”、“反复”的自然与社会现象，其中可能就蕴涵着某种常规、规则。所谓常规、规则，往往是从某种反复出现的现象中总结出来的认识论结果。当现代的自然科学研究成果告诉我们，除了在人设定的逻辑世界里有必然得出的可能与规则之外，经验世界里其实没有所谓永恒不变的“规律”一词。经验世界里所有的“规律”都只是“常规”，即具有非常大的概率的反复与重复。而所有的“规律”都有例外的经验事实，也从反面表明没有绝对的规律。而我们人类在一个大于95%概率的常规之下，就差不多已经拥有基本的安全感了，如果有99%的概率，那就有比较踏实的心理感觉了。

对自然与社会活动的“常规”把握，是我们人类认识所要追求的认知结果。但我们人类在心理、情感，甚至是感觉的生活、生理层面，又渴望着某种轻微甚至大一点的变化与刺激。这就是深藏于人性中的通性——对无限世界认知的深层冲动的具体表现。而人性内部深藏着的这种内在的悖论，也是人区别于所有其他动物的远古而幽深的人性，是人内在的理性与感性的矛盾与冲突。古往的圣哲教给人类的生存智慧，就是要求人们善于处理常与变的关系。奉常而处变，变而不失常，是传统中国农业社会给予中国人的生存智慧与政治智慧。而这一生存智慧、政治智慧，长期以来被资本主义的生产生活逻辑所摧毁、所遮蔽。

经验世界里的日出日落，日月交替，年复一年，从而给了我们地球人的日常生活之常，季节之常与年岁之常。这些构成了我们生活与经验的常规底色与自然经验。没有这种常规的底色，我们人类将会是另一种生活样态。换句话说，我们人类目前的思维方式在很大程度上是被这种自然生活的常规所奠定，从而构成我们存在、活动、生活与思维的底色。一旦改变这种生活的底色，如宇航员在空间站生活，我们人类的很多生活规律，乃至生命的基因，也会在此时发生变化。工商业社会追求创新，发达的工商化社会通过刺激消费来维持生产与扩大再生产，对于自然的节律性的重复生活不仅是不在意，而且被认为是一种对不断求新的人类生活的障碍。如果现代的人们能力大到把太阳的颜色也能改变的话，或者他们能把地球当作航船一样驾驶，他们会让地球偏离太阳轨道的。而且，我们认为，当代的人没有任何理由不去那样做的。

伦理的界限不断地被突破，各种法律的制定也越来越细致，然而总有人能找到法律的空子或漏洞。跨越式的发展，超常规的发展，成为当今世界范围内热捧的价值。西方的金融危机就是起源于金融资本家追求超常规金融利润的结果，后发展中国家的环境危机，一方面是发达国家转嫁环境负担引起的，另一方面是发展中国家努力赶超发达国家，实行跨越式发展所引起的。我们今天的社会按照人的欲望在寻找自然的法则，进而控制自然、改变自然法则，为人的日新月异的观念服务。重复，以及因重复而形成的常规正越来越成为一种被漠视的价值，甚至是负面的价值。

我们的物质生活水平越来越高了，可我们真的越来越感觉到幸福吗？我们的内心有一种宁静与踏实的感觉吗？我们为什么有莫名其妙的焦虑、厌倦与不安？难道不是因为我们没有了生活之常，或者说，是我们对什么是生活之常没有维护、辨识的能力了吗？

（二）重复与积累

无论是自然事件、社会事件还是某种现象，“重复”与积累有密切的关系。积累不一定需要重复，可以是杂多的堆积。然而，事件与现象的反复出现，就自然而然地导致积累。积累在开始的阶段表现为数量的增加与体积的增大，然而当数量的增加达到一定的极限之后，事物会发生某种性质的改变。

特别是在特定的空间里事物因重复而导致积累，就会造成空间的压迫而使事物慢慢发生形体的变化，最后会发生性质的变化。

当然，像数学中几何平面虽然也是积累，但只是人抽象思维中的无厚的面，从理论上说可以无限地广延，从而构成一巨大的平面。这种积累可能没有厚度，但有广度。这种积累不具有经验世界的意义，而可以引申出哲学上的广延性。

积累从原则上可以分为单位时间内相同性质的物质的堆积，和一个较长时间内特定空间里物质的堆积。这种积累往往会导致物质性质的变化。自然界的金刚石与考古领域里的化石，都是瞬间同一性质的特质因温度的急骤变化而变成的。而积累在人类的生活中也会因事件、人物发生质的变化。

六、“重复”观念对人生的指导意义

（一）美德与积累

作为哲学意义上的重复，直接与“积累”相关。无重复则无积累，无积累则不能丰厚。坏的习惯当然也是积累，所谓积重难返，恶习难改。然“积善之家必有余庆，积不善之家必有余殃”。积累意义的伟大不在于积累的本身总是导向善的结果，而是要看人的自由意志究竟是选择善的行为加以积累，还是顺着恶的行径一意孤行。

庄子说：“且夫风之积也不厚，则负大翼也力。”荀子讲：“积土成山，风雨兴焉。积水成渊，蛟龙兴也。积善成德，圣心备焉。”刘勰讲：“积学以贮宝，酌理以富材。”

由此观之，不重复则万物不成，不积累则万事不备。①

成年老酒，味香醇厚，是因为发酵的过程就是一个不断重复与积累的过程。这种重复的过程当然也有变化，其变化就是因为不断

① 不过，德勒兹不认为“重复”是可能的，他认为：“道德主义有时按照下面的方法给我们呈现出‘善’与‘恶’的范畴：每当我们试图按照自然或者按照自然的存在重复时（一个过去的、激情、重复的愉悦），我们把自己扔进了一个令人憎恶的恶魔般的训练中，这种训练只能在我们的绝望或厌倦时中止。”（参见潘于旭《断裂的时间与“异质性”的存在——德勒兹〈差异与重复〉的文本解读》一书，浙江大学出版社2007年版，第84页。）

地重复、积累而导致的变化。

学富五车，厚积薄发。一个大学者的成长，就是日复一日地重复学习和阅读的结果。在其阅读的书籍中既有旧籍的不断温习，也有新的书籍来拓宽视野，而其阅读的行为是日复一日的“重复”活动。不仅如此，在其阅读的过程中，为了证成某一种观念或一种道理，他要阅读不同人物，不同学科的知识，从多视角来证成某一道理。这其中的变化性的重复，或在重复中的变化，是促使他从事新的创作的反复其事的过程。

美德的养成更离不开“重复”，正是反复践行某种符合美德的行为规则，尤其是在艰难困苦的条件下践行美德的原则，美德才能得以养成。一个人偶尔做一点好事是不困难的，困难的是一辈子都在做好事，尤其是牺牲自己的利益，甚至是宝贵的生命的时候，仍然坚持美德第一，则美德才得以养成。由此而言，没有对关于美德规则的重复性的遵守，则基本上无美德可言。

美德不仅可通过持续不断地遵循有关美德的规则而形成，也可以通过对美德榜样的学习而形成。榜样的力量是无穷的。这虽然是一句现代的道德教育口号，却在相当大的程度上揭示了美德养成过程中榜样的作用。传统中国哲学中的理想人格培养途径就有“见贤思齐焉，见不贤而内自省也”(《论语·里仁》)的精神传统，也有“士希贤，贤希圣，圣希天”(周敦颐《通书·志学》)的递进的模仿。但无论采用哪种形式，美德的形成都离不开积累。

无论是对关于美德规则的反复持循，还是对美德榜样的自觉模仿，都有一个自律与他律的问题在其中。儒家传统修养论中的“慎独”工夫，主要强调的就是美德修养过程中的“自律”问题。这种“自律”行为是综合了道德上的自愿与自觉，是在不同的处境中都能按照美德的原则与榜样来要求自己的重复性的道德实践。道德修养之“养”，其实就是一种日积月累的长期过程，因而也就是一种在时间的流变过程中保持一种德性的不变的过程。

与美德的养成有关，人的恶习的形成也是积累的过程。习惯就其重复的特性而言是中性的，无所谓好坏。养成遵循美德的习惯就可以形成美德，跟随恶习的习惯就会变成恶人。

(二)复习与学习——"重复"在教育学中的表现

学习是一个不断追求新知的过程，但也是一个不断重复旧有的知识，并持有地记住旧有的知识的过程。"温故而知新，可以为师矣"这句古训，可以有深度的解释，也可以有浅显的解释，但其中包含着重复旧有的知识这一点，是不容置疑的。复习、记忆旧的知识，是我们进一步接受新知识的基座。我们正是通过不断加宽、加厚我们旧有知识的基座，新的知识才得以可靠地被接受下来。就具体的教育学、心理学来说，这种保存旧有的知识过程有一系列系统的方法，并不是我在讨论哲学"重复"问题时论述的重点，我只想指出"重复"在一切学习过程中的作用与意义。小鸟学习飞翔就是一次次重复的过程，其他一切熟练的技艺，莫不是通过重复正确的过程而获得，并被培养起来的。一切高超技艺的获得都经过了无数次单调的重复，而人用来克服这种重复单调的心理动机就是某种理想的引导，从而使这种重复变得富有诗意。

(三)"重复"与人的厌倦感

尽管大自然与人类社会中广泛地存在着重复的现象，即常道，但并不表明人类在任何时候都喜欢重复与常道。恰恰相反，人类从一开始就有追求新奇的内在冲动的一面。近现代商业文明兴起之后，追求新奇，追求创新、创造，追求卓越已经成为主流的文化价值取向。

在看电视节目的时候，我们都讨厌反复出现的广告。在日常生活中，我们都极不喜欢天天、餐餐都吃同样的食物，也不喜欢上班、下班的单调重复。因此，一有假期，人们就想出去旅游，到没有去过的地方去玩，吃没有吃过的新鲜食物，看没有看过的风景与人物。

在学术与科学技术领域里，我们甚至通过立法的形式禁止人们抄袭——因为抄袭就是重复，而要鼓励不断地创新、创造。

甚至，现代家庭婚姻的破裂，有相当大的一部分原因是人们厌倦了日日如斯的夫妻生活，而要追求新鲜的感觉。传统社会“执子之手，与子偕老”婚姻理想在现代受到巨大的挑战。

“重复”在这些领域就与单调是同义词，既无美感，也绝对不是美的旋律。

甚至，当我们以新的视角来观看今日都市里鳞次栉比的高楼大厦时，也有某种单调、重复的厌倦感。因为这些鳞次栉比的高楼大厦对于每个具体的个人而言是那么的冰冷与隔膜，让人产生一种莫名其妙的疏离感与压抑感。

是什么样的“重复”让人产生如此厌倦、无聊的感觉呢？人们在科学与知识的世界里为何要追求不断的创新呢？

我们似乎都有这样的生命经验：在一个较长的时间段里，被迫做一件同样的事情，这种简单的重复劳动是没有美感的，也是令人不愉快的。不过，有些不愉快的重复事情，人是可以忍受的，而有些不愉快的重复的事情是令人不能忍受的。当一个人为了偿还债务，或者为了一个他(或她)认为是有价值的目标的实现，在一个时间段里做单调、重复的事情，而且劳动的报酬也不是很高，这时候的单调、重复的工作似乎是可以忍受的。比如一个打工的普通农村妇女，她为自己的孩子能够上得起大学而在城里做单调、重复的工作，她是可以忍受的。然而一个农村青年在城里打工，做单调、重复的工作，收入低，又没有任何升迁的希望，甚至连一个媳妇也讨不到，这样的单调、重复的工作是令人无法忍受的。

科学研究的世界里，为什么要追求创新呢？这与我们人类生存的环境相关。我们人类所面对的客观世界是一个无限的世界。这个无限的世界不仅在空间上找不到边界，在时间上也找不到起始点。这个无限的世界充满着各种变幻莫测的东西，有时这种变幻莫测的东西对人类造成巨大的伤害，甚至是毁灭性的打击。这就要求我们不断地探索未知的东西，为人类的正常生活提供更大的保险系数。我们的已知相对于未知的世界来说，简直是沧海一粟。正因为我们人类共同面临着变幻莫测，有一种与生俱来的焦虑与恐惧、担忧，人类从整体上要求一部分人利用剩余的价值去专门从事探索那无限的未知世界。因此，科研世界里要求创新、创造，其实是要求探索未知的世界，从而探索更多的"常道"。

从原则上说，无限的世界为人类的生存与活动提供了无穷的可能性。人是有目标意志的动物，他总要在已经实现了愿望的基础上追求新的梦想。现代人性所具有的这种特性，我将其称为"通性"，即不断地通达新目标的一种精神与心理的渴望与追求。现代西方哲学将其称为自由意志。"自由意志"并不是漫无目标的随心所欲，而是一种在已经满足了的意愿基础上所产生的新的目标与追求。这种目标与追求不一定有实际的功利目的，因而现代人又将其称为类似游戏心态的审美心态。

其实，人类并不追求没有任何周期、节律的不断变化。如果一个人每天都换一个地方，睡不同的床，与不同的人接触，他一定会产生漂泊的感觉。人为什么会怀旧？怀旧就是怀念那曾经出现的、相对稳定的生活与故人，因而也就是怀念重复与反复，怀念常道与常规。流浪、漂泊、异乡的感觉，都是因为过多的变化，而且自己不能自主，因而产生了一种消极的情感。旅游对于旅游者来说为何是愉快的？首先在于他有一个家，他可以回家。他的行程是在他的目标控制之下。如果有一天，有人告诉你，你从这个家出去之后，你就不能回来了，而且你也不知道会在什么地方能较长期地待下去，你将会有一种什么样的感觉？旅游是可欲的，而流浪是力求避免的。这其中的差异就在于旅游之中有常道之复作为人生的根基，而流浪是被迫的、不可把握的变化在控制人的自主性。如果是战乱时代的流浪、漂泊，这种离乱中今日不知明日，也不知家人的生死消息，其伤痛之感更是令人难以忍受的。建安诗人曹植《吁嗟篇》云："吁嗟此转蓬，居世何独然？长去本根逝，宿夜无休闲。东西经七陌，南北越九阡。卒遇回飞起，吹我入云间。自谓终天路，忽然下沉渊。惊飙接我出，去归彼中田。当南而更北，谓东而反西。宕宕当何依？忽亡而复存。飘摇周八泽，连翩历五山。流转无恒处，谁知吾苦艰。愿为中林草，秋随野火燔。糜灭岂不痛？愿与根荄连。"

曹植，建安十六年(211)封平原侯，又封临淄侯。魏文帝曹丕即位，离京就国。黄初二年(221)，贬安乡侯，改封鄄城王。四年(223)，徙雍丘王。明帝太和元年(227)，改封浚仪。三年(229)，复还雍丘。太和五年(231)卒。上面诗作内容表达的就是漂泊感。

大诗人杜甫亦有诗云："昔闻洞庭水，今上岳阳楼。吴楚东南坼，乾坤日夜浮。亲朋无一字，老病有孤舟。戎马关山北，凭轩涕泗流。"

可见，当人们一旦失去了可以凭借的"重复"，陷入一种不能自拔的变化之中，人就成为一个"流浪者"。战乱中的"流浪者"固然极可同情，然现代社会生活中的精神"流浪者"，也让人感受并经受另一种痛苦。

当代资本主义的生产逻辑正把人带入这种不可自拔的流浪之中，而网络中的"网漂"们，又何尝不是一种精神的流浪者呢?

相对于传统的农业社会而言，资本主义社会的出现带来了巨大的文明进步。但在资本主义文明进步的过程中，同时也带来新的生存问题与人的心理、精神问题。当资本主义的生产服从于资本追逐利润的目标，而不是为了人的需求生产时，资本的恶劣本性就表现出来了。在追逐利润的过程中，资本生产出并且不断地创造出人的新的需求，通过人的需求的更新达到新产品的不断被消费，从而为资本不断地开辟利润的道路。在资本追逐利润的逻辑的驱使下，人向无限世界不断追求通性、实现通性的内在要求也因之而被实现。在资本逻辑支配下的人性相对于农业社会中的人性而言，的确有被唤醒的一面。但这种被唤醒的人性在某种程度上类似吸毒成瘾的瘾君子，人性被资本的逻辑绑架而还自以为是在追求自己自由自在的通性。

我们今天的社会有多少财富被闲置？有多少财富被浪费？又有多少穷人连基本的温饱也得不到满足。城市白领阶层，社会的中等收入群体的莫名其妙的焦虑、失落、不安全感，节假日大量的外出旅游，逃避日日如斯的生活之常，人心里莫名其妙的厌倦，都与我们所处时代过度的求新、求变、求奇的时代心理病紧密地联系在一起。

七、恶的“重复”

（一）轮回

就印度佛教与中国汉唐佛教而言，“轮回”现象是所有人生的恶的“重复”，超出轮回是佛教修行的根本目标。这当然与佛教哲学对此世人生的厌倦，向往彼岸极乐世界的人生哲学有关。人间世界是苦海，受各种感性的诱惑之苦。如果修行能进入极乐世界，则人的生命就不再受感性的肉身束缚，而进入一种不可思议的自由、自在、不生不灭的境界。在这种境界里，没有时间的变化，空间对于人而言也不是限制。这当然是以佛教的思维方式来对轮回的否定。可是，在中国传统社会里，一对在现实中没有实现爱情愿望的男女，相约来世投胎人间，再一次实现做夫妻的美梦，这显然是对生命轮回的肯定。可见，生命的轮回也并非就是像佛教所认为的那样，是绝对的恶。这也可能是中国化的佛教思想内容吧。

（二）资本主义周期性的经济危机

马克思在《资本论》一书中，深刻地揭示了资本主义经济危机的周期性。这种周期性的经济危机其实也是一种恶的重复。

如今，资本主义的周期性的经济危机已经演变成金融危机了，然而在实质上其还是周期性的经济危机。如何克服这种周期性的恶的“重复”，马克思当年希望通过社会革命，实现对资本主义经济与政治制度变革，使生产资料为社会所拥有，从而克服资本主义社会在全社会的宏观层面的无政府状态。当代中国社会要实现社会主义与市场经济的相结合，在一定意义上就是尝试实现马克思当年的社会理想。从近期的经济形势来看，社会主义的市场经济在应对这两次的金融危机时似乎有好于资本主义的成绩。但目前中国存在较严重的经济腐败现象，需要加大惩治贪腐的力度。

（三）一治一乱

传统中国王朝政治的更替，在一定意义上也是恶的重复。毛泽东曾经在延安回答民主人士黄炎培的问话时说道，中国共产党人已经找到了跳出这种恶的政治轮回的法宝。是否真的找到了这种“法宝”，还有待今后的历史检验，现在谈论此问题还为时过早。

多党或两党的轮流执政也是一种政治“轮回”，但这种轮回在有些国家却是恶的轮回，在有些国家则是正常的轮替。其原因何在，还有待仔细分析。

然现代中国政治要努力避免传统王朝政治的“一治一乱”的恶的周期重复，这是一件无比重要的现实课题。这是关系到中华民族生死攸关的大事。我们不希望一治一乱的恶的重复，而真正希望像毛泽东当年说的那样，中国共产党人能跳出这种“政治轮回”。

八、“山重水复”与诗意的生存

我们的生活中到处充满着重复、往复、反复等“山重水复”的现象，如果没有这些山重水复的现象，人类的日常生活就无法形成，甚至连人类自身的生命也不能持有。然而，就是这样重要而平常的生活现象，在我们当代的中国哲学思考中还只有少数哲人对其作了哲学研究。① 作为一种以理性为根基，从探寻意义、追寻合理

---

① 非常有意思的是，当我着手开始做这一工作，查阅相关的资料时发现，已经有人先我而行了。赵建永于2003年在北京大学研究生学刊上发表了《“复”的思想观念及其现代意义》（上）一文，在《周易研究》（2004年）第二期发表了《〈周易·复卦〉象初爻的诠释进路》，又于2005年在北京大学研究生学刊上发表了《“复”的思想观念及其现代意义》（下）。赵文主要揭示了“复”观念的多重意义，在中国传统文化中的多方面表现。本文的思考进路在观念史的梳理方面与他有相同之处，但主要是以“复”观念为核心，尤其是以自然、人类生活中诸“重复”现象为核心，进而阐述“重复”现象的哲学意义，批评现代社会过于追求创新、创造，而忽视常规、日常生活对于人的意义。这是与赵的思考方向不甚相同之处。另外，对于法国哲学家德勒兹的相关思想的比较分析，在视野上也与赵氏有所不同。

性，并提供诸种合理性的哲学之思而言，要摆脱虚幻的玄思旧习，回归生活的大地，并给生活以诗意的灵光，似当从日常生活的诸多重要现象的理性反思出发，将哲学建设成为宗教、艺术之外的另一种精神家园，让人在“山重水复”的日常生活中，诗意地栖居着。仅就此点而言，我个人倾向于哲学与诗结盟，从诗中，或者干脆以诗的方式来进行哲学性的思考。①

---

① 对于何谓哲学这一问题，古今中外的哲学家给出了不同的回答。中国传统儒家哲学主要为人提供一种安身立命的学问，建立了一种修身、齐家、平天下的学问体系。而道家哲学则要求人们在遵道贵德的前提下，注重个人修养。古希腊哲学家柏拉图则要求人们追求绝对善的知识，这种绝对善的知识是永恒的、不变的，因而也是绝对的真。近现代以来，西方自然科学十分发达，以孔德为代表的老实证主义者，要求将哲学建立成如科学一样追求准确知识的科学，现象学家胡塞尔则更进一步要求哲学为科学奠定牢固的基础。海德格尔则将语言看作是存在之家，同时将哲学追求智慧的过程看作是不断去蔽的过程。而20世纪初英美哲学界兴起的分析哲学，则以拒斥形而上学为己任，将哲学看作是语言分析。当然，对于世界范围内的古今哲学史作一准确的描述，是系统写作世界哲学史的任务，中西方哲学的具体内容都十分丰富，难以尽述。就我个人的理解而言，当代哲学的使命就是探寻有意义的生活，对生活提出合理化的建议。这当然不是要将哲学伦理学化，而是要求哲学与宗教、科学适当地区别开来，与艺术特别是诗歌保持更加密切的联系。艺术、诗歌是以想象的方式探寻有意义的可能生活，对生活提出合情的新空间。哲学与艺术稍有不同的是，哲学要以理性的方式探寻有意义的可能生活，并对生活提出合情合理的建议。虽然如此，这样的哲学也不是一种“教化”哲学，因为它不以权威自居教导人们要按照哲学家提供的有意义的方式与合情合理的方式生活，而是启发人们运用理性，寻找适合每个人自己的合情合理，且有意义的人生。从启发的角度说，我们可以说，哲学的任务就在于启迪人们运用正确的方式从事正确的思考，从而追寻适合自己的有意义的生活，对于什么样的情境是合情合理的，能做出一个相当具有说服力的解释，因而可以将哲学重新命名为启迪哲学。从探寻意义与合情合理的生活模式的角度看，哲学又具有科学的求真、探索精神，只是它探寻的不是关于自然的确定性知识，而是人文性的可能性的且是合情合理的知识，因而哲学还是可以回到古老的本性上来，追求智慧的学问。智慧是一种知识，但不是一种对于每个人都适应的固定化的知识，而是一种具有启发性的，让人能找到适合自己要求的那种知识性的见解，简单讲，是一种活的、流动性的知识。孔子讲，“智者乐水”，老子讲，“水善利万物而不争，处众人之所恶，故几于道”。智慧就是类似中国哲人所阐述的“流水”。

对中国古典诗词稍有常识的人，大都知道并喜欢陆游《游山西村》一诗："莫笑农家腊酒浑，丰年留客足鸡豚。山重水复疑无路，柳暗花明又一村。箫鼓追随春社近，衣冠俭朴古风存。从今若得闲乘月，拄杖无时夜叩门。"

诗中"山重水复疑无路，柳暗花明又一村"诗句，正是诗人用诗意提升"山重水复"之"重复"、"柳暗花明"之变奏性的重复之后，使人对本来颇为简单甚至有点单调的乡村自然景象，不仅毫无单调重复、厌倦的感觉，恰恰在这种诗意的重复里包含着无限的生机，丰富的内容，让人诗意地行走并栖居在大地上。其实，揭示重复与诗意的关系，并不仅只有陆游的诗句，陶渊明的田园诗同样揭示了日常生活中的"重复"诗趣："山气日夕佳，飞鸟相与还。此中有真意，欲辨已忘言。"这是不同于陆游的另一种田园诗意。这里日日重复的山间云气，来回的飞鸟，似乎没有任何新意，却通过诗人的审美眼光让它具有了田园的恬静与安宁之美，从而与他曾经所在的官场争斗、混浊之丑形成了鲜明的单纯与宁静之美。李白的诗："众鸟高飞尽，孤云独去闲。相看两不厌，唯有敬亭山。"表达了人与自然的对话与理解。李白与敬亭山反复对看，日日相伴，在无言的对视中相互欣赏，在单纯的重复中展示自然与心灵的宁静之美。

应当说，陆游、陶渊明、李白诗歌中的"重复"意象之美，都有与不在场的官场之丑构成对照的意趣美的特征，如果不能将那不在场的官场之丑一同带到审美的当下，似乎就不太容易欣赏他们诗中的自然与日常生活的重复之美。然而，白居易《大林寺桃花》一诗，则给我们描绘出了一种自然节律的重复之美："人间四月芳菲尽，山寺桃花始盛开。常恨春归无觅处，不知转入此中来。"山下桃花盛开的美景已经不再，庐山大林寺的桃花又重现春天之美。自然之美移步换景，重复盛开的桃花通过地点的转移差异，让诗人获得一种意外的审美惊喜，从自然的节律与地理的转移所展现出的"重复"之美，则使"重复"展现出诗意的惊喜而不是单调与厌倦。

当然，并非自然的重复之美都能被人所欣赏，更非所有的重复都具有美的意韵，关键在于审美的主体是否具有审美的心境。具有

“诗圣”之称的杜甫，其诗中所描写的自然重复之景，就难以给人以美的快感，而恰恰在诗人描绘的自然之美中让人产生一种孤独、失意、无奈之感。《江村》一诗上半部呈现给我们的自然重复之美，绝不亚于陆游之诗：“清江一曲抱村流，长夏江村事事幽。自去自来梁上燕，相亲相近水中鸥。”曲折的清江环抱江村，江水日复一日从村庄流过，而长夏江村诸事幽静，表明日日如斯，了无新事。来往不已的燕子重复着自然的节律，相亲相近的鸥鸟重复着自然的生机，一切都那么和谐、安宁。然而我们从诗中感受到了陆游“山重水复”的诗意栖居没有？感受到了陶渊明“山气日夕佳，飞鸟相与还。此中有真意，欲辨已忘言”的田园归隐，深契于大自然的意境之美没有？显然没有。且看诗的后半部：“老妻画纸为棋局，稚子敲针作钓钩。多病所需惟药物，微躯此外更何求？”此时的杜甫，岂止是生理老病，惟需药物？更是人生建功立业的希望、梦想伴随着生理的老病而更变得极其衰弱，他已经厌倦了往日的进取与追求，只希求药物来治疗生理上具有直接感受的老病之痛。这种“惟药物”语词背后掩藏的不求之求，其实是往日太多希求的反复失望而导致的一种深入骨髓的怨恨与无奈。而这种深入骨髓的怨恨与无奈，即使是大自然恩赐的最好药物——水复、鸥闲、燕飞的江村美景也无法重起杜甫内在精神的沉疴。杜甫面对诗意的田园而无法诗意地栖居，一方面显示了他精神维度中纯儒的面向，但另一层面也表明杜甫精神中缺乏道家应有的超越精神向度，因而他缺乏主动追求退隐，与黑暗不合理的政治现实保持心理距离的内在精神动力。然而，杜甫这种颓而不废，衰弱而不沉沦的精神状态，又恰恰是因为“诗意”为他支撑住了一个“茅檐低矮”的平民日常生活，而将这一“茅檐低矮”的平民日常生活提升到“诗意”的审美境界，又是他称得上是“诗圣”的最好理由，体现了儒家“即凡而圣”，以诗教化众生，同时也教化了诗人自己灵魂的诗教精神。且看《客至》一诗就体现了杜甫这种“即凡而圣”的精神境界。“舍南舍北皆春水，但见群鸥日日来。花径不曾缘客扫，蓬门今始为君开。盘餐市远无兼味，尊酒家贫只旧醅。肯与邻翁相对酌，隔篱呼取尽余杯。”这是绝无新鲜意味的，而且有些单调的农村生活。他本来已经安享晚年，与邻翁不时喝点谈不上品质很好的老酒。可有个崔明府大人前来访问，打破了这种平凡安宁的生活，让他心中久已沉埋的坏的情绪又被提到眼前。他早已经不想讨好官场中人物了，又不便黑下脸来打发客人，只得以简陋、随顺的态度来对待这位崔明府，花径落叶与落红一任自然，开启蓬门勉强接待不速之客。对于崔明府大人而言，既无好菜，又是旧醅，更兼无语可谈，这样的人生场面当然十分难耐。然诗人还是要以主人待客之礼，故征询明府大人，如果能允许我邀请隔壁的老翁一起来对酌，我就与隔壁的老翁打声招呼，让他一起来喝完剩余的浊酒，可能使这餐简陋的饭局要更有趣味些。

诗人究竟呼取隔壁老翁前来对饮与否，这并不重要。重要的是，诗人晚年的村居生活虽然极其简陋，但也总算安宁。时常有普通的老翁前来对酌浊酒，也能在质朴的生活中获得一点“生人之趣”(王夫之语)。换句话说，诗人没有让自己的思想凌空蹈虚，上要九天揽月，下要五洋捉鳖，而就是在真实的、普通人的生活联系中获得了心灵的安慰。这种即庸常而即安宁的生存态度，正是《中庸》上所讲的“君子之道费而隐”的道理。而作为“诗圣”的杜甫真实地践行着儒家“即凡而圣”的人生哲学，并用诗歌的艺术形式把这种生活记录下来了。他用“诗意”支撑了自己晚年村居生活，但他所描绘的水复山环的村居景象似乎缺乏足够的“诗意”。这一点与陶渊明的田园诗比照起来，尤其显得更为突出。

在当代诗歌之中，“重复”之美还表现在毛泽东的诗作之中：“喜看稻菽千重浪，遍地英雄下夕烟。”①该诗是毛泽东阔别32年后回到韶山时所作。全诗的感情深沉复杂，一方面对在革命斗争中牺牲的广大同志有一种深切的怀念之情，另一方面又对改天换地的革命理想充满着一种激情。诗的结尾两句，写景抒情，表达了对新社会、新生活的无限赞美之情：那一望无际的、充满丰收景象的稻菽

---

① 毛泽东《到韶山》(七律)全诗：别梦依稀咒逝川，故园三十二年前。红旗卷起农奴戟，黑手高悬霸主鞭。为有牺牲多壮志，敢教日月换新天。喜看稻菽千重浪，遍地英雄下夕烟。

是重重叠叠的金黄色的波浪，孕育着无限的生机与希望。那无数的、普通的人民大众，在远镜头里虽是重复的、无个性的人物，然而却是改天换地的新时代的英雄人物。

当然，古今中外的诗作中，描写"重复"意象之美的诗作远不止上述所引的诗篇，然诗作中的"重复"的意象之美，足以让我们更加深入地思考"重复"现象的丰富哲学意蕴。

九、尼采、德勒兹论"重复"与差异①

德勒兹从西方哲学史的批判入手，将"重复"与西方哲学史上的"一般性"(普遍性)区别开来，他认为，重复正是一种单一性意义上的思想行为过程，"重复只有在与那些不相等或没有等同性的唯一性或单一性的事物联系时才是一定的方式的行为。并且这个在极端水平上对行为的反射的重复，因为它拥有的部分，一种鼓励它的更神秘的振动，一种更深刻的、在单一性内部的内在的重复。这是一种自相矛盾的快乐的外部表现：它们重复着一种不可能的重复"。②

德勒兹的目的是要在"重复"中发现差异，而不是单纯地讨论"重复"现象本身具有的价值与哲学意味。即使这样，他对于"重复"观念的系列论述，还是以西方哲学的"他者"形象给我们提供有价值的诸多启迪。他通过对尼采与克尔恺郭尔的研究，列出了与"重复"相关的四个方面的内容，其一，"在自身中重复的新事物。

---

① 2012年6月11日晚，在杭州的"沟通与创造"会议上，我与沈清松先生谈到自己正在思考"复"的观念，他告诉我现代法国哲学家德勒兹有《差异与重复》一书，当晚我上网查阅，果然是这样。由德勒兹而上溯到尼采，发现西方先哲已经思考过此问题了。不过，他们的哲学出发点与我的不同，但对我的思考有极大的启发。又，本文目前尚无法深论尼采、德勒兹有关"重复"的论述，暂引用潘于旭《断裂的时间与"异质性"的存在——德勒兹〈差异与重复〉的文本解读》一书中所论及的内容，转述德勒兹论"重复"的思想。

② 参见潘于旭：《断裂的时间与"异质性"的存在——德勒兹〈差异与重复〉的文本解读》，浙江大学出版社2007年版，第81页。

这是一种与检验相连结的重复，与一种选择或者选择的检验相关，通过选择使重复成为客体的最高意志和自由”。其二，“在结果上与自然规律相对立的重复。德勒兹在序言中已经指出，根据自然规律的重复是不可能的”！其三，“这种重复是与道德规律相对立的重复。一个思想超越了善与恶时，重复所表现的就如同单一的和孤独的逻辑，是思想家个人的逻辑”。在德勒兹看来，“克尔恺郭尔与尼采的重复中，克尔恺郭尔对重复的理解是：重复是通过争论而顺从精神的意图达到了对先验的一致性的共享”。而“尼采永恒轮回的重复取代并超越了道德规律的形式主义，这种重复是一种残酷的直接形式的形式，也就是普遍性与个体性相结合的形式，它废黜了所有一般性的规律，消解了中介性，同时也消灭了与规律相对应的特殊的主体性”。其四，重复相对立的不仅是一般的习惯而且也是与特殊性的记忆相对立。在这种意义上的“重复”，在德勒兹看来，习惯就是那种从对“无”的重复的沉思中汲取出新的东西的行为。①

要而言之，德勒兹认为，重复直接就是新事物本身，它已经不再是原有意义的同一性重复。“重复是发现生命力创造新事物的表现；重复不是按照自然规律进行的，相反，重复反对任何具有合法性基础的自然同一性，即反对无差别的重复；重复是个体性的，私人性的，现代哲学更多的是流星式的思想家及其直接地赤裸地重复进行的；重复是永恒轮回的肯定性，是面向未来的新事物。”②

我在这里无意去与尼采、德勒兹等人所论进行辩难，仅是作为思想的他者引出来作为本文的参照系。本文认为自然界与人类社会生活中其实有很多“重复”的现象，没有必要否认这一现象的客观性与真实性。“重复”现象虽非都是可欲的，但有些“重复”是自然的，而且是必须的。重复就是重复，而不是差异。重复不否定差

---

① 潘于旭：《断裂的时间与“异质性”的存在——德勒兹〈差异与重复〉的文本解读》，浙江大学出版社 2007 年版，第 86~88 页。

② 潘于旭：《断裂的时间与“异质性”的存在——德勒兹〈差异与重复〉的文本解读》，浙江大学出版社 2007 年版，第 89 页。

异，也可以孕育差异，但不是差异本身。重复与差异本身就是差异，差异不是矛盾，并没有必要进行相互的否定，正如牛与马是差异，但不相互否定一样。矛盾是特殊的差异，是一种相互否定，有时也是相反相成的差异。不是事事、处处都需要“重复”，也不是事事、处处都要否定、否认“重复”，作为一种自然现象、社会现象，人类的生存、生活、学习、工作中的现象之一——“重复”，要进入我们的思想视野，要正视它与创新、创造、发明的关系。但我们要努力避免那些恶的“重复”，承认并顺从那些必须的、孕育创新、创造可能性的“重复”。

结　语

地球在变小，而我们每个人的世界在变大，外面的世界对于很多人而言似乎是那么的精彩。当今的人类似乎都在发疯，创新、创造、猎奇，甚至无所不用其极。如果我们脚下的地球也像我们发疯的人类一样，每一天都不断地地震、大陆板块分离又重合，海浪淹灭大地又退回大海，气温反复无常：冷，可至零下 20 度或更低；热，可至 50 度或更高，而且这种变化完全是一种随机的，从人的认识角度来看，每件事情出现的概率是不确定的，地球上的生物将会是怎样的？地球上的人类将会是怎样的？

中国农业文明所依赖的自然条件就是地球围绕太阳公转和它自转的节律为基本依托，来建立人文的世界秩序。日出而作，日入而息；春生夏长，秋收冬藏，因而推崇一种奉常处变，重视常道以驾驭变化的价值观。这种文明成果的价值在工商业化的文明那里将应该如何被重新认识，并给予恰当的估价？资本主义将以往的人类历史称之为蒙昧时代，展开了一场旷日持久的“启蒙思想”运动。那么，当现代工商业文明进入到自己的危机时代，我们人类是否也要重新以人类的文明历史为根基，对资本主义文明制造出的新的蒙昧，重新展开一场思想的启蒙运动呢？

“山重水复疑无路，柳暗花明又一村。”陆游“山重水复”的诗意带我们人类进入诗意的生存。我们的时代不正是要追求这种诗意的、美的重复与重复的美，以慰藉心灵深处的焦虑吗?①

---

① 2012年7月22日(星期天)，本人参加“道德、信念、真理”的小型学术讨论，在该会上提交了此论文的初稿，哲学学院的同仁们提出了很多好的修改建议，整理如下。郝长墀：简单的、机械的“重复”是同一性的重复，如电视广告。此种重复肯定没有诗意。苏德超：(1)从语言上说，“重复”首先要诉之于“差异”，无差异不可能辨别“重复”。(2)“重复”作为一种现象，与差异没有价值上的优劣。张传有：不要将稳定、保守与创新对立起来了；重复过程中有创新。创新是一个过程，创新需要重复，注意重复与创新的统一。通过重复实现创新的意思要阐述出来。杨云飞：(1)“常道”要对一治一乱的重复负责。(2)欧美对保存传统的问题做得比我们好。张建华：(1)把重复当作一中性的现象来看，不能作价值上的判断。(2)谁在重复？历史没有重复，历史学家在重复。临帖是重复，但是一种创造性的重复。刘乐恒：善恶的标准如何确定？解释的循环与重复有没有关系？朱松峰：重复根本上在于时间性。线性的时间是导致单调的机械重复，而综合了古今未来于一体的内在时间则可以产生诗意的重复。海德格尔对此有论述。

经史抉微

学鉴

《诗经》时代及其人文特征

◎杨　华①

什么是“《诗经》时代”？换言之，《诗经》所覆盖的时段究竟有多长？其时代特征和文化风貌是什么？这关乎中国上古文明的认识问题，不能不有所辨说。

一、所谓“《诗经》时代”

《诗经》时代似乎可以从这样三个层面来理解：一是《诗经》内容所涉及的年代；二是《诗经》创作的年代；三是《诗经》流行的年代。

1.《诗经》内容所涉及的年代

《诗经》中反映的内容包括商代、西周和春秋时期的史事。

最早的史事涉及商汤。《商颂》中的《那》《烈祖》《玄鸟》《殷武》几篇，讲到商汤、殷中宗、殷高宗的事迹。这牵扯到《商颂》的年代问题。一种观点认为，《商颂》五篇是春秋时期宋国的作品：

---

① 本文是国家社科基金“简帛所见楚地丧祭礼制研究”（批号：09BZS006）的阶段性成果。

微子至于戴公，其间礼乐废坏。有正考甫者，得《商颂》十二篇於周之大师，以《那》为首。(《毛诗小序》)

襄公之时，修行仁义，欲为盟主。其大夫正考父美之，故追道契、汤、高宗，殷所以兴，作《商颂》。(《史记·宋世家》)

这种观点认为，宋国的正考甫(父)为了配合宋襄公的霸业，而创作了歌颂商人先祖的史诗。因为宋人是殷商的后裔，所以汉代才会有此种说法。但是唐代司马贞的《史记索隐》已经对此说提出批评：

《毛诗·商颂序》云正考父于周之大师“得《商颂》十二篇，以《那》为首”。《国语》亦同此说。今五篇存，皆是商家祭祀乐章，非考父追作也。又考父佐戴、武、宣，则在襄公前且百许岁，安得述而美之？斯谬说耳。

这里面至少有两处矛盾：一是年代冲突，宋戴公(前799—766年在位)与宋襄公(前650—637年在位)的生活年代相差一百多年，正考父究竟生活在什么时期？二是《商颂》为正考父所作，还是他从周朝的宫廷乐官(“周之大师”)那里听来的？即使《商颂》确为正考父所献、所作，它可能也是宋国宫廷祭祖时，世代沿袭相唱的殷商史诗，而非向壁虚构。

今天，甲骨文的某些材料，已经证明了《商颂》部分内容的可信。所以，把《商颂》视为春秋时期宋国宫廷祭祖时唱奏的歌颂其殷商先祖的乐舞，估计没有问题。

至于周代史事，所知最早的内容甚至上溯至周人的始祖后稷，这见于《大雅》的《生民》、《旱麓》、《周颂·思文》、《豳风·七月》等篇。按照《毛诗小序》的说法，有不少《诗》篇涉及武王伐商、建立周朝之前的史事，如《大雅》中的《文王》《大明》《緜》《棫朴》《旱麓》《思齐》《皇矣》《灵台》诸篇。周人立国之初的史事，更见于多篇《诗》文，例如《豳风》中的《东山》和《破斧》两篇。《破斧》讲到

“周公东征，四国是皇”，《东山》讲到“我徂东山，慆慆不归。……自我不见，于今三年”，它们说的都是周初“周公东征”的历史，大约在周成王三四年（约前 1040—1039 年）。此外，《豳风·鸱鸮》据说是“周公救乱”时，“成王未知周公之志”，周公自作诗以便给成王看的。《豳风》中的《伐柯》《狼跋》据说也与周公事迹相关。《大雅》中的《公刘》《泂酌》《卷阿》3 篇，据说是召康公所作，用以“戒周成王”的诗。这样，关于周人灭商之前的诗，将近 10 篇；涉及周初周公、成王史事的诗，也有近 10 篇。

至于涉及西周中期史事的诗，则并不多。按照《毛诗序》的说法，康、昭、恭、懿、孝、夷诸王的史事，似乎《诗经》都没怎么反映。

奇怪的是，周厉王之后的史事，在《诗经》中的反映竟突然多了起来。有 5 篇与周厉王有关，有 20 余篇与周宣王有关，有 40 多篇与周幽王有关。当然，对厉王、幽王多是讽刺和怨尤之诗，对宣王则以称美为多。这说明，在《毛诗序》看来，西周末年是《诗经》要反映的重点。

以上内容加起来，不到 100 篇。剩下 200 余篇，是否都是反映东周史事的诗歌？并非如此。《大雅》《小雅》反映的大都是西周贵族生活的场景，虽然人物难以坐实；十五国风共 159 篇，除去上述明言反映周初史事的篇章外，估计有 150 篇反映了东周的内容。所以，总体来看，《诗经》约有一半反映了西周的史事，有一半反映了东周的内容。

东周分为春秋和战国两个阶段，关于这两个阶段的分界年代，有鲁哀公十四年（前 481 年）、周敬王四十四年（前 476 年）、周贞定王元年（前 468 年）、周威烈王二十三年（前 403 年）4 种说法，时下一般采用公元前 476 年之说。那么《诗经》中的史事，其下限到了什么年代？

一般认为，《诗经》中最晚的一篇是《陈风·株林》，《毛诗小序》说它“刺灵公”，即讽刺陈灵公（前 613—约 599 年）淫乱的史事，此事发生在公元前 600 年。

如此说来，《诗经》反映的东周史事，应截止于春秋中期。事实上也是如此，《国风》中比较有所实指的东周诸侯，主要有秦襄公（前777—766年在位）、卫庄公（前757—735年在位）、卫宣公（前718—700年在位）、郑庄公（前743—701年在位）、齐襄公（前697—685年在位）、晋献公（前676—651年在位）等，他们生活的年代大都在公元前8世纪和公元前7世纪，应属于春秋的前期和中期。

2.《诗经》创作的年代

关于《诗经》各篇的创作年代，也存在诸多争议。一般认为，《周颂》最早，是西周初年的作品。《大雅》《小雅》《国风》中的部分作品产生于西周初年，大部分则是西周末年和春秋时期的作品。《鲁颂》是平王东迁之后的作品。

在《毛诗序》中，署有作者名的篇章达35篇之多。《毛诗小序》解读《诗经》各篇时，往往把它们附会到周代的某王、某妃、某大夫。例如，说《关雎》《葛覃》《卷耳》是周文王的后妃所作，说《七月》《鸱鸮》《东山》是周公旦所作。这些说法恐怕大多没有根据。不过，也有一些说法是可靠的，例如《鄘风·载驰》是许穆夫人所作，大概没有问题，因为这篇诗歌所讲的故事，在《左传·闵公二年》中也有所记载，时间是公元前660年。

然而，绝大多数《诗经》作者并不可考。古籍中记载西周有所谓"采诗"制度，如何采诗，又有不同说法。《汉书·食货志》说由"行人"之官"振木铎徇于路以采诗，献之大师，比其音律，以闻于天子"；《公羊传·宣公十五年》疏则说，是由无子的老年男女到各地采诗后层层上献的。《周礼·秋官》中有大、小行人之官，主管外交，下情上达估计也是其职责之一。

既然作者不可考，那么《诗经》是何时结成一集的呢？孔子（前551—479年）是一个界标性的人物。历代有所谓"孔子删诗"的说法，据说在孔子之前《诗经》的篇目达三千多，经过孔子的删定才保留了305篇。但历代学者都不太认同这一说法，证据有二：

第一，在孔子之前，《诗经》已经基本定型。因为在《左传·襄公二十九年》记载了吴国公子到鲁国观乐的说法，当时他看到的《风》《雅》《颂》，其编次和篇目与今本已差不多了。其时是公元前

544 年，孔子仅仅 7 岁。

第二，孔门“六艺”包括《诗》学。《诗经》作为儒家的教科书，在《论语》中有 8 处共 14 次提到“诗”字，大多可理解为《诗经》，例如：

> 子曰：“《诗》三百，一言以蔽之，曰：‘思无邪。’”(《为政》)
>
> 子所雅言，《诗》、《书》、执礼，皆雅言也。(《述而》)
>
> 子曰：“诵《诗》三百，授之以政，不达；使于四方，不能专对；虽多，亦奚以为?”(《子路》)
>
> 子曰：“小子何莫学夫诗?《诗》可以兴，可以观，可以群，可以怨。迩之事父，远之事君。多识于鸟兽草木之名。”(《阳货》)

从这些解释来看，孔子对《诗经》有全面而深刻的理解，对《诗经》的现实功能也相当了解。在孔门弟子的受业课目中，《诗经》极为重要。他对自己儿子孔鲤(伯鱼)的要求是：“不学《诗》，无以言；不学《礼》，无以立。”①子贡、子夏都因为说出《诗经》中的句子并作了正确的阐释，深得孔子嘉许，称他们“始可与言《诗》已矣”。② 总之，在孔子时代和孔门师徒眼中，《诗经》已是一种相当完整、相当成熟的文献。

这样，《诗经》的结集最晚不会晚于孔子所处的春秋晚期。至于“孔子删《诗》”说，一般认为，他做的是“音乐删《诗》”的工作，即把因礼崩乐坏而导致的诗、乐淆乱，进行了一番重新整理，使之重新回到礼、乐、诗、舞偕配的状态，也就是所谓“正乐”。③

3.《诗经》流行的年代

目前还没有看到西周歌唱和引用《诗经》的记载，《诗经》的使

---

① 《论语·季氏》。

② 《论语·学而》、《论语·八佾》。

③ 杨华：《先秦礼乐文化》，湖北教育出版社 1997 年版。

用和流行在春秋时期达到高潮，即赋《诗》言志。

所谓赋《诗》，即在盟会、使聘、燕飨等礼制活动中，从《诗经》中选取与自己欲表达的意思相近的乐章(主要是《风》和《雅》)，合着音乐唱出来。有时是赋者自唱，有时则请乐工代唱，对方也选取《诗经》中能表达己意的乐章来唱答，这叫作“赋《诗》言志”。《礼记·孔子闲居》概括得最为准确：“志之所至，《诗》亦至焉；《诗》之所至，礼亦至焉；礼之所至，乐亦至焉。”春秋时期，赋《诗》之礼极为常见。据统计，《左传》中记载的赋《诗》达53篇次之多。当时有修养的贵族，在政治交往和社会生活中“不必亲相与言也，以礼乐相示而已”。① 那是一个《诗经》流行的时代。

这种赋《诗》言志的文化风气延续到什么时候呢？《左传》记载，鲁定公四年(前506年)，楚臣申包胥哭于秦廷，以求秦国出兵救楚，秦哀公于是“为之赋《无衣》”。可见当时还有赋《诗》之礼。然而到战国时期，此种礼制便不流行了。清人顾炎武说：

> 春秋时犹尊礼重信，而七国时则绝不言礼与信矣；春秋时犹宗周王，而七国则绝不言王矣；春秋时犹严祭祀，重聘享，而七国则无其事矣；春秋时犹论宗姓氏族，而七国则无一言及之矣；春秋时犹宴会赋《诗》，而七国则不闻矣；春秋时犹赴告策书，而七国则无有矣。邦无定交，士无定主，此皆变于一百三十三年之间。……不待始皇之并天下，而文武之道尽矣。②

顾炎武认为春秋时代的宴会赋《诗》，就在这133年之间发生了大变化。具体是什么时候呢？根据顾氏的说法，是从周敬王三十九年(前481年，《春秋》的书写终止年代)到周显王三十五年(前334年，诸侯相王，苏秦为合纵之长)，实际是战国前期的150年

① 《礼记·仲尼燕居》。

② 顾炎武：《日知录》卷十三“周末风俗”，黄汝成集释，秦克诚点校，岳麓书社1994年版，第467页。

时间。

不过，《诗经》作为经典而被引用的文化习惯却从来没有中断过。“子曰……《诗》云”是儒门弟子说话的基本格式，孔儒后学所著典籍的论说格式也大都如此。在《论语·泰伯》中，曾参就引用过《诗经》。即使在顾炎武所说的春秋战国之际的文化大变革之后，士人们还是习惯于引用《诗经》。今天出土的从战国中期到秦汉时代的竹简材料已相当丰富，其中也有不少儒家类文献，“子曰……《诗》云”的格式仍然相当明显。

综上三个层次的时间来看，《诗经》内容所涉及的年代可上溯到商代和西周，截止于春秋中期；《诗经》创作的年代，包括西周和春秋，其结集最晚不晚于孔子所处的春秋晚期；而《诗经》的流行以赋《诗》言志为代表，在春秋时期达到高潮，截止于战国前期。

如果把这三个年代综合起来看，我们认为，所谓“《诗经》时代”的主体应当指西周和春秋年间，向后延至战国前期也是合适的。换言之，它指的就是公元前 11 世纪至公元前 4 世纪，约 700 年时间。

这个“《诗经》时代”，使人联想到两个可与之进行对比的时间概念。

一个是“青铜时代”，中国文明史上有“青铜时代”说法，郭沫若、夏鼐、张光直等考古学家都曾使用这个概念，约指从青铜器组合粗具规模的夏代（公元前 20 世纪），到铁器出现的春秋战国之交（公元前 5 世纪），历时约 1500 年时间之久。

另一个就是西方的“《荷马史诗》时代”。古希腊盲诗人荷马创作的两部长篇史诗《伊利亚特》和《奥德赛》统称为《荷马史诗》，正是靠这两首乐歌的内容，后人得以了解公元前 11 世纪到公元前 9 世纪的古代希腊社会。与《诗经》一样，《荷马史诗》也是由许多民间行吟歌手集体口头创作的，在公元前 9 世纪至公元前 8 世纪，经荷马加工整理而成。这两部史诗到公元前 6 世纪才正式以文字的形式记录下来。西方的《荷马史诗》与我国的《诗经》，其编写过程多少有些相似。这使我们不得不惊叹，“轴心时代”的人类文明，确有共同之处。

二、《诗经》时代的人文特征

如何理解“《诗经》时代”？那700年的时代精神是什么？这里拟从几个方面来加以说明。

1.《诗经》时代是一个贵族时代，血缘关系决定着社会的组织结构和运作规则

中国自进入文明阶段以来，血缘组织解体不够充分，夏、商、周三代都是如此。现在越来越多的学者相信，中国之所以在公元前20世纪进入文明阶段，其推动力并不是生产力的进步和生产技术的突破，而是宗法制度和礼乐制度。作为文明要素的青铜器、文字、城市和国家，都离不开宗法制度和礼乐制度。此前王国维等学者认为，周人开始把宗法制度严密化，形成了嫡长子继承制、同姓不婚等宗法制度。此外，甲骨文的材料表明，商人也有比较成熟的宗法制度。

周人的宗法制度有很多表现。首先，全国各地的官员大都为姬姓的亲戚。将自己的同姓亲戚按照大宗、小宗的结构层层向下分封，大宗嗣国，小宗分封出去另拓疆土；小宗中的大宗再嗣土守胙，小宗再向外拓。最终形成一个同姓的亲戚政治网络，这就是所谓“封邦建国”，“封建亲戚，以藩屏周”。换言之，周代国家的各级管理者都是姬姓的亲戚。

其次，那个社会的贵族只占全国人口的少部分，他们享有种种特权。当时只有贵族子弟才能接受教育，这就是所谓“官学”。这些官学实际上就是周代的政府机构，它们兼带有教育贵胄子弟的功能。而这些贵胄子弟则是全国官员的后备力量，所有政治管理者按照“世卿世禄”的原则来选拔人才，平民没有上升为统治者的渠道。到孔子之后才出现所谓“私学”，春秋晚期军功贵族的出现才打破血缘世袭的人才禁忌。当时城乡之间界限很大，居住在城里的人称为“国人”，居住在城外的人称为“野人”，目前对他们之间的身份差别还没有定论。

再次，贵族社会必然是一个等级森严的社会。封国之间有公、侯、伯、子、男的等级；贵族之间则有公侯、卿大夫、士的等级。社会的资源配备，包括宫室、车旗、舆服、器用之类都按照所谓“命”的等级来安排，比如，天子用九鼎八簋，诸侯七鼎六簋，大夫五鼎四簋，元士三鼎二簋。天子“九命”，享受桓圭九寸，缫藉九寸，冕服九章，建常九斿，樊缨九就，贰车九乘，介九人，礼九牢；侯伯一级则是“七命”，这些器用都按照七的数量来安排。其他以此类推，大夫一级“五命”，士“三命”。庶人无“命”，没有政治特权，也没有享受教育的权利。

《礼记·内则》中的一段记载，可以加深我们对周代贵族的认识：

> 六年，教之数与方名。七年，男女不同席，不共食。八年，出入门户及即席饮食，必后长者，始教之让。九年，教之数日。十年，出就外傅，居宿于外，学书计，衣不帛襦裤。礼帅初，朝夕学幼仪，请肄简谅。十有三年，学乐，诵《诗》，舞《勺》，成童舞《象》，学射御。二十而冠，始学礼，可以衣裘帛，舞《大夏》，敦行孝悌，博学不教，内而不出。三十而有室，始理男事，博学无方，孙友视志。四十始仕，方物出谋发虑，道合则服从，不可则去。五十命为大夫，服官政。七十致事。

对这一人生历程，《礼记·曲礼上》篇中也有类似的描述：

> 人生十年曰幼，学；二十曰弱，冠；三十曰壮，有室；四十曰强，而仕；五十曰艾，服官政；六十曰耆，指使；七十曰老，而传；八十九十曰耄，七年曰悼。悼与耄，虽有罪，不加刑焉。百年曰期颐。大夫七十而致事。若不得谢，则必赐之几杖，行役以妇人。适四方，乘安车。自称曰老夫，于其国则称名。越国而问焉，必告之以其制。

从中可以看出当时一个贵族的人生轨迹，每个阶段社会对他都有固定的角色安排，他个人也有固定的身份期待。明乎此，则对孔子所谓“十有五而志于学，三十而立，四十而不惑，五十而知天命，六十而耳顺，七十而从心所欲不逾矩”的自述，① 会有更深刻的理解。孔子终身努力的目标，正是将自己的人生轨迹与周代贵族的角色安排相配合。孔门后学也将这种人生轨迹奉为圭臬，世代称颂：“古者圣人廿而冠，卅而有家，五十而治天下，七十而致政。”②

2.《诗经》时代是一个讲求“德治”的时代，刑威并非当时的主流思想

甲骨文中已出现“德”字，但数量较少。金文中“德”字已相当常见，估计有上百条。金文中对“德”字的常见说法，有“政德”、“懿德”、“纯德”、“先王之德”等，周人常常把“秉明德”、“秉德恭纯”、“克哲厥德”、“敬顺天德”作为贵族行为高尚的赞美之词。最有代表性的是近年公布的“燹公盨”（或读豳即邠，或读遂），这件器物的年代据说是西周中期偏晚的孝王或夷王时期，其铭曰：

> 天命禹尃（敷）土，随（堕）山浚川，乃差地设征，降民监德，乃自作配飨民，成父母，生我王作臣。厥贵唯德，民好明德，寡（顾）在天下，用厥邵好，益吁懿德，康亡不楙（懋）。孝友，于明巠（经）齐，好祀无废。心好德，婚媾亦唯协。天厘用考，申复用福录（禄），永孚（保）于寍（宁）。豳公曰：民唯克用兹德，亡诲。

铭文先讲大禹治水的故事，随后讲到君主和官吏要有德于民，顾念天下，而百姓也要勤谨祭祀、孝顺父母、友善兄弟，通篇铭文中共有6处出现“德”字。这是西周以德治国观念的明证。这些说法，与《尚书》等文献中的记载大致相近。

---

① 《论语·为政》。

② 《唐虞之道》，参见《楚地出土战国简册合集·郭店楚墓竹书》，文物出版社2011年版，第61页。

那么周人讲的“德”，究竟是什么意思呢？有人认为，它指“正见于心”。《周易·乾卦》：“君子敬德修业。”这里的“德”指德行。《尚书·武成》：“大邦畏其力，小邦怀其德。”这里的“德”指恩惠。《尚书·泰誓》说商纣时“离心离德”，而周初“同心同德”，这里的“德”指心意、谋虑。

再具体一点，恩惠、德行、谋虑又是指什么呢？《国语》中把它们说得更详细了。《国语》中有“三德”说，指仁、义、祥；有“四德”说，指精、忠、礼、义或者忠、仁、信、义；有“七德”说，指尊贵、明贤、庸勋、长老、爱亲、礼新、亲旧。《尚书》《周礼》《论语》《左传》《管子》等文献，都有关于三德、四德、五德、六德、七德、八德乃至九德的多种说法，不烦赘引。总之，这是一些美、善的价值规范，从中可以看到儒家核心价值观的源头。

周人以“蕞尔小邦”而一举灭掉“大邑商”，使他们认识到“天命靡常”，像殷人那样如此勤谨地对待鬼神也无济于事，唯有“敬德”“保民”才能得到天命。于是周人话语中，常常出现“敬德”、“明德”、“用德”和“德行兼一”等说法。“德”字在《尚书》中出现50次（包括争议很大的伪《古文尚书》），在《诗经》中出现18次，大都是正面意项。在周人心目中，周文王是最有德的人。“文王之德”简直可以感化天地，泽被四裔，所以周人得到天命的眷顾，得到四海的认同。文献中常常讲到“被文王之化”，便是指此。

“德”的反义词是“刑”。周人在主张敬德的同时，也主张忌刑，这是相辅相成的两种价值观。《尚书·康诰》的主旨就是要告诫康王“慎德刑”，既要向老百姓普施恩惠，又要谨慎使用刑罚。文中说“文王所敬、忌”，就是敬德而忌刑。周人不是完全不关心“刑”，但那时的“刑”主要指法度，《论语·里仁》中孔子说：“君子怀德，小人怀土；君子怀刑，小人怀惠。”指君子既关注德行，也关注法度。①

春秋战国的文献中，“刑德”或“德刑”成为一个专门熟语，十分常见。

---

① 刑，孔注：“安于法。”

《诗经》时代的敬德，产生了两个积极的效果：第一是对鬼神世界的理性态度，所以《诗经》时代是人文的世界，而不是一个神文的时代，没有出现商人那样的宗教弥漫现象，他们采取"尊礼尚施，事鬼敬神而远之"的态度；① 第二是对民众的尊重，《尚书·泰誓》说："天视自我民视，天听自我民听。"对天命的畏惧和服从更加理性，这是后来孟子等儒家民本思想的源头。

3.《诗经》时代是一个"尚文"的时代，礼乐文章十分发达

在人类的轴心时代，各大文明都出现了告别野蛮的强烈的"人类自觉"意识。中国的夏商周三代就是这种"文野之别"的重要时期。

孔子所谓"周监于二代，郁郁乎文哉！吾从周"，② 意思是指周代吸取了夏商两代的文化精华，把文化推向高潮。儒家对于夏商周三代的异同有一种循环论的追述：夏人尚忠而失于野，商人尚敬而失于鬼，周人尚文而失于薄。而到了孔子时代，儒家觉得过于文和过于质都不行，主张进行折中："质胜文则野，文胜质则史，文质彬彬，然后君子。"③

怎样才算"文质彬彬"呢？可以从这样几个方面来理解：一是有礼仪之大；二是有服章之美；三是有语言之雅。

按照唐朝人对华夏文化优越性的理解，"中国有礼仪之大，故称夏；有服章之美，谓之华"。④所谓礼仪之大，即后人归纳的"五礼"，有所谓"经礼三百，曲礼三千"之说。它包括丰富的礼物、繁复的礼仪、周到的礼辞、深刻的礼义。君子的坐卧行止、举手投足，都要合乎礼乐规范。

所谓服章之美，是指周代服饰的复杂和优美。周人主张"衣服不贰，从容有常"，从冠、衣、裳至带、屦、饰都要合乎礼制，认为只有这样"民德"才能"归一"。《诗经·小雅·彼都人士》是一篇周人嘲笑服饰不整的诗歌，在他们的心目中，君子就应当是"彼都

---

① 《礼记·表记》。

② 《论语·八佾》。

③ 《论语·雍也》。

④ 《左传·定公十年》孔疏。

人士，狐裘黄黄。其容不改，出言有章。行归于周，万民所望”。

所谓语言之雅，指君子不仅要动作容貌有常，而且口辞言语必须合乎法度。孔子云“《诗》、《书》、执礼，皆雅言也”，① 身居东方的他在行礼和教授儒家经典时，说的都是西方周人的官话（“雅言”），这在当时并不多见，所以备受尊重。所谓语言之雅，还指日常生活，尤其是行礼时使用一种类似书面语的文言雅辞，比如周人对一些物品都有雅称，并不直呼其名：

> 凡祭宗庙之礼，牛曰“一元大武”，豕曰“刚鬣”，豚曰“腯肥”，羊曰“柔毛”，鸡曰“翰音”，犬曰“羹献”，雉曰“疏趾”，兔曰“明视”，脯曰“尹祭”，槀鱼曰“商祭”，鲜鱼曰“脡祭”。水曰“清涤”，酒曰“清酌”。黍曰“芗合”，粱曰“芗萁”，稷曰“明粢”，稻曰“嘉蔬”，韭曰“丰本”，盐曰“咸鹾”。玉曰“嘉玉”，币曰“量币”。（《礼记·曲礼下》）

这些雅称在上古文献（尤其是“三礼”）所载的礼仪活动中，经常被使用。《周礼·大祝》之职在于辨识这“六号”（神号、鬼号、示号、牲号、齍号、币号）。郑玄认为，这些“号”就是为了“尊其名”而改用的“美称”。这是非常有道理的。例如祭祖时会说：“孝孙某，敢用柔毛、刚鬣、嘉荐、普淖，用荐岁事于皇祖伯某，以某妃配某氏。尚飨！”②甚至在出土的战国楚简中祭祷文句中也可看到。③ 又如，《礼记·曲礼下》载：

> 问天子之年，对曰：“闻之，始服衣若干尺矣。”问国君之年，长，曰：“能从宗庙社稷之事矣。”幼，曰：“未能从宗庙社稷之事也。”问大夫之子，长，曰：“能御矣。”幼，曰：“未

① 《论语·述而》。

② 《仪礼·少牢馈食礼》。

③ 如新蔡葛陵楚简中就有“敢用一元犆牂”的记载。参见《楚地出土战国简册（十四种）》，经济科学出版社 2009 年版，第 406 页。

能御也。"问士之子，长，曰："能典谒矣。"幼，曰："未能典谒也。"问庶人之子，长，曰："能负薪矣。"幼，曰："未能负薪也。"

问国君之富，数地以对，山泽之所出。问大夫之富，曰："有宰食力，祭器衣服不假。"问士之富，以车数对。问庶人之富，数畜以对。

正如郑注所说，当言及贵族的年龄时，既不能直白地说出其年岁之大小，又要在回答中委婉地展示出对方的所能所事，平时贵族间的对话竟是如此典雅有致！孔子及其门徒以精通"雅言"著名，什么是"雅言"？应当有两层含义：一是指远居东方齐鲁之地的孔儒一派会说西部关中地区的官话，这是声调上的文化主流；二是在行礼说话时，能够按照礼制规定精于这些"美称"，即以典雅精当的礼辞而居于文化主流。

如果了解《诗经》时代是一个贵族社会，我们就会理解，上古文献中常常说到的"君子"，应当是语言雅致、服饰华丽、仪态雍容的；也不难理解，商周时期的墓葬中为什么会埋葬那么丰富的礼器。在这样一个人文的世界里，必然会有这些人文的生活样态。

附表：《毛诗序》所论《诗》篇性质及其历史信息

	篇　名	涉及的历史人物和史事
小雅	《棠棣》	燕兄弟，悯管、蔡之失道，故作《棠棣》
	《六月》	周宣王北伐
	《采芑》	周宣王南征
	《车攻》	周宣王复古
	《吉日》	美周宣王
	《鸿雁》	美周宣王
	《庭燎》	美周宣王
	《沔水》	规周宣王

续表

	篇　名	涉及的历史人物和史事
小雅	《鹤鸣》	诲周宣王
	《祈父》	刺周宣王
	《白驹》	大夫刺周宣王
	《黄鸟》	刺周宣王
	《我行其野》	刺周宣王
	《斯干》	周宣王考室
	《无羊》	周宣王考牧
	《节南山》	家父刺周幽王
	《正月》	大夫刺周幽王
	《十月之交》	大夫刺周幽王
	《雨无正》	大夫刺周幽王
	《小旻》	大夫刺周幽王
	《小宛》	大夫刺周幽王
	《小弁》	刺周幽王，太子之傅作焉
	《巧言》	刺周幽王，大夫伤于谗，故作是诗也
	《何人斯》	苏公刺暴公也。暴公为卿士而谮苏公焉，故苏公作是诗以绝之
	《巷伯》	刺周幽王，寺人伤于谗，故作是诗也
	《谷风》	刺周幽王
	《蓼莪》	刺周幽王
	《四月》	大夫刺周幽王
	《北山》	大夫刺周幽王
	《鼓钟》	刺周幽王
	《楚茨》	刺周幽王
	《信南山》	刺周幽王
	《甫田》	刺周幽王
	《大田》	刺周幽王
	《瞻彼洛矣》	刺周幽王
	《裳裳者华》	刺周幽王

续表

	篇名	涉及的历史人物和史事
小雅	《桑扈》	刺周幽王
	《鸳鸯》	刺周幽王
	《頍弁》	诸公刺周幽王
	《车辖》	大夫刺周幽王。褒姒嫉妒，无道并进，谗巧败国，德泽不加于民。周人思得贤女以配君子，故作是诗
	《青蝇》	大夫刺周幽王
	《宾之初筵》	卫武公刺时，周幽王荒废，媟近小人，饮酒无度。天下化之，君臣上下沉湎淫液。武公既入，而作是诗
	《鱼藻》	刺周幽王
	《采菽》	刺周幽王
	《角弓》	父兄刺周幽王
	《菀柳》	刺周幽王
	《采绿》	刺怨旷也，周幽王之时多怨旷者
	《黍苗》	刺周幽王
	《隰桑》	刺周幽王
	《白华》	周人刺周幽后。幽王取申女以为后，又得褒姒而黜申后，故下国化之，以妾为妻，以孽代宗，而王弗能治，周人为之作是诗也
	《瓠叶》	大夫刺周幽王
	《渐渐之石》	下国刺周幽王。戎狄叛之，荆舒不至，乃命将率东征。役久病于外，故作是诗也
	《苕之华》	大夫闵时也。周幽王之时，西戎东夷交侵中国，师旅并起，因之以饥馑。君子闵周室之将亡，伤己逢之，故作是诗也
	《何草不黄》	下国刺周幽王也。四夷交侵，中国背叛，用兵不息，视民如禽兽。君子忧之，故作是诗也

续表

	篇 名	涉及的历史人物和史事
大雅	《文王》	周文王受命作周
	《大明》	王季娶太任至周武王伐纣
	《緜》	公刘迁豳，古公亶父迁岐
	《棫朴》	周文王能官人
	《旱麓》	太王、王季
	《思齐》	周文王
	《皇矣》	太王至文王
	《灵台》	周文王
	《下武》	周武王
	《文王有声》	周武王
	《生民》	后稷至周文王、周武王
	《假乐》	周成王
	《公刘》	召康公诫周成王
	《泂酌》	召康公诫周成王
	《卷阿》	召康公诫周成王
	《民劳》	召穆公刺周厉王
	《板》	刺周厉王
	《荡》	召穆公刺周厉王
	《抑》	卫武公刺周厉王
	《桑柔》	芮伯刺周厉王
	《云汉》	仍叔美周宣王
	《崧高》	尹吉甫美周宣王
	《烝民》	尹吉甫美周宣王
	《韩奕》	尹吉甫美周宣王
	《江汉》	尹吉甫美周宣王
	《常武》	召穆公美周宣王
	《瞻卬》	凡伯刺周幽王
	《召旻》	凡伯刺周幽王

续表

		篇名	涉及的历史人物和史事
周颂		《清庙》	祀周文王
		《维天之命》	大平告周文王
		《维清》	周文王制典
		《烈文》	周成王即政，诸侯助祭
		《天作》	祀周先公先王
		《我将》	祀周文王于明堂
		《执竞》	祀周武王
		《思文》	后稷配天
		《载见》	诸侯始见乎武王庙
		《有客》	微子来见祖庙
鲁颂		《駉》	颂鲁僖公
		《有駜》	颂鲁僖公君臣之有道
		《泮水》	颂鲁僖公能修泮宫
		《閟宫》	颂鲁僖公能复周公之宇
商颂		《那》	祀殷成汤
		《烈祖》	祀殷中宗（殷王大戊，商汤的玄孙）
		《玄鸟》	祀殷高宗（殷王武丁，中宗玄孙之孙）
		《殷武》	祀殷高宗（武丁）
国风	召南	《甘棠》	美召伯也，召伯之教，明于南国
		《行露》	召伯听讼

续表

		篇名	涉及的历史人物和史事
国风	邶风	《柏舟》	卫顷公之时，仁人不遇，小人在侧
		《绿衣》	卫庄姜伤己
		《燕燕》	卫庄姜送归妾
		《日月》	卫庄姜伤己，遇州吁之暴
		《终风》	卫庄姜伤己，遇州吁之暴
		《击鼓》	怨州吁，卫州吁用兵暴乱
		《雄雉》	刺卫宣公
		《匏有苦叶》	刺卫宣公
		《式微》	黎侯寓于卫，其臣劝其归
		《旄丘》	责卫伯
		《新台》	刺卫宣公
		《二子乘舟》	思卫宣公之二子伋、寿
	鄘风	《鹑之奔奔》	刺卫宣姜
		《定之方中》	美卫文公
		《载驰》	许穆夫人(卫懿公妹)作
	卫风	《淇澳》	美卫武公之德
		《考槃》	刺卫庄公
		《硕人》	闵庄姜
		《芄兰》	刺卫惠公
		《河广》	宋襄公母归于卫，思而不止，故作是诗也
		《木瓜》	美齐桓公
	王风	《君子于役》	刺周平王
		《扬之水》	刺周平王
		《丘中有麻》	周庄王放逐贤人，国人思之

续表

		篇名	涉及的历史人物和史事
国风	郑风	《缁衣》	美郑武公
		《将仲子》	刺郑庄公
		《叔于田》	刺郑庄公
		《大叔于田》	刺郑庄公
		《清人》	刺郑文公
		《遵大路》	郑庄公失道，君子去之，国人思望焉
		《有女同车》	刺郑太子匆未娶齐国公主，失大国之助
		《山有扶苏》	刺郑太子忽
		《择兮》	刺郑太子忽
		《狡童》	刺郑太子忽
	齐风	《南山》	刺齐襄公
		《甫田》	刺齐襄公
		《敝笱》	刺文姜
		《载驱》	刺齐襄公
		《猗嗟》	刺鲁庄公
	唐风	《蟋蟀》	刺晋僖公
		《山有枢》	刺晋昭公
		《扬之水》	刺晋昭公
		《椒聊》	刺晋昭公
		《无衣》	美晋武公
		《有杕之杜》	刺晋武公
		《葛生》	刺晋献公
		《采苓》	刺晋献公

续表

		篇名	涉及的历史人物和史事
国风	秦风	《车辚》	美秦仲
		《驷驖》	美秦襄公
		《小戎》	美秦襄公
		《终南》	诫秦襄公
		《黄鸟》	哀秦国“三良”（秦穆公以之陪葬）
		《晨风》	刺秦康公
		《渭阳》	秦康公念母（晋献公之女）
		《权与》	刺秦康公
	陈风	《宛丘》	刺陈幽公
		《东门之枌》	疾陈幽公时代之乱
		《衡门》	诱陈僖公
		《墓门》	刺陈佗
		《防有鹊巢》	忧陈宣公之信谗
		《株林》	刺陈灵公
	曹风	《蜉蝣》	刺曹昭公之奢
		《候人》	刺曹共公近小人
	豳风	《鸱鸮》	周公救乱也。成王未知周公之志，公乃为诗以遗王
		《东山》	周公东征
		《破斧》	美周公
		《伐柯》	美周公
		《狼跋》	美周公

公孙龙其人其名考论

——《史记》公孙龙传记资料质疑

◎ 程水金

先秦有两个公孙龙，一是孔门弟子公孙龙，字子石；一是六国时辩士公孙龙，字子秉。这似乎已经是学术界的共识，无所疑议。但在汉唐以前甚至直到明清之际，这两个公孙龙，却常常被误认为一人。职是之故，虽然晚近及当代学者业已能够分清这两个公孙龙的基本年代界限，但这两个公孙龙，其名其字的意义关联以及二者的区别，却并未真正有所认知，以致在确认《庄子·徐无鬼篇》"儒墨杨秉四，与夫子为五"之"秉"，是否即六国辩士公孙龙之字时，学者显得疑虑重重，犹豫不决，因而关于六国时辩士公孙龙字"子秉"之说，迄今未能得到必要的研究。因此，我们认为，判明辩者公孙龙其人的真实身份，以与孔门弟子公孙龙相区别，应是"公孙龙子"研究所亟待解决的千古悬案。

一、司马迁笔下的公孙龙只是一人

案《史记》所载"公孙龙"其人之言行事迹，大抵有三处：其一在《仲尼弟子列传》；其二在《孟子荀卿列传》；其三在《平原君虞卿列传》。

《仲尼弟子列传》载孔门弟子“受业身通者七十有七人”，虽说“皆异能之士”，但因其幸与不幸而其“年名”却有传与不传之别，因此，司马迁不得不将他们分为两个层次加以叙述，而公孙龙则恰恰有幸成为这两个不同层次的分际人物。其文曰：

公孙龙字子石，少孔子五十三岁。

自子石已右三十五人，显有年名及受业闻见于书传。其四十有二人，无年及不见书传者纪于左。①

从字“子石”的公孙龙往上“三十五人”，属于“显有年名及受业闻见于书传”者，是以太史公述其行事较详。而自子石以下“四十有二人”，属于“无年及不见书传者”，故太史公徒记其姓氏列其名字而已。不过，司马迁虽然将公孙龙置于“显有年名及受业闻见于书传”之列，但据《仲尼弟子列传》所载其人之事迹，则仅有一次并未成行的请求。其文曰：

田常欲作乱于齐，惮高、国、鲍、晏，故移其兵欲以伐鲁。孔子闻之，谓门弟子曰：“夫鲁，坟墓所处，父母之国，国危如此，二三子何为莫出?”子路请出，孔子止之。子张、子石请行，孔子弗许。子贡请行，孔子许之。②

此子石既与子张、子贡同侍孔子，当然是孔门弟子无疑，故司马贞《索隐》谓“子石”即“公孙龙也”。然清人顾炎武曰：

《仲尼弟子列传》：“公孙龙字子石，少孔子五十三岁。”按《汉书》注：“公孙龙，赵人，为坚白异同之说者，与平原君同时。”去夫子近二百年，殆非也。且云少孔子五十三岁，则当

① 司马迁：《史记》卷67，中华书局1982年版，第2219~2220页。
② 司马迁：《史记》卷67，中华书局1982年版，第2197页。

田常伐鲁之年仅十三四岁尔。而曰“子张、子石请行”，岂甘罗、外黄舍人儿之比乎?①

顾氏所疑者有二：其一，“少孔子五十三岁”的公孙龙，于田常伐鲁之时，“年仅十三四岁”，乃未成人之少年，未必有能力担此重任。此疑其事也。其二，据《汉书·艺文志》之自注及颜注，为坚白之辩者赵人公孙龙，与赵人毛公等并游平原君赵胜家。此时“少孔子五十三岁”之公孙龙又与平原君同时，则其人年近二百，恐世无如此老寿之人。此疑其年也。顾氏于其事之可疑者，以少年老成自释，故曰“岂甘罗、外黄舍人儿之比乎”？虽然顾氏自疑之而又自解之，但究属疑所不当疑。也许正是考虑到公孙龙“年仅十三四岁”，不足以担此大任，所以“孔子弗许”其行。而顾氏牵扯“甘罗、外黄舍人儿”之辈为说，则智者之失也。

至于顾氏之疑其年者，语意颇不明朗。揣测顾氏之意，大抵是说：如果游于平原君赵胜家“为坚白异同之说”的公孙龙是孔门弟子，则其人有“近二百年”之老寿。这显然不合情理。由此而论，则公孙龙不过是“为坚白异同之说”的平原君门客，根本不可能是孔门弟子。而司马迁竟以公孙龙为“显有年名”的孔门弟子，这是犯了历史年代学的常识性错误。

然而值得注意的是，顾氏从年岁的老寿怀疑公孙龙不可能既是孔门弟子又是平原君门客，则未必可以证明司马迁就犯有历史年代学的错误。因为在顾氏看来不合情理的如此老寿，在司马迁及汉代人眼里却未必值得怀疑。桓谭《新论·祛蔽篇》载：

余前为王翁典乐大夫，得乐家书记言：“文帝时，得魏文侯时乐人窦公，年百八十岁，两目皆盲。文帝奇之，问曰：‘何所服食而能至此耶?’对曰：‘臣年十三失明，父母哀其不及众技，教臣为乐，使鼓琴，日讲习以为常事，臣不道引，无所服饵也，不知寿得若何?’”谭以为窦公少盲，专一内视，精

① 黄汝成：《日知录集释》卷26，岳麓书社1994年版，第893~894页。

不外鉴，恒逸乐，所以益性命也，故有此寿。①

又，《汉书·艺文志》亦载：

六国之君，魏文侯最为好古。孝文时，得其乐人窦公，献其书，乃《周官·大宗伯》之《大司乐章》也。

清人齐召南曰：

案窦公事见正史，必得其实。但桓谭言百八十岁，则可疑也。魏文侯在位三十八年而卒，时为周安王十五年。自安王十五年计，至秦二世三年即已一百八十一年矣。又加高祖十二年、惠帝七年、高后八年，而孝文始即帝位，则是二百零八年也。窦公在魏文侯时已为乐工，则其年必非甚幼。至见文帝，又未必即在元年。则其寿盖二百三四十岁矣。谓之百八十岁可乎？②

魏文侯乐人窦公，至汉文帝时犹存，桓谭考辨其寿考之由，一则因其“少盲”可以“专一内视，精不外鉴”；再则因其“恒逸乐”而无忧思愁虑，是“所以益性命也，故有此寿”。而《汉书·艺文志》谓其所献之书乃《周官·大司乐章》，言之更其凿凿。则汉初有如此老寿之人，当不虚也。且《史记·老子传》亦曰：“盖老子百有六十余岁，或言二百余岁，以其修道而养寿也。”③是以汉代人未必不

① 朱谦之：《新辑本桓谭新论》卷8，中华书局2009年版，第35页。

② 王先谦：《汉书补注》卷30，中华书局1983年版，第872页。按齐氏谓“魏文侯在位三十八年而卒，时为周安王十五年”，此乃据《史记·六国年表》为说。《史记·魏世家索隐》引《竹书纪年》云：“文侯五十年卒，武侯二十六年卒。”王国维曰：“以惠成王元年逆推之，文侯之卒当在安王五年。”见王国维：《今本竹书纪年疏证》卷(下)，辽宁教育出版社1997年版，第117页。据此，窦公之岁当再增加十年，则二百五十矣。

③ 司马迁：《史记》卷63，中华书局1982年版，第2142页。

信人可活二百余岁。至于齐召南考辨窦公之年尚不止“百八十岁”，亦可与《老子传》之“或言”互参。

准此，则司马迁并不认为孔门弟子公孙龙与平原君门客公孙龙应该是年辈不同的两个人，也就未必毫无理据。况且，司马迁既然将公孙龙作为“显有年名及受业闻见于书传”的孔门弟子加以叙述，而《仲尼弟子列传》又仅有一次并未成行的请求，则在司马迁心目中，孔门弟子公孙龙与平原君门客的公孙龙，究竟是一还是二，似乎并非难以判断。

二、司马贞与张守节并未误读《史记》

职是之故，唐代两位《史记》专门家司马贞与张守节的《史记》解读，也就必须认真对待，决不能一笑置之。

《仲尼弟子列传》中“公孙龙字子石”，司马贞《索隐》曰：

> 《家语》或作“宠”，又云“砻”，《七十子图》非“砻”也。按：字子石，则“砻”或非谬。郑玄云楚人，《家语》卫人。然《庄子》所云“坚白之谈”，则其人也。

张守节《正义》亦曰：

> 《家语》云卫人，《孟子》云赵人，《庄子》云“坚白之谈”也。①

司马贞与张守节不约而同地指认《仲尼弟子列传》中“字子石”的公孙龙，就是《庄子》书中执“坚白之谈”的辩者公孙龙。

且不仅此也，《孟子荀卿列传》曰：

> 而赵亦有公孙龙为坚白同异之辩，剧子之言；魏有李悝，

① 司马迁：《史记》卷67，中华书局1982年版，第2219~2220页。

尽地力之教；楚有尸子、长卢；阿之吁子焉。自如孟子至于吁子，世多有其书，故不论其传云。盖墨翟，宋之大夫，善守御，为节用。或曰并孔子时，或曰在其后。①

司马贞《索隐》于“公孙龙”下注曰：

即仲尼弟子名也。此云赵人，《弟子传》作卫人，郑玄云楚人，各不能知其真也。又下文云“或曰并孔子时，或曰在其后”，所以知非别人也。②

司马贞认为，《孟子荀卿列传》之“赵亦有公孙龙”即《仲尼弟子列传》之“公孙龙”，并列其籍贯之异说，谓“各不能知其真”。又以下文“并孔子时，或曰在其后”而定其“非别人”。

然小司马《索隐》之说，大为后世学者所诟病。宋人王应麟曰：

《史记》赵有公孙龙为坚白同异之辩。《志》：《毛公》九篇，赵人，与公孙龙等并游平原君赵胜家。《索隐》谓龙即仲尼弟子，非也。《列子释文》：“龙，字子秉，赵人。”庄子谓惠子曰：“儒墨杨秉四，与夫子为五。果孰是邪?”杨，杨朱也。秉，公孙龙也。③

王氏批评司马贞《索隐》之误，认为《孟子荀卿列传》之公孙龙即《平原君列传》中与邹衍同时而游于平原君家之公孙龙，亦即唐人殷敬顺《列子释文》所谓“字子秉”之公孙龙，与《仲尼弟子列传》之公孙龙并非一人。又，今人栾星亦讥《索隐》误读《史记》之文，且语气尤其尖刻。栾氏曰：

---

① 司马迁：《史记》卷74，中华书局1982年版，第2349~2350页。

② 司马迁：《史记》卷74，中华书局1982年版，第2349页。

③ 王应麟：《汉书艺文志考证》卷7，江苏古籍出版社/上海书店1990年版，第60页。

《史记》在这里所记的公孙龙，显然不是《仲尼弟子列传》所记“七十子之徒”的公孙龙。子长用词是很有分寸的，“而赵亦有公孙龙”，此“亦有”，即明示名同人异。至于下文“或曰并孔子时，或曰在其后”，那是指墨翟言，非就龙说。司马贞读此传，何如此粗疏？①

案栾氏批评司马贞的两点理由，民国初年任教于北京大学的著名学者崔适在《史记探源》中亦早已言之。崔氏曰：

赵亦有公孙龙者，别于《仲尼弟子列传》之公孙龙也。彼传不言为坚白同异之辩，此传不言字子石，则非一人明矣。《索隐》误谓一人，以篇末“或曰并孔子时”为证，不思又云“或曰在其后”，不仍可为非一人之证乎！②

小司马因《仲尼弟子列传》之公孙龙“显有年名及受业闻见于书传”的叙述暗示而有先入之见，从而误读《孟子荀卿列传》“或曰并孔子时，或曰在其后”之文，或者不无可能。③ 但崔、栾二氏说《孟

① 栾星：《公孙龙子长笺》，中州书画社 1982 年版，第 116~117 页。

② 崔适：《史记探源》卷 7，中华书局 1986 年版，第 184 页。

③ 近人沈有鼎曰：“墨翟在孔子之后，史实俱在，一点疑问都没有，何以司马迁竟如此不明确？司马贞认为‘或曰并孔子时，或曰在其后’一句是错简，应当移前，移至‘而赵亦有公孙龙为坚白同异之辩’后面，那就是说，关于公孙龙虽有许多传说，互相矛盾，但都是关于同一个人的传说。”见氏著：《公孙龙子考（一）》，《沈有鼎集》，中国社会科学出版社 2007 年版，第 163 ~ 164 页。按：司马贞以为此句错简，乃沈氏的揣度之词，未必可信。考司马贞之所以指认“或曰并孔子时，或曰在其后”一语可以证明“知非别人”即孔门弟子公孙龙其人，大抵以为此语兼包公孙龙以下直到墨翟等所有人在内，且小司马所引《史记》原文作“并孔子时，或曰在其后”，与今传本有所不同，大可见其端倪。公孙龙既是孔门弟子，又是后来的六国辩士，当然就是“并孔子时，或曰在其后”了。倘若由此路径思之，则小司马未必对《史记》原文有所误读。不过，此事殊难断言，因为《史记》在唐代以前的流传过程及其版本状况今已无由悉知。仅发端于此，俟诸将来贤达考而定之。

子荀卿列传》"赵亦有公孙龙"之"亦有"，乃司马迁与《仲尼弟子列传》相照应，从而"明示"此公孙龙"别于"彼公孙龙，不过是"名同人异"，从而批评小司马理解之误，则未为确论也。

其一，崔、栾二氏读《孟子荀卿列传》之"赵亦有公孙龙为坚白同异之辩"一句，舍"赵"而断取"亦有"二字连读，完全曲解太史公文意。此句当以"赵亦有"三字连读，因为此"赵亦有"云云，乃司马迁照应本传上文"荀卿，赵人，年五十始来游学于齐"而设辞，其落脚点在"赵"字，并非远承《仲尼弟子列传》之公孙龙为说。考《史记》之《孟子荀卿列传》在卷第七十四，而《仲尼弟子列传》则在卷第六十七。虽然司马迁为减少纪传体史学体例不可避免的重复之蔽而设"互见法"，但凡有人事互涉之处，太史公皆用"事在……语中"或"语在……事中"的专门术语以作提示。考《史记》全书，并无如此"明示"之"互见法"。而事实上，司马迁此等文笔，不过是作为文章转折之处的挽接句法，意在贯通文势，使文章上下联成一气而已。如《老子韩非列传》开首曰："老子者，楚苦县厉乡曲仁里人也，姓李氏，名耳，字聃，周守藏室之史也。"述毕老子主要事迹之后，下文乃转叙老莱子其人："或曰：老莱子亦楚人也，著书十五篇，言道家之用，与孔子同时云。"不言而喻，此"亦楚人也"，乃与篇首"老子者，楚苦县厉乡曲仁里人"相照应，与此"赵亦有"乃照应"荀卿，赵人"之文例正同。倘若将"赵亦有"及"老莱子亦楚人"之二"亦"字删去，则必有文气隔越之感。此等句法，实乃太史公文笔高妙之处，崔、栾二氏竟不之悟而不免节外生枝。况且即使以"赵亦有"连读，也不能如崔、栾二氏之说，可以"明示"与《仲尼弟子列传》"非一人"。因为《仲尼弟子列传》并无字子石之公孙龙为"赵人"之说，遑论《孟子荀卿列传》"明示名同人异"，以"别于《仲尼弟子列传》之公孙龙"邪！

其二，崔氏以为"彼传不言为坚白同异之辩，此传不言字子石，则非一人明矣"。崔氏此说，乃以默证法作为推论的根据。但默证法乃逻辑推理之双刃剑，这也是不言而自明的。《仲尼弟子列传》"不言为坚白同异之辩"，而《孟子荀卿列传》又"不言字子石"，决不能证明两者"非一人"，反而恰恰可以默证：司马迁两处所言之公孙龙乃同一公孙龙。道理很简单，既然是同一个公孙龙，当然没有必要特别交代。如果不是同一个公孙龙，则于《仲尼弟子列传》当云："与为坚白同异之辩者公孙龙同名也。"反之，则于《孟子荀卿列传》当云："非孔门弟子字子石者。"然司马迁非但于《孟子荀卿列传》不斥言"非孔门弟子字子石者"，且于《平原君虞卿列传》中涉及公孙龙其人亦不申辩其别。其文曰：

> 虞卿欲以信陵君之存邯郸为平原君请封。公孙龙闻之，夜驾见平原君曰："龙闻虞卿欲以信陵君之存邯郸为君请封，有之乎?"平原君曰："然。"龙曰："此甚不可。且王举君而相赵者，非以君之智能为赵国无有也。割东武城而封君者，非以君为有功也，而以国人无勋，乃以君为亲戚故也。君受相印不辞无能，割地不言无功者，亦自以为亲戚故也。今信陵君存邯郸而请封，是亲戚受城而国人计功也。此甚不可。且虞卿操其两权，事成，操右券以责；事不成，以虚名德君。君必勿听也。"平原君遂不听虞卿。平原君以赵孝成王十五年卒，子孙代，后竟与赵俱亡。
>
> 平原君厚待公孙龙。公孙龙善为坚白之辩，及邹衍过赵言至道，乃绌公孙龙。①

如果司马迁以此公孙龙非孔门弟子公孙龙，正当于此处广泛稽考相关材料，从容交代此为六国时辩士公孙龙，而非彼孔门弟子字子石之公孙龙。因为《孟子荀卿列传》"赵亦有公孙龙为坚白同异之辩，剧子之言"云云，文势尤为蹙迫，有关公孙龙的传记资料，不能多事展开。而此处"平原君厚待公孙龙"云云之文势，则相对舒缓，大有回旋余地，完全可以充实更多与辩者公孙龙相关的诸如其姓氏名号里籍生平出处等多方面的重要信息。其行文方式当为："平原君厚待公孙龙。公孙龙，字某，某地人也，善为坚白之辩……"然司马迁终矢口不言此六国时辩士公孙龙与孔门弟子公孙

---

① 司马迁：《史记》卷76，中华书局1982年版，第2369~2370页。

龙有别。因而小司马同样采取默证法的推理方式，指《孟子荀卿列传》"为坚白同异之辩"的公孙龙就是"仲尼弟子名"，则未必有违太史公本意。且退一步言之，小司马读《孟子荀卿列传》固然不免有"粗疏"之嫌，而张守节读《仲尼弟子列传》宁亦同乎小司马之"粗疏"邪？彼不亦以孔门弟子公孙龙为"《庄子》云'坚白之谈'"之辩者公孙龙乎！因此，小司马与张守节对《史记》的解读决非空穴来风，切不可视为笑柄而一哂了之。

三、汉魏人心目中只有一个字子石的公孙龙

现代著名逻辑学家沈有鼎曾先后著文六篇，集中讨论公孙龙其人其书之时代及其真伪问题。沈氏认为，中国历史上或曰中国学术史上，先后有三个不同的"公孙龙"。一是战国初年的孔子弟子公孙龙；二是战国末年的辩者公孙龙；三是晋代人心目中的名家或刑名家"公孙龙"。但孔门弟子公孙龙与辩者公孙龙是一直混淆着的，而辩者公孙龙与晋人心目中理想的公孙龙又是纠缠不清的。《汉书·艺文志》所载《公孙龙子》十四篇应是辩者公孙龙的著作，但后来消失了；现在流行的《公孙龙子》六篇则是"晋代人根据一些破烂材料编纂起来的"赝品。①

虽然我们不能苟同沈氏有关"公孙龙子"其书的最后结论，但其论证过程中提出的某些观念与看法，却颇能证明司马迁心目中只有一个公孙龙，同时也足以证明，司马贞与张守节这两位唐代《史记》专家对《史记》的理解并非有违太史公本意。

沈氏认为，不仅司马迁以为六国辩者公孙龙就是孔门弟子公孙龙，而且汉代人也普遍认为先秦只有一个公孙龙，并且只要提到公

① 参见沈氏著《中国古代辩者的悖论》、《〈公孙龙子〉的评价问题》、《公孙龙考(一)——先秦是否有两个有名的公孙龙，还是只有一个?》、《谈公孙龙——兼论〈墨辩〉三派》、《〈公孙龙子〉考——从较早的文献考察辩者公孙龙的学说的倾向性》、《现行公孙龙子六篇的时代和作者考》，诸文皆载《沈有鼎集》，中国社会科学出版社 2007 年版，第 145~175 页、第 204~224 页、第 245~268 页。

孙龙这个名字，其所指之对象，必定就是孔门弟子字子石的公孙龙。沈氏之说，不乏理据，兹依其意补充申论如次：

其一，汉代人的考证方法没有后代细密，并且一般人都相信人可以服食导引修仙，二百多岁的年纪差距也并非不可能，因而不会引起汉人的关注与质疑。沈氏之说，不为无据，上文所引《史记·老子传》关于老子的年岁传闻，以及桓谭《新论》与《汉书·艺文志》所载关于魏文侯乐人窦公的诸多材料，皆可证成其说。

其二，《盐铁论·箴石篇》载丞相田千秋与诸贤良、文学互引前贤名言以镇服对方。其间，丞相引"公孙龙之言"，而贤良则应之以"子石之叹"，可谓以牙还牙，针锋相对。姑录《箴石篇》全文，稍加诠释，以便于理解。其文曰：

> 丞相曰："吾闻诸郑长者曰：'君子正颜色，则远暴嫚；出辞气，则远鄙倍矣。'故言可述，行可则。此有司夙昔所愿睹也。若夫剑客论、博弈辩，盛色而相苏，立权以不相假，使有司不能取贤良之议，而贤良、文学被不逊之名，窃为诸生不取也。公孙龙有言：'论之为道辩，故不可以不属意，属意相宽，相宽其归争，争而不让，则入于鄙。'今有司以不仁，又蒙素飡，无以更责雪耻矣。县官所招举贤良、文学，而及亲民伟仕，亦未见其能用箴石医百姓之疾也。"
>
> 贤良曰："贾生有言，'恳言则辞浅而不入，深言则逆耳而失指'。故曰：'谈何容易。'谈且不易，而况行之乎？此胡建所以不得其死，而吴得几不免于患也。语曰：'五盗执一良人，枉木恶直绳。'今欲下箴石，通关鬲，则恐有盛、胡之累，怀箴橐艾，则被不工之名。'狼跋其胡，载踕其尾。'君子之路，行止之道固狭耳。此子石所以叹息也。"①

这是一篇神态飞扬、辞采生动的极好文章。在场双方，各自打定通吃对方的主意，剑拔弩张，唇枪舌剑，丝毫不假辞色。丞相其

---

① 王利器：《盐铁论校注》卷6，中华书局1992年版，第405~406页。

人，位高权重，简傲倨慢却又惺惺作态；贤良诸生不避权贵，刚亦不吐，柔亦不茹，且言辞婉逊却暗藏机锋。

主持本次会议的田千秋，史称“无他材能术学”，仅靠上书武帝言其家事而切中武帝悔杀卫太子之隐情，于数月之间，乃由“立拜大鸿胪”而骤得丞相之位，“封富民侯”。匈奴单于闻之曰：“汉置丞相，非用贤也，妄一男子上书即得之矣。”①可见田千秋是个无大才学却格外幸运的庸常之辈。而观其会场表现，足证史言不虚。

首先，作为会议主持人，丞相田千秋居高临下，以教训的口吻对贤良、文学定下谈话基调。丞相说：

作为君子，就像郑长者所说的那样，容貌应该端庄严肃，不苟言笑。只有这样，才没有人敢侵犯你、轻视你。说话也应该言词雅正，语气平和，这就显得有身份、有气质，因而就会到处受人欢迎。② 所以说，作为君子，应该言有可采，具有教育意义；行必可法，具有表率作用。这也是我一直以来期待在你们身上能够看到的好气象。可是，如果我们的交谈，像击剑比武的剑客那样趁其破绽，穷追不舍（“剑客论”），或者像下棋争胜的赌徒那样步步紧逼，工于算计（“博弈辩”），不仅双方盛气凌人，针锋相对（“盛色而相苏”），③ 且各自打定主意，要把对方逼向死角，不给丝毫回旋余地（“立权以不相假”）。那么，即使你们对于治理国家确有非常好的

---

① 班固：《汉书》卷66，中华书局1962年版，第2883~2884页。

② 关于《汉书·艺文志》“道家”录《郑长者》一篇，班氏自注曰：“六国时，先韩子，韩子称之。”颜师古注：“《别录》云：郑人，不知姓名。”而《韩非子·外储说右上》所称有“郑长者闻之”及“郑长者有言曰”云云者，即其人也。王利器曰：“慧苑《华严经音义》下引《风俗通》：‘春秋之末，郑有贤人者，著书一篇，号《郑长者》，谓年长德艾，事长于人，以之为长者也。”见氏著：《盐铁论校注》卷6，中华书局1992年版，第407页。按《论语·泰伯》记曾子之言曰：“君子所贵乎道者三：动容貌，斯远暴嫚矣；正颜色，斯近信矣；出辞气，斯远鄙倍矣。”与郑长者之言稍近。

③ 《荀子·议兵》：“苏刃者死。”杨注：“苏读曰傃，傃，向也，谓相向格斗也。”此“盛色而相傃”，即盛其辞色而相向辩难也。见王利器：《盐铁论校注》卷6，中华书局1992年版，第407页。

建议，我也不一定能听得进去(“使有司不能取贤良之议”)，而你们也因此会蒙上出言无状、冒犯上司的恶名(“而贤良、文学被不逊之名”)。我个人觉得，无论哪种情况，都是对你们没有好处的(“窃为诸生不取也”)，所以，你们可得千万注意呀(“不可以不属意”)!

丞相这段开场白，意在告诫贤良、文学诸生，说话的态度要平和，语气也不要太强硬，对朝廷大臣更要心怀敬意，以免有犯上之嫌。但丞相说完之后，又担心诸生不能正确领会其意，因而不敢畅所欲言。于是又话锋一转，防止诸生理解的偏颇。意即：我虽然要求你们说话态度要平和，语气不要太强硬，但并不是要你们说话过于委婉曲折，而不把意思说明白、说透彻，结果反而引起新的不愉快。为此，丞相又引公孙龙的有关言论，稍作宽纵。丞相接着说：公孙龙曾经说过，辩论的目的是为了明白正确的道理(“论之为道辩”)，所以不可以不引起高度注意，应认真对待(“不可以不属意”)。但是，如果把心思全用在如何迁就对方，老是考虑不要让对方在脸面上过不去，因而说话拐弯抹角，闪烁其词，不直不透(“属意相宽”)，这样就会产生许多不必要的误会，反而引起更多的争论(“相宽其归争”)。而争论起来又互不相让(“争而不让”)，必然导致恶语相向，甚至挥以老拳，这就有失读书人的身份与体面了(“则入于鄙”)。

显然，从开篇至此，丞相所交代的，无非是有关谈话的态度问题。丞相之意，既要求诸生说话态度要和蔼，言辞要谦恭，不要过激，否则有失君子风范。但同时也要把话说得明白透彻，不要因为怕冒犯对方而有意含糊其辞，其结果就会事与愿违，反而引起更大的不愉快。接下来，丞相开始玩弄古今恒久不变的那套官场言辞伎俩，以阳为自谦而阴为自傲的语气，一面表白自己在朝廷的重要地位及其对国事的关心，一面毫不留情地指责贤良、文学诸生无能，有负朝廷重望。丞相说：

我这个人脾气确实不太好，对人也不宽厚，而且也只会跑跑腿，动动嘴什么的，对国家也没有多大贡献；承蒙朝廷错爱，让我忝居要职，尸位素餐(“今有司以不仁，又蒙素飡”)，辜负了朝廷对我的信任与期待，内心实在愧疚难当（“无以更责雪耻”）。① 可是话说回来，你们又怎么样呢？你们在座各位，都是朝廷花费了大量的人力物力，好不容易从各地选拔举荐上来的“贤良”、“文学”（“县官所招举贤良、文学”），而且还准备让你们担负亲近民众、关心民生的重要职责（“而及亲民伟仕”）。可是，直到现在，也没见你们拿出什么行之有效的办法，可以解决天下百姓的疾苦呀（“亦未见其能用箴石医百姓之疾也”）！

面对丞相的矫情作大，倚老卖老，甚至以势压人，贤良却毫不示弱。针对丞相的相关话题，诸生亦引据前贤名言，又采择当代掌故，以眼还眼，以牙还牙，毫不留情地逐一进行辩驳。

首先，针对丞相关于谈话态度问题。贤良说，贾谊先生曾经说过，直白浅近而且谀辞动听的交谈，② 必然是花言巧语，言词浮泛，不可能切中要害，深入人心。而深刻并且激言厉色的交谈，则要么因谈锋犀利，言辞激切，难以入听者之耳；要么因隐晦曲折，含蓄委婉，听者不得要领而茫然无所知解。所以呀，东方朔才不无感慨地说：“交谈岂易，哪得省心！”仅仅只是与人交谈，就如此不容易，更何况如果你一言不发，不作任何解释与说明，只是独自默默地去行动，要让别人理解你的行为目的和思想主张，岂不更是难上加难了吗？正因如此，所以胡建才不得好死，吴得也差点送了命。

非常明显，贤良对丞相关于谈话态度的回应，于引据前贤名言之中，暗含机锋，语多讥刺。言下之意是说，你丞相的人格格调实在太低劣，与你交谈确实太费劲，如果我们言语过于直白浅近或者稍加一点揄扬之辞，那么，这种谦恭态度就会被你误解为阿谀献媚，因而你就自以为高高在上，踌躇满志，反而对我们的谈话内容

---

① 《广雅·释言》：“更，偿也。”“更责”者，对朝廷言，犹今之所谓没有完成领导交办的任务。“雪”者，洗刷也。“雪耻”乃对自己而言，即不能洗刷尸位素餐之“耻”也。

② 按“恳言”之“恳”，既有“诚”、“切”之意，亦有“美”或“美貌”之义，故以“直白浅近”、“谀辞动听”译之。见宗福邦主编：《故训汇纂》“心部”“恳”字条，商务印书馆 2003 年版，第 830 页。

掉以轻心，不以为意。如果我们言辞激切，语气凌厉，你又会觉得我们没有把你放在眼里，对你不恭敬，因而哪怕我们给你出了再好的主意，你也不可能听得进去。更何况，你丞相的理解能力也实在太差劲，如果我们说话哪怕稍微委婉含蓄一丁点儿，你就茫然无知，全然不理解我们说话的意义所在。所以，前贤所谓"谈何容易"，就是针对你田丞相这种蠢笨有余而聪明不足的半吊子货色有感而发的。

由此可见，虽然贤良、文学地位卑微，手无寸柄，但面对丞相的矫情倨傲与颐指气使，却临威不惧，应对自如，确乎不失书生本色与君子风范。而且，对丞相低劣的人格分析，及其卑污的心理透视，亦可谓入木三分，因而其讥讽与嘲弄，尤为尖刻。

对谈话态度问题作了有力的回应，之后自然要针对丞相的挖苦与指责加以反击了。贤良征引当时流行的俗语，"五盗执一良人，枉木恶直绳"，表明其治国理念之所以得不到贯彻，其远大抱负之所以得不到施展，就是因为这个社会奸人太多。他们不仅鼓煽歪风邪气，害怕正人君子，而且还抱成团，结成伙，围攻好人，以致正气不得伸张，邪恶甚嚣尘上。面对这个奸人当道，好人受屈，善恶混淆，是非颠倒的浊乱之世，你想采取有力措施，革除弊政，制裁邪恶，伸张正义，那就势必遭到东海盛颙与河东胡建同样的下场。① 这个国家，就像一个病人膏肓已无可救药的病人，你要对他痛下箴石，重施灸砭，想尽一切办法，去打通他的关节，挽救他的生命，可他最终仍然不免于死亡。你纵然医术非常高明，有妙手回

---

① "盛、胡之累"，即《盐铁论·讼贤篇》之"东海成颙，河东胡建"。"成"与"盛"二字可通，然此成颙无考。《汉书》卷六十七《胡建传》：胡建，字子孟，河东人也。……后为渭城令，治甚有声。值昭帝幼，皇后父上官将军安与帝姊盖主私夫丁外人相善，外人骄恣，怨故京兆尹樊福，使客射杀之，客藏公主庐，吏不敢捕。渭城令建将吏卒围捕。盖主闻之，与外人、上官将军多从奴客往，奔射追吏。吏散走，主使仆射劾渭城令游徼伤主家奴。建报亡它坐。盖主怒，使人上书告建侵辱公主，射甲舍门，知吏贼伤奴，辟报，故不穷审。大将军霍光寝其奏。后光病，上官氏代听事，下吏捕建，建自杀。吏民称冤。至今渭城立其祠。贤良既以"盛、胡"相提并论，则其遭遇或者相同。

春之术，但由于疾患深重，你却不能回天，结果你自己不仅费力不讨好，反倒落下无能庸医的臭名声！因此，当今之世，国家之所以难治，就是因为有你们这些权贵利益集团合伙作梗，那河东胡建与东海盛颙的悲惨遭遇，就是极好的例证！

总之，你费尽心机图谋治国，摆在你面前的却只有两条路：要么你自己招来杀身之祸；要么你留下庸妄无能的骂名。这就像《诗经·豳风》所谓"狼跋其胡，载疐其尾"的可怜相！老狼呀，看你行步多艰难呀，往前走罢，踩着胡须痛下巴；往后退罢，痛了屁股踩着尾巴！我们这些有志医治百姓之疾的读书人啊，就是这样进退两难！

最后，贤良们乘势调转话锋，针对丞相开头有关"君子"的说辞进行反讽。贤良说，丞相大人啊，您不是号召我们要做"君子"吗？您可知道，在这个奸人当道、正人遭殃的混浊之世，要做一个君子又是多么的不容易！你用公孙龙的话来教训我们，可那位子石先生不也曾有过"君子道狭"之叹吗！

细细品味这篇文章，令人击节叹赏。文中环环相扣，丝丝不乱。丞相说要做君子，贤良说君子道狭。丞相说要出谋出力，报效朝廷，贤良说朝廷奸邪当道，报国杀身。丞相说要避免"不逊之名"，贤良说枉被"不工之名"。丞相引公孙龙之言，贤良引子石之叹。丞相盛气凌人，贤良绵里藏针。真可谓以眼还眼，以牙还牙，毫不屈服，决不退让。丞相所言各条，贤良逐一驳回。如此雄文奇论，笔者的确爱不释手，是以不惜多所论析，期与读者诸君共赏也。

不过，就我们当下的论旨而言，文中丞相所引之公孙龙，与贤良所引之子石，究竟是同一个人还是指不同的两个人，各有不同看法。近人沈有鼎即列有三种不同的"可能答案"：

一、丞相所引之"公孙龙"是辩者公孙龙，不是孔子弟子，因为"论之为道辩"云云，正是辩者公孙龙有关论辩的理论总结。而贤良所引"子石"是孔子弟子公孙龙。

二、丞相所引之"公孙龙"与贤良所引之"子石"是一人，即孔子弟子公孙龙，不是战国末的辩者公孙龙。因为辩者公孙龙为字子秉，不是子石。

三、丞相所引之“公孙龙”和贤良所引之“子石”是一人，即辩者公孙龙。因为辩者公孙龙与孔门弟子公孙龙，或许二人同字子石。

沈氏自己起初是“比较倾向于第三种答案”，后来“经过重新考虑，认为汉代人是否承认有两个公孙龙虽无绝对确凿的证据”，但“似乎一提到‘子石’汉代人都知道是谁”，因此，沈氏又“倾向于第二种答案”，因为“论之为道辩，这完全不能证明是辩者公孙龙的话。相反，这话因其严正倒是孔子弟子来说最合宜”。①

值得注意的是，沈氏虽有先后两种不同的“倾向”，这两种不同“倾向”，或者还可以从不同向度引申出更多的历史文化内涵。但是，在我们看来，沈氏这两种“倾向”的“答案”，事实上并无本质的区别，因为其核心内容只是同一个：丞相所引之“公孙龙”与贤良所引之“子石”，指的就是同一个对象。试想，如果丞相所引之公孙龙与贤良所引之子石不是同一个，则贤良的辩驳就失去了强烈的针对性，其以眼还眼、以牙还牙的反击效应就会大打折扣。而且，正如沈氏所言，由于汉人“一提到子石”就“都知道是谁”，因而《盐铁论》中丞相与贤良所引的这同一个对象，也就是司马迁笔下反复出现的“显有年名及受业闻见于书传”之字子石的公孙龙。其人之所以初为孔门弟子而后为六国辩士，以其超常之老寿也。且又因其为辩士，于论辩理论有其独到之见解，故为丞相所引。如此说来，则沈氏的“第一种答案”和“第三种答案”，也就同时有了新的解释空间，而最终与“第二种答案”融贯综合起来，从而形成一个“答案”：汉人心目中，无论孔门弟子还是六国时辩士，都是同一个字子石的公孙龙，没有第二个。

这一“答案”，还可以从《说苑》的有关记载中得其旁证，其理由也非常直接而简单，因为贤良所引子石所谓“君子道狭”之叹的掌故，即明明白白地见载于刘向所编《说苑·杂言篇》。其文曰：

① 沈有鼎：《沈有鼎集》，中国社会科学出版社2007年版，第204~205页。

子石登吴山而四望，喟然而叹息曰："呜呼，悲哉！世有明于事情，不合于人心者；有合于人心，不明于事情者。"弟子问曰："何谓也？"子石曰："……今欲明事情，恐有抉目剖心之祸；欲合人心，恐有头足异所之患。由是观之，君子道狭耳。诚不逢其明主，狭道之中，又将险危闭塞，无可从出者。"①

《杂言篇》所载的这个子石，确定无疑地就是《盐铁论》中贤良所引慨叹"君子之路，行止之道固狭"的子石，当然也就是丞相所引对论辩理论有所总结的那个公孙龙了。至于这个子石的确切身份，与《说苑·反质篇》相参照，就非常清楚了。其文曰：

子贡问子石："子不学《诗》乎？"子石曰："吾暇乎哉？父母求吾孝，兄弟求吾悌，朋友求吾信。吾暇乎哉？"子贡曰："请投吾《诗》，以学于子。"②

此子石既与子贡同时，讨论的又是关于"学《诗》"的问题，则为孔门弟子无疑。

总而言之，以《盐铁论》与《说苑》互相参证，可知汉人只要提到公孙龙，就知是子石，反之也一样。而子石也就是司马迁笔下"显有年名及受业闻见于书传"的孔门弟子而后成为六国时辩士的公孙龙。由于汉人认为先秦只有这个公孙龙，没有另一个公孙龙，因而也就没有另作说明或者特别解释的必要了。司马迁如此，刘向亦然。由此可见，同样是默证法，崔适却作了与事实截然相反的推论。

其三，公孙龙既是孔门弟子，又是六国时著名辩者，其年辈与资历当然就是稷下学者尹文、宋钘、彭蒙、田骈等人的前辈老师。题名汉末仲长氏所撰的《〈尹文子〉序》，正是以这样的思维向度形

① 向宗鲁：《说苑校证》卷17，中华书局1987年版，第412页。
② 向宗鲁：《说苑校证》卷20，中华书局1987年版，第529页。

成的。《序》文曰：

> 尹文子者，盖出于周之尹氏，齐宣王时居稷下，与宋钘、彭蒙、田骈同学于公孙龙，公孙龙称之。著书一篇，多所弥纶。庄子曰：不累于物，不苟于人，不忮于众，愿天下之安宁以活于民命，人我之养毕足而止之，以此白心，见侮不辱，此其道也。而刘向亦以其学本于黄老，大较刑名家也，近为诬矣。① 余黄初末始到京师，缪熙伯以此书见示。意其玩之而多脱误。聊试条次，撰定为上下篇。亦未能究其详也。山阳仲长氏撰。②

不过，这篇区区二百来字的短小《序》文，在疑古辨伪的考据家们眼里，不啻千疮百孔，疑误重重。就连《序》文作者没有自报其名，在考据家们有色眼镜的透视之下，竟然也成为造假作伪售欺的明显把柄。既有如此成见在胸，近代辨伪诸公当然就毫不犹豫地将其“条次撰定”的《尹文子》打入伪书之列。

值得注意的是，既然有此学术公案在前，而沈有鼎在讨论汉人心目中只有一个公孙龙的问题时，虽然也注意到这条材料，但却未加任何相关说明，恐怕难以杜绝辨伪诸公悠悠之口而取信于人也。因此，事先甄别《序》文的真伪及其写作年代，不仅是解决这一积年公案的唯一途径，也是将讨论引向深入从而推进学术研究的基本前提。否则，犹治丝益棼，徒滋纷乱而已。

首先，《汉书·艺文志》著录《尹文子》一篇，班氏自注：“说齐宣王，先公孙龙。”颜师古注：“刘向云：与宋钘俱游稷下。”《说苑·君道篇》载有尹文与齐宣王问答之事，而《吕氏春秋·正名篇》又载有尹文与齐湣王论士。则尹文的大致年代，当如四库馆臣所言：“殆宣王时稷下旧人，至湣王时犹在欤?”③因此尹文为齐宣王

① 按“大较刑名家也，近为诬矣”，审其文意，似应作“近不诬矣”。

② 钱熙祚校：《尹文子》，上海书店 1986 年版，第 2 页。

③ 永瑢等：《四库全书总目》卷 117，中华书局 1965 年版，第 1007 页。

时稷下先生，而仲长氏之《序》乃与刘向所言以及《汉志》所载皆可相合。

然而，《序》云尹文“与宋钘、彭蒙、田骈同学于公孙龙，公孙龙称之”，却与《汉志》“先公孙龙”之说直接抵牾。而历来学者亦纷致其疑者，亦并非无的放矢。晁公武《郡斋读书志》辩之曰：“《史记》云公孙龙客于平原君，君相赵惠文王，文王元年，齐宣王歿已四十余岁。则知文非学于龙者也。”①而近人钱穆则以为《序》文当有脱漏，原文应是：

> 尹文子者……齐宣王时居稷下，与宋钘、彭蒙、田骈同学。[先]于公孙龙，公孙龙称之。

钱氏认为：《序》文当本《汉志》“先公孙龙”之意而作，但今传《序》文“乃误脱一先字”。此其一也。其二，所谓“同学”者，“以当时稷下先生皆不治而论议。古者宦学齐称，今稷下之流，皆不仕，乃相谓同学。犹《史记》称‘荀卿年十五，始来游学于齐也’。当时稷下先生自避仕宦之名而称学者，后人不深晓，不察同学二字之意，遂妄疑其同学于公孙龙，遂为灭去一先字矣”。②

晁氏的质疑，仍然是从年代学的考证入手，姑置无论。而钱氏解决问题的办法，则是改动原文，将“同学于公孙龙”断为两橛，以“同学”二字属前为读，并在“于公孙龙”之前增一“先”字。钱氏之说，虽然甚辩且甚巧慧，但姑不论古人鲜有“先于公孙龙，公孙龙称之”之类如此冗散繁杂的句式，即所谓“相谓同学”以及“同学”二字的这种钱氏用法，遍寻上古载籍，亦绝无证据。

按古人固然“宦学齐称”，且“学”或者亦可称为“宦”，但“宦”与“学”仍然有所不同。《礼记·曲礼上》“宦学事师”，孔颖达《正义》引熊氏（安生）云：“宦，谓学仕宦之事。学，谓习学六艺，此

① 孙猛：《郡斋读书志校证》卷11，上海古籍出版社1990年版，第495页。

② 钱穆：《先秦诸子系年考辨》卷3，中华书局1984年版，第378~379页。

二者俱是事师。”又引服虔云：“宦，学也，是学职事之事为宦也。”①是其例也。又，《左传》宣公二年赵盾见灵辄饿，问之，曰：“宦三年矣。”杜注：“宦，学也。”孔颖达疏：“《曲礼》云‘宦学事师’，则二者俱是学也。但宦者，学仕宦；学者，寻经艺；以此为异耳。”②杜、孔之说，似乎可以为服、熊二氏之说添一佐证。然清人俞樾却有不同说法。俞氏曰：

> 古者学而后入官，未闻别有仕宦之学。疏说殊谬，杜训宦为学，亦非。《国语·越语》云：“与范蠡入宦于吴。”注曰：“宦为臣隶也。”灵辄所谓宦者，殆亦为人臣隶，故失所而至穷饿如此。僖十七年《传》曰：“妾为宦女焉。”杜注：“宦，事秦为妾。”此《传》宦字义与彼同。③

据俞氏之说，则“宦”即是“宦”，“学”即是“学”，仍然有所区别。齐之稷下先生虽有俸禄但“不治而议论”，未必即如钱氏之说有所谓“自避仕宦之名而称学”。退一步说，即使稷下先生确有“相谓同学”之事，但考诸上古载籍，既无“相谓同宦”之“同宦”之说，更无因为要“避仕宦之名”而有与“同宦”的造词结构相当的“同学”一词，更不会有“与宋钘、彭蒙、田骈同学”这种形如断尾巴蜻蜓之类的突兀句式。因为古人常有“同学于某地某人”，或者径谓“同学于某人”之类说法，而绝无“与某人同学”或“于某处同学”这类以介宾结构作状语修饰“同学”之近乎现代汉语的文句。谓余不信，不妨从汉语词汇发展史的角度，对“同学”一词的产生时代及其用法略作考察，以明其征。

检“同学”一词，意为同师受业者，大抵产生于西汉后期或者

---

① 孔颖达：《礼记正义》卷1，中华书局影印清嘉庆刊本《十三经注疏》第3册，第2664页。

② 孔颖达：《春秋左传正义》卷21，中华书局影印清嘉庆刊本《十三经注疏》第4册，第4054页。

③ 俞樾：《茶香室经说》卷14，载《续修四库全书》第177册，第580页。

更晚。因为此词于《史记》中尚未出现，而《汉书》、《后汉书》及《三国志》乃有用之者，然仅有五例。录之如次：

(1)以令诣太常受业，复事同学博士白奇。(《汉书》卷七十八《萧望之传》)

(2)莽兄永为诸曹，蚤死，有子光。莽使学博士门下。莽休沐出，振车骑，奉羊酒，劳遗其师，恩施下竟同学。(《汉书》卷九十九《王莽传上》)

(3)晚善《左氏传》，遂积精深思，通达其旨，同学者皆师之。(《后汉书》卷三十六《郑兴传》)

(4)时同学石敬平温病卒，封养视殡敛。(《后汉书》卷八十一《独行传·戴封传》)

(5)然尝与权同学书，结恩爱，至权统事，以然为余姚长。(《三国志》卷五十六《朱然传》)

由(3)“同学者皆师之”一例可知，所谓“同学”，乃“同学者”一词的省略，因为其他四例之“同学”后，皆可加上代名词“者”字，即其明证。之所以如此，是因为“同学”一词，意即“同一师门受业的人”，其所表达的意义重心在“同”不在“学”，因而可以加上一个“者”字，将“同”字的意义再行补足。既然如此，则其词语意义及其用法就与“与某人同学”之类句式中“同学”一词的句法功能完全不同。这类句式中的“同学”，意即“在一起学习”，所表达的意义重心在“学”而不在“同”，因而不能在这类句式的“同学”后面加“者”字而说成“与某人同学者”，相反，倒是可以将“同”字省去，说成“与某人学”。因此，严格说来，这类句式中的“同学”二字，其词语意义并不稳定，或者说，它压根儿就不是一个词。

不妨稍加检证，假如将钱氏断读的“同学”，当作如同《汉书》、《后汉书》及《三国志》那样使用的一个词语，在“同学”后面缀上一个“者”字，则全句就变成：“尹文子者……与宋钘、彭蒙、田骈同学者。”显然不辞之甚！而且同理，古人常用句式“同学于某处某人”或“同学于某人”，在“同学”之后也不能加“者”字，说成“同学者于某处某人”或“同学者于某人”，因为，如前所述，这类常用句式中的“同学”，所表达的意义重心在“学”而不在“同”，其“同”字可以省略，而“学”字则万不能省。因而此句可说成“与宋钘、彭蒙、田骈学于公孙龙”，而不能说成“与宋钘、彭蒙、田骈同于公孙龙”。之所以如此者，其根本原因就在于此句中的“同学”，不是一个词，即不是现代语言学家所规定的“最小意义单位”。

通过以上分析，我们知道，古汉语中“同学”二字虽然在西汉以前乃至西汉以后，可以联袂出现，但不是语言学家所规定的最小意义单位——词。而作为一个词的“同学”，则是“同学者”的省略，乃产生于西汉末年以后。二者的句法功能完全不同。至于现代汉语中“同学”一词，如“我与某人同学”或“我与某人是同学”，后面无须带上介宾结构作补语（前一例虽然可以带介宾结构作补语，但是古汉语的遗留，并非纯粹的现代汉语句法），则与西汉以后从“同学者”省略而来的“同学”一词，其词语意义及其句法功能显然不同。因此，钱氏所谓稷下学者因“避仕宦之名”而“相谓同学”，于古无征，想当然耳。

况且，即使在“同学”一词出现以后，也没有如钱氏所断读的这种如同现代汉语的词语用法。更何况《三国志》的写作年代与《序》文的写作年代还十分接近，① 竟然也同样找不到钱氏这种用法的踪迹。因此，我们有理由可以毫不客气地指出：钱氏之说，将不是一个词的“同”与“学”读成一个词“同学”，而且钱氏这种读法的“同学”所显示的词语意义及其语法功能，在与之同时代的文献中找不到任何根据。是《序》本不误，而钱氏却以今律古，擅改原文，倘若斯文不幸依钱氏之所改而流传下去，则后人必考定《序》文乃

---

① 据《晋书·陈寿传》，陈寿死在晋惠帝元康七年（公元297年）。然其时魏国的最后一个君主陈留王曹奂尚存于世（《三国志》卷四《三少帝纪·陈留王奂纪》载曹奂禅帝位于晋，“而馆于邺，时年二十”，裴注引《魏世谱》曰：“封帝为陈留王。年五十八，大安元年崩，谥曰元皇帝。”据此，则陈留王曹奂当卒于晋惠帝永康元年，即公元300年。其时陈寿死已4年矣）。而《三国志》成书更当在其前。仲长氏所撰《〈尹文子〉序》文称“黄初末”，则二者的写作年代当相去不远。关于仲长氏之《序》文年代问题，下文还将详论，兹不赘述。

使用现代汉语句法与词法，岂非《尹文子》又将成书于中华民国。噫，其可乎？有是哉！

除“同学于公孙龙”之外，《序》文作者自称“余黄初末始到京师，缪熙伯以此书见示”，亦是疑古辨伪的考据家们作为“误点”而攻之不遗余力的集矢之地。

晁公武《郡斋读书志》曰：“李献臣云：‘仲长氏，统也。熙伯，缪袭字也。’《传》称统卒于献帝逊位之年，而此云‘黄初末到京师’，岂史之误乎？”①按李献臣指“仲长氏”为“仲长统”，乃据《后汉书·仲长统》本传而言。《统传》曰：“仲长统，字公理，山阳高平人。……献帝逊位之岁，统卒，时年四十一。友人东海缪袭常称统才章足继西京董、贾、刘、杨。”②《传》既称统之籍贯为“山阳”，又称与东海缪袭为友，则李献臣以《序》文作者乃仲长统，而缪熙伯为缪袭之字，似有其据。且陈寿《三国志》以及裴松之《注》，亦皆有明文可稽。陈《三国志》曰：“袭友人山阳仲长统，汉末为尚书郎。”裴《注》曰：“袭字熙伯，辟御史大夫府，历事魏四世。”③

稽考范晔《后汉书》有关仲长统的传记资料，其来源当是缪袭所撰《仲长统〈昌言〉表》。《表》文见于裴注《三国志·刘劭传》所引之《文章志》，其友人缪袭亦谓统于“延康元年卒，时年四十余”。④唯《统传》“献帝逊位之岁，统卒，时年四十一”与《表》文稍不同。考诸史历，汉献帝于建安二十五年三月改元延康，十月即禅位于曹丕，丕即改元黄初，行七年。则建安二十五年、延康元年甚至黄初元年，乃同指西历纪元之220年，因而皆可称之为“献帝逊位之岁”。则统卒之年，范《传》不诬。

然则仲长统既于“献帝逊位之岁”已卒，而《序》文所谓“黄初末始到京师”，距统卒之年，至少有六七年之久，如指仲长统为《序》文作者，则不仅与范氏《后汉书》之《仲长统传》相抵牾，且与缪熙

---

① 孙猛：《郡斋读书志校证》卷11，上海古籍出版社1990年版，第495页。
② 范晔：《后汉书》卷49，中华书局1965年版，第1643~1646页。
③ 陈寿：《三国志》卷21，中华书局1982年版，第620页。
④ 裴松之：《三国志注》卷21，中华书局1982年版，第620页。

伯所撰《仲长统〈昌言〉表》文之说亦不合。

《传》与《序》如此相抵，最为直接的解决办法，就是二者必居其一，要么范氏《传》文有误，要么《序》文出自伪托。宋人晁公武即取前法，疑范《传》或误，故曰："岂史之误乎?"而清人周广业则取后法，指《序》乃伪托，故曰："恐是《序》出伪托，非史之误。"①近人唐钺因周氏之说曰："撰《序》的人是故作狡狯，影射仲长统。惟未细考仲长氏的年代以至露出破绽。"②

如前所述，范《传》的史料来源是传主生前好友缪熙伯的《仲长统〈昌言〉表》，我们完全可以怀疑范氏网罗群言或有照顾不周之处，因而有可能将统卒之年弄错；但缪熙伯既为仲长统生前好友，又作《仲长统〈昌言〉表》以进呈于朝廷，决不至于竟在亡友物故之年上出现差错。因此，晁公武疑范氏《传》文之误，毫无道理。

既然《传》文决无疑误，那么，"《序》出伪托"之说是否可以成立？问题并非如此简单。从逻辑上说，两个相对的判断，不可能同真，但可能同假。而所谓"伪托"云者，乃本非其人而假托其人也。也就是说，此《序》文本来出自他人之手，而《序》文却署名于仲长统，此之谓"伪托"也。但《序》文仅署曰"山阳仲长氏撰"，并没有明确宣称自己就是"山阳仲长统"。而指《序》文作之于仲长统者，其人乃《邯郸书目》之作者宋人李献臣。乃宋人李献臣言之而宋人晁公武信之，近代辨伪诸公不之察，又从而狺狺佐讼不已，不知作者与仲长统有何隙何怨，必以如此"狡狯"手段"影射"之而后快?是以《序》为"伪托"者，乃宋人李献臣栽赃于前，而宋人晁公武提讼于后，至近代辨伪诸公，乃罗织以成其狱，且横拉范晔出庭作证而已。

然考之原《序》，作者一则曰："余黄初末始到京师"；再则曰："山阳仲长氏撰"。其人非仲长统甚明。而李献臣读书不审，执意嫁名于仲长统，殊不知"始到"云者，首次之谓也，先前从未到过

① 按明人宋濂《诸子辨》亦曰："统之《序》，盖后人依托者也。"参见《宋学士全集》卷27，中华书局1985年版，第1002页。据此，则周氏或承宋濂之说。

② 参见罗根泽：《古史辨》第6册，上海古籍出版社1982年版，第235页。

也。而《后汉书·仲长统传》既曰："尚书令荀彧闻统名，奇之，举为尚书郎。后参丞相曹操军事。"①《三国志·刘劭传》亦明言："袭友人山阳仲长统，汉末为尚书郎，早卒。"②既然仲长统于汉末已为尚书郎，后又"参丞相曹操军事"，即使没有"早卒"，亦早已到过京师了，何待于"黄初末始到京师"？或者晁公武已经意识到李说有所未安，又自无主见，因而转述李氏之意后，曰："《传》称统卒于献帝逊位之年，而此云'黄初末到京师'"，③ 竟将这极具关键意义的"始"字轻而易举地抹去了，则晁氏实在难脱隐瞒甚且篡改不利证据之干系！更何况"山阳仲长氏"者，乃一地方家族概念，可以"山阳仲长氏"自署者，岂独仲长统一人哉？李献臣《邯郸书目》见《序》有缪袭之字，又有"山阳仲长氏"之自署，便不问青红皂白，愣生生一口咬定仲长统其人而不肯稍纵！此非孟子之所谓"子诚齐人也，知管仲、晏子而已矣"邪？难道"山阳仲长氏"家族除却仲长统之外，就再也没有别的读书人了么？由此言之，则四库馆臣以阙疑之语气曰："其山阳仲长氏不知为谁？"④其言最为通达，其心亦最为审慎。李献臣"见卵而求时夜，见弹而求鸮炙"，其立言不谨，贻惑后学千载有余，⑤ 夫缀学之士，岂不引以为戒？

综上所述，我们认为，《序》文作者应该是山阳仲长统这个家族的某个晚生后辈，因有其家族先贤仲长统与其友人缪熙伯的这层关系，于黄初末年第一次到京师时，便去拜访这位前辈学人缪熙

① 范晔：《后汉书》卷49，中华书局1965年版，第1643~1646页。

② 陈寿：《三国志》卷21，中华书局1982年版，第620页。

③ 孙猛：《郡斋读书志校证》卷11，上海古籍出版社1990年版，第495页。

④ 永瑢等：《四库全书总目》卷117，中华书局1965年版，第1007页。

⑤ 今人孙猛亦引《后汉书·仲长统传》及《三国志·刘劭传注》曰："公武所疑极是。然不知造伪者，亦正据史书，以影射仲长氏即仲长统欤？以《刘劭传》正有'袭友人山阳仲长统，汉末为尚书郎'之语。唯造《序》者未暇细考仲长统卒年，遂露破绽于后人耳，与其疑史，不若疑《序》矣。至于四库馆臣疑另有仲长氏者，亦非，此序所指必仲长统也。"见氏著：《郡斋读书志校证》卷11，上海古籍出版社1990年版，第497页。孙氏斩钉截铁，既斥馆臣之"非"，且仍谓"此序所指必仲长统也"。可见李献臣不思之甚，其流毒之深远，已积非而成是矣。其堵塞学人心智已至如此，不亦悲夫！

伯。史称缪熙伯"亦有才学，多所述叙，官至尚书、光禄勋"，"正始六年，年六十卒"，① 则黄初末年，仲长氏其人往谒之时，缪熙伯甫进不惑之年，约少仲长统五六岁，当是此仲长氏之前辈，故《序》文不以"友人缪熙伯"相称。而缪熙伯为鼓励已故友人之后辈子弟读书，便出示所藏之《尹文子》一书让其过录。事后，其人认真研读，依其文意，反复推求，发现其书多所脱误（"意其玩之而多脱误"），于是"聊试条次，撰定为上下篇"，至于书中名理晦奥之言，则"亦未能究其详也"。

准此，则作《序》之人既为山阳仲长统家族之晚生后辈，其作《序》之年，又不知当在"黄初末年"得书以后之若干年也，或者已至魏晋易代之后，亦未可知。假定其人黄初末年（226 年）已二十岁，至魏元帝曹奂咸熙二年，即晋武帝司马炎泰始元年（265 年），亦仅六十岁。如其人寿至八十或九十，则可能至晋惠帝元康年间尚存。若其书为晚年撰定，则《序》之作年，竟在晋武帝之末年或晋惠帝之初元，亦未始不可能。② 至于《序》文之所以认为尹文"与宋钘、彭蒙、田骈同学于公孙龙"，此亦秉承汉人自来之说，以辩者公孙龙为孔门弟子耳。而作《序》者不以为意，既不为之考亦无须考，徒为因袭时流之见而已，实无足怪者也。

纵观上述诸证，汉人心目中仅有一个孔门弟子公孙龙，提到公孙龙，就立即想到子石，顾无分乎圣贤弟子与六国辩士。而魏晋之际不仅认为六国时辩者公孙龙仍然是那个字子石的孔门弟子公孙龙，并且还是尹文、彭蒙、田骈诸人的前辈老师，也就是说，这些"不治而议论"其学虽"本于黄老"而"近"于"刑名家"的稷下先生们，虽其学乃渐行渐远，但其师承渊源则仍在儒门。既是如此，则

---

① 裴松之：《三国志注》卷 21，中华书局 1982 年版，第 620 页。

② 其人于黄初末年首次谒见缪熙伯，缪熙伯即以《尹文子》一书见示，《序》文作者乃引《庄子》而论其学，又引刘向说以"其学本于黄老"，而已意亦以为其"大较"近于"刑名家"，与后世目录学家如晁公武《郡斋读书志》、高似孙《子略》乃至《四库全书总目》之论，皆有所不同。此也，正是《序》文所透露的学术世运消息之变，足觇魏晋玄理名辨之学方兴之渐。好学深思之士，自是心知其意，岂近代辨伪诸公孔见之所能及！

唐人司马贞与张守节以《孟子荀卿列传》及《平原君虞卿列传》之“为坚白同异之辩”的辩者公孙龙，与《仲尼弟子列传》之字子石的孔门弟子公孙龙同是一人，又有何难！

四、明末清初两个公孙龙仍然混而不分

而且，值得注意的是，不仅汉人、魏晋之人乃至唐人将这两个不同的公孙龙混为一谈，事实上，即使是明代最为博学的杨升庵，也仍然以论“白马非马”的公孙龙为孔门弟子。其所著《丹铅摘录》卷七及《丹铅总录》卷十四皆有是说。杨氏曰：

> 《史记》载公孙龙为孔子弟子，其论“白马非马”亦自附于仲尼谓“楚人亡弓”之说。且云：“仲尼异楚人于所谓人，而非龙异白马于所谓马，悖。”可谓曲说矣。其他篇有云：“青骊乎白而白不胜也，白足之胜矣，而不胜，是木贼金也。木贼金者碧，碧则非正举矣。”其意以白比君道，青比臣道，骊者，色之杂也。青骊于白，谓权臣擅命而杂君道也。金本制木而木贼金，犹君本制臣而臣掩君也。其说与《易》所谓玄黄、《论语》恶紫夺朱同，而颇费解说。又曰：“黄其马也，其与类乎！碧其鸡也，其与暴乎！”解云：“黄，中正之色；马，国用之材；故曰与类。碧，不正之色；鸡，不材之禽；故曰与暴。”其说类《孟子》“白马”、“白人”之例。然其淫放颇僻，去孔孟何啻千里！①

杨慎卒于嘉靖三十八年（1559年），其生平鼎盛之时，正值明代中叶。《明史·杨慎传》谓“明世记诵之博，著作之富，推慎为第一”。② 而四库馆臣亦谓杨氏“博洽冠一时”，③ 然其人不仅指“白马

① 杨慎：《丹铅总录》卷14，武汉大学出版社1997年版，第10~11页。
② 张廷玉等：《明史》卷192，中华书局1974年版，第5083页。
③ 永瑢等：《四库全书总目》卷119，中华书局1965年版，第1026页。

非马论”者为孔子弟子公孙龙，且以其说与儒家正宗经籍《周易》、《论语》、《孟子》诸书相牵比附，而斥“其淫放颇僻，去孔孟何啻千里”，是杨氏不过诛其背师叛道而已，并未逐其人于圣门之外。是有明一代如此博洽之人，乃有如此奇端之说，则无怪乎迟至晚明之际，作如是之想者，仍然不乏其人，且更欲以公孙龙褫夺儒门真传曾子之圣贤席位，此之所以汪琬《辨公孙龙子》一文所由作也。汪氏之文曰：

胜国之末，吴中异学繁兴，有谓孔子独传道于弟子公孙龙者，遂奉《公孙龙子》数篇以绌《曾子》。噫，何其谬也！殆《王制》所谓“行伪而坚，言伪而辩”者也。虽其说诞妄，或不足以惑众，然而吾不可不论。按《史记·仲尼弟子列传》龙字子石，《家语》以为卫人，郑玄又以为楚人，已莫知其真。追论岁月，决非赵之辩坚白同异者也。龙少孔子五十三岁。《年表》孔子卒鲁哀公十六年，是岁周敬王十四年也。① 龙年二十岁。至周赧王十七年，是岁赵惠文王元年，封公子胜为平原君，距孔子卒时已一百七十九年矣。龙若尚在，当一百九十八岁，得毋为人妖与？《平原君传》君厚待公孙龙，及邹衍过赵论至道乃绌龙。史明言龙辩害道，而顾倡为孔子传道之说，何其谬也！又孔穿尝辩龙所谓臧三耳者，穿则孔子六世孙，其世系明白可考。而龙与穿同时，顾得见其六世祖邪？其必不然也，审矣！且孔子之门，畔孔子者多矣。诸弟子之后，或流而为荀卿，或流而为庄周、禽滑厘，纷纷籍籍，皆异学也。龙坚白之辩，悖又甚焉。使果尝受业孔子，果老寿二百年不死，则孔子复作，亦当不免于鸣鼓之诛。况可推为传道者哉？庄周曰：桓团、公孙龙，辩者之徒，能胜人之口，不能服人之心。然则龙特辩士，当时不谓之知道，龙亦未尝以道自诩也。故吾谓春秋六国间当有两公孙龙，决非一人。其传道云云，此吴中无忌惮者之

① 按《史记·十二诸侯年表》，是岁当为周敬王四十一年。作“十四年”者，恐为四库馆中抄写之误，非汪氏自误也。

言，绝无据依者也。刘歆《七略》：《公孙龙子》十四篇，在名家。又庄周谓惠子曰："儒墨杨秉四，与夫子为五。"或谓秉即龙也，盖其字子秉。并附之以俟考。①

由汪文可知，即使是晚明之末，亦有将辩者公孙龙当作孔门弟子公孙龙而顶礼膜拜者，且更将《公孙龙子》一书作为孔子"独传"经典而取代《曾子》，② 是较之杨氏升庵之说，其过之"又何啻千里"也。可见混淆两个公孙龙者，可谓源远而流长。

五、公孙龙名字异说平议

汪氏从年代与学说两个方面以辨其非，从而结论曰："春秋六国间当有两公孙龙，决非一人。"以乾嘉以来考据学的诸多成就相印证，此说乃成学界定论，已毋庸赘述矣。唯辩者公孙龙是否字子秉，则汪氏不敢以其意必之，故曰"附之以俟考"云。

的确，春秋六国之间有两个公孙龙，虽然其说业已成为学界普遍接受的共识，但由于从学理上真正区分孔门弟子公孙龙与六国时辩者公孙龙，是晚近之事，因而如何在名字上区别这两个不同的公孙龙，至今仍然没有找到合适的突破口。而对于唐宋以来相传之说，学者亦在然疑之间，难成定见。大致说来，乃有如下两个方面的原因及其相关看法：

其一，"儒墨杨秉四，与夫子为五"，乃出自《庄子·徐无鬼

---

① 汪琬：《尧峰文钞》卷9，武汉大学出版社1997年版，第11~12页。

② 《汉书·艺文志》著录《曾子》十八篇，王应麟《玉海·汉书艺文志考证》曰："隋、唐《志》二卷。参与弟子……论述立身孝行之要，天地万物之理。今十篇，自《修身》至《天圆》皆见于《大戴礼》，盖后人摭出为二卷。"又《四库全书》"儒家类存目二"著录《曾子全书》三卷，明人曾承业编。馆臣曰："案宋汪晫尝辑《曾子》一卷，分十二篇，割裂补缀，已非唐以来之旧本。是编又……多出《主言》一篇，而分合迥异，不知其何所依据，殆亦以意为之也。"(《四库全书总目》卷95，中华书局1965年版，第8010~8011页。)据此，则明人编有三卷十三篇所谓《曾子全书》也。

篇》，世人以为庄子多寓言，因而未必实有其人。如清人洪颐煊即认为“秉”乃“宋”字之讹。洪氏曰：

> “然则儒墨杨秉四，与夫子为五，果孰是邪?”颐煊案：《庄子·天下篇》：“古之道术有在于是者，宋钘、尹文闻其风而悦之。”《荀子·非十二子篇》：“然而其持之有故，其言之成理，足以欺惑愚众，是墨翟、宋钘也。”《天论篇》：“墨子有见于齐，无见于畸。宋子有见于少，无见于多。”《汉书·艺文志》：“《宋子》十八篇。”“秉”疑“宋”字之讹。《困学纪闻》谓公孙龙字子秉，非也。①

洪氏认为，见诸载籍者，有与尹文相提的宋钘，也有与墨子并称的宋子，而独无以“秉”为姓而称“秉子”其人。故疑“儒墨杨秉四”之“秉”当为“宋”字之讹。近人马叙伦依其说，又进而以形、音两讹为说，推论“秉”字当由“宋”字辗转讹误而成。马氏曰：

> 成元英曰：“秉者，公孙龙字也。”洪颐煊曰：“秉疑宋字之讹。《困学纪闻》谓公孙龙字子秉，非也。”伦案：《尸子·广泽篇》曰：“料子贵别囿。”以本书《天下篇》考之，“料子”即宋荣子也。盖宋讹为宷，宷、料形音均相近。故《尸子》作料，秉与宷形亦近，故此又作秉。②

马氏从洪氏之说，谓“宋”字最初讹为“宷”字，因“宷”与“料”字读音相近，是以“宋子”以形似而讹为“宷子”，而“宷子”又以音近而讹为“料子”，故《尸子·广泽篇》乃有“料子”其人。而“宷”与“秉”字形相近，是以“宷”又讹作“秉”。据此，则“儒墨杨秉”即为“儒墨杨宋”之讹，乃谓“秉”为“公孙龙字”，岂非子虚乌有之说?

其二，即使庄子所谓“儒墨杨秉四”确有其人，但“秉者，公孙

---

① 洪颐煊：《读书丛录》卷14，载《续修四库全书》第1157册，第682页。

② 马叙伦：《庄子义证》卷24，商务印书馆1930年版，第648页。

龙字也”,① 乃唐人成玄英《庄子疏》所言之。而“公孙龙，平原君之客，字子秉，赵人”,② 亦唐人殷敬顺《列子释文》所言之，二者皆为唐人之说，乃周汉以还，不见其征，是以人亦多不之信。有鉴于此，晚近以来，或又有倡言两个公孙龙“俱字子石”之说。王先谦《〈盐铁论〉校勘小识》曰：

> 案孔子弟子公孙龙字子石。七国时著书者又一人。据下所言，则平原君之客，非圣门弟子也。后又举其字为子石，则二人俱字子石。“龙”当读如“砻”。③

王氏此说，乃因校识《盐铁论·箴石篇》而发。王氏据文理推知《盐铁论》所称之“公孙龙”与“子石”应是同一人。其所谓“据下所言”者，即丞相所引“公孙龙有言：论之为道辩”云云也。王氏“据”其人所“言”，知此人当是“平原君之客”，而“非圣门弟子”。但“后”文贤良“又举其字为子石”，是推知此“七国时著书者”公孙龙亦字子石。故曰：“二人俱字子石。”而唐人司马贞既言：“字子石，则‘砻’或非谬。”是以王氏又曰：“‘龙’当读如‘砻’。”

就古人名字相应之理而论，此公孙龙既然亦字子石，当然其名当读作“公孙砻”。王引之《春秋名字解诂》“楚人公孙龙字子石”条曰：

> 龙读为砻，砻亦厉石也。《说文》：“砻，礳也，从石，龙声。”《晋语》：“赵文子为室，斲其椽而砻之。”贾逵注云：“砻，磨也。”(见枚乘《谏吴王书》注)《荀子·性恶篇》：“钝金必待砻厉然后利。”杨注云：“砻、厉，皆磨也。”④

---

① 郭庆藩：《庄子集释》卷8，中华书局1961年版，第839页。
② 杨伯峻：《列子集释》卷4，中华书局1979年版，第143页。
③ 引自王利器：《盐铁论校注》卷6，中华书局1992年版，第407页。
④ 王引之：《经义述闻》卷23，江苏古籍出版社2000年版，第562页。

据此，则近人谭戒甫《公孙龙传略》亦曰：

> 公孙龙者，姓公孙，名龙。或字子石。《列子·仲尼篇》殷敬顺《释文》云："龙字子秉。"案殷说不见他书。《庄子·徐无鬼篇》有"儒、墨、杨、秉四，与夫子（指惠施）为五"之语，所谓"秉"者不知何人；殷即据以为龙之字，不可从也。惟《盐铁论》第三十一，丞相引有公孙龙语。王启原注："按孔子弟子公孙龙，字子石。七国时著书者又一人。据下所言，则平原君之客，非圣门弟子也。后又举其字为子石（按后文贤良答，有'此子石所以叹息也'之言），则二人俱字子石。龙，当读如砻。"此名字相应，似得其实。①

应该说明的是，谭氏所引王启原说，当出自王先谦《〈盐铁论〉校勘小识》。考其《校勘小识记》曰："湘潭王启源君豫、胡元常子彝，搜讨往牒，复得若干条，书中称'王云'者，君豫说也。称'胡云'者，子彝说也。"②即是其证。故王利器《盐铁论校注》引为王先谦说，而谭氏引之乃为王启原（据王氏《记》文，"源"字似当作"原"）说。

由上述可见，确定辩者公孙龙"字子秉"之说，其主要障碍有二：一是庄子寓言，难以据信；二是唐人之说，于古无征。但这两点障碍，也未始全然不可逾越。请尝试而论之：

首先，据笔者对《庄子》文本的多年研究，庄子寓言人物有两种不同类型：一是随意编排人物，使之主客相对，往来问难辩说，借以反复推明庄子本人的观点；二是杜撰历史故事，矫托古人声口，借以叙述庄子本人的思想。前一类寓言，其人名往往具有比喻与象征意义，如"啮缺"、"王倪"、"知"、"大公调"之类，是其例也。后一类寓言，则往往是真实的历史人物，如孔子、颜回、老聃、季桓子之类，是其例也。而且，即使是这类有关真实历史人物

---

① 谭戒甫：《公孙龙子形名发微》，中华书局1963年版，第1~2页。

② 王利器：《盐铁论校注》附录四，中华书局1992年版，第818页。

的寓言，也往往以时空错乱的叙述方式，造成某种戏谑滑稽的阅读效果。但即使如此，这些人物也毕竟都是历史上真实存在过的人物，决非庄子凭空虚构。如《徐无鬼篇》孔子、孙叔敖与市南宜僚三人同觞而宴的寓言，即是其例。而“儒墨杨秉四，与夫子(惠施)为五”之说，亦同其例。据钱穆所考：“惠施之卒，公孙龙犹在童年，岂得与儒墨杨而为四哉?”①但这并不妨碍“秉”与“儒墨杨”一样，都是历史上曾经存在过的真实人物。虽然我们并不否认，“宋”字极有可能因为形近而误为“宲”字，又因为音近而再误为“料”字，故《尸子·广泽篇》所谓“料子贵别囿”之“料子”，亦大可能即“宋子”其人。但说“儒墨杨秉四”之“秉”字，乃由“宋”字一误再误之结果，恐未必如此之巧合也。因此，我们认为，“秉”者，应是实有其人，但不必如洪、马之说，乃“宋”字之讹也。

其次，“公孙龙，字子秉”，其说之所以出自唐人，乃如前述，是因为自汉代以至魏晋，学人大抵皆以为先秦只有一个字子石的孔门弟子公孙龙，而辩者公孙龙几乎被历史所遗忘。其人其名既已淹没不彰，则谁会顾及其字？是以辩者公孙龙字子秉之说，当然便长期汩没无闻，不亦情有可原乎！② 而晚清王先谦或王启原乃至近人谭戒甫“二人俱字子石”之说，乃不得已而言之耳，未可据以为实也。

六、辩者公孙龙名字考真

然而，辩者公孙龙字子秉，其说固然出自唐人，但并非毫无理据的胡思乱想，其于先秦载籍及两汉之文章亦未必无纤芥之迹可供

① 钱穆:《公孙龙传略》，载《古史辨》第6册，上海古籍出版社1982年版，第286页。

② 按陆德明《经典释文叙录》，唐以前注《庄子》者，有崔撰注十卷、向秀注二十卷、司马彪注二十一卷、郭象注三十三卷、李颐集解三十卷、孟氏十八卷、王叔之义疏三卷、李轨音一卷、徐邈音三卷。众家《庄子》之注，皆不言公孙龙字子秉，乃唐初道士成玄英始言之，足证唐以前没有人认为先秦有两个公孙龙，当然更不会注意到“秉”就是辩者公孙龙之字。

搜寻，特学人迄未留其意而已。

今按，辩者公孙龙之所以字子秉，据古人“名字相应”之理，“龙”当读如“龓”。《说文》：“龓，兼有也，从有，龙声。读若聋。”段注：“今牢笼字当作此。笼行而龓废矣。《吴都赋》曰：‘沈虎潜鹿，馽龓僒束。’按馽龓者，絷而笼其头也。《玉篇》曰：‘马龓头。’《说文》䩞下云：‘龓头绕者。’亦取兼包之意。”①此字意为“兼有”或曰“兼包”，后世乃为“笼”字所取代，故段氏曰“笼行而龓废矣”。《史记·平准书》曰：“大农之诸官尽笼天下之货物，贵即卖之，贱即买之。”②《汉书·张汤传》曰：“县官空虚，汤承上旨，请造白金及五铢钱，笼天下盐铁。”③这些皆是以“龓”为“笼”之例。其字亦写作“拢”，如郭璞《江赋》：“聿经始于洛沫，拢万川乎巴梁。”李善注：“拢，犹括束也。”④其义亦当为“龓”。

又，《广雅·释诂》：“仁、龓、或、员、虞、方、云、抚，有也。”⑤以“龓”为“有”，犹《说文》“从有”之意也，特与含“有”义诸字以类相从耳，实则《说文》所谓“兼有”者，乃“龓”字之本义也。

“龓”之本义既为“兼有”，其与《广雅》同类诸字之“有”义相区别者，正在此“兼”字也。许氏《说文解字》曰：“兼，并也，从又持秝。兼持二禾，秉持一禾。”⑥“兼”之与“秉”，既皆以“持禾”为义，又有“二禾”与“一禾”之别，则“龓”字与“秉”字的意义关联，也就不言而自明了。

考古人名字相应，有名与字其义相反者，亦有名与字其义相类者。如：端木赐字子贡，取其上与下相反也；曾點字子皙，取其黑与白相对也。而颜回字子渊，取渊乃回旋之水相关为义，司马耕字子牛，取牛以耕地之事而关联所及。至于“公孙龓，字子秉”者，

---

① 段玉裁：《说文解字注》，上海古籍出版社 1988 年版，第 314 页。
② 司马迁：《史记》卷 30，中华书局 1982 年版，第 1441 页。
③ 班固：《汉书》卷 59，中华书局 1962 年版，第 2641 页。
④ 吕延济等：《六臣注文选》，人民文学出版社 2008 年版，第 193 页。
⑤ 王念孙：《广雅疏证》卷 1，江苏古籍出版社 2000 年版，第 6 页。
⑥ 参见段玉裁：《说文解字注》，上海古籍出版社 1988 年版，第 329 页。

其关联之点如下：就“兼”与“秉”皆以“持禾”为义而论，则“龖”与“秉”，其名与其字乃相类而相关；就“持二禾”与“持一禾”之义有别而言，则“龖”与“秉”，又是以相对或相反而相关。因为“龖”字义为“兼有”，“兼”乃“持二禾”，作为人名，或有过尤之虞，乃以“持一禾”之“秉”为其字，欲省之减之，此犹唐人韩愈字退之之比也。明乎此，则知公孙龙之“字子秉”者，其名当为“公孙龖”也。明乎此，则亦知孔门弟子公孙龙，与六国辩者公孙龙，不过因其读音相同而用字皆为假借而已，实则此二人之名及其字皆互不雷同。孔门弟子公孙龙字“子石”，应写作“公孙砻”，六国辩者公孙龙字“子秉”，应写作“公孙龖”。唯当世之人皆知其名与其字各有其义不至相混，而后世之人不知其别乃以为同名耳。然千古疑案，一朝勘破，竟是如此简单。语曰：踏破铁鞋无觅处，得来全不费工夫。其是之谓耶！

七、孟子“龙断”语源析论

就文字声训而论，我们既已剔发了“公孙龙”与“公孙龖”之间的通假奥秘，以及“公孙龖，字子秉”其名字相应的意义关联；但先秦载籍中是否有将“龖”写作“龙”的语言实例，则是最终证成此说的关键。然则“仁远乎哉？我欲仁，斯仁至矣”，其用字之例，就在《孟子》之书而至今仍然耳熟能详的“龙断”一语。不过，不无遗憾的是，孟子本人对“龙断”一语的解说，却在有意无意之间作了牵强附会的理解，因而大大歪曲了说话人的原意，以致其古言古义至今不为人知。为论证易于理解起见，姑录《孟子》相关原文如下：

> 孟子致为臣而归。王就见孟子，曰：“前日愿见而不可得，得侍同朝，甚喜。今又弃寡人而归，不识可以继此而得见乎？”
>
> 对曰：“不敢请耳，固所愿也。”
>
> 他日，王谓时子曰：“我欲中国而授孟子室，养弟子以万

钟，使诸大夫国人皆有所矜式。子盍为我言之！”

时子因陈子而以告孟子，陈子以时子之言告孟子。

孟子曰：“然。夫时子恶知其不可也？如使予欲富，辞十万而受万，是为欲富乎？季孙曰：‘异哉子叔疑！使己为政，不用，则亦已矣，又使其子弟为卿。人亦孰不欲富贵？而独于富贵之中有私龙断焉。’古之为市也，以其所有易其所无者，有司者治之耳。有贱丈夫焉，必求龙断而登之，以左右望，而网市利。人皆以为贱，故从而征之。征商，自此贱丈夫始矣。”①

爆发于齐宣王五年至八年(前315年—312年)的燕齐之战，并没有按照孟子所预期的目标或既定思路推进，战争的性质也从“救民于水火”一变而为“以燕伐燕”。于是，孟子决定离开齐国，只因关注着燕齐战争的事态发展，没有立刻辞职，但事先辞去了十万钟的俸禄。待到燕齐战争以齐国的彻底失败而告终，孟子就决定正式辞职，“致为臣而归”了。这就是《孟子·公孙丑》这段文字的言说背景。

然而，当孟子辞职去齐之前，齐宣王来见孟子，希望他能继续留在齐国，以便时常亲往垂询。这当然是孟子十分期待的。但齐宣王并非真心挽留孟子，而是派人辗转给孟子传话，“欲中国而授孟子室，养弟子以万钟”，实是打算让孟子再度以稷下先生的身份居留在齐国，且为了使其弟子对乃师形成某种压力，亦给其弟子分拨少量资廪。这种“下乔木而入于幽谷”的挽留方式，孟子当然不愿接受，且一眼便看破了齐宣王以贿赂弟子而迫留乃师这种类似孙膑围魏救赵的鬼把戏。因此，孟子说：是希望让我富起来吗？我辞去了十万钟的俸禄而接受万钟的恩赐，就是为了富起来吗？且既有十万钟的俸禄，又何愁不能养弟子！于是孟子引用了一则季孙评价子叔疑的历史掌故，以此明确表示坚决不答应齐宣王的挽留条件，且告诫弟子不可自轻自贱以恋栈。

① 朱熹：《四书章句集注》，中华书局1983年版，第247~248页。

孟子所引季孙这段话，赵岐的读法有所不同。因为关系到原文的正确理解，是以不可不辨。赵岐读之如下：

> 季孙曰："异哉！子叔疑。使己为政，不用则亦已矣。又使其子弟，为卿。"人亦孰不欲富贵？而独于富贵之中有私龙断焉。

赵氏既读之如此，是以其注文又曰：

> 二子，孟子弟子也。季孙知孟子意不欲，而心欲使孟子就之，故曰异哉弟子之所闻也。子叔心疑，亦以为可就也。孟子解二子之异意疑心曰，齐王使我为政，不用则亦自止矣。今又欲以其子弟故，使我为卿，而与我万钟之禄。人亦谁不欲富贵乎，是犹独于富贵之中，有此私登龙断之类也。我则耻之。①

赵岐以"季孙"及"子叔"二人为孟子弟子，又读"子叔疑"为"子叔心疑"。至其注文，误解之处尚多，故清人赵佑曰：

> 以季孙、子叔为孟子弟子，不应但书氏而绝无名称，不合一也。"异哉"一语既不了，一"疑"字更未有言，遽接以孟子自解语，与上节全不相属，不合二也。就注文"齐王使我为政，不用则亦自止矣。今又欲以其子弟故，使我为卿"云云，孟子正因王不使为政而去，何忽云尔？本文"使其子弟为卿"，忽倒换"使我为卿"；上文"养弟子以万钟"，自当指孟子之弟子，忽易为齐王子弟；不合三也。此朱子所以改注为至当也。②

赵佑驳赵岐句读及其注文之误，甚确；且以朱子《孟子章句集

① 参见焦循：《孟子正义》卷9，中华书局1987年版，第299~230页。
② 赵佑：《四书温故录》，载《续修四库全书》第166册，第584页。

注》所读及所注"为至当"，其说亦近是也。朱子曰：

> 此孟子引季孙之语也。季孙、子叔疑，不知何时人。龙断，冈垄之断而高也，义见下文。盖子叔疑者尝不用，而使其子弟为卿。季孙讥其既不得于此，而又欲求得于彼，如下文贱丈夫登垄断者之所为也。①

朱子解"龙断"为"冈垄之断而高"，为因袭之说，姑暂置之而不论。然以"季孙曰"云云，乃"孟子引季孙之语"，其说甚确。至谓"季孙、子叔疑，不知何时人"，乃无可厚非。而清人周广业《孟子出处时地考》的相关推断，即可解朱子之惑。周氏曰：

> 今以子叔疑为名，终亦莫能知为何许人也。惟《左传》昭二十九年经："叔诣卒。"《公羊》《穀梁》俱作"叔倪"。《释文》"倪"有"五计"、"五兮"二音，"五兮"颇与"疑"音相混。意即其人。此子叔敬子之孙，尝欲纳昭公，故季孙意如曰："叔倪无疾而死，此皆无公也。是天命也，非我罪也。"以此推之，"龙断"之说，或出爱憎之口欤?②

周氏认为，鲁昭公二十九年《左传》经文所载之"夏四月庚子叔诣卒"，《公羊传》、《穀梁传》之经文皆作"叔倪卒"。陆德明《穀梁传释文》曰："叔倪，五计反，又五兮反。《左传》作诣。"是"倪"字可读仄声"五计反"，亦可读平声"五兮反"，而以平声音读正与"疑"字读音相近；以仄声音读则与"诣"字读音相近。因而"子叔疑"即"子叔倪"或"子叔诣"，虽用字各有不同，但皆为同音通假耳。然此条经文，《左传》与《公羊传》皆有经而无传，唯《穀梁传》载有周氏所引"季孙意如曰"诸语。而范宁《集解》曰："言叔倪欲纳

---

① 朱熹：《四书章句集注》，中华书局1983年版，第248页。

② 周广业：《孟子四考》，载《续修四库全书》第158册，第152页。

公，无病而死，此皆天命使鲁无君尔。鲁公之出，非我罪。"①可见季孙意如与子叔倪在驱逐还是拥戴鲁昭公的问题上，二人意见相左。而孟子所引季孙曰"异哉子叔疑"之语，正与《榖梁传》所载季孙意如与子叔倪之行事相合，且观季孙两处的说话语气，亦颇含政敌之间意气不相投的火药味。故周氏曰"或出爱憎之口"，可谓知言矣。

据此，我们认为，无论是就人名的读音通假，还是就相关人物的语义分析，周氏的论证都是可信的。② 孟子所谓"子叔疑"其人就是《公羊传》、《榖梁传》二传之"叔倪"或《左传》之"叔诣"，决无可疑；其时乃在鲁昭公(前540年—510年在位)之世，下距孟子与齐宣王(前319年—301年在位)已二百余年。因此，季孙论子叔疑，正是孟子所引用的历史掌故，非孟子当时之语。

而揣摩季孙说话的语气，其意即是说：这个子叔疑，真是有意思啊！国君既让你执掌鲁国政权多年了，现在不让你再干了，可你却还不知足，又要让你家子弟出来继续掌握鲁国的权力。有谁不希望位高权重大富大贵？而你却想把鲁国的所有富贵权势又由你独家包揽一网打尽！③

察季氏之意，"而独于富贵之中有私龙断焉"，其"龙断"之"龙"字，正为"巃"字之假借，意为"兼有"。而孟子以"网市利"释其义，乃与《史记·平准书》"尽笼天下之货物，贵即卖之，贱即买之"及《汉书·张汤传》"笼天下盐铁"之意无以异，皆为"兼包"、"统揽"或"专有"、"独占"之义。

然而，与训诂家不知文义大相径庭的是，孟子既以"贱丈夫"

---

① 参见杨士勋：《榖梁传注疏》卷18，中华书局2009年版，第5301页。

② 杨伯峻曰："朱熹《集注》云：'不知何时人。'周广业《孟子出处时地考》以春秋昭公二十九年之'叔诣'当子叔疑，亦纯是揣测之词。"见氏著：《论语译注》，中华书局1960年版，第105页。按"诣"、"倪"、"疑"，三字古音皆为疑母，其可通假无可置疑。

③ 清人黄扶孟曰，"有私龙断焉"之"有"字"当读为又"。见黄承吉《字诂义府合按》，中华书局1984年版，第136~137页。据黄生之说，则此句不宜于"中"字后逗开，当作一气贯注读之："而独于富贵之中有私龙断焉。"

之“网市利”为喻解说“龙断”之义，又以“求龙断而登之”释其词，则是知其文之义而反不知其词之诂，亦其异事也。然而孟子既以“求龙断而登之”释季孙“龙断”一语，已大非季孙“统揽”、“独占”之“龙断”本意；又曰：“人皆以为贱，故从而征之。征商，自此贱丈夫始矣。”则更是无稽之谈。推想孟子之所以如此解释“龙断”，可能是因为他感到齐宣王的挽留方式明显有轻用其贤的意味，故而不无愤懑之情；同时，也担心弟子们自轻自贱而甘于嗟来之食以接受齐王“万钟”之利的诱惑，从而对他致仕而归造成某种群体压力，因而虚造事实以警示弟子。然无论如何，总归是孟子将“龙断”一语作了牵强附会、歪曲原意的解说。但是，正是孟子这种牵强附会的曲解，却对后世产生了极为深远的影响。许慎《说文解字》即引之以解“買”字“从网从贝”之义。许氏曰：

買，市也。从网从贝。孟子曰：登垄断而网市利。①

许氏已读“龙”为“垄”矣。而赵岐《孟子注》依孟子说亦曰：

贱丈夫，贪人可贱者也，入市则求龙断而登之。龙断，谓堁断而高者也。左右占望，见市中有利，网罗而取之。人皆贱其贪，故就征取其利，后世缘此，遂征商人。②

赵岐注“龙断”为“堁断而高者”，显然是本孟子之说而非解季孙之语。而唐人丁公著又以“龙”为“隆”字之假借，曰：“龙与隆声相近，隆，高也。盖古人之言耳，如胥、须之类也。”丁氏为解而解，实则不得其解，乃欲以“古人之言”相搪塞。至于张镒谓“断”当“如字”读，并斥“或读如断割之断”为“非也”，亦是因前人之说而读“断”为“物断”之名词，不读为“断割”之动词。唐人陆善经则同于许慎读“龙”为“冈垄”字，曰：“龙断谓冈垄断而高者。”宋人

① 参见段玉裁：《说文解字注》，上海古籍出版社1988年版，第282页。
② 参见焦循：《孟子正义》卷9，中华书局1987年版，第301页。

孙奭曰："如陆之释，则龙音垄。"①朱子《集注》谓"冈垄断而高者"，当是袭从陆善经及孙奭之说，亦无所发明。至清人翟灏《四书考异》又引《列子》之"陇断"以证成陆氏善经之说。翟氏曰：

> 按《列子·汤问篇》说愚公移山事曰"自此冀之南，汉之阴无陇断焉"，可为陆说"龙断"字之确证。《说文》引下文直作"登垄断"。三家之释，要惟陆氏为长。②

由此可见，季孙"龙断"一语，经过孟子以"求龙断而登之"牵强作解，后世皆以"冈垄断而高者"为释。其事乃所谓"经典效应"或曰"名人效应"。至伪作《列子》者，又生造一个"冈陇阻隔"的"陇断"来，则更是节外生枝。

值得注意的是，根据当代学人对中国古代都城制度的研究，③上古时期乃"国"、"野"对立的乡遂制度，而古人立"市"皆在"国"不在"野"。且"市"与"朝"相对，又皆在国都之中，《周礼·考工记》曰"匠人营国，方九里，旁三门。国中九经九纬，经涂九轨，左祖右社，面朝后市，市朝一夫"，④ 即是其制。而"市朝一夫"者，即谓"市"与"朝"各占地一百亩也。春秋战国之际，都城中"市"区有所扩大，至与贵族所居之宅相毗邻。《左传》昭公三年载齐景公欲更晏婴之宅，曰"子之宅近市，湫隘嚣尘，不可以居，请更诸爽垲者"。⑤ 又，襄公三十年亦载郑国大夫伯有遭到其他贵族的围攻，"死于羊肆"，"羊肆"即"市"中卖羊肉的坐贾摊子。而子产"敛而殡诸伯有之臣在市侧者"，⑥ 乃即其死地而殡敛之。皆是其

---

① 所引诸说，俱见孙奭：《孟子音义》卷上，武汉大学出版社 1997 年版，第 7 页。

② 翟灏：《四书考异》下，载《续修四库全书》第 167 页，第 330 页。

③ 参见杨宽：《中国古代都城制度史研究》，上海古籍出版社 1993 年版，第 88~91 页。

④ 贾公彦：《周礼注疏》卷 41，中华书局 2009 年版，第 2005~2006 页。

⑤ 孔颖达：《春秋左传正义》卷 42，中华书局 2009 年版，第 4411 页。

⑥ 孔颖达：《春秋左传正义》卷 42，中华书局 2009 年版，第 4370 页。

例。大抵因“市”区规模之扩大，其喧嚣嘈杂影响了达官贵人的日常生活，战国时代乃出现封闭式的方形或长方形市区，且四面有围墙，每面中间设有市门，其南门之外有一片开阔的广场，如同朝廷的“外朝”，可供赶市的人群车辆聚集停歇之用，此之所以“市朝”连称也。各面市门皆设有专人管理，每日早晚按时启闭。市门开启之时，人声鼎沸，争相入市。而市门关闭之后，则空寂无人。《史记·孟尝君列传》载冯驩之语曰：“君独不见夫趣市朝者乎？明旦，侧肩争门而入。日暮之后，过市朝者掉臂而不顾。”①冯驩之所言者，正是孟子所在的齐国“市”场晨昏启闭之情形。诸如上述种种，既然“市”在都城的中心地带，又或有围墙与市门，则何处何所可“求”其“冈垄断而高者”以“登”之？是以孟子所说绝无根据，不过一时兴到之言，有感而发，实在不可为典要。

由上述可见，季孙所谓“龙断”，意即包揽无余。“断”字恰与唐人张镒之说相反。考“断”字，《说文》作“斷”，许君曰：“斷，截也。从斤𢇍，𢇍，古文绝。”②是“断”亦有“绝”义。因而“龙断”或“龖断”者，意即“兼有”尽净而“绝”无所余也。则“龙断”一词乃动补结构，而非主谓结构也。今之常语所谓“垄断资本”、“垄断行业”云云者，正当为“龖断”或“龙断”，然其取义同于季孙，而用字却从孟子，斯又学者所不可不知也。

总而言之，辩者公孙龙之“龙”与“龖”字相通假，不仅《说文》有其字，且于上古语言亦有实例可征。因此，字子秉的六国辩者公孙龙，应读“公孙龖”，字子石的孔门弟子公孙龙，应读“公孙砻”，从此即为定谳。汉唐以来误二人为一人，固然由此可得澄清，而辩者公孙龙字子秉，亦信而有征乃无可置疑矣。

本文结论

先秦有两个公孙龙，一为孔门弟子，字子石；一为六国时辩

---

① 司马迁：《史记》卷75，中华书局1982年版，第2362页。

② 参见段玉裁：《说文解字注》，上海古籍出版社1988年版，第717页。

士，字子秉。但这两个公孙龙却自司马迁以来长期混淆不分。《史记》以辩者公孙龙为“显有年名及受业闻见于书传”的孔门弟子，司马贞及张守节对《史记》的理解并非有误。是以自汉唐以及明末，两个公孙龙并没有得到有效的区分。然字子秉的辩者公孙龙之名当写作公孙䶬，而字子石的孔门弟子公孙龙当写作公孙砻，二者实为名字各不相同的两个人。而“龙”与“䶬”字互相通假，则有孟子“龙断”一语作为旁证。“龙断”亦即“䶬断”，意为兼有尽净。而今语之所谓“垄断”，实取义同于季孙，而用字却从孟子。

诸子学衡

学鉴

秦始皇、李斯的哲学思想

◎ 丁四新

李斯作为战国末季至整个秦代法家的代表性人物，这一点广为人知；但是对于其法家哲学的具体内容，一般教科书均缺乏起码的介绍。秦始皇作为一个政治大人物，喜欢法家思想，这一点是毫无疑义的；但实际上，秦始皇的哲学思想远非止于此，他以特殊的形式和内容对于帝国及皇权的合法性问题及其存在之理想，对于世间伦理的折中与废立，以及对于生命存在的基本问题等都满怀强烈的关心之情。

一、秦始皇的哲学思想

秦始皇(前259—210)，姓嬴名政，又名赵政。《史记·吕不韦列传》说嬴政为赵姬所妊吕不韦子,① 未必可信。十三岁时，庄襄王死，嬴政代立为秦王。秦王二十六年，改称始皇帝。秦始皇的历

① 《史记·吕不韦列传》："吕不韦去取邯郸，诸姬绝好善舞者与居，知有身。子楚从不韦饮，见而说之，因起为寿，请之。吕不韦怒，念业已破家为子楚，欲以钓奇，乃遂献其姬。姬自匿有身，至大期时，生子政。"汉人多持此说，疑皆为当世诬言。

史功绩主要有两条，其一为并诸侯，统一中国。自公元前234年至公元前221年，先后灭亡了韩、赵、魏、楚、燕、齐六国，吞并天下。其二为定制度，包括皇帝、郡县、统一文字和度量衡、博士制度、巡守和以水德定制等。从哲学上来看，秦始皇信奉和推崇的思想主要为法家哲学、五德终始说、以皇帝为君主理想的功业说和神仙观念等。

（一）秦朝的历史哲学：秦得水德之说

自秦孝公任用商鞅施行变法以来，法家逐渐成为秦国的主导思想，申、韩之术亦被秦始皇所信奉。秦始皇与李斯一起，将法家哲学在秦国和秦朝作了比较成功的运用。当然，在法家思想实施的过程中，秦始皇下令焚书和坑儒，这是两起引起后世严重非议的负面事件。焚书事件发生于始皇三十四年（前213），它确立了公学的垄断地位，同时声明了强权主宰"真理"的国家原则。所谓以陛下"别白黑而定一尊"、"以吏为师"，他将韩非的相关思想在行政和制度上落实下来。坑儒事件发生在始皇三十五年（前212）。其直接导因，源于方士卢生求奇药而不成，而与侯生诽谤始皇，惧诛而亡去。于是始皇大怒，"使御史悉案问诸生"治罪，结果"犯禁者四百六十余人，皆坑之咸阳"（《史记·秦始皇本纪》）。所坑之儒，为广义的儒生，非独儒家之儒。"坑儒"对于知识分子的影响比"焚书"要大，它直接而深重地威胁到士人肉体生命的安全。"焚书"和"坑儒"，都是法家思想在秦朝发生现实作用的两个必然事件。

为了说明秦灭六国、统一天下的合理性，秦始皇君臣除了指斥六国的暴虐及申明天下分裂给百姓带来的巨大灾乱之外，还借用宣扬天命转移的五德终始说来论证其取得天下的合法性。五德终始说是在五行相胜说的基础上建立起来的。火胜金，金胜木，木胜土，土胜水，水胜火。五行相胜说已见于春秋后期，至战国中后期之交，被邹衍改造为五德终始说。邹衍为齐士，也是稷下诸先生之一。他"称引天地剖判以来，五德转移，治各有宜"，拥有"谈天衍"的美誉（《史记·孟荀列传》）。邹子首先将火、金、木、土、水五行肯定为五种基本的宇宙力量，认为它们是天命转移的载体与象征符号，然后认为它们是按照“从所不胜”的先后次序来体现天命的转移的。具体说来，即为虞土、夏木、商金、周火，而继周的王朝显然当得水德。五德终始说既是历史哲学也是政治哲学。这种依五行从所不胜的模式来展现天命的转移，从而论证世间政权更迭之合理性的学说，很容易被秦国、秦朝所认可和采纳。因为“胜克”观念本身既符合武力统一天下的特征，而“从所不胜”也符合强秦即将统一天下而代周为王之所谓历史逻辑。另外，秦自襄公后，即逐步形成了五帝的观念，这为秦人接受五德终始说提供了相应的思想准备。根据《吕览·应同》篇，秦在统一天下之前，五德终始说已经传入秦国，但是直到始皇称帝之后才被正式采用。关于秦朝的五德终始说，相关文献见下：

甲、始皇推终始五德之传，以为周得火德，秦代周德，从所不胜。方今水德之始，改年始，朝贺皆自十月朔。衣服旄旌节旗皆上黑。数以六为纪，符、法冠皆六寸，而舆六尺，六尺为步，乘六马。更名河曰德水，以为水德之始。刚毅戾深，事皆决于法，刻削毋仁恩和义，然后合五德之数。于是急法，久者不赦。(《史记·秦始皇本纪》)

乙、是时独有邹衍，明于五德之传，而散消息之分，以显诸侯。而亦因秦灭六国，兵戎极烦，又升至尊之日浅，未暇遑也。而亦颇推五胜，而自以为获水德之瑞，更名河曰“德水”，而正以十月，色上黑。然历度闰余，未能睹其真也。(《史记·历书》)

丙、自齐威、宣之时，邹子之徒论著终始五德之运，及秦帝而齐人奏之，故始皇采用之。(《史记·封禅书》)

丁、秦始皇既并天下而帝，或曰：黄帝得土德，黄龙地螾见。夏得木德，青龙止于郊，草木畅茂。殷得金德，银自山溢。周得火德，有赤乌之符。今秦变周，水德之时。昔秦文公出猎，获黑龙，此其水德之瑞。于是秦更命河曰德水，以冬十月为年首，色上黑，度以六为名，音上大吕，事统上法。

（《史记·封禅书》）

戊、战国扰攘，秦兼天下，未皇暇也，亦颇推五胜，而自以为获水德，乃以十月为正，色尚黑。（《汉书·律历志上》）

从这五条文献来看，第一，秦称帝之后才采用五德终始说，且它是由齐人上奏的，而不是直接采自吕不韦门下。第二，上奏五德终始之说既是为了论证秦得天下的合理性，同时也是为了劝说秦始皇采纳阴阳家的理论以定制度。“今秦变周”当得“水德之时”，与秦文公（前765—716）获黑龙的符瑞相应。这里，符瑞启示于前，而判断秦得水德于后。第三，秦定得水德在秦王改称始皇之同年，并依水德改制，如以十月为年始、色上黑、数以六为纪等；但是更为值得注意的是，秦由得水德而强化了法家刻薄寡恩的特征，所谓“刚毅戾深，事皆决于法，刻削毋仁恩和义，然后合五德之数”是也。当然，这里需要将廷尉李斯与秦始皇略作区别，前者并不主张如此之“急法”。①

总之，“革命”及改代更制之合理性的论证，在战国中晚期之交已从周人所谓“以德配天”转变为邹衍的“五德终始转运”之说。前者以主观的德性自省及修养为配天的依据，后者则以客观的命数转运来说明世间王朝更替的合理性。就秦的性格来说，后者更适合其论证的需要。虽然如此，但是这并不是说秦始皇完全不重视君主主观之“德”的方面；至少从主观方面来看，对于他而言，德业是并重的。

（二）作为君主理想的“皇帝”观念与秦人的道德观

“皇帝”尊号的设立，本是秦始皇君臣将始皇之功业与三皇五帝相比并的结果。从《史记·秦始皇本纪》来看，这其中也包含了道德的因素；或者说，道德因素也是秦王政可以配上“皇帝”尊号

① 李斯狱中上书二世曰：“缓刑罚，薄赋敛，以遂主得众之心，万民戴主，死而不忘。罪七矣。”参见《史记·李斯列传》。

的一个基本理由。同时，这一尊号本身也是法古折中的一个结果。不过，从政治体制的构设来看，“皇帝”在随后的中国历史中不幸逐渐演变成为君主独断专制者的代名词。甚至在秦始皇之当时，他除谥法，并希望自始皇帝之后，“二世三世至于万世，传之无穷”(《秦始皇本纪》)，这种想法本身——垄断天下之权源永为一家之私有的想法——已将“皇帝”观念在逻辑上推向了专制集权之代名词的地步。虽然如此，但是在政治及与其相关涉的文化转型时期，秦始皇在享受“皇帝”这一尊号的同时，从另一个角度来看，也仍然传达出尊重道德的观念。

秦人重德，历史十分悠久，今不细论。这个“德”的观念，包括天命有德和世教所谓道德两个方面。巡守和封禅，与皇帝制相配，它们也属于古制。始皇二十八年，登泰山，立石诵秦德，其刻辞有曰：“本原事业，祇诵功德”，“贵贱分明，男女礼顺，慎遵职事”。同年，南登琅琊，做琅琊台，立石，诵秦德曰：“以明人事，合同父子。圣智仁义，显白道理”，“尊卑贵贱，不踰次行”，“六亲相保，终无寇贼。驩欣奉教，尽知法式”，“昭明宗庙，体道行德，尊号大成”。二十九年，登之罘，立石，其刻辞有曰：“外教诸侯，光施文惠，明以义理”。其东观刻辞有曰：“皇帝明德，经理宇内”，“群臣嘉德，祇诵圣烈，请刻之罘”。三十二年，之碣石，有刻辞曰：“皇帝奋威，德并诸侯，初一泰平。”在三十四年下焚书令之前，秦始皇在巡守过程中所反复宣扬并以为荣耀的，乃是将其统一天下的盖世功业主要看作德明的结果，并且肯定了儒家的基本伦理观念对于维系家庭和社会的重要性。且即使在焚书坑儒之后，秦始皇仍在一定程度上保持了崇德的观念，例如三十七年上会稽，立石刻，诵秦德，有云“德惠修长”、“圣德广密”等语。

秦代非常重视刑罚，这主要是从统治手段上来说的，但是从内容和目的来看，世间基本伦理仍然受到秦法的保护。这在云梦睡虎地法律类秦简中即有具体的表现。值得一提的是，睡虎地秦简有一篇名为《为吏之道》的文章，有不少地方与《礼记》、《大戴礼记》等相同或相近，而包含了儒家思想的一些基本方面。由此可见，儒家虽然在秦朝受到严重的裁抑和打击，但是那些能够与世教相合的基本伦理思想还是居于秦法及皇权的大力保护之下。

(三)形神、方术与政治

古人由于医疗条件等原因，寿命的长短成为一个人们普遍关心的重要问题，秦始皇也不例外。《史记·秦始皇本纪》曰："天下之事无小大皆决于上，上至以衡石量书，日夜有呈，不中呈不得休息。贪于权势至如此，未可为求仙药。"从一个方面来看，秦始皇勤勉于政事，可以算得上是一个优秀的皇帝；但是从另一个方面来看，正如侯生、卢生所云，其勤政也是其严重"贪于权势至如此"的一种具体表现。秦始皇五十岁即驾崩，在一定意义上说他是累死的，被自己对于权势的贪欲所害死的。其实，秦始皇对自己很了解，统一天下后不久，他即对长生之术及寻找奇药、仙人产生强烈的兴趣。奇药仙人的传说，作俑于战国中期的燕齐方士；在战国晚期，产生了广泛的影响。在《庄子》内外杂篇中即可以看到广泛运用方仙术的文本例子。不过，庄子学派只是借用了这些仙话，其实成为真人、神人、至人，还得依靠个人的内在修养。方仙术与庄子学派不同，方士们突破了在世之生命由魂魄变现的传统观念，而认为人的肉体生命可以借助于奇药的神奇作用而得以长生不老或成仙的。这是关于生命的一次哲学观念的大转变。

《史记·秦始皇本纪》曰：

> 甲、(二十八年)既已，齐人徐市等上书，言海中有三神山，名曰蓬莱、方丈、瀛洲，仙人居之。请得斋戒，与童男女求之。于是遣徐市发童男女数千人，入海求仙人。
>
> 乙、三十一年十二月，更名腊曰"嘉平"。(《集解》引《太原真人茅盈内纪》曰："始皇三十一年九月庚子，盈曾祖父蒙，乃于华山之中，乘云驾龙，白日升天。先是其邑谣歌曰'神仙得者茅初成，驾龙上升入泰清，时下玄洲戏赤城，继世而往在我盈，帝若学之腊嘉平'。始皇闻谣歌而问其故，父老具对此仙人之谣歌，劝帝求长生之术。于是始皇欣然，乃有寻仙之

志，因改腊曰‘嘉平’。”）

丙、三十二年，始皇之碣石，使燕人卢生求羡门、高誓。……因使韩终、侯公、石生求仙人不死之药。……燕人卢生使入海还，以鬼神事，因奏录图书，曰“亡秦者胡也”。始皇乃使将军蒙恬发兵三十万人北击胡，略取河南地。

丁、（三十五年）卢生说始皇曰：“臣等求芝奇药仙者常弗遇，类物有害之者。方中，人主时为微行以辟恶鬼，恶鬼辟，真人至。人主所居而人臣知之，则害于神。真人者，入水不濡，入火不爇，陵云气，与天地久长。今上治天下，未能恬淡。愿上所居宫毋令人知，然后不死之药殆可得也。”于是始皇曰：“吾慕真人，自谓‘真人’，不称‘朕’。”乃令咸阳之旁二百里内宫观二百七十复道甬道相连，帷帐钟鼓美人充之，各案署不移徙。行所幸，有言其处者，罪死。……侯生卢生相与谋曰：“始皇为人，天性刚愎自用，起诸侯，并天下，意得欲从，以为自古莫及己。专任狱吏，狱吏得亲幸。博士虽七十人，特备员弗用。……上乐以刑杀为威，天下畏罪持禄，莫敢尽忠。上不闻过而日骄，下慑伏谩欺以取容。秦法，不得兼方不验，辄死。然候星气者至三百人，皆良士，畏忌讳谀，不敢端言其过。天下之事无小大皆决于上，上至以衡石量书，日夜有呈，不中呈不得休息。贪于权势至如此，未可为求仙药。”于是乃亡去。

戊、（三十六年）始皇不乐，使博士为《仙真人诗》，及行所游天下，传令乐人谌弦之。秋，使者从关东夜过华阴平舒道，有人持璧遮使者曰：“为吾遗滈池君。”因言曰：“今年祖龙死。”使者问其故，因忽不见，置其璧去。使者奉璧具以闻。始皇默然良久，曰：“山鬼固不过知一岁事也。”退言曰：“祖龙者，人之先也。”使御府视璧，乃二十八年行渡江所沈璧也。于是始皇卜之，卦得游徙吉。

己、（三十七年）还过吴，从江乘渡。并海上，北至琅邪。方士徐市等入海求神药，数岁不得，费多，恐谴，乃诈曰：“蓬莱药可得，然常为大鲛鱼所苦，故不得至，愿请善射与

> 俱，见则以连弩射之。”始皇梦与海神战，如人状。问占梦，博士曰：“水神不可见，以大鱼蛟龙为候。今上祷祠备谨，而有此恶神，当除去，而善神可致。”乃令入海者赍捕巨鱼具，而自以连弩候大鱼出射之。自琅邪北至荣成山，弗见。至之罘，见巨鱼，射杀一鱼。遂并海西。

秦始皇对于长生之术及寻找仙人、不死之药产生强烈的兴趣，毫无疑问，源自他对于生死的高度关心及悦生恶死的自然情感。方士徐市、卢生等人上书言神仙、不死之药，不但勾起了秦始皇企求长生的浓厚兴趣，乃至达到了精神恍惚的地步，而且由此也严重地影响了他的政治判断及对于帝国统治的如何维系。公元前219年，始皇就派遣方士齐人徐市率领数千童男童女“入海求仙”。公元前210年，秦始皇北至琅琊，徐市“求神药”而不得，惧诛，于是诈言不能得到蓬莱神药，乃由于“常为大鲛鱼所苦，故不得至”。当夜，秦始皇就梦见自己“与海神战，如人状”，可见他确实达到了神魂颠倒、梦寐以求，乃至心理极度焦虑的地步。方士燕人卢生“使入海还”而上奏“亡秦者胡也”谶语，秦始皇竟然听信其言，于是下令将军蒙恬发兵三十万人北击胡人。公元前212年，始皇听信卢生有关“真人”的说法(源自《庄子·大宗师》)而改制度；后来，卢生与侯生诽谤始皇，并亡去，始皇闻讯大怒，“使御史悉案问诸生”，由此导致了“坑儒”事件；长子扶苏因谏得罪，“始皇怒，使扶苏北监蒙恬于上郡”(《史记·秦始皇本纪》)，而秦朝继统的根基由此发生严重动摇。

总之，秦始皇寻求不死之药的动机既出于对世俗权势的贪求，也出于人皆有之的悦生恶死的自然情感。他不满足于世俗所谓延年之术的说教，而祈求长生之方、不死之药，企图以此超脱生死而入于不生不死的仙人境界。这种想法符合人们的生命追求和对于生命的神化愿望，但是它是建立在不正确的生命认识的基础之上的。如果位居人极的皇帝迷恋上了这种想法，并且单纯依靠外因(“奇药”)而企图将肉体生命升华到不朽之境，那么由此产生的政治危害可能是非常巨大的。需要指出的是，这种方仙术的观念并不因为秦始皇的遽然死去而自动废止，反而因为“不死之药”的神奇魔力，此后仍不断地诱发人们对于生命的仙化幻想。

二、李斯的法家哲学

秦孝公与商鞅，秦始皇与李斯，都是法家思想的积极实践者和推行者。李斯（约前 280—208），楚上蔡人。年少时曾为郡小吏，后从荀卿学帝王之术，与韩非为同学。公元前 249 年，西游入秦，正好赶上庄襄王卒，不得已乃求为吕不韦舍人。李斯在秦的活动大抵可以分为三个时期：第一为郎官至廷尉时期，第二为始皇丞相时期，第三为二世丞相时期。

（一）始皇时期的李斯思想

在第一个时期，李斯为郎官，游说秦王，坚定了秦王嬴政吞并六国、统一天下而成就帝业的决心；随后，他被拜为客卿。后来，遇郑国间秦，秦王下逐客令，“非秦者去，为客者逐”（《史记·李斯列传》），李斯乃上《谏议逐客书》。是书力陈人才对于成就帝业的重要性，建议秦王应当宽大为怀，而尽纳天下之才。①

在第二个时期，始皇三十四年（前 213），齐人淳于越当庭谏议师古以分封子弟功臣，由此引发了一场儒法的思想斗争。李斯是法家的坚定信仰者、维护者和实践者，他上书驳斥了淳于越的师古妄议，并请求禁书：

---

① 《史记·李斯列传》：“臣闻地广者粟多，国大者人众，兵强则士勇。是以太山不让土壤，故能成其大；河海不择细流，故能就其深；王者不却众庶，故能明其德。是以地无四方，民无异国，四时充美，鬼神降福，此五帝、三王之所以无敌也。今乃弃黔首以资敌国，却宾客以业诸侯，使天下之士退而不敢西向，裹足不入秦，此所谓“藉寇兵而赍盗粮”者也。夫物不产于秦，可宝者多；士不产于秦，而愿忠者众。今逐客以资敌国，损民以益雠，内自虚而外树怨于诸侯，求国无危，不可得也。”

古者天下散乱，莫之能一，是以诸侯并作，语皆道古以害今，饰虚言以乱实，人善其所私学，以非上之所建立。今陛下并有天下，别白黑而定一尊。私学而相与非法教之制，人闻令下，则各以其学议之，入则心非，出则巷议，夸主以为名，异取以为高，率群下以造谤。如此弗禁，则主势降乎上，党与成乎下。禁之便。臣请史官非秦记皆烧之。非博士官所职，天下敢有藏《诗》、《书》、百家语者，悉诣守尉杂烧之。有敢偶语《诗》《书》者弃市。以古非今者族。吏见之不举者与同罪。令下三十日弗烧，黥为城旦。所不去者，医药卜筮种树之书。若欲有学法令，以吏为师。(《史记·秦始皇本纪》。《李斯列传》所录与此小异。)

秦始皇认可李斯的提议，随即颁布了禁书令。禁书令的颁布，对于中国文化及精神的影响甚大。从李斯上书来看，禁书令赫然确立了“强权即真理”的原则，同时开启了此后中国历代政权几乎走上了摒弃私学而确保公学之垄断地位的管理路线。从具体内容来看，包括“今陛下并有天下，别白黑而定一尊”、焚烧《诗》《书》百家语及“以吏为师”等。从目的来看，禁书令就是为了消除儒家等的影响，统一思想，维护法家的垄断地位，从而巩固皇帝的绝对权威。从统一国家的形成，要求具有相应的统一的意识形态来看，李斯的提议具有一定的合理性，但是以此为借口来严格限制私学，禁绝非议，并确立了权势对于文化和教育的绝对支配地位，其危害是极其巨大而深远的。焚书之后，紧接着是坑儒事件(前212)，影响更加恶劣。

(二)二世时期的李斯哲学：“肆意极欲”的权力享乐主义与“督责之术”

在第三个时期，胡亥为二世皇帝，他所追求的乃是与皇帝身份相配的“肆意极欲”(《史记·秦始皇本纪》)的个人享乐。一次，二世责问李斯曰：

吾有私议而有所闻于韩子也，曰‘尧之有天下也，堂高三尺，采椽不斫，茅茨不翦，虽逆旅之宿不勤于此矣。冬日鹿裘，夏日葛衣，粢粝之食，藜藿之羹，饭土匦，啜土铏，虽监门之养不觳于此矣。禹凿龙门，通大夏，疏九河，曲九防，决渟水致之海，而股无胈，胫无毛，手足胼胝，面目黎黑，遂以死于外，葬于会稽，臣虏之劳不烈于此矣’。然则夫所贵于有天下者，岂欲苦形劳神，身处逆旅之宿，口食监门之养，手持臣虏之作哉？此不肖人之所勉也，非贤者之所务也。彼贤人之有天下也，专用天下适己而已矣，此所以贵于有天下也。夫所谓贤人者，必能安天下而治万民，今身且不能利，将恶能治天下哉！故吾愿赐志广欲，长享天下而无害，为之奈何？（《史记·李斯列传》。《秦始皇本纪》所记略有不同。）

尧、禹为了天下人的福利而苦形劳神，被后世称颂为圣人，然而秦二世不以为然。他认为，像尧、禹苦形而劳神之所为，乃“不肖人之所勉也，非贤者之所务也”。真正拥有天下的贤人，在他看来，就应当倾尽天下之所有，以满足自己无穷无尽的欲望，这也是其为何要贵有天下、乐为天子的原因。二世的这种看法，乃是一种极端自私自利的享乐主义观念。这一观念导源于战国中后期治身与治天下孰轻孰重、孰先孰后的辩论，这是当时诸子间争论得比较热烈的一个话题。① 从生命哲学的角度来看，这种辩论具有一定的意义。但是从政治哲学的角度来看，人君如果以利己自适为第一位，那么其危害将是十分巨大的。对于皇帝而言，“利身”与“安天下而治万民”之间具有高度的相关性。二世也意识到这一点，但是他仍然要求优先享受作为人君所拥有天下的快乐。这就突破了既往人们对于人君的传统价值观念，于是他在焦虑中责问李斯“吾愿赐（赐，尽也）志广欲，长享天下而无害，为之奈何”问题的解决办法。

① 参看《老子》第十三章、《庄子·让王》、《吕氏春秋·审为》、《墨子·贵义》及古籍有关杨朱的文献等。

李斯上书，对以“督责之术”，曰：

夫贤主者，必且能全道而行督责之术者也。督责之，则臣不敢不竭能以徇（殉）其主矣。此臣主之分定，上下之义明，则天下贤不肖莫敢不尽力竭任以徇（殉）其君矣。是故主独制于天下而无所制也。能穷乐之极矣，贤明之主也，可不察焉！

故申子曰“有天下而不恣睢，命之曰以天下为桎梏”者，无他焉，不能督责，而顾以其身劳于天下之民，若尧、禹然，故谓之“桎梏”也。夫不能修申、韩之明术，行督责之道，专以天下自适也，而徒务苦形劳神，以身徇（殉）百姓，则是黔首之役，非畜天下者也，何足贵哉！夫以人徇（殉）己，则己贵而人贱；以己徇（殉）人，则己贱而人贵。故徇（殉）人者贱，而人所徇（殉）者贵，自古及今，未有不然者也。凡古之所为尊贤者，为其贵也；而所为恶不肖者，为其贱也。而尧、禹以身徇（殉）天下者也，因随而尊之，则亦失所为尊贤之心矣夫！可谓大缪（谬）矣。谓之为“桎梏”，不亦宜乎？不能督责之过也。

故韩子曰“慈母有败子而严家无格虏”者，何也？则能罚之加焉必也。故商君之法，刑弃灰于道者。夫弃灰，薄罪也，而被刑，重罚也。彼唯明主为能深督轻罪。夫罪轻且督深，而况有重罪乎？故民不敢犯也。是故韩子曰“布帛寻常，庸人不释，铄金百溢（镒），盗跖不搏”者，非庸人之心重，寻常之利深，而盗跖之欲浅也；又不以盗跖之行，为轻百镒之重也。搏必随手刑，则盗跖不搏百镒；而罚不必行也，则庸人不释寻常。是故城高五丈，而楼季不轻犯也……夫楼季也而难五丈之限……明主圣王之所以能久处尊位，长执重势，而独擅天下之利者，非有异道也，能独断而审督责，必深罚，故天下不敢犯也。今不务所以不犯，而事慈母之所以败子也，则亦不察于圣人之论矣。夫不能行圣人之术，则舍为天下役何事哉？可不哀邪！

且夫俭节仁义之人立于朝，则荒肆之乐辍矣；谏说论理之臣间于侧，则流漫之志诎矣；烈士死节之行显于世，则淫康之虞废矣。故明主能外此三者，而独操主术以制听从之臣，而修其明法，故身尊而势重也。凡贤主者，必将能拂世磨俗，而废其所恶，立其所欲，故生则有尊重之势，死则有贤明之谥也。是以明君独断，故权不在臣也。然后能灭仁义之途，掩驰说之口，困烈士之行，塞聪掩明，内独视听，故外不可倾以仁义烈士之行，而内不可夺以谏说忿争之辩。故能荦然独行恣睢之心而莫之敢逆。若此然后可谓能明申、韩之术，而修商君之法。法修术明而天下乱者，未之闻也。故曰“王道约而易操”也。唯明主为能行之。若此则谓督责之诚，则臣无邪，臣无邪则天下安，天下安则主严尊，主严尊则督责必，督责必则所求得，所求得则国家富，国家富则君乐丰。故督责之术设，则所欲无不得矣。群臣百姓救过不给，何变之敢图？若此则帝道备，而可谓能明君臣之术矣。虽申、韩复生，不能加也。（《史记·李斯列传》）

在这份上书中，李斯因故不得不阿奉二世之意，而对以“督责之术”。① 所谓“督责之术”，包括三个要点：第一，李斯在书中否定了尧、禹之行，认为他们终生苦形劳神，以身殉百姓、天下，这不是至贵之人所应当做的事情，而是黔首之所当为者。在李斯看来，“以人殉己”乃“己贵而人贱”，“以己殉人”乃“己贱而人贵”。根据这种人生逻辑，至贵之人（皇帝）就完全应当享受天下至极的快乐，且只有如此肆意极欲，也才能体现出其作为皇帝的尊贵来。

---

① 李斯对二世腹诽很多，从内心来说，他并不赞同施行严酷的“督责之术”。李斯拘执于囹圄，叹曰：“今吾智不及三子，而二世之无道过于桀、纣、夫差，吾以忠死，宜矣。且二世之治岂不乱哉！日者夷其兄弟而自立也，杀忠臣而贵贱人，作为阿房之宫，赋敛天下。吾非不谏也，而不吾听也。凡古圣王，饮食有节，车器有数，宫室有度，出令造事，加费而无益于民利者禁，故能长久治安。今行逆于昆弟，不顾其咎；侵杀忠臣，不思其殃；大为宫室，厚赋天下，不爱其费：三者已行，天下不听。今反者已有天下之半矣，而心尚未寤也，而以赵高为佐，吾必见寇至咸阳，麋鹿游于朝也。”（《史记·李斯列传》）

与此相对，在李斯、二世看来，“天下”乃为尧、禹之“桎梏”，“天下”之重任让尧、禹完全丧失了作为人君的自由。进一步讲，尧、禹之所以“以天下为桎梏”的原因，乃在于他们不能行督责之术。第二，所谓督责之术，即是面对至轻之罪（例如弃灰于道），人主也能够深督（督亦责罚之义）之以重刑，而罚罪无赦。李斯认为，人主“独断而审督责，必深罚”，这是天下之人不敢冒犯君上，而所谓“明主圣王”之所以能够久保至尊的权势且“独擅天下之利”的根本方法。第三，李斯认为，人主应当“独操主术以制听从之臣”，而将节俭仁义之人、谏说论理之臣和死节之烈士从朝廷扫荡出去。“凡贤主者，必将能拂世磨俗，而废其所恶，立其所欲”，这是将君主的权力随心所欲地发挥到至极的又一种所谓“肆意极欲”。在此，天下所有的人，包括一人之下的丞相也不过是皇帝实现“肆意极欲”的工具。

史载：“书奏，二世悦。于是行督责益严，税民深者为明吏。二世曰：‘若此则可谓能督责矣。’刑者相半于道，而死人日成积于市。杀人众者为忠臣。二世曰：‘若此则可谓能督责矣。’”（《史记·李斯列传》）二世之暴虐有过于桀纣。

总之，李斯通过所谓“督责之术”的阐述，将申子之所谓术及法家“刻薄寡恩”之意推向了极致，① 以此来保证二世作为人君可以享受“肆意极欲”、“尽志广欲”的至尊要求。它完全摒弃了传统圣君（尧、禹）苦形劳神以为天下的合理性，而以君主个人的利益及其欲望的满足为唯一目的，并以此作为规定“君主”至尊身份的根本内涵。毫无疑问，这是一种极端自私自利且以权力享受为要旨的君主观；同时，它也极大地瓦解了统治集团内部的团结，并迫使底层民众最终不得不走向拼死反抗之路。简言之，二世以绝对权力为基础的极端自私自利的享乐主义，加上刻薄至极的督责之术，这是秦朝迅速走向灭亡的重要原因。

---

① 《史记·老庄韩非列传》裴骃《集解》引刘向《新序》云：“申子之书言人主当执术无刑，因循以督责臣下，其责深刻，故号曰‘术’。商鞅所为书号曰‘法’，皆曰‘刑名’，故号曰‘刑名法术之书’。”李斯、二世将申子之术推向了极端。

不过，李斯虽然倡导和实践法家思想，但是他显然反对极端的法律主义和过度用刑擅势的权术主义；他以“督责之术”上对二世之问，虽然与他的法家主张有一定的联系，但是可以肯定，这并非其本意，而是迫于二世的淫威而不得不如此曲己阿奉的结果。

刘向的性情说与政治哲学

◎ 丁四新

一、性情说：以先后、未发已发论性情及性情各有善恶

自战国早期以来，人性本体的内涵及其善恶的判断，成为儒门内部辩论的一大问题。进入汉代，不论是在天人感应的宇宙论中还是在元气自然的宇宙论中，阴阳五行成为宇宙生化的两大实体和阶段。由此，与阴阳相对应，性情观念成为汉人理解人性的基本结构。

在西汉，陆贾、董仲舒、刘向和杨雄四人均曾论及人性善恶的问题。陆贾的说法，见于王充《论衡·本性》。陆贾所谓“天地生人也，以礼义之性”，据王充的评述，① 这只是认为人应当以礼义为

① 《论衡·本性》：“陆贾曰：‘天地生人也，以礼义之性。人能察己所以受命则顺，顺之谓道。’夫陆贾知人礼义为性，人亦能察己所以受命。性善者，不待察而自善；性恶者，虽能察之，犹背礼畔(叛)义，义(俄)挹于善，不能为也。故贪者能言廉，乱者能言治。盗跖非(诽)人之窃也，庄跻刺人之滥也，明能察己，口能论贤，性恶不为，何益于善？陆贾之言，未能得实。”案：王充持性善、性善恶混和性恶的三品人性论，故曰性善者不待察而自善，性恶者虽能察之，然而只是取礼义之名，却实不能为之。因此陆贾所谓人能察己所以受命(“以礼义之性”)，则会顺之为善，在王充看来，这是没有虑及性恶之人的。又，凡本书引王充《论衡》，均参见黄晖撰《论衡校释》(中华书局 1990 年版)。引文凡有校改，亦多从此书。

其性，如此才合乎天地生人之义。显然，陆贾没有从本性的深度来认识和判断其善恶的问题。陆贾之后，董仲舒对于人性问题作了更为深入和细致的思考。根据《春秋繁露·深察名号》所载，董子认为阴阳、贪仁“两有”、“两在”于人身，因此世间既不存在纯仁无贪，也不存在纯贪无仁的人性。但是，在同篇中，他又认为存在纯善的“圣人之性”和纯恶的“斗筲之性”。这样一来，董子的论述在逻辑上就不能自洽，所以王充批评道：“夫人情性，同生于阴阳……情性生于阴阳，安能纯善？仲舒之言，未能得实。”西汉末期，杨雄提出了“人性善恶混”(《法言·修身》)的主张。这一主张乃继承董子而来，仍然是立足于阳仁阴贪的观念来论述所谓人性善恶问题的；不过，与董子相较，杨雄的说法在逻辑上可以变得圆满自洽了。同时，我们又看到王充也批评了杨雄，曰：“杨雄言人性善恶混者，中人也。”(《论衡·本性》)这是因为王充在人性自然的基础上持三品之论，人生而禀受阴阳情性，其才有渥泊、纯驳和清浊的不同；他并依此而说其善恶，分为三品。王充在宇宙论上持元气自然论，与西汉诸儒所持天命气化论的观念相较，有明显的不同，也因此他的人性三品论不同于董仲舒的三品论，而杨雄的人性善恶混说可以归属于王充所谓中人之性。

(一)从《论衡·本性》看刘向的性情说

刘向介于董仲舒与杨雄之间，他的人性说亦见于王充的《论衡·本性》篇及荀悦的《申鉴·杂言》篇。先看《论衡·本性》篇的相关论述：

(1)孙卿有(又)反孟子，作《性恶》之篇，以为“人性恶，其善者伪也”。……刘子政非之曰：“如此，则天无气也。阴阳善恶不相当，则人之为善，安从生？”

(2)刘子政曰：“性，生而然者也，在于身而不发；情，接于物而然者也，形出于外。形外则谓之阳，不发者则谓之阴。”夫子政之言，谓性在身而不发。情接于物，形出于外，故谓之阳；性不发，不与物接，故谓之阴。夫如子政之言，乃谓情为阳、性为阴也。不据本所生起，苟以形出与不发见定阴阳也。必以形出为阳，性亦与物接，造此必于是，颠沛必于是。恻隐不忍，仁之气也；卑谦辞让，性之发也，有与接会，故恻隐卑谦形出于外。谓性在内，不与物接，恐非其实。不论性之善恶，徒议外内阴阳，理难以知。且从子政之言，以性为阴，情为阳，夫人禀情性，竟有善恶不(否)也？

在第一条引文中，刘向批评了荀子的“性恶伪善”之说。在他看来，如果遵从荀子的主张，就会导致“天无气也”的后果。根据汉人的宇宙生化论，凡气不离阴阳对待，遵循“一阴一阳之谓道”的原理。而如果认为人性只是恶的，那么这即是认为人性只有阴贪而无阳仁的方面。在汉人的思想体系中，这显然是难以成立的，因此刘向诘问道：“阴阳善恶不相当，则人之为善，安从生?”据此，刘向似乎认为人的为善为恶，在阴阳气化中已经预先存在其本源。①

在第二条引文中，刘向的性情说与时人迥异，突破了汉人所谓阴阳性情同赋同禀的观念。在他看来，所谓“性”，“生而然者也”，“在于身而不发”；所谓“情”，“接于物而然者也”，“形出于外”。在此，刘向将“性”、“情”看作一对有先后及隐现之别的概念：性是生而如此、禀受在身的未发者，情则是感物而动、形出于外的已发者，且二者具有对应关系。这种性情论，显然受到了《礼记·中庸》及《乐记》的深刻影响。②《中庸》曰：“喜怒哀乐之未发谓之中，发而皆中节谓之和。”《乐记》曰：“人生而静，天之性也；感于物而动，性之欲也。物至知知，然后好恶形焉。”从下文王充的批评来看，刘向所谓“性”的内容似乎具体指恻隐不忍、卑谦辞让的仁礼

① 刘向的阴阳观念，主要见于《说苑·辨物》篇。

② 刘向在《说苑》中两次引用《中庸》文，可证其生前比较重视这一文本。《说苑·建本》：“《中庸》曰：‘好问近乎智，力行近乎仁，知耻近乎勇。’”同书《敬慎》：“《中庸》曰：‘莫见乎隐，莫显乎微，故君子能慎其独也。’”

之性，但又不尽为此义理之性，因为他将“性”定义为“生而然者也”，并且，从王充的批评来看，刘向不以此为“情”的具体内容。由此推测，刘向的性情论大概以《礼记·中庸》和《孟子·公孙丑上》、《告子上》为思想资源，所谓“性”，继承了孟、告的说法，兼大体、小体而言之；所谓“情”，同于《左传》、大小戴《礼记》的“六情”或“七情”，即喜、怒、哀、乐、好、恶、惧七者。应当说，这是性情论的一次巨大创造；但是，在汉代阴阳气化论的哲学大背景下，刘向的理论构造却显得有些不伦不类。他以“形外则谓之阳，不发者则谓之阴”，即以未发、已发为标准，而判定性为阴，情为阳，这种观念在较大程度上背离和超出了汉人的思想范围，而显得十分特立独行。汉人以性阳情阴为通说，性情的阴阳划分是通过阴阳气化的对待性开展而加以规定的。王充正是抓住这一点，对刘向的性情说作了根本的批评和否定，说他“不据本所生起，苟以形出与不发见定阴阳也”。王充的批评还包括两个要点：其一，依据刘向的规定，仁气、礼气等也“有与接会”、“恻隐卑谦形出于外”的特点，因此在王充看来，刘子政所谓“谓性在内，不与物接”的说法是不符合人性的实际的；其二，既然刘向“不论性之善恶”而“徒议外内阴阳”，那么这就会令人产生对其所禀受之本性是否有善恶的怀疑。不过，笔者注意到，第二条文献所反映的刘向情性说与第一条似乎不尽一致。这里存在王充的叙述究竟是否准确，或者刘向的人性说是否存在前后变化的问题。

（二）从《申鉴·杂言》看刘向的性情说

刘向的人性说不但在《申鉴·杂言下》中再次得到了记叙和评论，而且荀悦本人是赞同刘向的人性说的。《申鉴·杂言下》曰：①

> 或问天命人事，曰：“有三品焉，上下不移，其中则人事存焉尔。命相近也，事相远也，则吉凶殊矣。故曰：‘穷理尽

① 所引《申鉴》文，据丛书集成初编本，商务印书馆1937年版。

性以至于命。’孟子称性善，荀卿称性恶，公孙子曰‘性无善恶’，（董仲舒曰‘性善情恶’。）①杨雄曰‘人之性善恶混’，刘向曰‘性情相应，性不独善，情不独恶’。”曰：“问其理。”曰：“性善，则无四凶；性恶，则无三仁；人无善恶，文王之教一也，则无周公管蔡；性善情恶，是桀纣无性而尧舜无情也；性善恶皆混，是上智怀恶而下愚挟善也。理也未究矣，惟向言为然。”

或曰：“仁义，性也；好恶，情也。仁义常善，而好恶或有恶，故有情恶也。”曰：“不然。好恶者，性之取舍也；实见于外，故谓之情尔，必本乎性矣。仁义者，善之诚者也，何嫌其常善？好恶者，善恶未有所分也，何怪其有恶？凡言神者，莫近于气。有气斯有形，有神斯有好恶喜怒之情矣。故神有情，由（犹）气之有形也。气有白黑，神有善恶，形与白黑偕，情与善恶偕，故气黑非形之咎，神恶非情之罪也。”

荀悦无疑赞同传统的三品人性说，并将三品细分为九品。他历数了此前各种人性或性情善恶说，认为它们均于“理也未究矣”，唯独赞成刘向的说法，云“惟向言为然”。根据荀悦的叙述，刘向认为性情为相应关系，性、情各有善恶，与董子性善情恶的说法不同。所谓“性”，荀悦在上文云“生之谓性，形神是也”，而仁义固然为性；所谓“情”，即好恶喜怒之类。这些，都与上文对于刘向“性”、“情”概念的分析是相一致的。荀悦曰“好恶者，性之取舍也；实见于外，故谓之情尔，必本乎性矣”，可知情由性生，性情具有先后和隐现的关系，而上文所说刘向的性情关系也正是如此。此外，荀悦认为“神有善恶”而“情与善恶偕”，这与其所述刘向“性不独善，情不独恶”的说法可以相证。不过，值得注意的是，荀悦以恶善分别对应阴阳，曰：“善，阳也；恶，阴也。”（《申鉴·杂言下》）如此，则性情各有阴阳矣。这显然与王充所批评的刘向以形出为阳、未发为阴的说法迥然不同。

---

① 本句，笔者据下文“性善情恶，是桀纣无性而尧舜无情也”补。

总之，刘向认为性情具有先后和未发已发的相应关系，并认为它们各有善恶。这些看法，得到了荀悦的继承和赞同。不过，刘向以形出之情为阳、未发之性为阴的特异说法，则受到了王充的严厉批评。

二、政治哲学：以仁义为主干的治国之道

刘向的政治学说，主要见于《说苑》一书。今传《说苑》共分二十卷二十篇，① 这二十篇分别为《君道》、《臣术》、《建本》、《立节》、《贵德》、《复恩》、《政理》、《尊贤》、《正谏》、《敬慎》、《善说》、《奉使》、《权谋》、《至公》、《指武》、《谈丛》、《杂言》、《辨物》、《修文》和《反质》，其中多数篇目两两为一组，在思想上相对或相关，大体上概括了君主和臣僚应当如何治国的内容。下面，笔者即从六个方面略作说明。

（一）君道与臣术

刘向继承了君道无为、臣道有为的基本政治观念，在杂糅儒、道、法、阴阳诸家思想的同时，又以儒家思想为主干。《君道》和《臣术》二篇在内容上相对相关，具有通贯全书的重要作用。《君道》篇从“人君之道”、“人君之事”和“为人上之道”三个方面，深入论述了人君治国为政的基本原理和统治之术。所谓“人君之道”，《君道》曰：“人君之道清净无为，务在博爱，趋在任贤；广开耳目，以察万方，不固溺于流俗，不拘系于左右，廓然远见，踔然独立；屡省考绩，以临臣下，此人君之操也。”所谓“人君之事”，《君道》曰：“人君之事，无为而能容下。夫事寡易从，法省易因，故民不以政获罪也。大道容众，大德容下，圣人寡为而天下理矣。”所谓“为人上之道”，《君道》篇主要讲君主敬下、纳谏（关于任贤纳

① 参见向宗鲁《说苑校证》（中华书局 1987 年版）本。本书凡引《说苑》文及文字校改，参见此本。

谏，参见《尊贤》、《正谏》篇）和文武并用的统治术等内容。很明显，这些论述糅合了道家、儒家和法家的思想。在刘向看来，应以清静无为、博爱人民和任用贤才为治国为政的根本原则。

“术”亦“道”义，臣术与君道相对。《臣术》曰：“人臣之术，顺从而复命，无所敢专，义不苟合，位不苟尊，必有益于国，必有补于君，故其身尊而子孙保之。故人臣之行有六正六邪，行六正则荣，犯六邪则辱。夫荣辱者，祸福之门也。”君臣的尊卑地位不同，决定了君道无为而臣道有为的差异，这是汉人的通识。在此基础上，刘向认为人臣需要行“六正”而防“六邪”，并说“行六正则荣，犯六邪则辱”。

（二）建本和敬慎

刘向认为君子之道贵在“建本”和“立节”，他还提出了“敬慎”的观念，强调了以其修身的重要性。所谓“建本”，乃对身（政治活动的主体）而言。在《建本》篇中，刘向借孔子之口而认为：“行身有六本，本立焉然后为君子。”所谓“六本”，即立体以孝为本，处丧以哀为本，战阵以勇为本，治政以能为本，居国以嗣为本，生财以力为本。“建本”的关键在于君子能返本修身，“反本修迹，君子之道也”。不但如此，刘向还认为君臣、父子，乃至君臣与百姓皆是“转相为本，如循环无端”的。刘向的这一认识，凸显了臣、子角色在三纲系统中的重要性和必要性，对于当时流行的三纲观念具有一定的矫正作用。由此，刘向还强调了“学”的重要性，“夫学者，崇名立身之本也”，“学者所以反情、治性、尽才者也”。“学”即是修身实践的一种方法。所谓“立节”，“节”即名节或节操。名节之立，无非是义利的处理问题。在《立节》篇中，刘向完全继承了孔孟的说教，宣扬“杀身以成仁，触害以立义”的思想。

刘向以敬慎修身的观念来讲政治主体是如何建立的。《敬慎》开篇即曰：“存亡祸福，其要在身，圣人重诫，敬慎所忽。”又曰：“修身正行，不可以不慎。”而如何敬慎？刘向引用《中庸》的“慎独”、《诗》“战战兢兢”及谚语“诚无垢，思无辱”来作说明，认为

“夫不诚不思而以存身全国者，亦难矣”。“诚”、“思”，在此显然属于修身的。刘向的敬慎说，具体包括“六守”、“五本”的修身功夫，① 今不细论。在《敬慎》篇中，他还借助于《周易·谦卦》及《老子》相关文本，花费了大量篇幅来阐述“谦德”或“谦卑”、“柔弱”之德。在刘向看来，“谦德”是政治主体所必具的美德。

（三）贵德、仁政与报恩

刘向非常重视仁政的思想，认为统治者（特别是君主）应当对人民行仁施惠，实行仁政。《贵德》篇曰：“圣人之于天下百姓也，其犹赤子乎！饥者则食之，寒者则衣之，将之养之，育之长之，惟恐其不至于大也。”又曰：“仁人之德教也，诚恻隐于中，悃愊于内，不能已于其心。故其治天下也，如救溺人，见天下强凌弱，众暴寡；幼孤羸露，死伤系虏，不忍其然。”所谓“贵德”，即贵重此仁德。刘向倡导仁政的根据在于“诚恻隐于中，悃愊于内，不能已于其心”的本心发动，这是继承孟子思想的结果。由仁心而仁政，圣人之于百姓，他认为又要做到如保赤子，百姓的衣食育长都应该得到人君充分的关切；同时，仁人治理天下，还应当以仁义的原则来规范政治与社会秩序，如拯溺人，解民于危难。在方法上，则以恕道推恩行仁。《贵德》曰：“夫仁者，必恕然后行，行一不义，杀一无罪，虽以得高官大位，仁者不为也。夫大仁者爱近以及远，及其有所不谐，则亏小仁以就大仁。大仁者，恩及四海；小仁者，止于妻子。……故桀纣以不仁失天下，汤武以积德有海土，是以圣王贵德而务行之。《孟子》曰：‘推恩足以及四海，不推恩不足以保妻子。古人所以大过人者无他焉，善推其所有而已。’”仁者必以恕道

---

① 所谓“六守”，《说苑·敬慎》云：“（周公闻之曰）德行广大而守以恭者荣，土地博裕而守以俭者安，禄位尊盛而守以卑者贵，人众兵强而守以畏者胜，聪明睿智而守以愚者益，博闻多记而守以浅者广。此六守者，皆谦德也。”所谓“五本”，同篇：“凡司其身，必慎五本：一曰柔以仁，二曰诚以信，三曰富而贵毋敢以骄人，四曰恭以敬，五曰宽以静。思此五者，则无凶命，用能治敬以助天时，凶命不至而祸不来。”

行仁，而不仅是自爱、自养。恕道包括推扩和反己裁量两个要素。就其极至而言，“行一不义，杀一无罪，虽以得高官大位，仁者不为也”。就其推爱、推恩来说，有远近、大小之别，此点在孟子的仁政说中还没有充分展示出来。妻子，近者，然为私爱小仁；四海，远者，然为公爱大仁。当私爱公爱、小仁大仁处于彼此对立，而不能和谐共存的时候，则“亏小仁以就大仁”。刘向显然赞成孟子的说法，仁政的重点在政治实践上在于“推恩”，“推恩足以及四海，不推恩不足以保妻子”。关于如何实行仁政，刘向还认为圣王应当“布德施惠”、“尚德缓刑”和“贵德而贱利”（《贵德》），而不应当寻求臣下和人民的回报。

不过在《复恩》篇中，刘向又着重论述了君臣的报恩问题，宣扬了“夫施德者贵不德，受恩者尚必报”，“夫臣不复君之恩而苟营其私门，祸之源也；君不能报臣之功而惮刑赏者，亦乱之基也”的思想。虽然施德与报恩有别，但是因为人所处的伦理分位不同，所谓“施德者贵不德，受恩者尚必报”，这并不矛盾。

（四）人君、人臣之公与“公生明，偏生暗”的正心之术

在权力的使用及利益的划分中，刘向高扬“公”，乃至“至公”的观念。《至公》曰：

> 《书》曰：“不偏不党，王道荡荡。”言至公也。古有行大公者，帝尧是也。贵为天子，富有天下，得舜而传之，不私于其子孙也。去天下若遗躧。于天下犹然，况其细于天下乎？非帝尧孰能行之？孔子曰：“巍巍乎！惟天为大，惟尧则之。”《易》曰：“无首，吉。”此盖人君之公也。夫以公与天下，其德大矣。推之于此，刑（形）之于彼，万姓之所戴，后世之所则也。彼人臣之公，治官事则不营私家，在公门则不言货利，当公法则不阿亲戚，奉公举贤则不避仇雠。忠于事君，仁于利下，推之以恕道，行之以不党，伊吕是也。故显名存于今，是之谓公。《诗》云：“周道如砥，其直如矢。君子所履，小人所视。”

此之谓也。夫公生明，偏生暗；端悫生达，诈伪生塞；诚信生神，夸诞生惑。此六者，君子之所慎也，而禹桀之所以分也。《诗》云："疾威上帝，其命多僻。"言不公也。

公私之辨，是贯通古今的一大问题。《说苑·至公》篇大抵是从政治哲学的角度来加以阐述的，其中主要涉及君权、公权的使用及义利之辨等问题。"荡荡"，平坦之貌。所谓"至公"，是指人君或人臣在执掌和使用权力的过程中既没有偏私，也不是专为某个集团、某位个人服务的，这就是所谓"王道荡荡"的"至公"境界。"公"包括"人君之公"和"人臣之公"两个方面。"人君之公"以"大公"为极致，"大公"在文中具体指"公与天下"，即尧将天子的权位禅授给了舜，而没有传给自己的儿孙们。而既然天下都可以公授贤德之人，那么自此以下毫无疑问均可以公心待之。而"人臣之公"，即是"治官事则不营私家，在公门则不言货利，当公法则不阿亲戚，奉公举贤则不避仇雠。忠于事君，仁于利下，推之以恕道，行之以不党，伊吕是也"，权力的使用应当以公为基本指向。

在政治实践上，"公生明，偏生暗"。不仅如此，刘向还认为"端悫生达，诈伪生塞；诚信生神，夸诞生惑"，说明公明、偏暗，与统治者(君臣)的身心修养具有密切的关系。

(五)文质相救与诚一为质说

刘向就质文作了深入的论述。文质之辨，具有悠久的历史。"文"即文饰，作为一个重要的儒学术语，指依人性而展开，并有目的地修饰人的言行和社会生活的一种礼乐文明。而"质"指人性或人身原初的素朴质体，作为一个重要的儒学术语，它着重指与人之本原的生命活动相切近的一种简单、素朴而未加修饰的存在方式。因此，文、质的存在方式在人的生命活动中是一对矛盾。在《修文》篇中，刘向花了大量的篇幅来探讨礼乐教化及其对于人性的修饰问题，认为"礼乐者，行化之大者"。不过，该篇比较特别且重要的说法有两个：其一，《修文》曰："积恩为爱，积爱为仁，积仁为灵，灵台之所以为灵者，积仁也。神灵者，天地之本，而为万物之始也。是故文王始接民以仁，而天下莫不仁焉。文，德之至也，德不至则不能文。”据此，所谓“修文”，就是应当以仁德为根本依据，做推恩积爱的政治功夫。如此而达到神灵的地步，就可以成为化育天地万物的本体。同时，“文”也是一种道德性的政治实践的理想境界，所谓“文，德之至也”是也。其二，历史呈现出一质一文、一夏一商“再而复”、“周则有始，穷则反本”的循环运动，并且忠、敬、文之教在历史的循环中呈现出“相救”的特性。当然，这些说法大体上为刘向汲取当时思想的结果。

文饰过度，则必以质救之。由文质而华实，由文华而诈伪，由质实而诚信，它们是紧密关联在一起的。当一个社会或社会中之人的存在方式过于文华而诈伪的时候，刘向就认为，应当以“质”救之，返之于质实、诚信之道。《反质》曰“是以圣人见人之文，必考其实”，又曰“圣人抑其文而抗(亢)其质，则天下反矣”，皆是此意。刘向还认识到“民之性皆不胜其欲”，人由质朴而文华，乃至诈伪不实，与人天生的欲望密切相关。

除此之外，《反质》篇最为值得注意的是下面一段话：

> 《诗》云：“尸鸠在桑，其子七兮。淑人君子，其仪一兮。”《传》曰：“尸鸠之所一养七子者，一心也。君子之所以理万物者，一仪也。以一仪理物，天心也。五者不离，合而为一，谓之天心。在我能因自深结其意于一。故一心可以事百君，百心不可以事一君。是故诚不远也。夫诚者，一也。一者，质也。君子虽有外文，必不离内质矣。”

这段话中的文质之论，既十分特殊，又非常深刻。刘向在此将君子表现在外的东西看作“文”的方面，而将内心之“一”、“诚”看作“质”的方面，“夫诚者，一也。一者，质也”，这些论述显然涉及刘向对于身心关系的理解，心一则体一，体一则万物可理，但是其中的关键在于“我能因自深结其意于一”，换言之，即在于“诚意”的功夫。由“心”而深入“意”的概念，这可能受到了《大学》“诚意”说的影响。

（六）政有三品与德刑之用

刘向提出了“政有三品”之说。所谓“政有三品”，即评判人主为政水平之高低，具体说来，刘向认为有“王者之政”、“霸者之政”和“强者之政”三品，它们是对先秦儒家之王霸论的继续。《政理》曰：

> 政有三品：王者之政化之，霸者之政威之，强者之政胁之。夫此三者各有所施，而化之为贵矣。夫化之不变而后威之，威之不变而后胁之，胁之不变而后刑之。夫至于刑者，则非王者之贵也。是以圣王先德教而后刑罚，立荣耻而明防禁；崇礼义之节以示之，贱货利之弊以变之；修近理内政橛机之礼，壹妃匹之际，则莫不慕义礼之荣，而恶贪乱之耻。其所由致之者，化使然也。

“王者之政”的特点是“化之”，“霸者之政”的特点是“威之”，“强者之政”的特点是“胁之”，化易之、震慑之和胁迫之，均对所治理的人民而言。三政之间，有品第的高低，“王者之政”最高，“霸者之政”次之，“强者之政”再次之；至于用刑而后治，则不在品第之列，故曰“夫至于刑者，则非王者之贵也”。当然，对于为政而言，“刑”仍然是必要的。简而言之，三品之政其实以“德—刑”的对立为基础，德教愈厚则政品愈高，刑罚愈众则政品愈低。在上述引文中，刘向还对“王者之政化之”作了具体描述。

总之，从为政的主体到为政的品第，刘向的政治哲学构成了一套系统的论述。这其中包括君道无为、臣道有为，君臣作为政治主体的建立，仁政和公义的实践，文质相救循环和诚一为质，以及为政之品第等问题或内容。刘向的政治哲学虽然吸纳了一些道、法、阴阳家的思想，但是明显以孔孟等儒家所宣扬的仁义观念为主干，且不论在政治实践的层面，还是在政治人格的建立上都是如此。

四库专论

学鉴

《钦定八旗通志·艺文志》史源考

◎ 司马朝军

一、缘　起

《钦定八旗通志》有雍正五年(1727)、乾隆五十一年(1786)两个版本。《钦定四库全书简明目录》卷八云：

> 《钦定八旗通志》二百五十卷，雍正五年奉敕撰，乾隆四年告成，凡志之目八，表之目八，传之目八，以兵志为根柢，而一切典章、爵秩、人物、艺文皆条分胪载，体例极为详悉。乾隆五十一年又奉敕续辑，益为赅备。

雍正五年初集本为二百五十卷，而四库本《钦定八旗通志》当为乾隆五十一年续辑本，凡三百四十二卷。文渊阁四库本《钦定八旗通志》卷首没有提要，不知何故。《钦定八旗通志·艺文志》著录经部7种、史部13种、子部7种、集部69种。该志的史源问题向来未经人提出，笔者在检索该书时发现许多条目竟然与《四库全书总目》高度吻合，于是逐条比较，具体情况如下。

二、条辨

(一)经部

1. 翻译五经五十八卷四书二十九卷(武英殿官本)

(谨案:《翻译五经四书》、《清文鉴》、《三合切音清文鉴》诸书均由馆臣纂辑进呈御览,断自睿裁,其原办之总裁、纂修衔名年远,虽无可考,然要皆八旗精翻译者所成,与别馆官书参用满汉人员者有别,故今并列之《八旗艺文志》中)

乾隆二十年,初钦定翻译《四书》,续翻译《易》、《书》、《诗》三经,续又翻译《春秋》、《礼记》二经。至乾隆四十七年,而圣贤典籍释以国书者,灿然备焉。案郑樵《通志·七音略》曰:“宣尼之书,自中国而东则朝鲜,西则凉夏,南则交趾,北则朔易,皆吾故封也。故封之外,其书不通。何瞿昙之书能入诸夏,而宣尼之书不能至跋提河,声音之道有障碍耳。”其说良是,然文字之声音,越数郡而或不同。文字之义理,则纵而引之,千古上下无所异;横而推之,四海内外无所异;苟能宣其意旨,通以语言,自有契若符节者,又何声音之能障碍乎哉?考《隋书》载魏氏迁洛,未达华语。孝文帝命侯伏侯可悉以其言译《孝经》之旨,教于国人,谓之《国语孝经》,《经籍志》载其书作一卷。是古人已有行之者。特其学其识均未窥六艺之阃奥,故能译者仅文句浅显之《孝经》,而诸经则未之及耳。我国家肇兴东土,创作十二字头,贯一切音;复御定《清文鉴》,联字成语,括一切义,精微巧妙,实小学家所未有。故六书之形声训诂,皆可比类以通之。而列圣以来,表章经学,天下从风,莫不研究微言,讲求古义,尤非前代之所及。故先译《四书》,示初学之津梁。至于《五经》,《易》则略象数之迹,示其吉凶;《书》则疏诘屈之词,归于显易;《诗》则曲摹其咏叹,而句外之寄托可想;《春秋》则细核其异同,而一字之劝惩毕见;《礼记》则名物度数,考订必详,精理名言,推求必当,尤足破讲家之聚讼。盖先儒之诂经,多株守其文,故拘泥而鲜通;此编之诂经,则疏通其意，故明白而无误。不立笺传之名，不用注疏之体，而唇吻轻重之间，自然契删述之微旨，厥有由矣。学者守是一编，或因经义以通国书，而同文之圣化被于四方；或因国书以通经义，而明道之遗编彰于万世。其有裨于文教，均为至大。虽尧帝之文章，尼山之删定，又何以加于兹哉！

今按：与《四库全书总目》同名提要比较，仅增加案语："谨案：《翻译五经四书》、《清文鉴》、《三合切音清文鉴》诸书均由馆臣纂辑进呈御览，断自睿裁，其原办之总裁、纂修衔名年远，虽无可考，然要皆八旗精翻译者所成，与别馆官书参用满汉人员者有别，故今并列之《八旗艺文志》中。"

2.《合订删补大易集义粹言》八十卷

纳兰性德编。相传谓其稿本出陆元辅，性德殁后，徐乾学刻入《九经解》，始署性德之名，莫之详也。性德原作成德，字容若，满洲正黄旗人。康熙丙辰进士。官至乾清门侍卫。是书乃取宋陈友文《大易集义》、方闻一《大易粹言》(案：此书原本误作曾穜，今考正)二书而合辑之。友文书本六十四卷，所集诸儒之说凡十八家，又失姓名两家。闻一书本七十卷，所集诸儒之说凡七家。以二书校除重复外，《集义》视《粹言》实多得十一家。惟《粹言》有《系辞》、《说卦》、《序卦》、《杂卦》，而《集义》止于上、下经，故所引未能赅备。性德因于十一家书中择其论《系辞》诸传者，以补其阙，与《粹言》合为一编，又删其繁芜，勒成此本。今《粹言》尚有传本，已著于录。《集义》流播较稀，尚借此以见梗概。其中理、数兼陈，不主一说。宋儒微义，实已略备于斯。李衡删房审权之书，俞琰抄李心传之说，并以取精撷要，有胜原编。此书之作，其功亦约略相亚矣。

今按：与《四库全书总目》同名提要比较，仅删去"两江总督采进本"、"国朝"，又将"俞琰"避讳改为"俞炎"。

3.《陈氏礼记集说补正》三十八卷

纳兰性德撰。是编因陈澔《礼记集说》疏舛太甚，乃为条析而辨之。凡澔所遗者谓之"补"，澔所误者谓之"正"。皆先列《经》文，次列澔说，而援引考证以著其失。其无所补正者，则经文与澔说并不载焉。颇采宋、元、明人之论，于郑《注》、孔《疏》亦时立异同。大抵考训诂名物者十之三四，辨义理是非者十之六七。以澔注多主义理，故随文驳诘者亦多也。凡澔之说皆一一溯其本自何人，颇为详核，而爱博嗜奇，亦往往泛采异说。如《曲礼》“席间函丈”，澔以两席并中间为一丈。性德引《文王世子》席之制三尺三寸三分寸之一驳之，是也。而又引王肃本文作“杖”，谓可容执杖以指挥，则更谬于《集说》矣。《月令》“群鸟养羞”，性德既云《集说》未为不是，而又引《夏小正》“丹鸟羞白鸟”及项安世“人以鸟为羞”之说，云足广异闻。则明知《集说》之不误，而强缀此二条矣。《曾子问》鲁昭公慈母一条，既用郑《注》、孔《疏》以补澔注，又引陆佃之谬解，蔓延于《集说》之外。是正陆氏，非正《集说》矣。凡斯之类，皆征引繁富，爱不能割之故。然综核众论，原委分明，凡所指摘，切中者十之八九。即其据理推求者，如《曲礼》“狠毋求胜，分毋求多”，澔注称“况求胜者未必能胜，求多者未必能多”，性德则谓“此乃不忮不求，惩忿窒欲之事。陈氏所云，不免计较得失。若是则可以必胜，可以必多，将不难于为之矣”。是虽立澔于旁，恐亦无以复应也。然则读澔注者又何可废是编与?

今按：与《四库全书总目》同名提要比较，仅删去“内府藏本”、“国朝”、“性德有《合订删补大易集义粹言》，已著录”等字样。

4.《黄钟通韵》二卷

都四德撰。都四德为满洲镶红旗人。是书凡十篇：曰《律度量衡》第一、《五音位次》第二、《六律》第三、《七均》第四、《五音六律相生》第五、《律吕名义》第六、《律本》第七、《循环为宫》第八、《声字》第九、《律数》第十。末又附以《琴图》，共为上、下二卷。多本蔡元定《律吕新书》而附益以己意。如《声字》一篇，于国书十二字头独取第一、第二、第四、第五、第十二章之字，而其余皆不之及。而五章中又杂取第四章之ᠠᠨ(安)ᡝᠨ(恩)二字以配宫。第五章之ᠠᠩ(昂)ᡝᠩ(鞥)二字以配商。第一章之ᠠ(阿)ᡝ(额)二字以配角。第十章之ᠠᠣ(敖)ᡝᠣ(欧)二字以配徵。第二章之ᠠᡳ(爱平声)ᡝᡳ(额依)二字以配羽。以上十字，分之配十干。又取首章之ᡳ(依)ᡠ(乌)两字，共为十二字，分配十二律，作为横直方圆之图，且谓人之言语声音止此数字。殊不知我国书十二字头，整齐肃括，无音不备，无韵不该，非可偏举其五字头以为分配也。据其所论，盖以此五章可用汉字对音，其余七章双声叠韵为汉文所无，故不用耳。然国书有二合、三合切音之不同。推其原本，则自首句六字而外，其余何一非双声叠韵，而谓止于七章而已乎？今以汉文字有无为国音之区别，汉文所有者，则取配五音十二律，而汉文所无者，概置弗论，是未究国书制作之本也。且字头十二，虽曰平列，其实十一章皆以第一章为纲领，而第一章又以第一句为纲领。观国语中并无以他字加于ᠠ(阿)ᡝ(额)ᡳ(依)ᠣ(鄂)ᡠ(乌)之上者。其偶遇此音，亦以他字代之。盖此数字总贯十二章，如臣之有君，子之有母，其体统实为最尊，不宜与众音并列。又所列ᠠ(阿)ᠠᡳ(爱平声)ᠠᠨ(安)ᠠᠩ(昂)ᠠᠣ(敖)等字反居ᡝ(额)ᡳ(依)ᡝᠨ(恩)ᡝᠩ(鞥)ᠣᡠ(欧)等字之下，亦多未安。伏稽钦定《国书新语》，即以ᠠ(阿)为阳，以ᡝ(额)为阴。以此可见ᠠ(阿)之类皆阳位也，ᡝ(额)之数皆阴位也。阴不可以先阳，乃国书之义例，不可以随章布列矣。至其以五章字头统诗韵三十部，虽亦近似，然限以前所拈之数字，亦不足以尽清文之蕴。惟所论清字切音之法，皆中窾要，为有益于学者耳。

今按：与《四库全书总目》同名提要比较，仅删去"翰林院笔帖式都保家藏本"、"国朝"、"字乾文，号秋庄"等字样。

5.《御制清文鉴》三十二卷《补编》四卷《总纲》八卷《补总纲》二卷

乾隆三十六年奉敕撰。我国家发祥长白，实金源之旧疆。《金史·章宗本纪》载："明昌五年，以叶鲁谷神始制国字，诏依仓颉立庙例，祀于上京。"又《选举志》称："进士科以策论试国人，用国字为程文。"陶宗仪《书史会要》则称金太祖命完颜希尹撰国字，其后熙宗亦制字并行。希尹所制谓之大字，熙宗所制谓之小字，其字体波磔繁密，颇类籀文。当时必有字书，今已无考。惟赵崡《石墨镌华》所载天会十二年《都统经略郎君行记》一篇，仅存其形制而已。盖有元一统之后，其法渐不传也。我太祖高皇帝肇建丕基，命巴克什额尔德尼以蒙古字联缀国语成句，尚未别为书体。太宗文皇帝始命巴克什库尔缠创造国书。以十二字头贯一切音，因音而立字，合字而成语。今内阁所贮旧籍(今谓之《老档》)，即其初体。厥后增加圈点，音义益详。亦如籀变小篆，隶变八分，踵事而增，以日趋于精密。我圣祖仁皇帝虑口传笔授，或有异同，乃命别类分门，一一排纂，勒为《清文鉴》一书，以昭法守，惟未及音译其文。皇上复指授馆臣，详加增定，为部三十有五，子目二百九十有二。每条皆左为国书，右为汉语。国书之左，译以汉音，用三合切韵。汉书之右，译以国书，惟取对音。以国书之声，多汉字所无，故三合以取之。汉字之声，则国书所具，故惟用直音也。至于钦定《新语》，一一载入，尤为详备。盖字者孳也，许慎《说文》九千余字，杨雄《方言》已增至一万一千九百余字，陆法言《切韵》一万二千五十六字，陈彭年等《重修广韵》已增至二万六千一百九十四字。吕忱《字林》、丁度《集韵》以下，更莫能殚记。是由名物日繁，记载遂不能不备。圣人制作，亦因乎势之自然，为事之当然而已。伏而读之，因汉文可以通国书，因国书可以通汉文。形声训诂，无所不具，亦可云包罗巨细、辨别精微者矣。书中体例，兼列字体、字音，宜入训诂类中。然译语得音，骈音为字，与训诂之但解音义者不同，故仍列诸字书类焉。

今按：与《四库全书总目》同名提要比较，仅删去“翰林院笔帖式都保家藏本”、“国朝”、“字乾文，号秋庄”等字样，又将“李登《声类》已增至一万一千五百二十字(案《声类》今无其书，此据《封演闻见记》)”改为“杨雄《方言》已增至一万一千九百余字”。

6.《御定满洲蒙古汉字三合切音清文鉴》三十三卷

乾隆四十四年奉敕撰。初圣祖仁皇帝敕撰《清文鉴》，皇上既命补注汉字，各具翻切释文。嗣以蒙古字尚未备列，因再命详加考校，续定是编。以国书为主，而贯通于蒙古书、汉书。每国语一句，必兼列蒙古语一句、汉语一句，以明其义。又以蒙古字、汉字各对国语之音以定其声。汉字之音不具，则三合以取之。蒙古字之音不具，则分各种读法、写法、收法以取之。经纬贯穿，至精密而至明显。循文伏读，无不一览了然。考《辽史·太祖本纪》，称“神册五年始制契丹大(事)【字】。天赞三年诏礲龙辟遏可汗故碑，以契丹、突厥、汉字纪其功"云云。然则三体互通，使彼此共喻，实本古义。许慎作《说文》，小篆之下兼列籀文、古文，以互证其字。杨雄作《方言》，每一语一物，亦具载某地谓之某，以互证其语。则三体汇为一编，使彼此相释，亦因古例，用达书名于四方。虽成周大同之盛，亦无以逾于斯矣。

今按：与《四库全书总目》同名提要比较，仅将"契丹大字"误作"契丹大事"。

7.《篆字汇》十二卷

佟世男编。世男，满洲镶黄旗人。康熙中官知县。其书本梅膺祚《字汇》，各系以篆文。篆文所无之字，则依楷书字画以意造之，不可以为典据也。

今按：与《四库全书总目》同名提要比较，仅删去"通行本"、"国朝"字样。

（二）史　部

1.《钦定辽金元三史国语解》四十六卷

乾隆四十六年奉敕撰。考译语对音，自古已然。《公羊传》所称地物从中国，邑人名从主人是也。译语兼释其名义，亦自古已然。《左传》所称楚人谓乳谷、谓虎于菟，《穀梁传》所称吴谓善伊、谓稻缓，号从中国，名从主人是也。间有音同字异者，如天竺之为捐笃、身毒、印度，乌桓之为乌丸，正如中国文字偶然假借，如欧阳汉碑作欧羊，包胥《战国策》作勃苏耳，初非以字之美恶分别爱憎也。自《魏书》改柔然为蠕蠕，比诸蠕动，已属不经。《唐书》谓回纥改称回鹘，取轻健如鹘之意，更为附会。至宋人武备不修，邻敌交侮，力不能报，乃区区修隙于文字之间。又不通译语，竟以中国之言求外邦之义，如赵元昊自称兀卒，转为吾祖，遂谓吾祖为我翁。萧鹧巴本属蕃名，乃以与曾淳甫作对，以鹧巴鹑脯为恶谑。积习相沿，不一而足。元托克托等修宋、辽、金三史，多袭旧文，不加刊正，考其编辑成书，已当元末，是时如台哈布哈号为文士，今所传纳新(案：纳新原本误作乃贤，今改正)。《金台集》首有所题篆字，亦自署曰泰不华，居然讹异。盖旧俗已漓，并色目诸人亦不甚通其国语，宜诸史之讹谬百出矣。迨及明初，宋濂等纂修《元史》，以八月告成，事迹挂漏尚难殚数，前代译语更非所谙。三史所附《国语解》颠舛支离，如出一辙，固其宜也。我皇上圣明天纵，迈古涵今，洞悉诸国之文，灼见旧编之误，特命馆臣详加厘定，并一一亲加指示，务得其真。以索伦语正《辽史》，凡十卷，首君名，附以后妃、皇子、公主，次宫卫，附以军名，次部族，附以属国，次地理，次职官，次人名，次名物，共七门。以满洲语正《金史》，凡十二卷，首君名，附以后妃、皇子，次部族，次地理，次职官，附以军名，次姓氏，次人名，附以名物，共六门。以蒙古语正《元史》，凡二十四卷，首帝名，附以后妃、皇子、公主，次宫卫，附以军名，次部族，附以国名，次地理，次职官，次人名，次名物，共七门，各一一著其名义，详其字音，字音为汉文所无者，则两合、三合以取之，分析微茫，穷极要窅。即不谙翻译之人，绎训释之明，悟语声之转，亦觉厘然有当于心，而恍然于旧史之误也。盖自《钦定三合切音清文鉴》出，而国语之精奥明。至此书出，而前史之异同得失亦明。不但宋、明二史可据此以刊其讹，即四库之书，凡人名、地名、官名、物名涉于三朝者，均得援以改正，使音训皆得其真。圣朝考文之典，洵超轶乎万祀矣。

今按：与《四库全书总目》同名提要比较，无一字不同。

2.《尚史》一百七卷

李锴撰。锴，镶白旗汉军，卷首自署曰襄平。考襄平为汉辽东郡治，今为盛京辽阳州地，盖其祖籍也。康熙中邹平马骕作《绎史》，采摭百家杂说，上起鸿荒，下迄秦代，仿袁枢《纪事本末》之体，各立标题，以类编次。凡所征引，悉录原文。虽若不相属，而实有端绪。锴是编以骕书为稿本，而离析其文，为之翦裁连络，改为纪传之体。作《世系图》一卷，本纪六卷，世家十五卷，列传五十八卷，系六卷，表六卷，志十四卷，序传一卷。仍于每段之下各注所出书名。其遗文琐事不入正文者则以类附注于句下。盖体例准诸《史记》，而排纂之法则仿《路史》而小变之。自序谓始事于雍正庚戌，卒业于乾隆乙丑，阅十六载而后就，其用力颇勤。考古来渔猎百家，勒为一史，实始于司马迁。今观《史记》诸篇，其出迁自撰者，率经纬分明，疏密得当，操纵变化，惟意所如。而其杂采诸书以成文者，非唯事迹异同，时相抵牾，亦往往点窜补缀，不能隐斧凿之痕，知熔铸众说之难也。且排比鳞次，一用旧文体。如诗家之集句，求其翦裁诸说，使联贯如出一手，比吕东莱之《读诗记》尤难之又难。今观其书，于残膏剩馥掇拾成文，时露辏合之迹者，固在所不免。而联络融贯，位置天然，如百衲之琴，不乖音律，如千狐之腋，不露裁缝者，亦往往而有，不可谓非因难见巧，为史家特出之创格，存之亦足备一体也。若晋《逸民传》中列杜蒉、狼瞫、钼麑、提弥明、灵辄，《逆臣传》中列赵穿而不列赵盾，《乱臣传》中列郄芮、吕饴甥，《嬖臣传》中列头须，鲁《列女传》中列施氏妇，予夺多所未允。又诸国公子，皆别立传，而鲁、宋、蔡、曹、莒、邾六国，则杂列诸臣中。《叛臣传》中如巫狐庸叛楚入吴，吴、楚两见。公山不狃叛鲁入吴，吴、鲁两见，已为重出。而屈巫见于楚，不见于晋；苗贲皇见于晋，不见于楚，又复自乱其例。如斯之类，不一而足，均不能不谓之瑕类。然《史》、《汉》且不免驳文，司马光作《资治通鉴》亦称其中抵牾不能自保，固亦不能独为锴咎矣。

今按：与《四库全书总目》同名提要比较，删去“兵部侍郎纪昀家藏本”、“国朝”、“ 字铁君”等字样。“知熔铸众说之难也”以下与殿本《总目》同，而与浙本《总目》不同。由此可知，该志采用殿本《总目》而非浙本《总目》。

3.《治河奏绩书》四卷附《河防述言》一卷

靳辅撰。辅已有传。是书卷一为《川泽考》、《漕运考》、《河决考》、《河道考》。卷二为《职官考》、《堤河考》及《修防汛地扫规》，河夫额数、闸坝修规、船料工值皆附焉。卷三为辅所上章疏及部议。卷四为各河疏浚事宜及施工缓急先后之处。其《川泽考》所载，于黄河自龙门以下，至淮、徐注海，凡分汇各流，悉考古证今，颇为详尽。于注河各水及河所潴蓄各水，亦缕陈最悉。其《漕运考》亦然。《河道考》于临河要地及距河远近分条序载，较志乘加详。至于堤工修筑事宜，则皆辅所亲验，立为条制者矣。辅自康熙十六年至三十一年，凡三膺总河之任，故疏议独多。其专以治上河为治下河之策，虽据一时所见，与后来形势稍殊，然所载修筑事宜，亦尚有足资采择者。与张伯行《居济一得》，均尚非纸上之空谈也。又《河防述言》一卷，为张霭生所撰。皆追述其友陈潢之论，故曰“述言”。潢字天一，号省斋，钱塘人。为辅之幕客。辅治河，多资其经画。康熙甲子，圣驾南巡，辅以潢功上闻，特赐参赞河务按察司佥事衔。其书凡十二篇，一曰《河性》，主于顺而利导之。二曰《审势》，谓凡有所患，当推其致患之所以然。三曰《估计》，谓省工省料，其坏必速，所费较所省为更大。四曰《任人》，主于慎选择，明赏罚，而归本于正己以率属。五曰《源流》，谓河水本清，其淤涨由挟中国之水。六曰《堤防》，主潘季驯以堤束水，以水刷沙之说，而尤以减水坝为要务，七曰《疏浚》，主于溃决之处先固其两旁，不使日扩，乃修复故道，而借引河以注之。八曰《工料》，工主于核实，料主于豫备。九曰《因革》，言今昔形势不同。十曰《善守》，谓黄河无一劳永逸之策，在时时谨小慎微，而归重于河员之久任。十一曰《杂志》，述治河之委曲。十二曰《辨惑》，则驳当时之异议也。其言往往中理，与靳辅书足相发明。今录附辅书之末，以资参考。书前冠黄河全图，乃霭生自作。虽不及钦定《河源纪略》之明确，而远胜笃什等之所记。又靳辅《奏疏》一篇，虽专为潢而发，然颇足见当日治河之始末，今亦并存之焉。

今按：《四库提要》著录《治河奏绩书》为“浙江鲍士恭家藏本”，《河防述言》为“内廷藏本”，此处删去版本著录，又删去“国朝”字样；将“辅有《奏疏》，已著录”改为“辅已有传”。

4.《抚豫宣化录》四卷

田文镜撰。文镜，正黄旗汉军，官至河东总督，谥端肃。是编乃文镜官河南巡抚时《奏疏》一卷、《条奏》一卷、《文移》一卷、《告示》一卷。内《文移》又分一子卷。均始于雍正二年七月，迄五年九月。惟《告示》迄于五年正月。前有河南布政使费金吾、按察使彭维新、分守开归河道杨梦琬、河务兵备道祝兆鹏、分守河北兵备道朱藻、分巡南汝光道孙兰芬会请刊刻详文一道，及文镜批词。

今按：与《四库全书总目》同名提要比较，仅删去“内府藏本”、

“国朝”字样。

5.《平闽记》十三卷

杨捷撰。捷，镶黄旗汉军，官至昭武将军、江南提督。是编皆其康熙十七年征剿郑成功时奏疏及笺启、咨文、牌檄、告示诸稿。冯溥、王广心序，叶映榴跋，皆称《平闽纪事》。前有张玉书序，则又称《平闽记》。初名《纪事》，复改今名也。

今按：与《四库全书总目》同名提要比较，仅删去“直隶总督采进本”、“国朝”、“字元凯”字样。

6.《文襄奏疏》八卷

靳辅撰。是编皆前后治河奏疏，其子治豫汇刊之。辅自安徽巡抚擢授河道总督时，值河患方棘，洪流逆溢，高堰横溃，合淮水而东注，故道反湮。辅疏言：“河水挟沙而行，易于壅阏。惟赖清水助刷，始能无滞。当审其全局，彻首尾而合治之。不可漫为施工，堵使东筑西决，终归无益。”因条具八事入告，圣祖仁皇帝悉谕其请。于是疏浚运河及清口，以至海口河道。又开白洋清河以东引水河，而黄流始畅。开清口澜汛浅诸引河，而淮水始出敌黄。筑河崖遥堤缕堤，修高堰，堵翟坝，置减水六坝，而宣泄咸有所恃。至开中河、皂河诸役，尤其设施之大者。其持论以“筑堤崖，疏下流，塞决口，有先后而无缓急”数语为纲领。故在事十年，具著成绩。诸疏并在集中，无不指陈原委，言之凿凿。至今论治河者犹称辅焉。末附辅官巡抚时奏疏三篇，其极论骚扰驿站，亦具见风力云。

今按：与《四库全书总目》同名提要比较，仅删去“直隶总督采进本”、“国朝”、“辅字紫垣，镶红旗汉军，初授翰林院修撰，官至总督河道、兵部尚书，文襄其谥也”字样。

7.《使琉球记》一卷

张学礼撰。学礼镶蓝旗汉军，官至广西道监察御史。是编乃康熙元年学礼以兵科副理事官与行人司行人王垓奉使册封琉球国王时所记。前叙请封遣使始末及往来道路之险。后为《中山纪略》，则载其土风也。时琉球国王尚质，缴故明敕印，举国内附，故学礼等有是役。盖国家遣使东瀛，此为始事云。

今按：与《四库全书总目》同名提要比较，仅删去“大学士英廉购进本”、“国朝”、“字立庵”字样。

8.《行水金鉴》一百七十五卷

傅泽洪撰。泽洪，镶红旗汉军。官至分巡淮扬道、按察司副使。是书成于雍正乙巳。全祖望作《郑元庆墓志》，以为出元庆之手。疑其客游泽洪之幕，或预编摹。然别无显证，未之详也。叙水道者，《禹贡》以下，司马迁作《河渠书》，班固作《沟洫志》，皆全史之一篇。其自为一书者，则创始于《水经》。然标举源流，疏证支派而已，未及于疏浚堤防之事也。单锷、沙克什、王喜所撰，始详言治水之法。有明以后，著作渐繁，亦大抵偏举一隅，专言一水。其综括古今，胪陈利病，统前代以至国朝，四渎分合，运道沿革之故，汇辑以成一编者，则莫若是书之最详。卷首冠以诸图。次《河水》六十卷，次《淮水》十卷，次《汉水》、《江水》十卷，次《济水》五卷，次《运河水》七十卷，次《两河总说》八卷，次《官司》、《夫役》、《漕运》、《漕规》凡十二卷。其例皆摘录诸书原文，而以时代类次。俾各条互相证明，首尾贯穿。其有原文所未备者，亦间以己意考核，附注其下。上下数千年间，地形之变迁，人事之得失，丝牵绳贯，始末犁然。至我国家，敷土翕河，百川受职。仰蒙圣祖仁皇帝翠华亲莅，指授机宜，睿算周详，永昭顺轨，实足垂法于万年。泽洪于康熙六十一年以前所奉谕旨，皆恭录于编，以昭谟训，尤为疏瀹之指南。谈水道者观此一编，宏纲巨目，亦见其大凡矣。

今按：与《四库全书总目》同名提要比较，仅删去“通行本”、“国朝”、“字犀君”字样。

9.《七星岩志》十六卷

韩作栋撰。作栋，镶蓝旗汉军。顺治中官分巡肇高廉罗道，按察司佥事。七星岩在肇庆府高要县城北，一名崧台，一名定山。故此书又名《定山石室志》也。志本明王泮所撰，作栋因而重修，吴绮又为之润色。然有关考核者，寥寥无多。如《石刻门》于唐李邕《石堂记》后乾道己丑秋一条，以后人题名之年月，误为摹石之年月。又载元符改元端午日，眉山苏轼挈家来游。不思元符元年，苏轼正在儋州，安得有挈家至七星岩之事！盖据曹学佺《名胜志》所载，而不知为传讹之文也。

今按：与《四库全书总目》同名提要比较，仅删去“浙江汪启淑家藏本”、“国朝”、“字公吉”字样。

10.《鸡足山志》十卷

范承勋撰。承勋，镶黄旗汉军。大学士文程之子，浙闽总督承谟之弟，官至云贵总督。鸡足山在云南宾川州东一百里，一顶三支，俨如鸡距，在苍山、洱海之间，相传为迦叶尊者入定处。佛寺最多，故志山者多述佛门之事。是编乃康熙三十一年承勋因旧本增修，分《图纪》、《考证》、《星野》、《形势》、《山水》、《寺院》、《人物》、《灵迹》、《物产》、《艺文》，凡十门，而以《迦叶像赞》冠于卷端焉。

今按：与《四库全书总目》同名提要比较，仅删去“浙江汪启淑家藏本”、“国朝”字样。

11.《在园杂志》四卷

刘廷玑撰。廷玑，镶红旗汉军。由荫生官至江西按察使，后降补分巡淮徐道。是编杂记见闻，亦间有考证。颇好誉己诗，似张表臣《珊瑚钩诗话》。四卷录乩仙诗至十五六页，亦太近《夷坚》诸志。所记边大绶伐李自成祖墓事甚详，然与大绶自序不甚合，疑传闻异词也。

今按：与《四库全书总目》同名提要比较，仅删去“浙江巡抚采进本”、“国朝”、“字玉衡，号在园”字样。

12.《异域录》一卷

图理琛撰。图理琛姓阿颜觉罗氏，先世叶赫人。由考取内阁中书，官至兵部职方司郎中。是编乃康熙五十一年五月，图理琛以原任内阁侍读奉命出使土尔扈特，由喀尔喀越俄罗斯国，至其地。五十四年三月，回京师复命。因述其道里、山川、民风、物产以及应对礼仪，恭呈御览，冠以舆图。次随日记载见闻，其体例略如宋人行记。但宋人行记以月日为纲，而地理附见。此则以地理为纲，而月日附见。所历俄罗斯境，曰楚库柏兴，曰乌的柏兴，曰柏海尔湖，曰尼尔库城，曰昂噶拉河，曰伊聂谢柏兴，曰麻科斯科，曰揭的河，曰那里本柏兴，曰苏尔呼忒柏兴，曰萨玛尔斯科，曰狄木演斯科，曰托波尔，曰鸦班沁，曰费耶尔和土尔斯科城，曰费耶尔和土尔斯科佛落克岭，曰索里喀穆斯科，曰改果罗多，曰黑林诺付，曰喀山，曰西穆必尔斯科，曰萨拉托付，曰塔喇斯科，曰托穆斯科，曰伊里木城，皆其大聚落也。其地为自古舆记所不载，亦自古使节所未经。如《史记》述匈奴北海，颇作疑词。故儒者类言无北海。今据图理琛所记，知伊聂谢柏兴距北海大洋一月程。又《唐书》称薛延陀夜不甚暗，犹可博弈，仅得之于传闻。图理琛以五月至其地，知夏至前后确有是事。皆我圣祖仁皇帝德化覃敷，威棱震叠，故轺车所至，莫不具驿传，供刍糒，涉越三四万里，如行闺闼。故得以从容游览，见所未见，闻所未闻，纂述成编，以补亘古黄图所未悉。令备录其文，使天下万世知圣化弥纶，迥出于章亥所步之外。且所记俄罗斯、土尔扈特畏怀恭顺之忱，尤足见尧天丕冒，砥属无垠。凡在方趾圆颅，无不鳞集仰流，效诚恐后，为三五以来所未有。今土尔扈特已全部内附，而所记俄罗斯南路十四国，乾隆乙亥以后，又已尽入版图。并以见武烈文谟，显承启佑，所由拓亿祀之丕基者，非偶然也。

今按：与《四库全书总目》同名提要比较，删去“兵部侍郎纪昀家藏本”、“国朝”字样；“曰费耶尔和土尔斯科佛落克岭，曰索里喀穆斯科”，殿本《总目》作“(曰麻科斯科)佛落克岭，曰索里喀穆斯科”。

13.《钦定武英殿聚珍板程式》一卷

乾隆四十一年，户部侍郎金简恭撰进呈。初，乾隆三十八年诏纂修《四库全书》，复命择其善本，校正剞劂，以嘉惠艺林。金简实司其事，因枣梨繁重，乃奏请以活字排印，力省功多。得旨谕允，并锡以嘉名，纪以睿藻。行之三载，印本衣被于天下。金简因述其程式，以为此书。考沈括《梦溪笔谈》，称“庆历中有布衣毕昇，始为活版。其法用胶泥刻字，薄如钱唇。每字为一印，火烧令坚。先设一铁版，其上以松脂蜡和纸灰之类冒之。欲印则以一铁范置铁版上，乃密布字印。满铁范为一版，持就火炀之。药稍熔，以一平版按其面，则字平如砥。若止印二三本，未为简易。若印数十百本，则极为神速”云云。活字之法，斯其权舆。然泥字既不精整，又易破碎。松脂诸物亦繁重周章，故王桢《农书》所载活字之法，易以木版。其贮字之盘，则设以转轮，较为径捷，而亦未详备。至陆深《金台纪闻》所云铅字之法，则质柔易损，更为费日损工矣。是编参酌旧制，而变通以新意。首载诸臣奏议，次载取材雕字之次第，以及庋置排类之法。凡为图十有六，为说十有九。皆一一得诸试验，故一一可见诸施行。乃知前明无锡人以活字印《太平御览》，自隆庆元年至五年仅得十之一二者（案：事见黄正色《太平御览序》），由于不得其法。此亦足见圣朝制器利用，事事皆超前代也。

今按：与《四库全书总目》同名提要比较，无一字不同。

（三）子　部

1.《潜索录》四卷

范宏禧撰。宏禧，镶黄旗汉军大学士文程曾孙也。幼以苦学致羸疾，遂不求仕进，惟耽玩宋儒之书。是编多推寻易理，皆其病中所札记，殁后其子建帜为刊板。前有乾隆壬申孙嘉淦序，其学即数以求理，宗派在邵、陈、程、朱之间。

今按：此书《四库全书总目》未著录。

2.《文庙从祀先贤先儒考》一卷

郎廷极撰。廷极，镶黄旗汉军。此本题曰广宁，其原籍也。官至江西总督。是编历考从祀先贤先儒名氏之同异，如辨颜幸之作“辛”，而不知《通典》之作“柳”，《咸淳临安志》之作“韦”；辨南宫适之作“韬”，而不知一作“绦”，一作“括”。辨司马耕之作“黎耕”，而不知一作“子耕”，未免考订之疏。唯所辨文翁之图较《家语》多五人，《家语》较文翁之图多九人，及正殿配享，东西两庑位数，引据颇为典核。

今按：与《四库全书总目》同名提要比较，仅删去“编修程晋芳家藏本”、“国朝”、“字紫衡”字样。

3.《绘事备考》八卷

王毓贤撰。毓贤，镶红旗汉军。官至湖广按察使。陈鼎《留溪外传》记狱吏汪金章事，称毓贤勤于吏治，案无留牍，则其人本以吏才见。然是编即康熙辛未官按察使时所作，乃又能留心于赏鉴。第一卷为总论，皆撮录诸家画法。二卷至八卷则取古来画家姓名事迹，以时代分序。自轩辕至隋，共为一卷，辽、金、元共为一卷，唐、五代、南宋、明俱各为一卷，惟北宋家数繁多，析为三子卷。故总目虽分八卷，其实乃十卷也。其例每人各立小传，而以诸书所载传世名迹附于其人之后。大抵以张彦远《历代名画记》、夏文彦《图绘宝鉴》为蓝本，增广其所未备，辑颇为详赡。其中如《穆天子传》，封膜昼于河水之阳，郭璞注明云膜昼人名，张彦远误以昼字作画字，遂称封膜为画家之祖，并妄造璞注以实之。毓贤乃沿袭其讹，殊失于订核。又辽常思言人品画品并高，附见郭若虚《图画见闻志》中，诸书并佚其名，此亦阙载。至于明之画家，仅据韩昂《图绘宝鉴续编》所载迄正德而止，嘉靖以后，竟不为采摭续添，亦殊伤阙略。然前代如李嗣真、释彦悰、刘道醇之流，往往分别品第，时代混淆，难于检核。是书仿张、夏二家旧例，因时类叙，一览可知。又芟汰繁冗，易于寻讨，虽多用旧文，固不以递相祖述为病矣。

今按：与《四库全书总目》同名提要比较，仅删去“内府藏本”、“国朝”、“字星聚”字样。

4.《居常饮馔录》一卷

曹寅撰。寅，镶蓝旗汉军。康熙中巡视两淮盐政，加通政司衔。是编以前代所传饮膳之法，汇成一编。一曰宋王灼《糖霜谱》，二、三曰宋东溪遯叟《粥品》及《粉面品》，四曰元倪瓒《泉史》，五曰元海滨逸叟《制脯鲊法》，六曰明王叔承《酿录》，七曰明释智舷《茗笺》，八、九曰明灌畦老叟《蔬香谱》及《制蔬品法》。中间《糖霜谱》，寅已别刻入所辑《楝亭十种》，其他亦颇散见于《说郛》诸书云。

今按：与《四库全书总目》同名提要比较，仅删去“编修程晋芳家藏本”、“国朝”、“字子清，号楝亭”字样。

5.《胜饮编》一卷

郎廷极撰。是书杂采经史中以酒为喻之语，汇辑成编。自序谓不饮而胜于饮，故名之曰胜饮。然所录仅数十条，简略太甚。如引祭酒挈壶氏之类，亦多牵率。

今按：与《四库全书总目》同名提要比较，仅删去“编修程晋芳家藏本”、“国朝”、“廷极有《文庙从祀先贤先儒考》，已著录”字样。

6.《式古堂书画汇考》六十卷

卞永誉撰。永誉，镶红旗汉军。官至刑部左侍郎。王士禛《居易录》云，卞中丞永誉贻《书画汇考》六十卷，凡诗文题跋悉载。上溯魏、晋，下迄元、明，所收最为详博。朱彝尊《论画诗》亦有“妙鉴谁能别毫发，一时难得两中丞”之句，盖永誉及宋荦皆精于赏鉴。荦时为江西巡抚，永誉时为福建巡抚，故云两中丞也。是书书画各三十卷，先纲后目，先总后分，先本文而后题跋，先本卷题跋而后引据他书，条理秩然，且视从来著录家征引特详。惟所载书画不尽属所藏，亦非尽得之目见，大抵多从汪砢玉《珊瑚网》、张丑《清河书画舫》诸家采摭裒辑，故不能如《宝章待访录》以“目见”、“的闻”灼然分别。又所载本文如褚遂良书陆机《文赋》，吴通微书《阴符经》，刘敞书《南华·秋水篇》，赵孟頫书《过秦论》等，皆与今本无大异同，而具载全篇，殊为疣赘。至于陆机《平复帖》，虞世南《枕卧帖》，其文为世所未睹者，乃略而不书。至如赵孟坚《水仙图卷》，《珊瑚网》载有二本，不能无前后错出之疑。永誉于后一条下注明，其一恐出临摹，并存以俟考，其例是也。而所载定武兰亭落水本与郁逢庆书画题跋记所载前后题跋互有不同。所载神龙兰亭本与朱存理《铁网珊瑚》所录定武本题跋反多重复。又黄庭坚书阴长生诗卷与朱存理、张丑所载参错岐出，竟有三本，王诜烟江叠嶂图，苏轼所为赋诗者，竟有四本，皆未能辨析真伪。又王士禛《居易录》所记于永誉斋中观其所藏书画，有司马光《资治通鉴》手稿，永誉云曾见一册，极端楷，为好事者分去，永誉得其二三纸耳。今是书载此迹，但云史草，亦不著所存页数，反不及士禛所载之可据。士禛又见所藏赵孟頫写杜诗天育骠骑歌，上有孟頫小篆延祐四年九月既望字，是书亦并不载，均为漏略。至于雁门乃郡名，茂苑即长洲地名，而以为文彭文嘉之别号，居节字士贞，贞字印章古篆与鼎字相类，而以为居节一字士鼎。又以秋岩为吾衍之别号，盖因衍书古文篆韵后有至元丙戌秋岩记一条也，不思前至元丙戌吾衍年甫二十，不应云老，且其跋内之丁卯若是宋末咸淳丁卯，则正吾衍始生之时，不当有自征建昌之语。今以陶九成跋核之，则至元乃至正之讹，实为至正七年丙戌。距吾衍之殁已三十七年，其秋岩乃陈秋岩，非吾衍别号也。凡若此类，疏舛尤多。然登载既繁，引述又富，足资谈艺家检阅者无过是编，固不以一二小疵，累其全体之宏博焉。

今按：与《四库全书总目》同名提要比较，仅删去“两淮马裕家藏本”、“国朝”、“字令之”字样。

7.《琴谱合璧》十八卷

和素撰。和素姓完颜氏，满洲镶黄旗人，官至内阁侍读学士。是编取明杨抡《太古遗音》，译以国书。案：古来译经之法，于有意义者，译其意义，于无意义者则译其音声，故诸经皆译以华言，而诸咒则仍存梵语。国书之制，于语言文字则译意义，于人名、地名则译音声同一理也。琴谱诸曲虽有意义，而所重则在于音声，杨抡所载普庵咒即据其音声，谱以指法。和素因即所载诸曲，一一谱以音声，或对以单字，或切以两合，分刌微茫，不失毫发，抑扬轻重，宫羽均调，使明人旧笈转赖此帙以永传，是亦操缦家特创之制，为古所未有者矣。

今按：与《四库全书总目》同名提要比较，差别较大，其提要为：“国朝和素取明杨抡所撰《太古遗音》重为翻译。抡本金陵琴工，辑旧谱为是书。其意盖以古之雅乐不过如是，而不知其仍不离乎俗也。如普庵咒之类，已近烦手，以云乎太音希声，一字一音之旨，又奚知焉？惟是指法五十三势，颇得师授，为时谱之佳者。又《归去来词》、《听颖师琴诗》、《秋声赋》、《前赤壁赋》不增减一字，而声韵自合，亦足取也。其余附会古人，词多鄙俚，只取其音，无取其词可耳。和素，满洲镶黄旗人。官至内阁侍读学士。就杨抡旧谱以清文译之，于五音指法则用对音，盖满洲音韵，精微广大，无所不包，用之于琴，尤见中声之谐，天籁之合焉。”

（四）集 部

1.《明善堂诗集》

怡亲王弘晓撰。王别字秀亭，又自号冰玉，怡贤亲王允祥之子。雍正八年（1730）十二月袭怡亲王爵，乾隆四十三年四月薨，谥曰僖。是集分十二卷，录自乾隆三年戊午至十四年乙巳之作，以一年为一卷，大都近体多而古体少。明善堂者，乾隆五年皇上所赐堂匾，既额其居，而遂以名其集。首有慎郡王序，称兄子冰玉少颖悟，长好学不倦，其言语文章自能发挥所得，彬彬乎有法度可观云。

今按：此书《四库全书总目》未著录。

2.《花间堂诗抄》一卷《紫琼岩诗抄》三卷《紫琼岩诗抄续刻》一卷

慎郡王允禧撰。王于雍正八年封固山贝子，寻晋多罗贝勒，十三年封多罗慎郡王，乾隆二十三年五月薨，谥曰靖。初集名《花间堂诗抄》，王自编自序，合古今体诗二百六十六首。花间堂者，王所居西园十二景之一，其题咏俱见集中。次集曰《紫琼岩诗抄》，则其幕客顾元揆所定，元揆复承王命书而刻之，盖比于王士禛门人书《精华录》之例也，抄分上中下三卷，上卷五言古十七首、七言古十九首，中卷五言律三十六首、七言律四十二首，下卷五言长律二首、五言绝句十六首、六言绝句二首、七言绝句五十一首。先是，王尝得端溪岩石，宝爱特甚，镌之曰紫琼岩，既自号紫琼，遂以名是集。前有果亲王及皇四子序，后有顾元揆跋。其诗多与《花间堂》复出者，盖元揆合已刻、未刻统行登选，原非以接续前抄也。王既薨无子，上命皇六子质郡王为王后。乾隆四十八年，质郡王又裒其余稿，加以选择，为《紫琼岩诗抄续刻》，实得诗一百七十二首，而序云百六十九，目录又称百七十者，盖数之偶有未审云。

今按：此书《四库全书总目》未著录。

3.《稽古斋全集》八卷

和亲王弘昼撰。王世宗宪皇帝第五子，雍正十一年正月封为和硕和亲王，乾隆三十五年七月薨，谥曰恭。是集王所自编厘为八卷，卷一经论，其发明四子书者十篇、易经者五篇、诗经者三篇、书经者六篇、春秋者四篇、礼记者六篇、周礼者七篇，又发明前贤格言者五篇，共为论四十六篇。卷二、三皆史论，其卷二之四十二篇，盖自夏讫北周，卷三之三十四篇，则自唐讫明也。卷四说九篇、序七篇、记四篇、跋四篇、书后八篇。卷五杂著九篇、颂一篇、赞十二篇、铭一篇、辨六篇、祭文二篇。卷六制艺八篇、赋四十一篇。卷七古体诗八十四首、近体诗五十七首。卷八今体诗一百八十五首。稽古者，王书斋名也。集初成于雍正八年，皇上在潜邸，已为之序。乾隆十一年，重订镂板，皇上复为序而御笔亲书之，今二序皆冠编首，其余序者，自庄王、果王、诚王诸懿亲外，如大学士张廷玉、朱轼、蒋廷锡，侍郎福敏、蔡世远、胡煦，祭酒邵基等，皆尝入侍内廷讲席者，亦足见一时英贤之盛也。皇上御制序言与王幼同学同课，习为诗古文词，当是时侍奉皇考膝下，优游书府，日寝馈于经史文字中，天伦之乐无过于是，集中所载大都至性所呈，流溢豪素之表，读其辞，可想见其为人。臣等伏读煌煌天语，仰见圣人友爱之笃，而斯集之美已隐括于御序之数言云。

今按：此书《四库全书总目》未著录。

4.《鸣盛集》四卷

果亲王弘瞻撰。王世宗宪皇帝第六子。乾隆三年，奉旨继果毅亲王允礼后，十五年封和硕果亲王，二十八年坐事降为多罗贝勒，三十年复封多罗果郡王，是年三月薨，谥曰恭。是集王所自编，合古近体诗共为四卷，卷一诗一百十八首，卷二诗二百四十九首，卷三诗二百十一首，卷四诗一百九十六首，其乐府十八篇、琴操二篇，别编于前，以为卷首。其题曰经畬主人者，王所自号也。首有王自序，谓托体天家，何必以骋妍抽秘，与书生竞其短长，惟是不忍玩愒时光，荒弃旧业，以自附于盛化和鸣之美，故颜曰《鸣盛集》云。

今按：此书《四库全书总目》未著录。

5.《友竹轩遗稿》一卷《敬谨斋初稿》六卷《兰亭诗余》一卷《鹤唳长吟》一卷

是编惟《友竹轩诗文》六首为康修亲王崇安遗稿，其余八卷则皆其子礼亲王永恩所撰也。初，礼烈亲王孙杰书于顺治年间袭爵，改号曰康，传子椿泰、孙崇安，至崇安子永恩皆仍康亲王之号。乾隆四十三年，皇上念礼烈开国元勋壮猷茂，着其子孙继绪应永绍始封之号，不宜有所改易，特命康亲王永恩复号曰礼。今编中两代皆题康号者，书成于乾隆十八年，其时尚未奉复号之旨也。康修亲王于康熙四十八年袭爵，雍正十一年薨，修其谥也。卷中有礼王跋，谓父王为议政大臣，少暇日雅好讲学，形诸歌咏，然不欲以此擅长，故多所弃置，未尝成卷云。礼王初封多罗贝勒，乾隆十八年袭康亲王爵，今复称礼亲王。所作古近体诗，已刻者名《敬谨斋初稿》，卷一五言古七十二首，卷二七言古二十六首，卷三五言律百三十三首，卷四七言律百四十三首，卷五排律六十二首，卷六绝句百四十六首。其《兰亭诗余》，惟词十六阕；《鹤唳长吟》，皆悼亡之作，故以为别集而附于末云。

今按：此书《四库全书总目》未著录。

6.《诚正堂稿》八卷《诚正堂词稿》一卷《诚正堂文稿》一卷《诚正堂时艺》一卷

礼亲王永恩撰。王有《敬谨斋初稿》六卷，已著录。是编标题王号曰礼，则乾隆四十三年奉旨复号后所重订也。首卷五言古，次卷七言古，三卷五言律，四卷七言律，五卷五言绝句，六卷七言绝句，七卷五言排律，八卷七言排律，末为词稿、文稿、时艺各一卷。其词稿即前编所附之《兰亭诗余》十六阕增之为二十四阕，又加以三言、四言、六言及骚体、长短句，名为众体，附录其文稿，凡赋九篇、诸体文十三篇、像赞三十七首，其时艺凡四十四篇，则平时窗下所拟闱作，刻于乾隆戊戌，王自为之序。

今按：此书《四库全书总目》未著录。

7.《白山诗抄》八卷

伊福讷撰。伊福讷字兼五，号抑堂，所著有《农曹集》、《蜕山诗稿》。是编盖选撷诸家之诗，总为一集，分金、石、丝、竹、匏、土、革、木八卷。首卷为慎郡王允禧、宗室国鼐、宗室岳端、宗室博尔都，次卷为宗室文昭、宗室塞尔赫、宗室伊都礼、宗室永年、觉罗满保、觉罗成桂，三卷为费扬古、性德、文明、索泰、西库、吴麟，四卷为僖同、格明、鼐关奇、方蒙、额图、傅伸、伊麟、赛音、布关、舒观宝、拉歆，五卷为博格、高述明、高斌、王敏、峻德、法海、夸岱、长海、石芳、何溥、官保、何贯、曾车、柏常安，六卷为保禄、西泰、西成、卓音图、佟应常、裕诺、岷诺、穆泰、赵玉、永宁、胡星、阿塞尔登、额尔登萼、罗泰、塞兰泰，七卷为方泰、德龄、关宁、明泰、萨哈岱、舒瞻、素禄、梦麟、那霖、傅泽、布福、增格、英廉，八卷为苏章阿、兆勋、陆世琦、那穆、齐礼、绳武。凡所搜罗共七十二家，可谓勤矣。然伊福讷所作《农曹》、《蜕山》二集亦自列焉。既乖选家体例，而名编巨集，率多遗漏，讨寻未广，实为此书深惜之。

今按：此书《四库全书总目》未著录。

8.《芗婴居士集》八卷

宗室文昭撰。文昭字子晋，自号芗婴居士。是编为《古瓻续集》二卷、《龙钟集》一卷、《飞腾集》二卷、《知田集》一卷、《雍正集》二卷，共八卷。其所与酬唱诸诗亦各附于篇后，如王玉生、谢双村、杨晚雷诸人是也。

今按：此书《四库全书总目》未著录。

9.《晓亭诗抄》四卷《鹤鸣集》一卷

《晓亭诗抄》，宗室塞尔赫撰。《鹤鸣集》，则其长子伊都礼诗也。塞尔赫，字栗庵，号晓亭，诚毅勇壮贝勒穆尔哈齐曾孙。康熙三十六年授奉国将军，雍正二年补宗学正教长，五年授监察御史，累迁至工部侍郎，充议政大臣，寻降补内阁学士，复授仓场侍郎。乾隆十二年晋兵部侍郎，未及任而卒。伊都礼，字立斋。是编为晓亭次子鄂洛顺所刻，合古近体诗厘为四集，以一集为一卷。卷一曰《春雪集》，卷二曰《三余集》，卷三曰《怀音集》，卷四曰《秋塞集》。其诗气格清旷，风度谐婉，而不伤纤弱。长洲沈德潜尝序萨哈岱集，言于北地得晤三诗人，首数塞尔赫，次乃及于英廉、萨哈岱，则是编之见重当时久矣。鄂洛顺既刻其父集，复以亡兄之《鹤鸣集》附焉，跋谓残鳞片甲可想见生平，故不忍弃去，亦孝友之志也。

今按：此书《四库全书总目》未著录。

10.《月山草堂诗》四卷

宗室恒仁撰。恒仁系出太祖高皇帝，初袭辅国公，后以不应袭失爵，遂闭户读书，专意吟咏，闲居以终其身，年仅三十有五。仁和沈延芳为志其墓，称其清微朴老，克具古人风格，盖由其萧散恬适，故语多澄澹也。是集为其子宜兴所编。凡古今体诗二百九十二首、诗余二首，冠以墓志，殿以宜兴所作跋。凡句下夹注无注字者皆恒仁所自识，有注字者皆宜兴所续加也。

今按：此书《四库全书总目》未著录。

11.《存旧集》一卷

宗室福喜撰。福喜别字损亭，辅国公常舒之孙也。由朝考赐进士，乾隆九年袭世职，为奉恩将军，二十三年五月卒，无子。有诗稿一卷，其友人赵天馥为之选而录之，名曰《存旧集》。

今按：此书《四库全书总目》未著录。

12.《忠贞集》十卷

范承谟撰。承谟事迹已详见《人物志》。是编乃其全集，为清苑刘可书所编。首谕祭文、御制碑文、御题祠额，附以《家传》及《祠堂记》，共为一卷。次《抚浙奏议》一卷，次《督闽奏议》一卷，次《吾庐存稿》一卷，次《百苦吟》一卷，次《画壁遗稿》一卷，次杂著一卷，次附录题跋、哀挽、诗文三卷。康熙五十七年，其子时崇以《画壁遗稿》进呈，圣祖仁皇帝亲制序文。宸章下贲，光逮幽泉。今谨敬录冠集端，用示我国家扶植纲常，风励臣节之至意。至承谟所上奏议，大都明白敷畅，多有关国计之言。诗文直抒胸臆，慷慨激昂，嚼龈裂眦之状，至今犹可以想见。文以人重，承谟之谓矣。

今按：与《四库全书总目》同名提要比较，删去“浙江巡抚采进本”、“国朝”、“褒扬忠烈”字样；将“承谟字觐公，号螺山，镶黄旗汉军，大学士文程子也。初充侍卫。顺治辛卯诏八旗子弟均得应试，遂以是科中式举人。次年壬辰成进士。改庶吉士，授弘文院编修。官至浙闽总督。康熙壬子，逆藩耿精忠叛，承谟抗节死，赐谥忠贞。所作《画壁诗》，石门吴震方尝刻之《说铃》中，为世传诵”改为“承谟事迹已详见《人物志》”。

13.《画壁遗稿》一卷

范承谟撰。康熙壬子，承谟总督闽浙，值逆藩耿精忠谋反，巡抚刘秉政输情于贼，给承谟入见，胁令从逆，承谟诋骂不屈，遂为所拘击，被幽者三载，备受窘毒，时作为诗歌以自抒忠愤。守者屏绝笔墨，乃以桴炭画字壁上，其尤激烈者，辄为贼党墁去，仅存四十七首。承谟自为之序，已汇载入《忠贞集》中。此乃石门吴震方录入《说铃》之本也。

今按：与《四库全书总目》同名提要比较，仅删去"通行本"、"国朝"、" 承谟有《忠贞集》，已著录"字样。

14.《睫巢集》六卷《后集》一卷

李锴撰。锴卜居盘山，优游泉石以终。故其诗意思萧散，挺然拔俗，大都有古松奇石之态，而刻意求高，务思摆脱，亦往往有劖削骨立，斧凿留痕；较王世贞所谓"高叔嗣诗如空山鼓琴，沈思忽往，木叶尽脱，石气自青"者，则犹有一间之未达。盖可以著力之处，精思者得之；不容著力之处，精思者反失之也。第一卷皆拟古乐府，古人音节既不可得，乃诘屈其词，以意为之。题下所注，如《朱鹭》下注曰："建鼓殷所作，栖翔鹭于上，或曰鹭鼓精。"此吴兢《解题本》说也。《临高台下》注曰："趋帝乡而会瑶台也，借寓游仙。"已非原解。《雉子斑》下注曰："《关雎》之类。"则纯非古题之意，又不知其寓意所在。卷中大抵类此，殊不可解也。

今按：与《四库全书总目》同名提要比较，仅删去"江西巡抚采进本"、"国朝"、"锴有《尚史》，已著录"字样。

15.《通志堂集》十八卷《附录》二卷

纳喇性德撰。性德生长华阀，颇喜文翰。乡试出徐乾学之门，遂受业焉。《九经解》即其所刻，而徐乾学延顾湄校正之，以书成于性德殁后，版藏徐氏，世遂称《徐氏九经解》，并《通志堂》而移之徐氏，实相传之误也。是编为乾学所裒辑，凡诗五卷，词四卷，文五卷，《渌水亭杂识》四卷，又附录碑志、哀挽之作，为二卷。

今按：与《四库全书总目》同名提要比较，删去"江西巡抚采进本"、"国朝"、"性德有《合订删补大易集义粹言》，已著录"；又将"勤于学问"改为"颇喜文翰"。

16.《楝亭诗抄》五卷附《词抄》一卷

曹寅撰。其诗一刻于扬州，计盈千首；再刻于仪征，则寅自汰其旧刻，而吴尚中开雕于东园者。此本即仪征刻也，其诗出入于白居易、苏轼之间。

今按：与《四库全书总目》同名提要比较，仅删去“江苏巡抚采进本”、“国朝”、“寅有《居常饮馔录》，已著录”字样。

17.《石间诗》一卷

陈景元撰。景元，镶红旗汉军。生平作字，效晋；作诗，效汉，务欲自拔于流俗之上。是集乃其手书拟古诗六十余首，以贻雷鋐者。前有短札，亦其手书。鋐并钩摹笔迹刻之，纸版颇为精好。景元诗虽以汉为宗，而性既孤僻，思复刻峭，结习所近，乃在孟郊、贾岛之间。如米摹晋帖，矩度不失二王；而波勒钩剔，乃时时露其本法。于汉人不雕不琢之意，未能全似也。此本以篇页较少，不能成帙，旧附于李锴《睫巢集》以行，然二人同时倡和，名亦相齐，未可列诸附缀，故仍各著于录焉。

今按：与《四库全书总目》同名提要比较，仅删去“江西巡抚采进本”、“国朝”、“号石间” 字样。

18.《梅堂遗集》十二卷

佟世思撰。世思，正蓝旗汉军，以荫生官思恩县知县。是集凡诗十卷，词一卷，杂文一卷，其弟世集裒而刻之，末附《耳书》一卷，皆记所闻见荒怪之事，分人、物、神、异四部；《鲊话》一卷，则以公事至恩平，而记其风土也。

今按：与《四库全书总目》同名提要比较，仅删去“江苏巡抚采进本”、“国朝”、“字俨若” 字样。

19.《章江集》五卷　内府藏本

安世鼎撰。世鼎，镶红旗汉军，由保德州知州官至江西巡抚。此集乃世鼎自辑历官奏疏，以及文移、条告诸篇，编为是集，后附以书、记、序二十一篇，皆在江西时所作也。

今按：与《四库全书总目》同名提要比较，仅删去“国朝”、“字铸九”字样。

20.《倚松阁诗稿》七卷

德龄撰。德龄字松如，号楂村，满洲镶黄旗人。康熙戊子科举人，乙未科进士，改庶吉士，历官至湖南巡抚、吏部左侍郎，致仕。是编刻于乾隆丙戌，其自序谓赋性懒漫，故诗稿少所存留，年届八旬，始取余稿，略为厘定，仅得若干首云云。今观伊福讷《白山诗抄》所载德龄诗，有《送范九池侍御巡台湾七古》一首，而是编转无之，知其遗佚多矣。七卷中计五七古共九十四首、五七律共百三十九首、长律七首、五言绝句十七首、六言三首、七言绝句百八十首，盖暮年收集，而其子书山为之校勘云。

今按：此书《四库全书总目》未著录。

21.《冷月山堂诗》一卷

珠亮撰。珠亮姓栋鄂氏，满洲正红旗人。是集前有康熙戊子邵泰衢序，又有庚寅金铁序。其诗风怀澄澹，得韦、柳之遗音。故泰衢序称其心贯古今，而发之于声，随所遇而寄其心。钺序亦称其霏霏元解，无声色臭，味之可寻云。

今按：此书《四库全书总目》未著录。

22.《余廉堂诗稿》六卷

嵩山撰。嵩山，珠亮之子也。承其家学，诗颇有清拔之致。自序称五十余年身经残废，于闲佚之中，每逢烟水云山，则不无兴感；有所兴感，则不能无诗。实非有意为诗，亦不知人知我之有诗云云。盖外缘既淡，意境自殊，亦所遇使之然也。其诗本三千余首，分守拙、望恩、遂闲、慰志四集，后屡经刊削，乃定为此本焉。

今按：此书《四库全书总目》未著录。

23.《柏翠山房诗稿》一卷

峒山撰。峒山，珠亮之子，嵩山之弟也。父母兄嫂，一门词赋，峒山耳濡目染，年过七旬，尚不废吟咏。虽所造未邃，而亦时有间澹之思。

今按：此书《四库全书总目》未著录。

24.《醉红亭诗抄》一卷《诗余》一卷《文集》二卷《班余剪烛集》十四卷

常安撰。常安姓纳兰，字履坦，满洲镶红旗人。康熙中以诸生补山西巡抚掾吏，寻擢理事同知，雍正初授山西冀宁道，累迁至贵州布政使，擢江西巡抚，丁艰服阕，补盛京兵部侍郎，转刑部侍郎，出为漕运总督，迁浙江巡抚，坐事罢，寻卒。伊福讷《白山诗抄》言其所著《受宜堂集》数十卷，而是编所题醉红亭者，诗文词乃仅五卷，盖其宦黔所刻初稿也。其《班余剪烛集》则为少司寇时所编。卷一为论，卷二为序、记，卷三为书，卷四、五、六皆史评，卷七为辨及题跋，卷八题跋，卷九赋，卷十以下皆诗，较初稿又远胜矣。

今按：此书《四库全书总目》未著录。

25.《闲青堂诗集》十卷《附录》一卷

朱伦瀚撰。伦瀚，正红旗汉军，康熙壬辰武进士，选三等侍卫，后改刑部郎中，官至正黄旗汉军副都统。伦瀚以善画得名，圣祖仁皇帝集与皇上御制诗集均有题伦瀚画诗，传为艺苑之至荣。其诗亦与当代作者相驰骤。是集为其子两淮盐运使孝纯所刊，不分体裁，以编年为次。始于康熙丙子，讫于乾隆戊寅，凡六十三年之所作。大抵根柢宋人，而画意诗情互相触发，每有萧散不群之致。据姚鼐序，伦瀚尚有疏稿二卷，今未之见，盖未刻也固哉？

今按：此书《四库全书总目》未著录。

26.《草诗集》四卷《文集》二卷

高斌撰。斌已有传。是集曾进呈御览，诗文皆不分体，以编年为次。诗始于康熙壬午，讫于乾隆甲戌，文始于雍正庚戌，讫于乾隆甲戌。大旨皆根据理义，务切实用之言，不以词华争胜也。

今按：此书《四库全书总目》未著录。

27.《雷溪草堂诗》

长海撰。长海姓那兰氏，字汇川，先世为乌拉部长，太祖高皇帝时来归，父马期官都统，从征云南，有功授镇安将军。长海初肄举子业，后以镇安功荫宜补户部库使，未补，以布衣终。爱易水之雷溪，筑室居之，自号雷溪居士。是编五言古十八首，七言古十一首，五言律二十八首，七言律三十二首，五言排律二首，五言绝句七首，七言绝句九十五首。前有宁郡王及大学士鄂尔泰二序，后有宗室塞尔赫跋。

今按：此书《四库全书总目》未著录。

28.《樗亭诗稿》三十二卷

萨哈岱撰。萨哈岱，满洲正黄旗人，姓伊尔根觉罗氏，两江总督萨载父也。由恩荫授内务府郎中，坐事革职，寻起复原官，直宫门奏事处。生平吟咏最富，故伊福讷《白山诗抄》所选亦颇多。是编盖其全稿也，计古乐府一卷，五言古三卷，七言古二卷，五言律九卷，七言律十卷，五言排律四卷，七言排律一卷，五言绝句一卷，七言绝句一卷，共三十二卷，分体而不编年，仍注甲子于题目之下，使有年代可稽。萨哈岱字曰鲁望，樗亭盖其别号云。

今按：此书《四库全书总目》未著录。

29.《葛庄分类诗抄》十四卷

刘廷玑撰。廷玑字玉衡，号在园，葛庄其别号也，汉军镶红旗人。由荫生出为浙江台州府通判，迁处州府知府，擢江西按察使，缘事镌级，降为江南淮徐道，又为按察使佥事。是编十四卷，首乐府，次五言古，次七言古，次五言律，次六言律，次七言律，分上下二卷，次五言排律，次七言排律，次五言绝句，次六言绝句，次七言绝句，次补遗一卷。廷玑著作颇富，先是编年成帙者凡五种，曰种天斋近集，曰使草，曰辰巳小集，曰刘存草，曰省斋草。至康熙五十三年，乃合其已刻未刻，总为是编，不分年而分体，故自题曰《葛庄分类诗抄》云。

今按：此书《四库全书总目》未著录此种，但著录了《葛庄诗抄》与《葛庄编年诗》二种，提要完全不同。

30.《桐轩集》一卷

夸岱撰。夸岱姓佟佳，字桐轩，满洲镶黄旗人，兵部尚书法海弟也。初为侍卫，雍正间袭公爵，官至工部尚书。此古近体诗一卷，盖《瑞园合选》中之第二种云。

今按：此书《四库全书总目》未著录。

31.《通介堂诗稿》一卷

徐湛恩撰。湛恩已有传。是集为其孙工部侍郎绩所编，不以古今体为类，而以五言、七言为类，凡五言二十四首，七言一百七首。集中《赋得春水满四泽陇麦》、《恭和御制陇麦元韵山庄四季》、

《赋得静里清声别舟中观猎六里桥铁柱》诸篇，皆圣祖时应制所作，盖亦以仰蒙知遇，屡预拜赓云。

今按：此书《四库全书总目》未著录。

32.《斯文精萃》不分卷　兵部尚书庆桂家刊本

尹继善编。尹继善事迹见《人物志》。是集选录历代诗文，上起西汉，下讫南宋，但有圈点，而无评注，亦不分卷帙。惟文分三类，一为散文，一为赋，一为杂体。诗分六类，一为五言古体，一为七言古体，一为五言律体，一为七言律体，一为五言绝句，一为七言绝句。大旨皆取有关风教之言，与真德秀《文章正宗》意相近，而不似德秀之过拘。前有乾隆甲申自序，称初刻于云南，再刻于陕西，皆以遐陬僻壤，罕有师承，故簿领余闲，手定一编，示之模范。后总制三江，以诸生才质颖异者平时讲习多尚浮华，不复求诸根柢，爰取滇秦旧刻，再为增删，一切体裁均归醇正。盖书凡三刻，此其晚年之定本也。

今按：此书《四库全书总目》未著录。

33.《尹文端诗集》十卷　兵部尚书庆桂家刊本

尹继善撰。尹继善事迹见《人物志》。是集乃其子庆桂所编。凡古今体诗一千七百五十首，大抵沿溯中唐，而以剑南、石湖为圭臬，不为历下、太仓之伪体，亦不为公安、竟陵之侧调，婉约恬雅，而切近事情，深有思致，可以位置于南施北宋之间。盖承籍旧荫，练习典章，早入词林，多与前辈胜流相倡和，故议论、体格具有渊源。又遭遇殊知，扬历中外数十年，时承圣训，得以明达政体，洞悉物情，故无寒儒蔬笋之词，亦无迂士拘墟之见，所谓和声以鸣国家之盛者，殆不愧焉。

今按：此书《四库全书总目》未著录。

34.《纪恩诗》一卷

尹继善撰。继善有《尹文端诗集》，已著录。是卷纯是七言绝句，并无别体。首为辛未岁入觐时作，凡十首，次己卯岁入觐时作，凡二十四首，次甲申岁奉召为大学士时作，十六首，次丙戌岁扈驾山庄时作，十六首，次木兰随围时作，十六首，共八十二首，皆前集所未登，故其子庆霖汇而刻之云。

今按：此书《四库全书总目》未著录。

35.《味和堂诗集》六卷

高其倬撰。其倬事迹已详见《人物志》。是编卷一名《白苹红杏集》，为诗一百二首，卷二名《懒后忧余集》，为诗一百一首，卷三名《滦阳消夏集》，为诗六十二首，卷四名《塞上集》，为诗五十九首，卷五诗一百二十四首，卷六诗一百十四首，则并为《知非集》云。《白苹红杏集》者，其自序谓少年作诗未尝存稿，存稿始于万柳塘篇，有"白苹风细鱼蒲长，红杏花深燕子飞"之句，为友人所赏，适居卷首，遂以名其集也。《懒后忧余集》者，其自序谓生平吟咏多缘友朋，自旧游云谢，懒不作诗，丁外艰，三年又无诗可作，通括前后篇什寥寥，故名集云云。其《滦阳消夏集》，则乙未岁扈跸山庄，起四月讫十月之作也。《塞上集》则丙申秋随恒邸于热河，起七月讫九月之作，盖其倬隶属恒王旗下故也。其《知非集》二卷殆敭历封疆时所作。以上五集皆其倬卒后，子恪等为之校刻，合而题曰《味和堂诗集》。云恪又名书勋，有《石堂诗抄》别著录。

今按：此书《四库全书总目》未著录。

36.《石堂诗抄》二卷

高书勋撰。书勋，户部尚书其倬之子，字芸功，石堂其号也，年十七中式乾隆戊午科举人，中年病足，不仕，早卒。是编合古近体诗为上下二卷，共五百余首。首有张裕荦、熊为霖二序。为霖，其受业师也。

今按：此书《四库全书总目》未著录。

37.《西林遗稿》六卷

鄂尔泰撰。鄂尔泰事迹已详《人物志》。是编为其门人杨潮观所刻。潮观于乾隆甲子岁即任校雠之役，事未竣，而其师已卒，岁己巳，潮观急为镌板于吴，然仅居是编之半也。辛卯，潮观入都，尽得余稿，甲午春，与其表弟顾光旭共编而刻之，于是西林之诗集始全，即此六卷是也。卷一为古体诗三十一首，卷二为五言律七十四首，卷三为五言律七十三首，卷四为七言律一百首，卷五为七言律九十四首，卷六则五七排律、五七绝句，合九十五首，共为诗四百六十七首。首有乾隆甲午大学士阿桂序，而潮观、光旭并为之跋。

今按：此书《四库全书总目》未著录。

38.《太谷山房集》六卷

梦麟撰。梦麟字文子，号耦堂，蒙古正白旗人。乾隆乙丑科进士，改庶吉士，累迁至内阁学士，常督河南及江苏学政。梦麟诗初编时曰《梦庐诗集》。是编乃其重订之本也。卷首皆乐府，余则合古近体，共成六卷。其诗才气魁卓，笔意峭厉，盖生平沈浸古籍，故用笔不落恒蹊云。

今按：此书《四库全书总目》未著录。

39.《鄂虚亭诗草》一卷

鄂容安撰。鄂容安，大学士鄂尔泰之长子，乾隆十九年以出兵西路殉难，谥刚烈，事迹已详《人物志》。生平吟咏颇多，未尝授梓。是编草本盖有心者为之掇拾也。按杨潮观《西林遗稿后序》云，刚烈公伯仲扬历未几，相继死节，所存全稿无从起忠魂而问之。据此，则西林之诗尚属不绝如线，况虚亭乎？掇拾者之功信匪浅矣。

今按：此书《四库全书总目》未著录。

40.《顾文端公诗节抄》一卷

顾八代撰。八代事迹已详《人物志》。此编颜曰《节抄》，盖非八代全诗。据标题，为桐城方苞选本云。首为五言古三首，次七言古八首，次五言律六首，次七言律十四首，次五言排律七首，次七言排律九首。其诗多咏平定吴逆时滇南用兵之事，颇足以资考证云。

今按：此书《四库全书总目》未著录。

41.《博虚宥诗草》三卷

博清额撰。博清额字虚宥，满洲人。乾隆壬申科进士，改庶吉士，累迁至翰林院侍讲学士、奉天府府尹。是编首卷为乾隆庚辰典试四川时作，次卷为壬午视学四川时作，皆名《使蜀草》，三卷为戊子典试浙江时作，寥寥篇什，近体多而古体少，亦未见其全集也。

今按：此书《四库全书总目》未著录。

42.《戢思堂诗抄》二卷

李宏撰。宏已有传。乾隆辛卯，宏以河道总督卒于官。其子奉瀚辑其遗稿三百余首，而高晋为序，晋时方总督两江，与同官也。序称其赋性恬淡，不迩声色，公余焚香宴坐，手书不去，或赋诗以自娱，词旨浓深，多见道之语。

今按：此书《四库全书总目》未著录。

43.《寄素堂诗草》二卷《杂着》二卷

李永标撰。永标字纯九，汉军人，由笔帖式授内务府郎中，兼佐领，乾隆三年出管张家口税务，五年任满，部推为广东雷州府知府，引见之日，特擢为安徽分巡道兼管芜湖关税。是集永标自订，而篇什寥寥，卷一仅诗四十六首，卷二仅诗四十二首，皆近体，无古作，其杂著上卷有文十篇，率皆随笔直书，未协古法，下卷杂书格言三十六条而已。

今按：此书《四库全书总目》未著录。

44.《海愚诗抄》十二卷

朱孝纯撰。孝纯字子颖，汉军正红旗人。由壬午科举人授四川简县知县，迁叙永厅同知，擢山东泰安府知府，又擢两淮盐运使，以病解官归。是集盖孝纯卒后，其友人桐城姚鼐、丹徒王文治编次。卷一为五言古诗六十首，卷二为七言古诗三十八首，卷三为七言古诗四十五首，卷四为五言近体百十六首，卷五为五言近体七十六首，卷六为七言近体七十五首，卷七为七言近体八十四首，卷八为七言近体百二首，卷九为五言绝句六十七首，卷十为七言绝句八十八首，卷十一为七言绝句百四十八首，卷十二为七言绝句百三十三首。首有其师桐城刘大櫆序，而鼐与文治于乾隆甲寅年编成授梓，复从而序之。

今按：此书《四库全书总目》未著录。

45.《补亭诗稿》

观保撰。保字补亭，正白旗满洲人，姓索绰罗氏。乾隆丁巳进士官，至左都御史。诗有抄本，藏伊子内务府郎中观豫家。

今按：此书《四库全书总目》未著录。

46.《督运草》一卷《乐贤堂诗抄》三卷

德保撰。德保已有传。《督运草》，德保所自编，皆其乾隆丙申代杨锡绂为漕运总督时作。《乐贤堂集》则自萃其一生之诗，欲刊未果，己酉德保殁，其子英和乃编为三卷而刻之。《督运草》虽并于集内以先有单行之帙，且为德保所自编自序，故两著录焉。德保与其从兄观保并以乾隆丁巳进士入翰林，出入禁闼三四十年，又均以文章受知遇，屡典贡举，为词林耆旧，迄今馆阁旧臣尚多二人门下士云。

今按：此书《四库全书总目》未著录。

47.《澄悦堂诗集》

国梁撰。国梁，满洲人，姓那拉氏。乾隆丁巳进士，官至贵州粮驿道。遗稿甚富，尚未付梓。其兄国栋字天峰，官总兵，亦能诗，稿多散失不传。

今按：此书《四库全书总目》未著录。

48.《兰藻堂集》六卷

舒瞻撰。舒瞻字堃亩，号云亭，满洲正白旗人。乾隆丙辰科举人，己未科进士，出为浙江桐乡县知县，历调平湖、山阴、海盐三县。是编古今体诗，计首卷四十八首，次卷五十二首，三卷一百一首，四卷九十二首，五卷九十首，六卷九十三首。乾隆壬申，长洲沈德潜为之序。

今按：此书《四库全书总目》未著录。

49.《晚香堂诗》四卷

永亮撰。永亮字莘洲，满洲正白旗人。乾隆甲子科举人。是编首卷曰《团瓢吟》，合古近体为诗三十八首，次卷曰《别轩存稿》，为诗三十四首，三卷曰《勾留草》，为诗五十四首，四卷曰《一草亭吟》，为诗二十二首。每卷皆有弁言，统题曰《晚香堂诗》。其同年周毓仑为之序。

今按：此书《四库全书总目》未著录。

50.《枝巢诗草》四卷

图塔布撰。图塔布号裕轩，又号漫圃，满洲镶红旗人。乾隆戊辰科进士，改庶吉士，累迁至翰林院侍讲学士，充日讲起居注官。

是编首卷曰《从猎集》，乃其在翰林时历年扈跸热河及随围木兰所作；次曰《静居集》，亦官翰林时所作；三曰《于役集》，则其奉使吉林，典试四川、山东及历游塞外淮徐时作；四曰《归田集》，则致仕后所作。晚年卜居于阜城门外玉河乡之池水村，有园圃竹木之胜，春秋佳日，逍遥其间，故得诗最多，而诗境亦愈进也。四集共诗五百十四首。枝巢云者，盖取“鹪鹩巢林，不过一枝”之意，因以颜其集。卒之，明年乾隆丙午，其门人御史刘湄为授梓，而大兴朱珪为之序。

今按：此书《四库全书总目》未著录。

51.《乘槎集》二卷

全魁撰。魁姓尼吉哩氏，满洲镶白旗人。乾隆辛未进士，官至盛京户部侍郎，降补翰林院侍读学士。是集乃乾隆丙子全魁奉使册封琉球国王时作，故以乘槎为名。诸体合编，始于奉使纪恩，讫于丙子除夕，皆由京至福建，由福建至琉球之作，故除夕诗中有“归期应不远，引领杏花初”之句。全魁渡海之时，颇历鲸波之险，具见集中。其归程则风利遄行，复命甚速，故罕所题咏云。

今按：此书《四库全书总目》未著录。

52.《来鹤堂诗抄》四卷

于宗瑛撰。宗瑛，镶红旗汉军，乾隆甲戌进士，改庶吉士，授检讨，官至监察御史。宗瑛为于成龙之孙，家风清素，宗瑛尤恬澹无营，虽性好吟咏，而亦无意于争名，故多不自存稿。是集乃其子鳌图收拾于残剩之余者也。

今按：此书《四库全书总目》未著录。

53.《牧子诗录》一卷《不堪持赠吟》一卷

兆勋撰。兆勋字佑启，先世居长白山之栋鄂，故自号栋鄂牧子。是编诗录一卷，盖其旧友福增格为之编次。乾隆戊寅，福增格复序而刻之，末附以诸家评语及所赠诗。其《不堪持赠吟》一卷，则兆勋晚年所续刻也。

今按：此书《四库全书总目》未著录。

54.《卧云堂诗稿》一卷

傅显撰。傅显已有传。是集傅显所自编刻于乾隆辛巳，据其自序及其子傅尼善跋，盖自官中书舍人以后始为诗，后随征金川，历任中外，至官岳州知府时始编为此集，而岳州以后则散佚不存，盖非完帙也。诗雅好清省，而吐属婉约，其瓣香殆在剑南。

今按：此书《四库全书总目》未著录。

55.《陶人心语》五卷《续选》十四卷《补遗》一卷

唐英撰。英，内务府正白旗汉军，官至内务府造办处郎中。是集英所自编，一卷至四卷以古今体诗分类，又各分五言、七言，五卷为杂文，续选一卷二卷为诗，附杂文一篇，排纂殊无体例，三卷至十卷皆诗题曰浔江著，又入觐草一卷，亦题卷十，亦颇重复，十一卷亦题浔江著，而别题子目曰望洋集，十二卷前半题浔江著，后半题粤东著，十三卷前半题粤东著，后半及十四卷又题曰浔阳著。大抵一官一集，以编年为次，而限于篇帙，遂割裂如斯。其诗则绰有清思，不失雅则。其曰陶人心语者，以久司官窑于江西，而吟咏则直抒胸臆，故立是名云。

今按：此书《四库全书总目》未著录。

56.《竹园诗集》一卷

张廷弼撰。廷弼字秉衡，竹园其号也，汉军正白旗人。官直隶魏县知县，后复补江南吴县知县。是编前题曰《竹园诗集》，后又识曰《竹园编年诗集卷之一》，然观其诗止属癸巳一年之作，夫既曰编年，不应仅系癸巳，亦必不止于一卷，知此为不全之本矣。

今按：此书《四库全书总目》未著录。

57.《酌雅斋诗》余一卷

福增格撰。福增格字赞咸，号松岩，大学士伊桑阿孙、山西总督伊都立子也。以怡王府仪宾擢散秩大臣，出为山西总兵官，旋迁步军总尉兼副都统，转盛京兵部侍郎。所著有《酌雅集》。是卷仅词十九首。前有中州任果骈体序一篇。

今按：此书《四库全书总目》未著录。

58.《静廉堂诗》一卷

顾琮撰。琮字用方。是编首曰《练要书屋集》，次曰《冷泉山房集》，三曰《蕉桐书屋集》，皆五言古诗，下继以七言古诗，五七绝句、五七律诗，未见全集。

今按：此书《四库全书总目》未著录。

59.《瞻园诗抄》一卷

托庸撰。托庸事迹已详《人物志》。其所居曰瞻园，中有十八景，具池沼竹木之胜，暇则觞咏于此，故因以颜其集。

今按：此书《四库全书总目》未著录。

60.《玉华堂诗稿》一卷

赵宏恩撰。宏恩字芸书，汉军人，官至湖南巡抚。有全集。是卷盖抄本，仅得诗三十八篇。

今按：此书《四库全书总目》未著录。

61.《时斋偶存诗抄》一卷

国栋撰。国栋字云浦，时斋其号也。是编前为《蜀游草》，盖其出宰西蜀时所作，后为《淮南小草》，则其司榷淮安时所作也。然前仅诗四十九首，后仅诗三十五首，亦甚寥寥矣。

今按：此书《四库全书总目》未著录。

62.《友莲堂集》一卷

佛喜撰。佛喜字怡仙。是卷又名《一鹤轩草》，抄本，而多涂乙，盖未定之稿云。

今按：此书《四库全书总目》未著录。

63.《早闲轩诗》

汪松撰。松别字苍嵓，又自号髯道人。是集首卷五言古二十七首，次卷七言古二十首，三卷五言律百五十四首，四卷五言排律九首，五卷七言律七十六首，六卷五言绝句二十四首，七卷七言绝句五十八首，以上皆分体，八卷曰《哀雁集》，盖哭妹之诗，九卷曰《悲鸾草》，则悼亡之作，十卷以《冷巢残稿》终焉，盖又其晚年所赋短什，是以此三卷独不分体。

今按：此书《四库全书总目》未著录。

64.《春晖堂诗抄》

张廷枚撰。廷枚字卜臣，以世袭佐领兼领銮仪卫，迁内务府会计司员外郎，补参领，出管苏州浒墅关税务。廷枚尝奉命出使朝鲜国，赍所赐空青石于其国王，故卷后有纪行诸作，所叙外国景物事实颇足资博览焉。

今按：此书《四库全书总目》未著录。

65.《墨卿堂集》

恒裕撰。裕字惇夫，正黄旗满洲人，姓完颜氏。乾隆庚寅举人，官中允。有集四卷，首列散体文，复存古近体诗。其友人侍郎玉保编次。

今按：此书《四库全书总目》未著录。

66.《养易斋集》一卷

原本题养易斋主人撰。宗室女也，满洲正红旗珠亮之妻。诗多忠孝节义之词。

今按：此书《四库全书总目》未著录。

67.《兰轩诗》一卷

原本题兰轩主人撰。觉罗女也，系出太祖高皇帝之弟庄亲王，适嵩山，性多艺能，而尤耽吟咏，而不自收拾，年甫五十卒。其子能泰收录遗稿，编为此集。嵩山自为之序。

今按：此书《四库全书总目》未著录。

68.《红雪轩稿》六卷

高氏景芳撰。氏盖汉军人侍卫高钦之姊，己卯科举人、内阁中书世袭一等侯张宗仁妻也。自编所作诗词文赋，分为六卷，卷一赋三十六篇、文一篇，卷二四言诗十六首、五言古四十七首、七言古三十首，卷三五言排律二十七首、七言排律十二首，卷四五言律一百五首、七言律六十七首，卷五七言绝句九十七首、五言绝句四十三首，卷六词一百七十五首。编端复有骈体自序一首，其每篇皆有评点，仿《才调集》之例，则其弟高钦为之也。

今按：此书《四库全书总目》未著录。

69.《希光诗抄》一卷

烈妇希光撰。光钮瑚鲁氏，正白旗满洲员外郎伊嵩阿室。夫病，割股以疗，不验，矢以死从，因女弱无依，勉守志，茹荼十年，女嫁之次日，赋七言律二章见志，自缢死。氏翁协办大学士、吏部尚书永贵录其诗奏，上悯之，赐旌焉。诗多凄楚之音。其《烈妇叹》一篇，盖为大学士舒赫德子妇栋鄂氏作，亦自伤同志也。

今按：此书《四库全书总目》未著录。

三、结　论

《钦定八旗通志·艺文志》共著录96条，有34条袭自《四库全书总目》的同名提要，其中经部7种、史部13种、子部6种、集部8种。条目虽只占三分之一强，但字数却占了绝大部分。其作伪手法为：第一，删去版本著录，仅《章江集》保留了一条。第二，著录作者时删去时代。

《钦定八旗通志》卷一百二十《艺文志》序云："今以四库所著录、存目为主，而益以通行之刊本与诸家之藏本。"蜻蜓点水，未免掩耳盗铃、瞒天过海。

典籍辨伪

学鉴

清儒武亿二题

——六论《经解入门》之真伪问题

◎ 司马朝军

一、侠儒经师：江藩笔下的武亿形象

武亿(1745—1799)，字虚谷，号授堂，又号小石，自号半石山人，河南偃师人。乾隆三十五年(1770)举于乡，四十五年(1780)成进士，五十六年(1791)选山东博山县知县，七月而罢。清代中期著名金石学家、经学家、考据学家，著有《金石三跋》、《读史金石集目》、《群经义证》、《经读考异》等，汇为《授堂遗书》。生平事迹见《清史稿》、《清史列传》、《国朝先正事略》等。

江藩(1761—1830)，字子屏，号郑堂，甘泉(今江苏扬州)人。武亿比江藩年长16岁，但均出朱筠(1729—1781)门下。既为同门，又为好友，曾经前后交往二十年。江藩后来撰《汉学师承记》，特为武亿立有专传，辞曰：

> 武亿，字虚谷，先世由怀庆军籍迁偃师。父绍周，雍正癸卯进士，官至吏部郎中。少喜读书。年十七，丧父；十九，母

孟、生母郭皆逝。时伊、洛溢，庐舍毁圮，架席处污泥中，诵读不辍，斯朽木，焚火以御寒，斧伤指及足，流血殷地，终不废读也。年二十二，入学。乾隆庚寅，举乡试。庚子，会试中式，赐同进士出身，以知县用。辛亥，选山东博山县，讼无留牍，祷雨即降。有人贿以二千金者，曰："汝不闻雷声乎？我惧雷击我也。"暇日召耆老问土俗利病，革除民供煤炭及馈里马、草豆诸秕政。博山民煮糯米汁为土玻璃，作钗珥瓶盎灯球鬻于市，及妇孺嬉戏之物，不足以供玩好之式。乾隆中叶，有好事者为山东巡抚取以入土贡，遂为例，每岁按额征之，民苦其扰。乃为民请于大吏，力白其害，遂不入贡。创范泉书院，立程课教诸生，亲往讲学，励以读书、立品、为善士。君承筲河先生之学，痛诋二氏，乃檄合邑僧尼至署，谕以佛为异端，害人心，坏风俗，演傅奕、韩愈之言，反复譬喻，僧尼虽不解其说，然感其诚，皆蓄发还俗。于是入其境者第闻弦歌之声，不闻梵呗之音矣。

乾隆壬子，大学士和珅兼步军统领，闻妄人言山东反贼王伦未死，密遣番役四出踪迹之。于是，副头目杜成德、曹君锡等十一人横行州县，至博山，宿逆旅饮博，手持铁尺，指挥如意，莫敢谁何。君率役往收之，成德等持器械拒捕，役不敢前，君手扑之仆，缚以归。成德尚倔强不服，出牌掷于堂上，瞋目大呼曰："吾等奉提督府牌缉要犯，汝何官，敢问我邪？"立而不跪。命役挞其胫，始伏地。乃杖之曰："牌役二名，此十一人为谁？且牌文明言所至报有司协缉，汝来三日不谒见，是不奉法。吾通揭汝等骚扰状，奈我何！"成德等始惧，咸叩首求去。其事喧传省中，小人皆谓武卤莽，祸叵测，将累上官。时山东巡抚吉庆畏势阘茸，闻此言，即发员络绎于道，访问虚实。有府佐刘大经者与君不相能，驾说于大府前，吉庆以"滥责无罪"，直书其事劾之。和珅笑曰："是暴吾役之不谨，而阴为武令地也。"封还其疏。吉庆望风承旨，易以"任性行杖"，空言入奏，报罢。县民闻令去，扶老携幼，数千人走省中见大府，叩首乞留我好官。吉庆曰："归无哗，还汝好知县。"吉庆知不容于舆论，而怚于权势，会将入觐，乃挈君至都下，为谋捐复。和珅总吏部事，驳之，其事遂寝，乃请主东昌启文书院讲席，以塞众口也。后故人秀水王复为偃师令，遂归，与复商榷政事，暇时考校古书，相得甚欢，不复作出山之计。嘉庆四年，天子亲政，和珅伏辜，诏各举所知废员可起用者。有以博山事闻，敕吏部将原任山东博山县知县武亿行文豫省巡抚咨部引见，并将革职原案查奏，十一月二十九日事也，而君先一月死矣，得年五十有五。

君生而状貌魁梧，有兼人之力，兼人之量。生平深于经史，《七经注疏》、《三史》、涑水《通鉴》皆能暗诵。所著书有《经读考异》、《义证》、《偃师金石记》、《校定五经异义》、《驳异义补遗》、《箴膏肓》、《起废疾》、《发墨守》、《郑志》等书。与童君二树名钰者同修《偃师县志》，童君好收藏碑版，君考订秦汉以来金石文字，童君服其精审。于是酷嗜翠墨，游历所至，如嵩山泰岱，遇有石刻，扪苔剔藓，尽心摸拓，或不能施毡椎者，必手录一本。偃师杏园庄去所居四十余里，民家掘井得晋刘韬墓志，长二尺有余，重几百斤，君肩之以归。性善哭。馆筲河师家，除夕，师谓君曰："客中度岁，何以破岑寂？"君曰："但求醉饱而已。"乃遗以二彘肩，一鸡一鹜，蒙古酒一斗，及汤饼丕饦诸物。君闭户恣啖，食尽酒倾。至晚，师曰："醉饱矣，更有他求乎？"对曰："哭。"师亦曰："哭。"乃放声大恸，比邻惊问，筲河师大笑而去。庚子年，阳湖洪亮吉稚存、黄景仁仲则流寓日下，贫不能归，偕饮于天桥酒楼，遇君，招之入席，尽数盏后，忽左右顾盼，哭声大作，楼中饮酒者骇而散去。藩尝叩之曰："何为如此？"曰："予幸叨一第，而稚存、仲则寥落不偶，一动念，不觉涕泣随之矣。"藩戏之曰："君乃今日之唐衢也。"藩与君交垂二十年，核君行事，不愧循吏。古人云："以经术饰吏事。"不通经术而能为循吏者，盖有之矣，我未之见也。

江藩笔下的武亿形象，既有刚正不阿的侠骨，敢于殴打和珅的走狗，也有柔情似水的一面，为朋友的落第而放声痛哭。这篇传记把武亿写得有血有肉，活灵活现，使侠儒经师的形象栩栩如生，跃然纸上。

《清史稿》武亿传基本上是抄袭江藩的文章，又把一些有趣的细节删去，为了比较，我们照录如下：

> 武亿字虚谷，偃师人，父绍周，进士，官吏部郎中。亿居父母丧，哀痛毁瘠，以读书自励。时伊、洛溢，屋圮，架污以居。斧朽木燎寒，诵读不辍已。复从大兴朱筠游，益为博通之学。乾隆四十五年进士，五十六年授山东博山县知县。县山多土瘠，民不务农，地产石炭石矾，烧作玻璃器皿，商贾辐辏。亿问土俗利病，免玻璃入贡，革煤炭供馈里马草豆，不以累民，创范泉书院，进其秀者与之讲，敦伦理，务实学，而决辞无留狱，祷雨即沛。有以赌干者未敢进，亿廉知之，值迅雷，曰："汝不闻雷声乎？吾矢祷久矣。"赌者惶悚而止，舆情大洽。
>
> 五十七年，大学士和珅领步军统领事，闻妄人言山东逆匪王伦未定死，密遣番役四出踪迹之，于是番役头目杜成德等十一人横行州县，入博山境，手铁尺，饮博，莫敢谁何。亿悉执之，成德尤倔强，按法痛杖之，喧传其事者曰："亿卤莽，刑无罪，将累上官。"巡抚吉庆遂以滥责平民劾罢之，而不直书其事。亿莅任仅七月，及去民携老弱千余人走大府，乞留我好官，不可得，则日为运致薪米，门如市焉。吉庆亦感动，因入觐，偕亿行，为筹捐复。大学士公阿桂谓吉庆曰："例禁番役出京畿，奈何责县令按法之非，且隐其实而劾强项吏，何也？"吉庆深自悔，而格于部议，遂归。嘉庆四年十月，仁宗谕朝臣密举京外各员内操守端洁、才猷干济、于平日居官事迹可据者得赴部候旨召用，亿在所举中。十一月县令捧檄至门，而亿先以十月卒矣，年五十有五。
>
> 亿学问醇粹，于《七经注疏》、《三史》、涑水《通鉴》皆能暗诵。既罢官，贫不能归，所至以经史训诂教授生徒，勇于著

> 录，有《群经义证》七卷、《经读考异》九卷、《金石三跋》十卷、《金石文字续跋》十四卷、《偃师金石记》四卷、《安阳金石录》十三卷，又有《三礼义证》、《授堂札记》、《诗文集》等书，皆旁引远征，遇微罅辄，剖抉精蕴，比辞达意，以成一例，大兴朱珪称亿不愧好古遗直云。

两相比较，不啻有霄壤之别。私家文字与史家文字之差别于此亦可见一斑。

李元度《国朝先正事略补编》①卷一亦云：

> 武亿字虚谷，河南偃师人。博洽工考据，尤好金石。同县农家掘井，得晋刘韬墓志。亿闻，急往买之，自负以归，石重数十斤，行二十余里，到家惫顿几死。性迂僻，善哭，尝游京师，主大兴朱筠家。除夕，筠馈豚肩、蒙古酒，亿尽食之，食已，大哭。主宅惊怪，筠疑亿久客思家，急慰问之，亿曰："无他，远念古人，近伤洪亮吉、黄景仁不偶耳。"后成进士，官博山知县，更以能名。

显然，其史料亦源自江藩，而有所曲解，如将武亿两场"哭"戏合而为一，形同虚构，价值无异大打折扣。

二、学林奇案：武亿《经读考异》被"江藩"《经解入门》剽窃

笔者发现一奇怪现象，即"江藩"《经解入门》卷四《说经必先审句读》完全抄袭自武亿《经读考异》！下面，我们详细比勘。

---

① 湖湘文库易孟醇校点本《国朝先正事略》没有收《国朝先正事略补编》，未免美中不足。

(一)《经解入门·说经必先审句读》

群经句读，古今各有不同，说经者不可不审。

《易·乾》九三：“终日乾乾夕惕若厉无咎。”有读“夕惕若”句，“厉”句，“无咎”句；有读“夕惕若厉”句，“无咎”句；有读“终日乾乾夕惕”句，“若厉无咎”句。

《象》曰：“天行健君子以自强不息。”有以“天行”为一读，有读“天行健”句。

《坤》：“元亨利牝马之贞。”有以“利”为一读，“牝马之贞”另为句。

“先迷后得主利西南得朋东北丧朋。”有以“利”字属上“主”字为句，有以“后得主”为句，“利”属下“西南”读。

《屯》初九：“盘桓利居贞。”有以“利居贞”为句，有以“居”字为读，“贞”字别为义，不与居连文。

六三：“君子几不如舍往吝。”有以“几”字为句，有“几不如舍”连读为句。

《需》九二象词：“需于沙衍在中也。”有以“沙”绝句，有以“衍”绝句。

《讼》：“有孚窒惕中吉。”有读“有孚窒”句，“惕中吉”句；有读“有孚”句，“窒”一字句，“惕”一字句。

九二：“不克讼归而逋其邑人三百户无眚。”有以“逋”断句，读“其邑(人)三百”；有读“逋其邑(人)”句，“三百户无眚”句。

六三：“食旧德贞厉终吉。”有以“贞”字绝句，“厉”下属“终吉”为句；有以“食旧德”为句，“贞厉”为句。

《师》：“贞丈人吉。”有以“贞”字绝句，有以“贞”字连下“丈人”为句。

九二：“在师中吉无咎。”有以“在师中”为句，“吉”字属下读，有以“吉”字属上读。

《小畜》六四：“有孚血去惕出无咎。”有以“血去”连文读，有以“有孚血去”读。

上九："尚德载妇贞厉。"有以"载"字绝句，有以"尚德载妇"属读。

《谦》九三："劳谦君子有终吉。"有读"君子有终"句，有读"劳谦君子"句。

六四："无不利㧑谦。"有以"无不利㧑谦"分属二句，有以"无不利㧑谦"为一句。

《蛊》初六："有子考无咎厉终吉。"有以"考"字绝句，有以"子"为句，"考"字属下读。

《观》六三："观我生进退。"有以五字为一句，有以"进退"另为一句。

《剥》初六："剥床以足蔑贞凶。"有以"蔑贞"为读；有以"剥床以足"为句，"蔑"另为句，"贞凶"亦另为句。

六三："剥之无咎。"有以"剥之"为句，"无咎"为句；有以"剥之无咎"连为一句。

《无妄》象曰："天下雷行物与无妄。"有以"物与"绝句，有以"物与无妄"连读。

《大畜》："刚健笃实辉光日新其德刚上而尚贤。"有以"刚健笃实辉光"为句，"日新其德"为句；有以"辉光日新"为句。

《颐》六二："颠颐拂经于丘颐征凶。"有以"颠颐"为句，"拂经于丘颐"为句；有以"拂经"为句，"于丘颐"为句。

《坎》六四："樽酒簋贰用缶。"有以"樽酒"绝句，"簋贰"绝句；有以"樽酒簋贰用缶"绝句。

"纳约自牖终无咎。"有以"纳约自牖"为句；有以"纳约"绝句，"自牖"属下读。

《离》象曰："明两作离。"有以"明两作"绝句，有以四字为一句。

初九："履错然敬之无咎。"有以"然"字绝句，有以"履错然"三字连读。

上九："王用出征有嘉折首获匪其丑。"有读"有嘉"为句，有读"有嘉折首"为句。

《恒》六五："恒其德贞妇人吉夫子凶。"有以"恒其德贞"为句，有以"德"字绝句,"贞"字属下读。

《遯》初六:"遯尾厉。"有以"遯尾厉"三字连文为句,有以"遯尾"一读,"厉"字一读。

《晋》初六:"罔孚裕无咎。"有以"罔孚"为句,"裕"属下;有以"罔孚裕"连文为句。

《明夷》九三:"得其大首不可疾贞。"有以"不可疾贞"为句,有以"不可疾"为句。

《解》上六:"公用射隼于高墉之上获之无不利。"有以"公用射隼于高墉之上"九字为句,"获之"为句;有以"公用射隼"为句,"于高墉之上获之"为句。

《损》九:"弗损益之。"有以四字连读,有以"弗损"绝句。

《夬》九二:"惕号莫夜有戎勿恤。"有以"惕号莫夜有戎"为句;有以"惕号"为句,"莫夜有戎"为句。

《萃》初六:"若号一握为笑。"有以六字为句,有以"若号"为句,"一握为笑"另为一句。

《(用)[困]》:"亨贞大人吉。"有以"贞"另读;有以"贞大人吉"连读。

《井》上六:"井收勿幕有孚。"有以"井收勿幕"连读;有以"勿幕有孚"为句。

《渐》初六:"小子厉有言。"有以"小子厉"断句,有以"厉"属下读。

《巽》九二:"巽用史巫纷若吉。"有以"纷若"属上读,有以"纷若"属下读。

《系词》:"君子居其室出其言善则千里之外应之。"有以"出其言善"绝句,有以"善"字连下读。

《杂卦》:"亲寡旅也。"有以"亲寡"为句,有以"亲"字绝句,"寡旅也"别为句。

《书·尧典》:"曰若稽古帝尧曰放勋。"有读"曰若稽古"句,有读"曰若稽古帝尧"句。

"明明扬侧陋。"有以"明明"断句,"扬侧陋"又一读;有以"明明扬侧陋"为句。

“克谐以孝烝烝乂不格奸。”有读“克谐”句，“以孝烝烝乂不格奸”句；有读“克谐”句，“以孝烝烝”句，“乂不格奸”句；有读“克谐以孝烝烝乂”句，“不格奸”句。

“正日同律度量衡。”有以“同”字属“律度量衡”为句；有以“正日”连下“同律度量衡”为一句。

“让于殳斨暨伯与。”有以“殳”为一读，“斨”为一读；有以“殳斨”连文为读。

“舜生三十征庸三十在位五十载陟方乃死。”有以“庸”字、“位”字、“死”字绝句，有以“舜生三十”为句，“征庸三十”为句，“在位五十载”为句。

“若稽古皋陶。”有读一句，有以“古”字绝句。

“予未有知思曰赞赞襄哉。”有以“思”字属上读，有以“思”字属下读。

《禹贡》：“冀州既载壶口。”有读“冀州既载”句，有读“既载壶口”句。

“厥赋贞作十有三载乃同。”有读“贞”字断句，有读“厥赋”为句。

“云土梦作乂。”有读“云土梦”为句，“作乂”为句；有读“云土”为句，“梦作乂”为句。

“包匦菁茅。”有以“包”一读，“匦菁茅”一读；有以“包匦菁茅”连读。

“西倾因桓是来浮于潜。”有以“因桓是来”属下文为句，有以“是来”断句。

“朔南暨声教讫于四海。”有以“朔南暨”绝句，有以“朔南暨声教”为句。

《盘庚》：“今予命汝一。”有以“一”字为句，有以“今予命汝”为句。

《金縢》：“史乃策祝曰惟尔元孙某遘厉虐疾。”有以“策祝”连读；有以“史乃策”为句，“祝”字属下为句。

《康诰》：“我西土惟时怙冒闻于上帝。”有以“怙冒”为句，“闻于上帝”为句；有以“怙”字属下为句。

《酒诰》："不克畏死辜在商邑越殷国灭无罹。"有以"死"字绝句，有以"死辜"连文为句。

《梓材》："皇天既付中国民越厥疆土于先王肆王惟德用。"有以"肆"字属上为句，有以"肆"字属下为句。

《洛诰》："厥攸灼叙弗其绝。"有以"叙"字绝句，有以"叙"字属下为句。

《立政》："三亳阪尹。"有以"三亳"为一读，"阪尹"为一读；有以"三亳阪尹"合为一句。

《顾命》："今天降疾殆弗兴悟。"有以"殆"字绝句，有以"殆"字属下为句。

《吕刑》："王享国百年耄荒度作刑。"有以"耄荒"字为句，有以"荒"字属下为句。

此《易》与《尚书》各家之异读也。《诗》、《礼》、《春秋传》、《孝经》、《论语》、《孟子》，各有异读，繁不胜举，故特举二经以见例，学者不可不审（又有注中句读与疏家异读，惟在读时字字留意，斯能有得）。

（二）武亿《经读考异》

《易》

《乾》九三："夕惕若厉无咎。"

亿案：近读皆以"夕惕若"为句，"厉"一读，"无咎"一读。考汉唐旧读并连"夕惕若厉"为句。《淮南子·人间训》："夕惕若厉，以阴息也。"《汉书·王莽传》引《易》曰："夕惕若厉。"《说文》"夤"字引《易》曰："夕惕若厉。"《风俗通》引《易》曰："夕惕若厉。"……古读似可依。

《象》曰："天行健君子以自强不息。"

亿案：李氏《集解》引何妥曰："天体不健，故能行之，德健也，犹如地体不顺，承弱之势顺也，所以乾卦独变名为健。"……此诸说并以"天行健"连读为义。愚谓乾古字作健，见《古今韵会》，传写者因转写作健，即健即乾字之转，圣人释象皆以卦本名言之，不宜自变其例，是“天行”为一读，“健”为一读，“天行”与坤象地势语正相比，而注家因文牵附，皆凿说也。

《坤》：“元亨利牝马之贞。”

亿案：旧读作“利牝马之贞”，利字连下为义。考《程传》：“坤，乾之对也。四德同而贞体则异，乾以刚固为贞，坤则柔顺而贞。牝马柔顺而健行，故取象曰牝马之贞。”是以“利”为一读，“牝马之贞”另为句。

“先迷后得主利西南得朋东北丧朋。”

亿案：旧读并以“利”字属上“主”字为句。考此宜以“后得主”绝句，“利”字属下“西南”读。《文言》曰：“后得主而有常。”则主字绝句。又《蹇》：“利西南。”则“利”字属下，又可举证。

《屯》初九：“盘桓利居贞。”

亿案：近读以“利居贞”为句。考魏明帝征管宁诏：“盘桓利居。”又以“居”字为读，“贞”字另为义，不与“居”连文。

六三：“君子几不如舍往吝。”

亿案：近读以“几”字为句（朱子云：“君子见几，不如舍去。”），考《淮南子·缪称训》：“《易》曰：即鹿无虞，惟入于林中，君子几不如舍往吝。”注：即，就也；鹿以喻民；虞，欺也；几，终也……高氏又以“几不如舍”连读为句。

《需》九二象词：“需于沙衍在中也。”

亿案：近读从“沙”绝句。据《九经古义》，《穆天子传》云：“天子东征，南绝沙衍。辛丑，天子渴于沙衍，求饮未至（郭璞云：“沙衍，水中有沙者。”）。水少沙见，故象云需于沙衍”或以“衍”属下句读，非也。愚谓虞翻云：“衍，流也。”似当作流沙之义，则虞氏亦以衍字绝句为训，此又可举证。

《讼》：“有孚窒惕中吉。”

亿案：此凡两读：《释文》“有孚窒”一句，“惕中吉”一句。又荀爽曰：阳来居二而孚于初，故曰“讼有孚”，则以“孚”字为句。虞翻云：“窒，塞止也。惕，惧也。”则“窒”一字为句，“惕”一字为句。孔氏《正义》同。

九二：“不克讼归而逋其邑人三百户无眚。”

亿案：此凡两读：《正义》曰："若能以惧归窜其邑，乃可免灾者。"如此注意，则经称"其邑"二字连上为句，"人三百户"合下为句。朱子《本义》："邑人三百户，邑之小者。"则以"逋"字绝句，"其邑人三百户"绝句，"无眚"又另为句。

六三："食旧德贞厉终吉。"

亿案：此凡两读：朱子《本义》："守旧居正，则虽危而终吉。"如此注意，以"贞"字绝句，"厉"下属"终吉"为句。虞翻云："贞厉得位，故终吉也。"王辅嗣云："处两刚之间，而皆近不相得，故曰贞厉。"如此注意，则以"食旧德"为句，"贞厉"为句。愚谓象词明言"食旧德"，是"贞厉"连文下属，从虞、王读为正。

《师》："贞丈人吉。"

亿案：此凡两读：朱子《本义》："用师之道，利于得正。"则"贞"为句，近多从之。考《周礼》天府注，郑司农云："贞，问也。《易》曰：师贞丈人吉。"问于丈人，则"师"为一读，"贞"字连下"丈人"为句。……

九二："在师中吉无咎。"

亿案：《九家易》曰："虽当为王，尚在师中，为天所宠，事克功成，故吉无咎。"王辅嗣注："在师而得其中。"《正义》曰："观注之意，以'在师中'为句，其'吉'字属下。"又云："观象之文，在师中吉，承天宠者，则似'吉'字属上。"此吉之一字，上下兼该，故注文属下，象文属上，此孔氏已从两读。愚谓"在师"亦可为句，"中吉"当连为句。《讼》："有孚窒惕中吉。"亦以"中吉"属读，是其义也。

《小畜》六四："有孚血去惕出无咎。"

亿案："血去惕出"旧读并连文。考"血去"当属上"有孚"为义。血，阴属，群小也，四以一阴蓄众阳，而群小乘之，惟赖诚结主知，则三不见侵，邪害亦消阻矣。故云"有孚血去"，与下九五"有孚挛如"正相比。

上九："尚德载妇贞厉。"

亿案：旧读并以"载"字绝句。考此宜以"尚德载妇"属读。如《履》九五："夬履，贞厉。"《噬嗑》六五："贞厉，无咎。"……并可举证。

《谦》九三："劳谦君子有终吉。"

亿案：荀爽曰："君子有终，故吉也。"是以"君子有终"为句。吴氏据初六"谦谦君子"，则此爻当"劳谦君子"为句。

六四："无不利㧑谦。"

亿案：此凡两读：荀爽曰："四得位，处正，家性为谦，故无不利……"此以"无不利""㧑谦"分属二句，孔氏《正义》、朱氏《本义》同。程传……又以"无不利㧑谦"为一句。

《蛊》初六："有子考无咎厉终吉。"

亿案：此凡两读：……王肃以"考"字绝句。王弼注……以"有子"为句，"考"字属下为句。《困学纪闻》云……从辅嗣读也。

《观》六三："观我生进退。"

亿案：此读多连五字为一句。证以下九五"观我生"、上九"观其生"，则此"观我生"亦宜为句，"进退"另为句。

《剥》初六："剥床以足蔑贞凶。"

亿案：虞氏翻曰："失位无应，故蔑贞凶。"孔氏《正义》："蔑贞凶者，蔑削也。"朱子《本义》："蔑正则凶。"《程传》："蔑，无也，谓消亡于正道也。"并以"蔑贞"为读。愚谓象文"剥床以足，以灭下也"，则"剥床以足"为句，"蔑灭也"另为句，"贞凶"亦另为句，不宜以"蔑贞"连文。

六三："剥之无咎。"

亿案：此凡两读："剥之"为句，"无咎"为句。又"剥之无咎"亦可连读为句。

《无妄》象曰："天下雷行物与无妄。"

亿案：此凡两读：《九家易》："天下雷行，阳气普遍，无物不与，故曰物与也。"是以"物与"绝句。又云"物受之生无有灾妄，故曰物与无妄也"。是又以"物与无妄"连读。虞翻曰："与谓举，妄，亡也，谓雷以东之震为反生万物出震无妄者也，故曰物与无妄。"王辅嗣注："天下雷行，物皆不可以妄也。"皆从《九家易》后一读。愚谓以《易》例推之，凡象释卦名则卦名皆另读，不宜此独连为句，从《九家易》前一读为是。

《大畜》："刚健笃实辉光日新其德刚上而尚贤。"

亿案：此凡三读：近读从"刚健笃实辉光"为句，《郑氏周易》"辉光日新"为句，"其德刚上而尚贤"为句。蜀才本并同。王辅嗣注："夫唯辉光日新其德者，唯刚健笃实也。"又以"辉光日新其德"为句。

《颐》六二："颠颐拂经于丘颐征凶。"

亿案：此凡两读：王肃云："二宜应五，反下养初，岂非颠颐违常于五也，故曰拂经于丘。"王辅嗣注亦曰："颠颐，拂经于丘。"此以"颠颐"为句，"拂经于丘"为句。《本义》曰："求养于初，则颠倒而违于常理，求养于上，则往而得凶。"此又以"拂经"为句，"于丘颐"为句。

《坎》六四："樽酒簋贰用缶。"

亿案：《释文》云："樽酒"绝句，"簋贰"绝句，"用缶"绝句；旧读"樽酒簋"绝句，"贰用缶"绝句。虞翻曰："震主祭器，故有尊簋。又坤为缶礼，有副尊，故贰用缶。"王辅嗣云："一樽之酒，贰簋之食。"孔氏并以"樽酒簋贰"为句。此旧读也。礼器疏案：六四："樽酒簋贰用缶，纳约自牖终无咎。"郑云："六四上承九五，又互体在震上，天子大臣以王命出会诸侯，尊于簋，副设元酒而用缶也。"孔氏既依郑言"尊于簋，副设元酒"，是从旧读之证。朱子《本义》："晁氏云：先儒读'樽酒簋'为一句，'贰用缶'为一句。今从之。"……

"纳约自牖终无咎。"

亿案：旧读以"纳约自牖"为句，朱子《本义》、程《传》并同。考崔憬曰："于重险之时，居多惧之地，近三而得位，比五而承阳，修其洁诚，进其忠信，虽祭祀省薄，明德惟馨，故曰樽酒簋贰用缶纳约，文王于纣王时行此道，从羑里内约，卒免于难，故曰自牖终无咎也。"据此注意，是"纳约"绝句，"自牖"又连下为义。

《离》象曰："明两作离。"

亿案：此凡两读：虞翻曰："两谓日月也，乾五之坤成坎，坤二之乾成离。离、坎，日月之象，故明两作离也。"此连卦名读。又云或以"日与火为明两作也"，则又以"明两作"绝句。愚谓此读宜以后说为据。

初九："履错然敬之无咎。"

亿案：旧读并从"然"字绝句。考象词明言"履错然敬之"，则"履错然敬之"五字连读，亦可为义。

上九："王用出征有嘉折首获匪其丑。"

亿案：《周易稽疑》云："旧传以'有嘉'为句……小象多有韵，此当曰'有嘉折首'，庶与韵协也。"顾氏《易本音》与此同。

《恒》六五："恒其德贞妇人吉夫子凶。"

亿案：王辅嗣注意以"恒其德贞"为句，孔氏《正义》、朱子《本义》、程《传》并同。考虞氏翻曰："东正成乾，故恒其德……"此又以"德"字绝句，"贞"字属下为句。象词妇人贞吉，则贞字宜连妇人取义，虞氏读为是。

《遯》初六："遯尾厉。"

亿案：此凡两读："遯尾厉"三字连文为句；"遯尾"一读，"厉"一读。义并得通。

《晋》初六："罔孚裕无咎。"

亿案：此凡两读：虞氏翻："应离为罔，四坎称孚，坤弱为裕。"王氏安石云："孔子曰：我待价而贾者也，此罔孚而裕如进也。孟子久于齐，此罔孚而裕如退也。"胡氏炳文云："罔孚在人，而吾不可以不裕。"是并以"罔孚裕"连文为义。王辅嗣注及孔氏《正义》、程《传》、朱子《本义》悉以"罔孚"为句，"裕"连下无咎为句。据象词"裕无咎未受命也"，则"裕"字连下读为是。

《明夷》九三："得其大首不可疾贞。"

亿案：旧读皆以"不可疾贞"四字为句。考此宜从"不可疾"为句，"贞"为句……

《解》上六："公用射隼于高墉之上获之无不利。"

亿案：旧读皆以"公用射隼于高墉之上"九字为句，"获之"为句。考象词明言"公用射隼"，则宜四字为句，"于高墉之上获之"连文为句，义较长。

《损》九："弗损益之。"

亿案：《周易稽疑》：弗损益之，先儒皆连读，惟晁氏以"弗损”绝句。

《夬》九二：“惕号莫夜有戎勿恤。”

亿案：此凡两读：王辅嗣注：“虽有惕惧号呼，莫夜有戎不忧不惑，故勿恤也。”据此注意，是以“惕号莫夜有戎”为句，“勿恤”为句。孔氏《正义》云：“虽复有人惕惧号呼，语之云：莫夜必有戎卒来害已。”据此疏意，是以“惕号”为句，“莫夜有戎”为句。后儒多同此。考象词明言“有戎勿恤”，则宜以“惕号莫夜”绝句为正。

《萃》初六：“若号一握为笑。”

亿案：此凡两读：孔氏《正义》云：“已为正配，三以近宠，若自号比，为一握之小，执其谦退之容，不与物争。”观此疏此意，“若号一握为笑”六字为句。后儒解作呼号，则以“若号”为句，“一握为笑”另为句。古《易》用韵多如是者。

《困》：“亨贞大人吉。”

亿案：此凡两读：《程传》云：“如卦之才，困而能亨，且得贞正。”是以“贞”另读为义。王辅嗣注：“处困而用刚，不失其中，履正而能，体大者也，能正而不能大博未能济刚者也，故曰贞大人吉。”是以“贞”连“大人”属读为义。据象传明言“贞大人吉，以刚中也”，从王读为正。

《井》上六：“井收勿幕有孚。”

亿案：此凡两读：虞氏翻曰：“幕，盖也。……故井收勿幕。”此以“井收勿幕”连读为义。王辅嗣注：“幕，覆也，不擅其有，不私其利，则物归之，往无穷矣。故曰勿幕有孚元吉也。”此以“勿幕”下属“有孚”为句。

《渐》初六：“小子厉有言。”

亿案：旧读皆以“小子厉”断句，“有言”另为句。据《程传》云：“危惧而有言。”则以“厉”下属连读取义。

《巽》九二：“巽用史巫纷若吉。”

亿案：荀爽云：“史以书勋，巫以告庙，纷变若顺也。”又云：“征伐既毕，书勋告庙。当变而顺五，故曰用史巫纷若吉无咎。”……据经文明言“纷若之吉”，则“纷若”宜连下属“吉”字为读。

《系词》："君子居其室出其言善则千里之外应之。"

亿案：旧读多以"出其言善"为句。考此当以"出其言"为句，"善"字连下读为句。

《杂卦》："亲寡旅也。"

亿案：此凡两读：王辅嗣注："亲寡故寄旅。"以"亲寡"为句。《释文》云：荀本丰多故"亲"绝句，"寡旅也"别为句。是又以"亲"属上"丰多故"为句。

《书·尧典》："曰若稽古帝尧曰放勋。"

亿案：有读"曰若稽古"句，有读"曰若稽古帝尧"句。①

"明明扬侧陋。"

亿案：此凡两读：《孔传》："明举明人在侧陋者"，是以"明明"连下为一句。《蔡氏集传》："明明，上明谓明显之，下明谓已在显位者。扬，举也；侧陋，微贱之人也。"则以"明明"断句，"扬侧陋"又一读。

"克谐以孝烝烝乂不格奸。"

亿案：有读"克谐"句，"以孝烝烝乂不格奸"句；有读"克谐"句，"以孝烝烝"句，"乂不格奸"句；有读"克谐以孝烝烝乂"句，"不格奸"句。②

"正日同律度量衡。"

亿案：此凡两读：《孔传》："律法制及尺丈斛斗斤两皆均同。"则以"同"字属"律度量衡"为句。……此又以"正日"连下"同律度量衡"为一句。

"让于殳斨暨伯与。"

亿案：《孔传》："殳斨、伯与，二臣名。"则以"殳斨"连文为读。据吴斗南《两汉刊误补遗》云："垂逊于殳斨伯与，逊于朱虎熊罴，若均为二臣，史无异辞可也。"今于殳斨伯与加"暨"字于其间，而朱虎熊罴则不然者，盖有谓也。殳斨为二人，伯与为一人，故加"暨"字以别之。……是殳斨为二人，则"殳"为一读，"斨"为一读。

① 此条例证被删。

② 此条例证被删。

“舜生三十征庸三十在位五十载陟方乃死。”

亿案:《孔传》、《蔡传》并以“庸”字、“位”字、“死”字绝句。据郑康成读此经云:“舜生三十,谓生三十年也。登庸二十,谓历试二十年。在位五十载,陟方乃死,谓摄位至死五十年。”则以“舜生三十”为句,“征庸三十”为句,“在位五十载”为句。又证之《大戴礼》,二十以孝闻乎天下,三十在位,嗣帝所五十乃死。“嗣帝所”连“五十”为句,是亦位字为断。

“若稽古皋陶。”

亿案:此凡两读:《蔡氏集传》:“稽古之下即记皋陶之言者,谓考古皋陶之言如此也。”是读从一句。孔氏疏引郑氏云:“以皋陶下属为句。”是郑读从“古”字句绝。《白虎通》:“何以皋陶为圣人也?以自篇曰若稽古皋陶圣人而能为舜陈道。”亦以“若稽古”句绝。桓谭《新论》云:“秦延君能说尧典,篇目两字之说至十万余言,但说‘曰若稽古’三万言。”则“若稽古”为句,汉时儒者所读皆然。

“予未有知思曰赞赞襄哉。”

亿案:此凡两读:《孔传》:“言我未有所能思致于善。”《正义》云:“此承而为谦知其自言未有所知,未能思致于善也。”“思”字属上读。《史记·夏本纪》:“予未有知思赞道哉。”《正义》曰:“皋陶云:我未有所知思之审赞于古道耳。”此又以“知”字绝。

《禹贡》:“冀州既载壶口。”

亿案:旧读从“既载”为句,《夏本纪》、《汉书·地理志》、《周礼》载郑注引此文并与《孔传》同。惟宋毛晃《禹贡指南》“冀州”一读,“既载”属下“壶口”为句。

“厥赋贞作十有三载乃同。”

亿案:此凡两读:郑康成云:“贞,正也。治此正作不休,十三年乃有赋。”则以“厥赋”绝句,“贞”字连下读。《孔传》云:“贞,正也。州第九赋正与九相当。”则以“贞”字绝句,“作十有三载乃同”为句。《蔡氏集传》同孔氏。考《禹贡》经文言厥赋厥田并读断,则郑氏以“厥赋”为句,与经例合,从郑读为是。

“云土梦作乂。”

亿案:此凡两读:一读以“云土梦”为句,“作乂”为句。《孔传》："云梦之泽，其中有平土，邱水去，可为耕作畎亩之治。"《史记·夏本纪》、《汉书·地理志》同此。一读以"云土"为句，"梦作乂"另为句。《蔡传》云："云土者，云之地，土见而已。梦作乂者，梦之地已可耕治也。今读从此。"（下略）

"包匦菁茅。"

亿案：此凡两读：据《孔传》云："包橘柚。"《正义》："菁茅既以匦盛，非所包之物明。包必有裹也。此州所出与扬州同。厥包橘柚，知此包是橘柚也。"是以"包"一读，"匦菁茅"一读。郑玄以菁茅为一物，匦犹缠结也。菁茅之有毛刺者重之，故既包裹而又缠结也。是以"包匦菁茅"连文为读。《蔡氏集传》云："既包而又匦之，所以示敬也。"同郑氏。

"西倾因桓是来浮于潜。"

亿案：《孔传》云："桓水自西倾山南行，因桓水是来浮于潜。"是以"因桓是来"属下文为读。《禹贡锥指》引吴氏云："西倾山虽属雍州，然山趾必广西倾之戎，盖在梁州境内。此句特为织皮之贡而言，章末乃总言一州贡物达于帝都之道。旧注以此句属下文，非是。"是又以"因桓是来"断句为读。

"朔南暨声教讫于四海。

亿案：《史记·禹本纪》从"暨"字断句，今《尚书》从"暨声教"断句。考《后汉书·杜笃传》："朔南暨声，诸夏是和。"注引《尚书》曰："朔南暨声教。"据此则汉人已以"暨声"连句，《孔传》读当有所据。《文选·东都赋》注引又作"声教讫于四海"，李氏并从两读。《元丰类稿》："卧禅师净土堂铭跋"引《书》亦作"朔南暨声教"。程大昌《进禹贡论序》亦作"朔南暨声教"。近胡朏明谓裴骃《史记集解》其注在暨字下，则自刘宋时已不从孔传，而以声教属下句，此殆疑孔传伪托，宜从旧读为是，然不知孔传已有所袭，非可尽置也。

《盘庚》："今予命汝一。"

亿案：读从"一"字为句。孔氏《正义》云："今我命汝，是我之一心也。"盖以"命汝"为读，"一"字又为一读，说过曲，疑不可从。

《金縢》："史乃策祝曰惟尔元孙某遘厉虐疾。"

亿案：《孔传》："史为策书祝辞也。"是以"策祝"连读。《蔡传》同。考郑康成氏云："策，周公所作，谓简书也。祝者读此简书以告三王。"是以"史乃策"为读，"祝"属下"曰"字读。

《康诰》："我西土惟时怙冒闻于上帝。"

亿案：读从"怙冒"为句，"闻于上帝"为一句，见《蔡传》。据赵台卿注《孟子》引"冒闻于上帝"，则古读以"怙"字属句。证之《孔传》："我西土岐周惟是怙恃文王之道，故其政教冒被四表，上闻于天。"伪孔传解义断句亦与赵氏同。

《酒诰》："不克畏死辜在商邑越殷国灭无罹。"

亿案：旧读以"死"字绝句，考此当以"死辜"连文为句。"在商邑越殷国"属词相比，谓言自都城至庶邦坐任其亡而不恤。《孔传》言纣聚罪人在都邑而任之过为骈曲，于义非也。

《梓材》："皇天既付中国民越厥疆土于先王肆王惟德用。"

亿案：《孔传》："能远拓其界壤，则于先王之道遂大。"《正义》曰："肆，遂也。……"是旧读以"肆"字属上为句。考此非是。"肆"字在句首者，于《书》最多……"肆"皆属下读。（下略）

《洛诰》："厥攸灼叙弗其绝。"

亿案：此凡两读：《释文》："厥攸灼叙"绝句，马读"叙"字属下。《孔传》云："其所及灼然有次序不其绝。"是以"叙"绝句，《蔡传》同。

《立政》："三亳阪尹。"

亿案：此凡两读：《孔传》云："亳人之归文王者三，所为之立监及阪地之尹长者用贤。"是以"三亳"为一读，"阪尹"为一读。《蔡传》同。郑康成以"三亳阪尹"者共为一事……则"三亳阪尹"连读。

《顾命》："今天降疾殆弗兴悟。"

亿案：此凡两读：《正义》曰："孔读殆上属为句，今天下疾我身甚危殆也。"《蔡传》……又以"殆"字属下读。

《吕刑》："王享国百年耄荒度作刑。"

亿案：此凡两读：《孔传》以"耄荒"为句，《蔡传》同。苏氏轼曰："荒，大也。大度作刑，犹禹曰予荒度土功。""荒"当属下句，亦通。朱子亦称之。①

三、结　论

经过仔细比勘，我们发现，《经解入门·说经必先审句读》一文全部抄自武亿的《经读考异》一书，仅删去少数例证，又将文中“亿案”字样删去，在开头加上“群经句读，古今各有不同，说经者不可不审”，结尾又来一段：“此《易》与《尚书》各家之异读也。《诗》、《礼》、《春秋传》、《孝经》、《论语》、《孟子》，各有异读，繁不胜举，故特举二经以见例，学者不可不审（又有注中句读与疏家异读，惟在读时字字留意，斯能有得）。”均为遮羞之布，可谓欲盖弥彰。

《经读考异》出自武亿，不存在任何异议。然《经解入门》旧本题江藩撰，其真伪颇有争议。江藩与武亿为同门好友，对武亿特别推崇，故为之树碑立传，其传记文字是迄今有关武亿最生动的描述。无论如何，江藩不会抄袭武亿的著作。这从一个侧面，反而证明了《经解入门》不出江藩手撰。

① 以上引文载《清经解》卷727—728。

《经解入门·古有六书》抄袭《说文释例·六书总说》
——七论《经解入门》的真伪问题

◎ 司马朝军

一、缘 起

《经解入门》一书，旧本题清江藩撰。为了彻底证伪此书，自1999年春天以来，笔者前后花费14年时间，在《中国语文》、《长江学术》、《齐鲁文化研究》、《学鉴》等书刊发表了6篇辨伪论文。但在寻找其中《古有六书》一篇的来源时颇费周折，遍检群书，皆一无所获，无奈之下，只好于2011年7月在山东师范大学召开的国际经学研讨会上以“质疑录”的形式向学界寻求帮助，亦无回应。2012年4月25日下午，在阅读当代训诂学家孙雍长先生的《转注论》时，笔者发现了两条重要线索——其一引王筠之说：“‘文’统‘象形’、‘指事’二体；‘字’者孳乳而浸多也，合数字以成一字者皆是，则‘会意’、‘形声’二体也。四者为经，造字之本也；‘转注’、‘假借’为纬，用字之法也。”其二引王筠之论：“六书次第，似班书首象形为是。《通志》曰：‘六书也者，象形为本；形不可象，则属诸事；事不可指，则属诸意；意不可会，则属诸声；声则无不谐矣。五不足而后假借生焉'，'六书次第，自唐以来，易其先后者凡数十家，要以班书为是。象形、指事皆独体也，而有物然后有事，故宜以象形居首'。"①(以上引文均见《说文释例》卷一)由此我马上联想到《经解入门·古有六书》有相同的句子，立即让研究生王献松同学从武汉大学图书馆借来《说文释例》，② 对读之下，终于发现《古有六书》篇抄自《说文释例》的《六书总说》篇。笔者绝无登高去梯之意，故不厌其详地叙述研究过程，既为自己的研究历程留下雪泥鸿爪，也为后来者留下标记。

二、比 勘

首先，我们将《经解入门》的《古有六书》篇照录如下：

《周官》："保氏教国子，先以六书。"郑注六书："象形、会意、转注、处事、假借、谐声。"

《汉书·艺文志》云："象形、象事、象意、象声、转注、假借。"许氏《说文解字叙》云："一曰指事、二曰象形、三曰形声、四曰会意、五曰转注、六曰假借。"其次第各有不同。郑樵《通志》云："六书也者，象形为本；形不可象，则属诸事；事不可指，则属诸意；意不可会，则属诸声；声则无不谐矣。五不足而后假借生焉。"许君首指事，即以其书之例，首列"一部"之故。至解六书之义，诸家皆与许同，云：

指事者，视而可见，察而见意，"上"、"下"是也；

象形者，画成其物，随体诘诎，"日"、"月"是也；

① 孙雍长：《转注论》，语文出版社2010年版增订本，第8、10页。孙雍长又称："这看似有辩，其实不过是傅之说。象形字固然是汉字体系形成的基础，但作为造字之法则，象形却未必形成于指事之前。"

② 王筠：《说文释例》，中华书局1987年版。按：此本据清道光三十年刻本影印。

形声者，以字为名，取譬相成，“江”、“河”是也；

会意者，比类和义，以见指㧑，“武”、“信”是也；

转注者，建类一首，同意相授，“考”、“老”是也；

假借者，本无其字，依声托事，“令”、“长”是也。

然考《通志》曰：“独体为文，合体为字。”观乎天文，观乎人文，而文生焉。天文者，自然而成，有形可象者也；人文者，人之所为，有事可指者也。故“文”统“象形”、“指事”二体；“字”者孳乳而浸多也，合数字以成一字者皆是，则“会意”、“形声”二体也。四者为经，造字之本也；“转注”、“假借”为纬，用字之法也。或疑既分经纬，即不得名曰六书；不知六书之为名，后贤所定，非皇颉先定此例而后造字也。犹之左氏释《春秋》例，皆以意逆志，比类而得其情，非孔子作《春秋》先有此例。

而六书次第，自唐以来，易其先后者凡数十家，要以班书为是。象形、指事皆独体也，而有物然后有事，故宜以象形居首。会意、形声皆合体也，而会意两体皆义，形声则声中大半无义，且俗书多形声，其会意者千百之一二耳，即此足知其先后矣。转注、假借在四事之中，而先后亦不可淆也。转注合数字为一义，假借分一字为数义，故以六书分为三耦论之。象形实，指事虚，物有形事无形也。会意实，形声虚，合二字三字以为意，而其义已备，形声则不能赅备，如炼、练一字，所炼者金，练之者火，镘、槾一字，其器兼用金木，而皆分为两体，此尤不能赅备之明验也。转注实，假借虚，“考”自成为“考”，“老”自成为“老”，其训互通，而各有专义，即如榆、棣、挹、抒，同为一物一事，而名从主人，各有所谓而不可改也。若夫“令”为号令而借为“令善”，善长为久长而借为君长，须于上下文法求之，不能据字而直说之，故为虚也。凡变乱班书之次者，皆不察其虚实者也。

且一字之蕴，“形”、“声”、“义”尽之，即六书之名，亦可以“形”、“声”、“义”统之，如“天”字，一、大，其形也；“颠”，其义也；“他前切”，其声也。兼明之，而一字之蕴尽矣。象形，形也；指事、会意，义也；形声、转注、假借，皆声也。

夫转注、假借，在形、事、意、声四者之中，而可专属之声者，假借固无不以声借也。有去形存声者，《石鼓文》“其鱼佳可”即“维何”也，是谓省借；有字外加形者，《檀弓》“子盖言之志于公乎？然则盖行乎”？郑注：“盖当作盍。”《商颂》“百禄是何。”儋何其本义也。《左·隐三年》引作“荷”是也。是谓增借。有省之增之其声无不同者，故亦借及偏旁不同而声同之字，如《礼》云“射之为言绎也”，知“射”古音“绎”。绎、斁同从“睪”声。《振鹭》：“在此无斁。”《中庸》引之作“射”也。

至于转注，则同一物也，而命之者不同，则字不同；同一事也，而谓之者不同，则字不同；古人用字，贵时不贵古，取其地之方言而制以为字，取足达其意而已。而圣人所生之地不同也。唐虞三代，递处于山西、陕西之境，孔子又生于山东，各用其地之方言，不得少转注一门矣。故同一“持”也，而县持曰“挈”，胁持曰“拑”，阅持曰“揲”，握持曰“挚”，则不同也。此然犹有“县”、“胁”、“阅”、“握”之分也。乃“揃”、“搣”、“批”、“抑”皆“捽”也，“姣”、“媛”皆“美”也，“娱”、“媅”皆“乐”也，义无异而名不同也。以至《尔雅·释诂》一名而累数十字未已，是又兼假借而为转注者矣。盖意有轻重，则语之所施亦有轻重。是以有假借者一字而数义，何为其数义也？口中之同声也。转注者数字而一义，何为其数字也？口中之声不同也。故其始也，呼为天地，即为天地字，以寄其声；呼为人物，即造人物字，以寄其声，是声者造字之本也，及其后也，有是声即以声配形而为字，形声一门之所以广也。综四方之异，极古今之变，则转注之所以分著其声也。无其字而取同声之字以表之，即有其字而亦取同声之字以通之，则假借之所以荟萃其声也。是声者用字之极也。此六书之旨之大略也。明乎六书之旨，又何以有难解之字哉？

其次，我们将王筠《说文释例》卷一《六书总说》抄录如下：

《汉书·艺文志》曰："六书，谓象形、象事、象意、象声、转注、假借。"造字之本也。颜注曰：象形谓画成其物，随体诘曲，日、月是也。象事即指事也，谓视而可识，察而见意，上、下是也。象意即会意，谓比类合谊，以见指㧑，武、信是也。象声即形声，谓以事为名，取譬相成，江、河是也。转注谓建类一首，同意相受，考、老是也。假借谓本无其字，依声托字，令、长是也。文字之义，总归六书，故曰立字之本也。

筠按：六书次第，似班书首象形为是。《通志》曰："六书也者，象形为本（案会意形声，诚为继起，若象形指事，各立门户，相对相当，不可分本末，特以虚实论之。形先事后耳，似不可言为本）；形不可象（似当云"无形可象"），则属诸事；事不可指（物亦有会意字，林、尘之类是也，似不可单承指事），则属诸意；意不可会，则属诸声；声则无不谐矣。五不足而后假借生焉（不及转注者，上文云，谐声别出为转注，业误以转注并入形声中，故不及）。许君首指事，似不可解。杨锡观曰："文字之作，因事而起。"其说似未确。余弟范曰："《说文》开卷，即列一、上两部，故先之也。"余笑曰："一画开天，无所不统矣。"然是说仍未确，姑存之。

造字之本，此句未允，说见后。

颜注承用《说文》，惟察而见意，不同今本。案视而可识，指字形言，察而见意，指字义言，今本似无分别，盖颜籀所据为古本也。印林曰：物与屈，识与意，谊与㧑，名与成，首与受，字与事，皆叶韵，作见则非韵。

《周官》"保氏"郑注："六书，象形、会意、转注（此字似误，汉时恐未有此字，然足证自古相传，皆以注为训释也）、处事、假借、谐声也。"贾疏云："六书象形之等，皆依许氏《说文》，云象形者，日月之类是也，象日月形体而为之。云会意者，武信之类是也，人言为信，止戈为武，会合人意（以合训会是也，然谓合人意则非）故云会意也。云转注者，考老之类是也，建类一首，文意相受，左右相注(《通志》曰：立类为母，从类为子，母主义，子主声，主义者是以母为主而转其子，主声者是以子为主而转其母，似即此说)，故名转注。云处事者，上下之类是也。人在一上为上，人在一下为下(不特与说文背，果如所言，是会意也)，各有其处(处事者，处置此事，读为去声非)，事得其宜，故名处事也。云假借者，令长之类是也，一字两用，故名假借也。云谐声者，即形声一也(以造字之本言之，则云谐声自可，盖先有江河之名，而后有江河之字，其所以成字者，在工可之声，故曰可也。若以用字之法论之，则云形声乃为赅备，如杠柯亦以工可为声，而既以木定其形，则杠为步渡，柯为斧柄矣。不得偏重声也)，江河之类是也。皆以水为形，以工可为声，但书有六体，形声实多，若江河之类，是左形右声，鸠鸽之类，是右形左声，草藻之类，是上形下声，婆娑之类(印林曰：《说文》有媻无婆)，是上声下形，圃国之类，是外形内声，阛阓衡衔之类，是外声内形(阛阓仍是外形内声，衡从角大会意，非形也，衔则纯乎会意，当易以闻问閶闽等字，而从形声者，无在外之字可易，惟衔从衍省声耳)，此形声之等有六也。

郑注次第即不可晓(《五经文字序》曰：《周礼》保氏掌养国子以道，教之六书，谓象形、指事、会意、形声、转注、假借六者，造字之本也。案：张氏既引保氏，则所列名目当出郑注，而次序不同今本，或张氏所据郑注为未经例乱之本，贾氏别据倒乱之本乎？然二人时代不隔，疑莫能明也)。贾疏尤谬，特以其为古说，列诸卷首，而以鄙见附书于左。

筠案：此书名以"说文解字"者，说其文解其字也。《通志》曰：独体为文，合体为字，是也。观乎天文，观乎人文，而文生焉。天文者，自然而成，有形可象者也。人文者，人之所为，有事可指者也。故"文"统"象形"、"指事"二体；"字"者孳乳而浸多也，合数字以成一字者皆是，则"会意"、"形声"二体也。四者为经，造字之本也；"转注"、"假借"为纬，用字之法也。或疑既分经纬，即不得名曰六书。不知六书之为名，后贤所定，非皇颉先定此例而后造字也。犹之左氏释《春秋》例，皆以意逆志，比类而得其情。非孔子作《春秋》，先有此例也(《诗》有六义，亦以风雅颂为经，赋比兴为纬)。

《说文叙》解释六书，乃全部之条例也。然考之说解，言象形矣，云从某从某，即是言会意矣；云从某、某声，即是言形声矣；而指事惟于“上”、“下”二字言之，仍不出《叙》所言之外，且“下”字说解，小徐作“从反上为下”，大徐始作指事耳。余惟叜字，大徐曰指事。𡿺、巴二字，大徐引小徐曰指事。然叜以会意定指事，非指事纯例。𡿺以会意定象形，巴则纯乎象形，盖二徐皆不知指事也，故《系传》多误以会意为指事，大徐不引，则胜小徐之一端也。若夫转注、假借，则全书未尝言及，遂有谓许君明于象形谐声，昧于其余者。噫！是未潜心之故，岂可以訾许君哉！凡其或言或不言者，皆属词之体当然，而非有明昧于其间也。《说文》每出一字，必先说其义，后说其形，此定例也。如中下云：“艸木初生也。”此字义也。“象丨出形，有枝茎也。”此字形也。苟不出象形二字，将何以为词哉？至于转注、假借，为形事意声四者之纬。故“老”下云：“考也。”“考”下云：“老也。”(老从人毛匕，则会意也。考从老省，丂声，则形声也。以此推之，凡转注字皆然。故知转注假借，即在形事意声四者之中，乃用字之例，非造字之本。)仍以叙文所出之两字见其例，则欠部“歔，欷也”，“欷，歔也”，言部“讽，诵也”，“诵，讽也”，同在一部，是谓建类一首，其训互通，是谓同意相受，至明白矣。设于歔下云“与欷转注”，讽下云“与诵转注”，人将不訾其不知转注，转訾其不成词矣。然考老同部同义，而且迭韵，此例之至狭者也。从而广之，则交部“𡚁，衺也”，衣部“衺，纰也”，虽非建类一首，犹是同意相受也。更推广之《尔雅·释诂》，则尤浩博无涯涘矣。独是《叙》于假借举令、长为例，而本字不并其假借之义不见，较之考、老似尤疏阔者，则以全书说解半皆假借也。即以开首一句言之，惟，凡思也，太，滑也，是“惟初太始”一句，即有二字假借，苟依本训而曰“思初滑始”，尚可通乎？然则假借者，触目即是，启口皆然，其不待强聒，又彰彰矣。惟六书之中，指事最少，而又最难辨，以许君所举上、下二字推之，知其例为至严，所谓视而可识，则近于象形，察而见意，则近于会意，然物有形也，而事无形，会两字之义，以为一字之义而后可会，而丄丅之两体，固非古本切之丨，于悉切之一也。一有训为天者，然以解下之一可也。若以解上之一，则物有在天之上者乎？且奚必在天之下，即吾之局脚几，在书案之下，独不为下乎？则此书案即下之一也。是以天解下之一而亦不可也。一有训为地者，然以解上之一可也。若以解下之一，则物有在地之下者乎？且奚必在地之上，即吾之此册，在书案之上，独不为上乎？则此书案即上之一也。是以地解上之一而亦不可也。惟有二丄二丅，以两画成为一字，上下本非物也。然视之而已识上下之形，两画既皆非字，则几无以为义，然察之而已见上下之意。总之，以大物覆小物，以大物载小物，于是以长一况大物，以短一或丨况小物，了然于心目间，而无形之事，竟成为有形之字矣，然而短一纵横惟意，长一可横不可纵者，何也？此小大之辨也。博者必厚，其纵数不待表而著，小物则或博而卑，或狭而高，要为大物之所能覆载而已。试观天之下，地之上，山岳则巍然峙也，是丄丅之形也，丘陵则逶迤相属也，是二二之形也，明乎此，而指事不得混于象形，更不得混于会意矣。余于其它，偶举为例，惟指事必尽出之。段茂堂、严铁桥皆知指事，而不尽言，盖将待我开山也，故逐字区其族类，以告来世。

六书次第，自唐以来，易其先后者，凡数十家，要以班书为是。象形、指事，皆独体也，而有物然后有事，故宜以象形居首。会意、形声，皆合体也，而会意两体皆义，形声则声中大半无义，且俗书多形声，其会意者，千百之一二耳，即此足知其先后矣。转注、假借在四事之中，而先后亦不可淆也。转注合数字为一义，假借分一字为数义，故以六书分为三耦论之。象形实，指事虚，物有形，事无形也。会意实，形声虚，合二字三字以为意，而其义已备，形声则不能赅备，如炼、练一字，所炼者金，练之者火，镘、槾一字，其器兼用金木，而皆分为两体，此尤不能赅备之明验也。转注实，假借虚，“考”自成为“考”，“老”自成为“老”，其训互通，而各有专义也，即如桷、榱、挹、抒，同为一物一事，而名从主人，各有所谓而不可改也。若夫“令”为号令，而借为“令善”，长为久长，而借为君长，须于上下文法求之，不能据字而直说之，故为虚也。凡变乱班书之次者，皆不察其虚实者也。

班《志》列象声于象意之后，胜于许君列形声于会意之前，何也？形声一门，兼象形、指事、会意以为声，于省声尤可见矣。肘从肉、寸会意，故纣、酎等字，从肘省得声，苟不先有会意之肘，将何以为声乎(此举大体而言，古文亦有形声字，如言字是也，篆文亦有指事、象形字，如古名乙，后名燕是也)？

一字之蕴，形声义尽之，即六书之名，亦可以形声义统之，如“天”字，一、大，其形也；“颠”，其义也；“他前切”，其声也。兼明之，而一字之蕴尽矣。象形，形也；指事、会意，义也；形声、转注、假借，皆声也。

夫转注、假借，在形、事、意、声四者之中，而可专属之声者，假借固无不以声借也。有去形存声者，《石鼓文》“其鱼佳可”，即“维何”也，是谓省借；有字外加形者，《檀弓》“子盖言之志于公乎？然则盖行乎”？郑注：“盖当作盍。”《商颂》“百禄是何。”儋何其本义也。《左·隐三年》引作“荷”，是也。是谓增借。有省之增之，其声无不同者，故亦借及偏旁不同而声同之字，如《礼》云“射之为言绎也”，知“射”古音“绎”。绎、斁同从“睪”声。《振鹭》：“在此无斁。”《中庸》引之作“射”也(凡云古字通用者，乃注疏家体例固然，实系以声借用，非其字本通也。首手尺赤皆通，则亦无不可通，此类以不效古人为是)。至于转注，则同一物也，而命之者不同，则字不同；同一事也，而谓之者不同，则字不同；古人用字，贵时不贵古(《尚书》用“兹”，《论语》用“斯”，《孟子》用“此”，时不同也。聿笔弗不律，地不同也，皆取其入耳，即通也。推之周人言山必南山，卫人言水必淇水，岂以远称博引为豪哉？今人好用古字，乃不足之证，非有余之证，文之雅俗，在乎意义，不在字体也），取其地之方言而制以为字，取足达其意而已，而圣人所生之地不同也。唐虞三代，递处于山西、陕西之境，孔子又生于山东，各用其地之方言，不得少转注一门矣。故同一“持”也，而县持曰“挈”，胁持曰“拑”，阅持曰“揲”，握持曰“挚”，则不同也。此然犹有“县”、“胁”、“阅”、“握”之分也。乃“揃”、“摵”、“批”、“抑”皆“捽”也，“姣”、“媛”皆“美”也，“娱”、“媅”皆“乐”也，义无异而名不同也。以至《尔雅·释诂》一名而累数十字未已，是又兼假借而为转注者矣。盖意有轻重，则语之所施亦有轻重。是以有假借者，一字而数义，何为其数义也？口中之同声也。转注者，数字而一义，何为其数字也？口中之声不同也。故其始也，呼为天地，即造天地字以寄其声；呼为人物，即造人物字以寄其声。是声者，造字之本也。及其后也，有是声，即以声配形而为字，形声一门之所以广也。综四方之异，极古今之变，则转注之所以分著其声也。无其字而取同声之字以表之，即有其字而亦取同声之字以通之，则假借之所以荟萃其声也。是声者，用字之极也，声之时用大矣哉！①

显而易见，《古有六书》篇完全抄自王筠《说文释例》卷首的《六书总说》篇。

三、溯 源

《六书总说》大致包括两大观点，一为“六书三耦说”，一为“四体二用说”，但均非王筠首创。

宋代徐锴首次在《说文系传》中提出了“六书三耦说”：

---

① 王筠：《说文释例》，中华书局1987年版，第5~9页。

丄，高也。此古文上，指事也。凡上之属皆从丄。臣锴曰：本乎天者，亲上，故曰指事。班固谓之象事。尝试论之曰：凡六书之义，起于象形，则日月之属是也。形声者，以形配声，班固谓之象声；郑玄注《周礼》谓之谐声。象则形也，谐声言以形谐和其声，其实一也。江、河是也，水其象也，工、可其声也，若空字、鸡字等，形或在下，或在上，或在左右，亦或有微旨，亦多从配合之宜，非尽有义也，而今之未学为象文者，妄相移易，偏旁乖乱，以为奇诡，若言字，辛在口上，则为言，辛在口右，则五葛反，其类甚多，非此以察，则妄为奇诡者。浮俗剽薄，纪于言议焉。六文之中，象形者，苍颉本所起观察天地万物之形谓之文，故文少，后相配合，孳益为字，则形声、会意者是也，故形声最多。“转注”者，建类一首，同意相受，谓“老”之别名有“耆”，有“耋”，有“寿”，有“耄”，又“孝子养老”是也。“一首”者，谓此“孝”等诸字，皆取类于“老”，则皆从“老”。若“松”、“柏”等皆木之别名，皆同受意于“木”，故皆从“木”。后皆象此。转注之言，若水之出源，分歧别派，为江、为汉，各受其名，而本同主于一水也；又若医家之言病疰，故有鬼疰，言鬼气转相染著注也。而今之俗说谓丂左回为考，右回为老，此乃委巷之言。且又考、老之字皆不从丂，丂音考，老从匕，音化也。假借者，古省文从可知。故令者，使也，可借为使令。长者，长上也，可借为长幼。诸如此类，皆以旁字察之则可知。至春秋之后，书多口授，传授之者未必皆得其人，至著于简牍，则假借文字不能皆得其义相近者，故经传之字多者乖异疏略，《诗》借“害”为“曷”之类是也。后人妄有作文字附益之，故今假借为少。……凡指事、象形义一也，物之实形有可象者则为象形，山川之类皆是物也。指事者，谓物事之虚无不可图画，谓之指事。形则有形可象，事则有事可指，故上下之义无形可象，故以上丅指事之，有事可指也。故曰象形、指事大同而小异。会意亦虚也，无形可象，故会合其意，以序言之。止戈则为武，止戈，戢兵也，人言必信。故曰“比类合义，以见指㧑”。形声者，实也，形体不相远，不可以别，故以声配之为分异。若江河，同水也，松柏，同木也，江之与河，但有所在之别，其形状所异者几何？松之于柏，相去何若？故江河同从水，松柏皆作木，有此形也，然后谐其声以别之，故散言之则曰形声，江河可以同谓之水，水不可同谓之江河，松柏可以同谓之木，木不可同谓之松柏，故曰散言之曰形声，总言之曰转注。谓耆、耋、耄、寿皆老也，凡五字试依《尔雅》之类言之——“耆、耋、耄、寿，老也。”又老、寿、耋、耄、耆可同谓之老，老亦可同谓之耆，往来皆通，故曰转注，总而言之也。大凡六书之中，象形、指事相类，象形实而指事虚；形声、会意相类，形声实而会意虚；转注则形事之别，然立字之始类于形声，而训释之义与假借为对。假借则一字数用，如行(茎)、行(杏)、行(杭)、行(沆)；转注则一义数文，借如老者，直训老耳，分注则为耆、为耋、为耄、为寿焉。凡六书为三耦也。臣锴以为，古者训六书多矣，自许慎之后，俗儒鄙说皆失其真，至于通识亦然，岂知之而不言，将言之而不悉乎？后生传习，又懵澒而不明，臣故反复论之，而今而后玉石分矣。①

“四体二用”说最先由戴震提出，② 其说详见《戴东原集》卷三《答江慎修先生论小学书》，文繁不录。戴震的理论得到清代《说文》大家如段玉裁、桂馥、朱骏声等人的支持。如段玉裁《说文解字注》卷十五云：“戴先生曰：‘指事、象形、形声、会意，四者字之体也；转注、假借，二者字之用也。’圣人复起，不易斯言矣。”

① 宋徐锴《说文系传》卷一。按：明徐一夔《明集礼》卷四十七《字学·六书》、《钦定续通志》卷九十二《六书略四》均已经引用其说。今人相关研究可以参考张意霞《说文系传研究》(台北：花木兰文化出版社)第三章第二节“六书三耦论的内容”及其附录。

② 今人相关论著可以参考黄孝德《汉字研究中“四体二用”说的确立及其应用》(《武汉大学学报》1981年第6期)，江中柱《戴震“四体二用说”研究》(《湖北大学学报》1993年第4期)，黎千驹《古代六书学研究综述》(《湖北师范学院学报》2007年第5期)。

朱骏声《传经室文集》卷三《说文通训定声自叙》云："天地间有形而后有声，有形声而后有意与事，四者文字之体也。意之所通，而转注起焉，声之所比，而假借生焉，二者文字之用也。"乍鹤寿云："(戴震)分指事、象形、形声、会意为字之体，转注、假借为字之用，此尤不刊之论也。"(《蛾术编》卷十五乍鹤寿案语)但也有人(如顾千里、余廷灿、黄以周)反对，顾千里《思适斋集》卷十五《书段氏注说文后》称"此说实为巨谬"，余廷灿《存吾文稿·复余习园书》称"东原之说诚未免支离"，黄以周《礼书通故》第五十径称"四体二用"为"臆说"。值得注意的是，王筠亦是"四体二用"说的信奉者。其《说文释例·六书总说》采用了戴震的说法，《经解入门》亦照录其文，容易给人以误导，笔者前些年就因此误入歧途，反复查阅戴氏全书，未免缘木求鱼。

四、结　论

《古有六书》决非江藩所作(《经解入门》全书亦非江藩所作，系晚清时某氏伪造)，而是作伪者抄袭王筠《说文释例·六书总说》而成。具体而言，其作伪的手法为：第一，删去"筠按"字样，抹去王筠的痕迹。第二，删去"段茂堂"(即段玉裁)、"严铁桥"(即严可均)等字样，抹去王筠同时代人的痕迹。第三，删去"印林(即许瀚)曰"，抹去王筠著作整理者的痕迹。第四，删去无关紧要的段落。因此，我们可以断定，《经解入门·古有六书》是王筠《说文释例·六书总说》的删节版。

王筠虽为清代"说文四大家"之一，但其《说文释例》等书早已束之高阁，即使研究现代文字学的专家对之亦鲜有问津，即或涉及，也是语焉不详，没有提供有效线索，况且作伪者又抹去了"筠按"等个性化字样，职是之故，研读《经解入门》的人难以发现二者的关联，这也许就是此公案长期无人破解的原因吧。

辨伪是死工夫，完全靠证据说话，来不得半点投机取巧。笔者因为疏证《经解入门》，"上穷碧落下黄泉"，苦苦寻找作伪证据，十余年间饱尝大海捞针的痛苦，山穷水尽之后也曾获得过不少"柳暗花明又一村”的愉悦。在本文即将结束之际，谨向《转注论》的作者孙雍长先生表达诚挚的敬意！如果不是雍长先生批判性介绍王筠的“转注”学说，笔者可能难以发现破案线索，也就不可能轻易地在短期内完成“定向爆破”。

文化创新

学鉴

健康的研究
——未来医学导论

◎师 领

一、西方医学的困境

西医是由西方文化孕育出来的治疗体系，是西方文化对人的生理现象的知识诠释系统及其在医学上的应用。它以人体机械论为预设，以实体和物质哲学为形而上学原理，以解剖生理诠释系统为诠释系统，以实验诊断为诊断方法，以辨病论治为治疗原则，以药物和手术等直接对抗为治疗方法。

西医的实验诊断(广义的)，其优点是能客观地将疾病呈现出来，其缺点是除了假阳性和假阴性外，最大的问题是疾病在其发展过程中的确定时间无法预测。疾病的发生发展是一个连续不断的过程，问题是医生在疾病发展的哪一阶段才能确定诊断。能否及早和更早地确诊，不仅仅是患者的体质和医生的水平问题，也不仅仅是诊断设备是否先进的问题，而且可能更主要的是诊断理念和思路问题。对于实验诊断而言，疾病发展不但要等到有器质性病变，而且这种器质性病变要以实验诊断的方法诊断出来才能确诊。就西医的认识而言，肝上长个小东西就能确诊属于“早期诊断”，这显然是就肝上长个小包块而言的，但就病程本身而言，即使肝上长个很小的东西就能确诊，甚至肝细胞病变只有在显微镜下才能确诊，病程已经不可逆转，可以说已是晚期了。中医的脉诊，由于脉象是全身脏腑功能、气血和阴阳综合信息的反映，当病程进展到功能而不是器质性病变时，脉象就有确定的反映而得到医治。脉诊能否像西医的实验诊断那样客观地呈现出来是一个有待探讨的问题，但这并不意味着脉诊不是客观的。

西医临床治疗的第二个特点是药物治疗，尤其是抗生素的治疗。中医也主要依赖药物治疗，但中西医药物治疗的理念和内容完全不同。西药是就某一有效成分反复提炼的结晶，而中药多是经过炮制的自然的动植物；西药是某一有效成分的作用，而中药则讲究药物间的相互作用。西医药物治疗，尤其是抗生素的应用，有两个与生俱来的几乎不可克服的缺陷。其一是副作用往往很大，有些副作用是明确的，有些则不明确甚至可能根本无法明确；有些是显性的而有些是隐形的，有些短时间就能表现出来，有些可能多少年以后才表现出来。药源性疾病就是因药物的不良反应和药物的乱用、泛用引起的疾病。而中药在构成上则更接近于人体的体液，因而副作用相对较小，甚至可以忽略不计。其二是耐药性，这一点在抗生素的表现上尤其明显。西药的作用是局部的，往往只在成千上万的代谢环节中的某一个或几个环节起作用，而中药则是整体性的，病灶在脑，治根可能在肾。中医的辨证论治可以说是这一整体性的表现，也是中医诊疗的最大特点。西药的目的是直接杀灭毒菌，清除病灶，而中药的目的则是驱邪扶正，恢复机体固有的功能。当人体正常功能恢复后，有机体自身有能力杀灭毒菌，清除病灶。可以说西医是依靠外力，而中医只是借助外力。

西医临床治疗另一主要手段是手术治疗。任何手术都是以破坏人体健康为代价的，手术治疗除了手术本身对机体的巨大创伤和一系列手术风险和手术并发症外，最大的而且是不可克服的障碍是高复发率。手术切除的只是肉眼可见的病灶，肉眼不可见的病灶则必然导致疾病的复发。并不是说手术治疗有百害无一利，也不是说完全不需要手术治疗。在许多情况下，手术可能是最好的甚至是唯一的选择。现在的问题是，手术治疗成了主导性的选择，甚至成了包治百病的灵丹妙药，手术变成了手术主义。其实西医的手术治疗和药物治疗存在着某种相同点，只不过后者无法手术，只能依靠抗生素之类的药物来清除病灶，而前者则直接借助工具切除病灶。其相同点是，病灶可能被清除或切除，但是引起病灶的病根并没有被清除。

手术还有一种替代疗法，也就是所谓的器官移植。相对于个体手术治疗，器官移植不但是一个更大的手术，而且是一个极为复杂的手术。它除了具有手术治疗可能具有的一切弊端外，最大的而且同样是不可克服的障碍是被移植器官和受者之间难于，事实上是不可能调和的排斥反应和由此而引起的一系列难于，事实上是不可能控制的极其严重的并发症。患者由于这种难于忍受的排斥反应和严重的并发症而不得不承受巨大的几乎让人崩溃的心理压力和精神折磨。器官移植的一个可怕社会问题是高额的移植费用和高额维持费用，往往导致家破人亡。

由此，西医成了名副其实的高创伤、高风险和高费用的“三高”医学。

西医的疾病分类和诊断系统可谓完备而又明晰，遗憾的是许多疾病，尤其是疑难杂症，西医完全无能为力。因为这类疾病，例如类风湿和系统性红斑狼疮，药物治疗几乎无效，既不能手术又不能进行器官移植。这里往往有一个误解，许多人认为西医对这类疾病的无能并非西医的能力问题而是一个发展和时间问题，换句话说，等到将来(西方)医学发展和进步了，自然可以解决它们。对于一个患者而言，这是一个天堂里的神话；遗憾的是，对于整个人类而言，这也是一个天堂里的神话。西医的文明预设和形而上学原理及其固有的诠释系统决定了这一天永远不会到来。

西医的辨病论治决定了西医的疗效，即临床治愈。所谓临床治愈，除了一般的细菌感染类疾病可以彻底根治外，基本上只是症状的控制。一个糖尿病患者必须终身服用降糖药才能保持血糖的稳定，一个高血压患者必须终身服用降压药才能维持血压的正常。一个手术患者因为手术切除病灶而不再因其病灶而痛苦，但他或她必须不但要忍受手术所带来的后遗症，而且要随时面对复发的可能性。一个器官移植患者虽然保住了生命，但他或她不得不终身服用抗排斥反应的药物。

司马迁云：“人之所病，病疾多；而医之所病，病道少。故病有六不治：骄恣不论于理，一不治也；轻身重财，二不治也；衣食不能适，三不治也；阴阳并藏气不定，四不治也；形羸不能服药，五不治也；信巫不信医，六不治也。”①太史公这是站在医生角度而论病人的。但如果站在病人立场而论医生，则有三不治：一是医生不治，这是因为医生本人水平所限而致，也就是说，医学理论没有问题，是由于医生本人的水平和能力所导致的；二是医理不治，这是由于医理本身的错误或局限所致，也就是说，医生本人的水平和能力没有任何问题，是由于医理本身的诠释所导致的，换句话说，如果用另外的医学理论来指导治疗，结果可能完全不同；三是鬼神不治，有些病在任何医学所能把握的范围之外，甚至鬼神也无能为力，只能听天由命。一般而言，人们多关注的是医生不治，事实上，医理不治所导致的医源性疾病比医生不治所导致的医源性疾病要严重得多，而且奇怪的是，人们不但对其认识不够，而且即使认识到了，也多持理解、宽容和谅解的态度。

意大利医学史家卡斯蒂廖尼说：“医生在行医治病和周密思考的时候，绝不能完全被试管、显微镜或任何一种人为的教条所束缚。不论个别的或群体的生物体，都是一种时时演进着的生命单位，因此医学本身也一直是在变化的过程中。我们应该承认，世界上并不存在含有绝对正确定义的学说，或能够完全适应于医学某部门的体系。几乎可以说没有一种错误不带有一丝真理，同样也没有一种真理不带有一丝错误，纵然是绝对真理也不例外。”②也就是说，任何医学都是有弱点和缺陷的。但是西医的这种弱点和缺陷是

① 司马迁：《史记》卷105，中华书局1959年版，第2793~2794页。

② ［意］卡斯蒂廖尼著、程之范主译：《医学史》（上册），广西师范大学出版社2003年版，第2页。

理论和理念层面的，是固有的，是整体的，也就是说，西医的这种弱点和缺陷仅仅靠西医本身已无力克服和超越，靠零敲碎打的修改也是不可能弥补的，必须进行彻底的、整体的和理念上的脱胎换骨，而这只能借助于西医认为的“他者”甚至是敌人的中医才能得到彻底的解决。

机械的医学面对的是实体的身体，虽然不能根治但可以进行药物治疗、手术和器官移植，而心理治疗面临的是一个看不见摸不着的心灵，面对现代人越来越多的心理疾病，心理治疗就显得更加窘迫了。当代西方心理学的疗法五花八门而又层出不穷，行为主义疗法、格式塔疗法、认知疗法、人本主义疗法、积极心理疗法等，这些疗法对于人类面临的一系列心理疾患和精神疾病，除了对一些轻度的心理反应障碍例如神经症最多能够缓解症状外，几乎束手无策，只能求助药物治疗，而这又会引起药物的副作用和耐药性。其结局是疾病的加重，最后完全崩溃。“争论引发了一个问题，令精神病学家和临床心理学家感到为难，这个问题是：心理治疗有用吗？私人的和公众的健康方案不愿为庸医的医术支付费用，所以治疗必须是安全的和有效的。真正对心理治疗的成效进行调查的第一人是英国心理学家艾森克。他在 1952 年从事过一项调查，得出的结论是：接受治疗并不比在同一阶段内等待治疗好——自发性缓解的‘治疗’速率和心理治疗一样好。这暗示着心理治疗是骗人的。从那时起，心理治疗者向艾森克的结论发起了挑战，数以百计的有关治疗成效的研究已被完成。当然，主流的临床心理学家急于宣称心理治疗(或至少他们所实施的心理治疗)成效不错，但证据即使再好也是毁誉参半。有一种共识认为，心理治疗可能要比‘无为’更能解决一种心理问题，虽然效果不大。然而许多研究显示，由一个受过训练的治疗者实施的专业治疗并不比业余的治疗或自行调适更有益。”①

---

① T. H. 黎黑著、李维译：《心理学史》，浙江教育出版社 1998 年版，第 810~811 页。

二、研究路径

（一）时代精神

时代精神是一个时代的文化氛围，是一个时代主导性思潮。它无形中引导着甚至规定着人们该做什么和不该做什么，能做什么和不能做什么。时代精神相当于中国传统文化的时势，也相当于佛教的缘。时代精神相对于个体的人而言，根本不是心理学上的行为主义所谓的刺激—反应模式，而是占绝对优势力量的裹挟，所谓顺我者昌，逆我者亡。在秦末刘项对决中，刘邦之所以成功，项羽之所以失败，并非自古以来人们所认为的，项羽在鸿门宴上显得心慈手软和妇人之仁，也不是太史公所谓的“自矜功伐，奋其私智而不师古，谓霸王之业，欲以力征经营天下”,① 而是项羽“乃分天下，立诸将为侯王”,② 违背了天下统一的时代精神（其实，在鸿门宴上，项羽于公于私确实不应该杀刘邦。项羽的问题并不在于没有杀刘邦，而是在于不明白为什么不杀刘邦。也就是说，项羽的不杀刘邦是因为妇人之仁，而不是出于清醒的局势判断和理性认识）。人类文明是宇宙能量在人类社会的表现形式，可以称之为文化能量或社会势能，它的发生发展是由其内在逻辑决定的，历史是历史意志的结果，不是任何个人或群体创造的。人类历史上的一切事件，都是社会势能在某一发展阶段的表现；人类历史上的一切伟大人物，无论是伟大的政治家或科学家，还是伟大的宗教领袖或文学家，都是那个时代的时代精神的代言人。

时代精神是由文明特质及其发展过程决定的，也就是说，不同的文明有不同的时代精神，同一文明在不同的发展阶段也表现出不

---

① 司马迁:《史记·项羽本纪》(第二版)，第一册，中华书局 1982 年版，第 339 页。

② 司马迁:《史记·项羽本纪》(第二版)，第一册，中华书局 1982 年版，第 316 页。

同的时代精神。美国政治学家亨廷顿说，现在是文明冲突的时代，新世界的冲突根源，“将不再侧重于意识形态或经济，而文化将是截然分隔人类和引起冲突的主要根源。在世界事务中，民族国家仍会举足轻重，但全球政治的主要冲突将发生在不同文化的族群之间。文明的冲突将左右全球政治，文明之间的断层将成为未来的战斗线”。① 杜维明先生则认为现在是文明对话的时代，其学术理据是“全球社群的出现”：“由于科学技术的发展，世界各地不论东西南北都已成为由信息、交通、贸易、电讯和财经各种关系网络所编织而成的生命共同体。从生态环境及能量资源等超越国界的宏观视野来检视当今人类的存在条件，不同种族、地域、语言、文化、阶级和宗教的社群必须谋求共生之道，已成为知识界不言而喻的真理。如果我们把核战争的问题、生态系统遭到破坏、环境被污染、能源枯竭或人口膨胀而造成的社会脱序种种祸害也列入考虑，人类必须同舟共济，一起来创建和平共存的生命形态，更是显而易见的道理。”②

两种观点其实各执一端，亨廷顿站在政治的立场强调的是文明的冲突而忽视了冲突的目的，杜维明先生站在文化的立场强调文明的对话而忽视了文明内在的差异性所导致的不可调和性。应该说现在是人类一体化背景下的文明冲突的时代。这个时代精神有两个要素，一是文明的冲突，二是人类的一体化。如果说冲突是手段和过程，一体化则是目的和结果。没有文明的冲突，就不可能有人类的一体化，因为人类不可能无原则地一体化；反之，只有经过文明冲突的血与火的洗礼，人类才能真正实现一体化。应该指出的一点是，人类的一体化是一个漫长的过程，在这个漫长的过程中，既有冲突也必有对话（正因为有冲突才会有对话，其实冲突也是一种对

---

① 参见吴根友：《亨廷顿“文明冲突论”与杜维明“文明对话论”的政治哲学检视》，载《明清哲学与中国现代化诸问题》，中华书局 2008 年版，第 232 页。

② 参见吴根友：《亨廷顿“文明冲突论”与杜维明“文明对话论”的政治哲学检视》，载《明清哲学与中国现代化诸问题》，中华书局 2008 年版，第 235~236 页。

话），但是就今天而言，冲突往往是主导性的局面。

人类文明从发端经过千百万年漫长的发展，今天已经到了这样一个阶段——人类必须连接为一个整体——这一点在它发端的那一刻已经决定了，而且人类本身就是一个整体——这一点只是到今天才显现出来而已。人类文明在其千百万年漫长的发展过程中，造就了古希腊、中国春秋战国和佛教等辉煌的文明，当西方文明登上人类历史舞台的时候，它负有而且完成了把较先进的西方文明推向全世界的历史使命。“在它的全球发展中，确实充满了殖民主义、帝国主义，充满了血腥和对人类价值的摧残。但这是它自己的错误。这一过程不只是殖民过程，它还有人类文明进步意义，它把它的文明，这个相对于古典期文明无疑是进步得多的文明推到还停留在古典文明期、前文明期和文明预备期的各个地区，正如法国人把英国的力学、数学和哲学变为全欧洲的文化一样。”①

人类会一体化而且必须一体化，人类一体化的过程已经开始——欧共体和伊拉克战争就是其历史性的标志——而且也一定能完成。“它将出现一种新的文明观念，它以西方文明范式为基础，用它将西方文明和新的文明的一切形式内化在它之中。它将使科学一体化发展，达到互相内在的绝对程度，从而使人对自然和社会的知识成为一个整体并得到升华，使人的能力提高到现在无法想象的程度。……它将使人类成为一个整体，从而具有地球统一和人类统一意识，并把目光转向宇宙。它不再以人类中、地球上的问题为重心，而更多地把自己考虑为宇宙的一员。它的精神状态将达到雄浑的程度，具有征服宇宙的信心和意识。它将使人类在制度、行业、职能上成为一个体系，而民族问题不再是问题。它需要的是一个作用于自身，使自身升华并内在化其他一切对象的文明形态和精神状态。”②

① 郑刚：《中国人的命运》，广东旅游出版社 1995 年版，第 546 页。

② 郑刚：《中国人的命运》，广东旅游出版社 1995 年版，第 548~549 页。

（二）文明的比较

人类一体化背景下的文明冲突这一时代精神，决定了当今中国人面临的主要问题是中国传统文化的现代化，其核心则是中西文化的特质及其关系问题。西方文化既已完成现代化，其完成现代化的特质是什么？中国传统文化是否有内在的文化因子来完成其现代化？在中国传统文化现代化和人类一体化的过程中，中西文化两种本体又将如何相处？对于当今的中国人而言，传统文化的现代化和人类文化的一体化是一个问题。中国人能完成传统文化的现代化，就能完成人类文化的一体化；中国人不能完成传统文化的现代化，就只能被一体化。因此，对于当今的中国人而言，他或她不但是一个坚定不移的民族主义者，而且必须是一个坚定不移的人类主义者。

对于中国传统文化的现代化问题，出现了文化批判主义、文化保守主义和文化建设主义三种主要思潮。但是，无论是文化批判主义或是文化保守主义还是文化建设主义，既没有诠释清楚中西文化的特质，更没有解决中西文化的关系问题。所谓综合创新，其实质就是中体西用，只是由于强调的面不一样，“中体”表现为文化保守主义，“西用”表现为文化批判主义，“体用结合”则表现为文化建设主义。现实的情况是，西用进来的同时，西体也来到了中国，体用结合的模式无法解决中体和西体之间内在的冲突，但是现实又把中体和西体纠缠在一个文化本体内，结局只能是阴阳人文化。这种阴阳人文化表现出旺盛的生命力，但是这种表现出的旺盛生命力是以消耗母体（中国传统）文化内在的创造力为代价的。当母体（中国传统）文化内在的创造力被消耗殆尽时，母体（中国传统）文化本身也就走到了生命的尽头。对于中国传统文化而言，这是一条不归路。

人类文明的未来不在中、西、印文明之内，也不在中、西、印文明之间，而在中、西、印文明之外。一言以蔽之，人类文明的未来在基于中、西、印文明而又超越中、西、印文明的创造（姑且称之为文化创造论）之中。创造是一种建设，虽然有破坏，但其本质是生成。这种生成不是体用结合式的生成，即所谓的创新，而是全新的生成，全新意味着从来没有，生成意味着从无到有。这种全新的生成是一种根本性的生成，而根本性的生成不仅仅是物的生成，而是人的生成。人的生成即是人的创造，即让人成为人，让我成为我，并以此为基础重新塑造人类之性格，缔造人类之新精神，造就一代新人类。一体化的新人类走向人类大同的社会，即健康的社会。健康社会或健康人类的两个先决条件一是最大限度地发挥任何一个作为人的个体的潜能，二是保证任何一个作为人的个体的劳动的最大报酬。健康是人在身体上保持平衡，在精神上达到宁静，并与社会保持和谐，与自然保持合一的完整良好的生活状态，以便最大限度地发挥任何一个作为人的个体和无限度地拓展作为一个整体的人类的潜能，而不仅仅是免于身体的疾患和残弱，也不仅仅是免于物质的匮乏和缺失。

完成人类文化的创造，其基点只能是站在中、西、印文明之外的比较，而不是站在中、西、印文明之内的判教或卫道。文化是一个民族或人类生活的自诠释系统，是以文明预设为核心的形而上学原理推演出来的科学体系及其生活方式。文化发生发展的过程就是文明。一个文明的特质是什么，或者确切地说，判断一个文明特质的标准是什么，是一个仁者见仁、智者见智的问题。判断文明特质的标准，应该站在文明之外，不应以文明自身的标准来判定文明自身，也不应该以一个文明为标准来判定另一个文明，这样才有可能是客观的，至少保证理论和程序上的客观。判断文明特质的标准，应该是内在的而不是外在的，所谓内在的是指文明发展的内在逻辑和本质，外在的是指文明发展的外在表现和结果。判断文明特质的标准，应该是动态的而不是静止的，所谓动态的，是指文明发生发展的整个过程，静止的是指文明发生发展的一个断面。判断文明特质的标准，本文的观点是：一、文明预设，即一个文明的起点，整个文明都是从这个基点发展和演变而来，但是这个基点本身是公认的假设；二、逻辑范式，即一个文明的思维方式；三、自为性，即一个文明内在的生命力和整体的统摄力；四、哲学原理，即一个文明形而上学的特质和表现方式；五、知识诠释系统。“没有一个真实的人是全知全能的，而且能从全方位的角度把整个宇宙的问题看清楚。西方文化中的上帝，佛教文化中的如来佛，中国文化的圣人，都是这种理想化的人的观念形象。由这样有缺陷的人而组成的群体，进而国家、民族的文化也都是在漫长的历史过程中发展出了一种主流的看问题的系统方式。出于各种现实利益的驱使，这些有缺陷的看问题方式总想借助于一种现实的权力而成为一统天下的精神统治者。比较哲学与比较文化的研究工作则在于消除这种文化与精神王国里的文化专制神话，试图以文化联邦的形式形成世界哲学的视野。”①

要完成人类文化的创造，具体到某个学者，他或她必须具备的条件，一曰理念，二曰眼光，三曰气象，四曰天赋，五曰学术训练。学术训练不仅仅是指严格训练量的方面，更重要的是指认知结构质的方面。在人类一体化背景下的文明冲突这一时代精神中，学术要具有人类的理念和世界的眼光及气象，所谓汇东西之学，通古今之变，究天人之际，成一家之言，求天下大同，就必须汗漫通观儒释道，从容涵化印中西(套用著名哲学史家萧箑父先生语)。认知结构的缺陷不是具体知识的缺乏，而是因为人的认知结构的缺失而导致的理念屏蔽和眼光的遮蔽，要具有极高的认知能力，就必须纵观宗教、哲学和科学；横跨中、西、印；求索文、史、艺。

三、文明悖论

文化是人类生活的诠释系统，是以文明预设为核心的形而上学原理推演出来的知识诠释系统及其生活方式，包括文明预设、形而上学和科学三个方面。如果文化是一棵树，那么文明预设是其根，作用在于生发；形而上学是其主干，作用在于支撑；科学只是树叶，作用在于光合作用。就教育和学术研究而言，宗教及其相关的

① 吴根友：《比较哲学与比较文化论丛》(第一辑)，武汉大学出版社 2009年版，序言第 5~6 页。

历史、文学和艺术的人文科学是其根，奠定的是人文底蕴，作用在于创造；哲学是其干，培养的是能力，作用在于整合创新；科学技术是枝叶，获得的是知识，作用在于知识的应用。一个受教育者如果没有人文底蕴和哲学思维，就如一棵没有根和干只有枝叶的树，是不可能成才的；一个没有人文底蕴和哲学思维的科学工作者，是没有创造力的。“中体西用”的结局是把科学技术这种“用”当成了“体”，这种本末倒置造成了当代中国人只能在枝叶层面的知识应用上“创新”。顺便提一句，中国何以不出科学大师的钱学森之问的答案正在于此。

文明预设是一个文明最原始、最基本的假设——文明预设不但是整个文明生长的根，而且一定程度上决定着文明的特质——它往往表现为宗教。宗教是人类的童话，是人类文明发展的母基。马克思说：“人创造了宗教，而不是宗教创造了人……宗教是人的本质在幻想中的实现，因为人的本质不具有真正的现实性……宗教里的苦难既是现实的苦难的表现，又是对这种现实的苦难的抗议。宗教是被压迫生灵的叹息，是无情世界的心境，正像它是无精神活力的制度的精神一样。宗教是人民的鸦片。”①

确切地说，宗教是由人创造的，而且从某种意义上讲，宗教也能创造人。人之所以需要宗教，或者说，人之所以创造宗教，是因为人的存在本身具有局限性，更重要的是，人意识到了自身的局限性而且努力超越其自身的局限性。人的自身的局限性正是心理学家埃里希·弗罗姆所谓的“生存的两歧”。“理性，既是人的福祉，也是人的祸根。它迫使人永无止境地应对无法解决的两歧。人的存在正是在这一点上和所有其他有机体的存在区别开来。人的生存处于一种永恒和不可避免的不平衡状态。人不可能通过重复他的种族的生活而‘被生活’，他必须过自己的生活。人是唯一感到烦恼，感到不满，感到自己是从天国被驱逐出来的动物。人是唯一一个对其

---

① 马克思：《〈黑格尔法哲学批判〉导言》，载《马克思恩格斯选集》(第一卷)，人民出版社 1995 年版，第 1~2 页。

而言生存也成了问题的动物，这个问题他不得不解决而又无法解决。”①

人的生命是有限的，人注定要死亡，这是一个必须接受的残酷事实。正是有死才决定了生的意义，正是因为有死，人才渴望永生。人的生存的另一个两歧是人不可能万能。即使在最有利的环境下，即使人的所有潜能都最大程度地发挥出来，人的能力仍然是有限度的；正因为人的能力是有限度的，才迫使人不断追求和探索知识，正因为人的能力是有限度的，人才渴望全知全能。人的生存两歧的又一表现是人是孤独的。动物虽然只能被动地适应自然，但和自然处于合一的和谐状态中。当理性把人和其他动物区别开来，也意味着破坏了人和自然的和谐状态。人渴望回到和自然的和谐的史前状态，但拿着火剑的天神挡住了他的归路，他只能奋勇向前去开拓新的天地以求和自然达到更高层次的和谐甚至于和整个宇宙合二为一。对于个体而言，当一个婴儿发音说话时，也就意味着他和父母一体的天然纽带被切断了，他已经意识到自己的独立存在，意识到我是我了！人注定是孤独的，因为他的身心是一个完全独立的存在，但人在人生的漫漫寒夜里又害怕孤独，需要同类的光和热来照亮和温暖自己，渴望和所有的同类融为一体。

面对生存的两歧，弗罗姆说：“直面真实，承认在一个对自己的命运漠不关心的宇宙里自己的根本孤独和寂寞，认识到没有一个超我的力量能够解决属于我的问题。人必须承担起对自己的责任，并且接受这样一个事实：只有通过运用自己的力量，他才能给自己的生活赋予意义。”②但事实是，正是由于生存的两歧，如果不借助外在的力量，人本身没有能力独自解决自身的生存困境。生活不是漫无目的的流浪，也不是毫无基点的凌空蹈虚，它应该而且必须有坚贞的信仰和坚实的阶梯。

---

① E. Fromm. *Man For Himself*. Fawcett Publications, Inc., Greenwich, Conn., 1947: 49.

② E. Fromm. *Man For Himself*. Fawcett Publications, Inc., Greenwich, Conn., 1947: 53.

人虽然只有自己赋予自己的生活以意义，但是生活意义本身并不决定于人自身。正如一个登山者只能自己登山，但是必须借助外在的山梯一样；一个人的生活要有意义，必须有高于自己的信仰来支撑。恩格斯说："一切宗教都不过是支配着人们日常生活的外部力量在人们头脑中幻想的反映，在这种反映中，人间的力量采取了超人间的力量的形式。在历史的初期，首先是自然力量获得了这样的反映，而在进一步的发展中，在不同的民族那里又经历了极为不同和极为复杂的人格化。"①宗教本质上是人性的自我投射。投射是由于心灵上的补偿作用，投射的对象必须高于自己，从而以这个高于自己的对象为坐标，赋予自己的生活以意义。只是由于各个民族禀赋和生活环境的不同，投射的对象不同，因而产生了不同的宗教。为了避免无谓的争论，本文以文明预设代替宗教。

心理学上的投射既是一种心理的防卫机制，也是一种心理疾患的诊断和治疗方法。本文的投射是文化和文明意义上的投射。人生即投射。我爱的真正含义就是爱我，即我爱他(她)是把我的情感通过他(她)投射出来，这就是爱的实质，可以称之为爱情投射论。事实上，人生的一切诸如事业、工作、人际交往、嗜好和生活方式等，都是人的心灵投射的结果，可以称之为人生投射论。但是人生的投射不是毫无规则的胡投乱射，从根本上讲是决定于他或她生活的文化。文化即投射。由于各个民族生活的环境的差异，导致各个民族不同的投射。西方人投射的是上帝，中国人投射的是圣人，佛教徒投射的是佛。由于投射的对象不同，决定了各个民族人格结构的差异。上帝是一个纯粹的精神实体，它是神的崇拜，而且是一神和最高神的崇拜；圣人对于神而言是人，但对于人而言又是神，所以圣人崇拜具有神人双重性(神人双重性是中国传统文化尤其是儒家文化内在的冲突和根深蒂固的矛盾，其结果是精神偶像和政治统治者的同一，规则制定者和执行者的同一，裁判者和被裁判者的同

① 恩格斯：《反杜林论》，载《马克思恩格斯选集》(第三卷)，人民出版社1995年版，第666~667页。

一）；佛的崇拜不但是对人和神崇拜的否定，而且也是对佛的崇拜本身的否定。

人的生存的两歧，确切地说，人的心灵和肉体的冲突，不但是人类宗教的源泉，也是人类文明和社会发生发展的根本动力。心理学上的本能论、内驱力论和自我实现论仅仅论述了心灵或肉体的一个方面，没有揭示人类文明和社会发生发展的本质。马克思和恩格斯在《共产党宣言》中开宗明义地指出："至今一切社会的历史都是阶级斗争的历史。"但是恩格斯在1888年的英文版上加了一个注释："这是指有文字记载的全部历史。"应该说，阶级斗争是心灵和肉体的冲突在阶级社会的一种反应和表现。由于文明内在的差异性，心灵和肉体的冲突因不同的文化表现形式也不同。

在西方文明（指基督教文明）中，其发展内在冲突和矛盾是心身关系。在基督教，表现为灵与肉的关系，笛卡儿第一次以学术方式明确表达为心—身关系。心—身关系是西方文明发展的内在动力，整个西方文明也是围绕着心—身关系这一矛盾展开的。"无论好坏与否，笛卡儿构建了一个思考心—身的框架。在这个框架内，实际上所有的哲学家和心理学家都是从这个问题开始进行研究的，甚至当他们忙于对笛卡儿思想予以抨击时，仍然脱离不了笛卡儿制定的框架。"①恩格斯更是一针见血地指出："全部哲学，特别是近代哲学的重大的基本问题，是思维和存在的关系问题。"②

如果说整个西方文明是建构在物质、人和上帝三个基本概念上的（人的心—身关系是上帝这个精神实体和物质这个物质实体关系在人身上的表现），那么中国传统文化的基本概念是气、生命和和，中国传统文化追求的最高境界是生命达到气和之韵的化境（套用武汉大学哲学学院范明华教授关于中国传统艺术精神语）。这种气和之化境在儒家则是仁爱。然而儒家的仁爱是建立

① T. H. 黧黑著、李维译：《心理学史》，浙江教育出版社1998年版，第191页。

② 恩格斯：《路德维希·费尔巴哈与德国古典哲学的终结》，载《马克思恩格斯选集》（第四卷），人民出版社1995年版，第223页。

在亲亲基础上的，这样心灵和肉体的冲突在儒家则转化为仁仁—亲亲这样一个内在的矛盾。没有仁仁—亲亲就无所谓儒家，正是仁仁—亲亲造就和成就了儒家，也正是仁仁—亲亲毁灭了儒家。中国传统社会周而复始的王朝更迭，其实是仁仁—亲亲这一矛盾反复作用的结果。(关于中国传统文化尤其是儒家发展的内在矛盾，要感谢原武汉大学哲学学院教授刘清平君的真知灼见。只不过他似乎没有意识到亲亲和仁仁的悖论正是儒家之所以为儒家的内在张力，而且过于强调了亲亲的社会弊端，从而和武汉大学哲学学院教授郭齐勇教授发生了激烈争论，影响波及全球，请参见《儒家伦理争鸣集——以亲亲互隐为中心》，郭齐勇主编，湖北教育出版社 2004 年版。)西方文化凸显的是人，而中国传统文化的核心是仁，因而中西文化的冲突的焦点就集中体现在人和仁的关系问题上。仁者何以爱人?！仁者能爱人吗?！中国传统文化现代化的核心问题就是解决人的问题，其核心是解决成圣和成人的内在冲突。如果一个人成为圣人，他是人还是神；如果是神，则位于神格，如果是人，则位于人格。如果一个圣人位于神格，他就在格位上高于人，他就拥有真理的诠释权，必然导致人治和腐败。如果一个圣人位于人格，终极信仰又将投射到哪里？社会秩序又以什么为基点来确立呢？

如果说印度婆罗门教的核心概念是精神(实体)、有情和梵，佛教则建立在空、有情和佛三个基本概念之上。佛家所追求的最高境界就是人的心灵通过艰苦卓绝的修炼达到无上正等正觉，也就是把人的心灵潜能最大程度地发挥出来，也可以称之为心灵的自我实现。要达到这种“空”的境界，就必须舍弃“有”，因此心灵和肉体的冲突在佛教则转化为空和有的关系，空和有的冲突就成了佛教发展的基本矛盾。有是空的前提，没有有何来空；有不是真有，有是有条件的，有又是空。空是有的空，不是绝对的空，空也是有条件的，空本身也是空。《心经》所谓“色不异空，空不异色；色即是空，空即是色”说的正是这个道理。如果说中国本土文化和佛教的冲突在社会生活中表现为成佛与成仁，那么佛教和西方文化的冲突在社会生活中则表现为成佛与成人。

四、西方生理科学和心理学

科学是由导源于文明预设的形而上学原理推演出来的关于自然、人和社会的经验事实的知识诠释系统。关于科学的性质，有几点需要强调和申论，一是科学的本质是知识，知识是经验上被证实的和逻辑上一致的对规律的陈述，也就是经验事实的诠释系统。经验事实并不是客观事实，而是对现实自然对象的感性知觉和对这种感性知觉的认定和语言描述。英国科学史家丹皮尔说："科学是关于自然现象的有条理的知识，是对于表达自然现象的各种概念之间关系的理性研究。"①因此，其一，科学也许有某种真理性，或更确切地说科学是对真理的一种追求，但科学本身不是真理，科学也不是真理本身。其二，科学是知识的诠释系统，但是这种诠释并不是个体随心所欲的解释，而是基于甚至决定于个体生活的社会及其文化环境，也就是解释学所谓的前见，这种前见不但包括个体的前见，更重要的是个体生活的社会和文化环境的"前见"，也可以说是一个民族的集体无意识。换言之，一种文化的科学是由这种文化的文明预设和形而上学所决定的。不同的文化就有不同的科学形态，因此科学并不就只有一种表现形态。就现实而言，尤其要指出的一点是并非只有西方才有科学。此外，科学也许是有效的，但不是万能的。一方面，任何一门科学和作为一个整体的科学都是有限度的；另一方面，人类追求真理的途径也并非只有科学，哲学、艺术甚至宗教都可能是人类认识世界的方式。因此，科学不能解决人类和人生面临的所有问题。

西方文明(基督教文明)是古希腊文明和希伯来文明交互作用的产物，虽然基督教文明和古希腊文明有文化上的血亲关系，但本质上是两种不同的文明，正如儿子和父亲虽然存在生物学上的血亲关系，但是两个不同的个体一样。本文所谓的西方文明，虽然可能

---

① W. C. 丹皮尔著、李珩译：《科学史及其与哲学和宗教的关系》，商务印书馆 1997 年版，第 9 页。本定义是作者根据英文版重新翻译的。

涉及古希腊文明，但主要是指基督教文明，也可以说是狭义的或严格意义上的西方文明。

（一）西方生理科学和心理学的文明预设

西方文明的基本预设是：一、上帝创造了宇宙，即神创论。二、宇宙是一架机器，即机械论。三、宇宙运行的规律是 $y=f(x)$，即线性论。全部西方文明，包括它的哲学、文学、科学和政治等，都可以从这三个基本预设推演出来。

1. 神创论。《圣经·创始记》开宗明义："泰初，神创造了天和地，地空虚混沌，渊深幽暗，神的灵在渊面上巡行，神说应有光，于是就有了光。"一言以蔽之，上帝创造了宇宙，这是西方文明的第一个预设，也是最根本的一个预设，其余两个预设其实都可以从这个预设推演出来，或者说后面两个预设已经先天地内含在这一预设之中。从严格意义上讲，文明预设就是神创论，只是为了论述的方便，将机械论和线性论也包含了进来。这个预设包含了三层意思：第一，有一个创造者，有一个被创造者；第二，创造者是一个精神实体，被创造者是一个物质实体；第三，创造者和被创造者之间有某种关系。上帝创造了宇宙这一神创论，其是西方文明的基石，是西方社会运转的基点，也是西方人格和心灵建构的坐标点。

2. 机械论。上帝既然创造了宇宙，宇宙的本质是什么？西方人根据他们的推断，又下了第二个判断：宇宙是一架机器。机械意味着宇宙本身没有任何活力，它只能被动地运转；机械也意味着完美，宇宙像一架大钟，毫厘不差地按照某种秩序在广袤的苍穹中运转着；机械还意味着宇宙是有广延的物质。从另一角度来理解，宇宙是上帝创造的，它就只能没有活力；如果宇宙本身具有活力，它就有可能自我创造和自我运转，上帝又将如何作用呢?! 宇宙是上帝创造的，它就只能是完美的，因为上帝是万能的；宇宙是上帝创造的，它就只能是物质的，因为上帝是精神的。

3. 线性论。如果宇宙是一架机器，它以什么样的方式或规律来运转呢？这就是西方文明的第三个预设：宇宙的运动是线性的和动态的。这个假设用一个公式表达即 y = f(x)。人们熟悉的牛顿定律 f = ma 就是最典型的例子。宇宙是一架机器，就内含着宇宙的运行是有规律的，而且这个规律是可以被认识的。因为天体在宇宙中处于永恒的运动中，因而是动态的；因为天体周而复始地旋转，因而是线性的。顺便指出，以数学公式和逻辑符号来表达某种原理或规律，是西方文明的特色，也是其优势，而且这一预设也是西方文明的逻辑范式。

（二）西方生理科学和心理学的形而上学原理

1. 超越性。这是神创论决定的，因为有一个相对于被创造者的创造者，而且这个创造者还是纯精神的实体，从心理投射的角度而言，这是神的崇拜，超越了物和人的崇拜；这是一神的崇拜，超越了众神的崇拜；这是最高神的崇拜，超越了低级神的崇拜。“西方哲学从一开始就有一种不计功利、只求兴趣的倾向。……‘爱智慧’从古希腊以来就意味着某种超越性，不是用于别的目的，而是超越于一切目的。……人们毕生投身于对科学知识和原理的发现，以及利用这些发现进行发明创造、艺术创新，不是为了发展科学技术（第一生产力），而是为了好奇，为了探索真理，为了了解上帝是怎样创造这个五彩缤纷的世界的。”①邓晓芒教授一语中的，西方人之所以探索自然，西方的科学技术之所以发达，是西方人献身于上帝的结果。“与伽利略一样，牛顿希望知道全能的上帝是如何创造这个世界的，但他又不敢胆大妄为地寻根究底，同样他也不奢望能彻底了解诸多现象背后的结果。”②正是由于这种超越性，才导致了邓晓芒教授一再强调的西方哲学的两个总体特点，一是逻各斯，“代表着普遍的规范性，清晰的可表达性、可言说性，这是西方哲

---

① 邓晓芒：《西方哲学的特点》，载《比较哲学与比较文化论丛》（第一辑），武汉大学出版社 2009 年版，第 67~70 页。

② M. 克莱因著、张祖贵译：《西方文化中的数学》，复旦大学出版社 2009 年版，第 198~199 页。

学的一个根本性的要求”。① 另一个是努斯，“代表的是无条件的绝对自由”。② 逻各斯是宇宙的法则，努斯则是上帝的化身。

2. 客观性。客观性并不保证事实上一定是客观的，而是保证理论和绝对意义上的客观。因为有一个创造者，相对于被创造者而言，就有了一个外在于自己的评判和衡量标准，这个外在的评判和衡量者和被评判和衡量者没有任何利益诉求，这样才能保证评判和衡量绝对的客观性和公正性。这个世界最权威的评判者就是上帝。西方文化的这种客观性在社会生活中的表现就是社会的公平与正义，即所谓的民主与自由。在自然科学的表现就是科学技术。

3. 实体性。无论是宇宙还是上帝或是人，在西方人的理解中，都是具有广延的实体，即便是没有广延的上帝这样一个纯精神存在，也是从实体这一角度来理解的，没有广延其实就是广延。“把(自然)世界作为是绝对的存在，把人看作万事万物中的一员，把理解世界和人在世界中的地位作为哲学的任务，这就是爱智慧的核心内容。这也是追求真理的实质内涵：真理就是在人的意识中准确反映客观存在；人的意义，作为认知主体，就体现在对客观对象的认知中取消自身的主观性。因而爱智慧有两个假设：一是自然世界的绝对性(自然世界包含了一切存在者)；二是人与世界的认知关系是唯一本质性关系。”③

(三)西方生理科学和心理学的诠释原则

1. 身心二元原则。《圣经·创世记》中的神创论决定了精神和物质的二元对立。如果说犹太教的核心是上帝崇拜，古希腊文明的核心是人文主义，那么来自犹太教和古希腊文明交互作用的基督教

---

① 邓晓芒：《西方哲学的特点》，载《比较哲学与比较文化论丛》(第一辑)，武汉大学出版社 2009 年版，第 78 页。

② 邓晓芒：《西方哲学的特点》，载《比较哲学与比较文化论丛》(第一辑)，武汉大学出版社 2009 年版，第 78 页。

③ 郝长墀：《先秦哲学的基本问题——爱作为本源性概念》，载《比较哲学与比较文化论丛》(第一辑)，武汉大学出版社 2009 年版，第 103~104 页。

文明则是上帝人。所以基督教的上帝一方面必须是神，因为只有神才值得信仰，另一方面又必须是人，因为只有是我们的同类人才有可能拯救人。所谓道成肉身，所谓三位一体，其就是耶稣基督。这样上帝和宇宙的关系就转化成了人(基督)的灵与肉的关系。笛卡儿说身体和心理是两个不同的实体，其结果是生理学和心理学分属不同的诠释系统，在临床上则是身体治疗和心理治疗完全分家。

现代西医虽然声称其医疗模式已从纯粹的生物医学模式转变成现代的生物—心理—社会医学模式，但是这种转变的演变本身既是身心二元对立的明证，也是身心二元对立的结果。而且转变成的所谓的生物—心理—社会医学模式，本身就内含了生物、心理和社会三个要素，意味着人体的生物、心理和社会属性是有本质区别的。事实上，现代临床医学，如果不是纯粹的生物医学模式，其主体仍然是生物医学模式。一个临床医生很少有能力顾及患者的心理问题，而一个心理医生更不可能治疗患者的生理疾病。许多疾病是心理问题导致的生理疾患，或是生理问题导致的心理问题，患者不得不到分属两个系统的两家医院或一家医院的两个不同科室的两位医生那里就诊，其结果是每位医生只诊断和治疗了疾病的一半。

2. 机械唯物原则。宇宙是一架机器，人体是宇宙的一个组成部分，人体也是一架机器。机械的特点：有实体结构，没有任何活力，只能被动地对外界刺激发生反应。法国哲学家拉·梅特里说："人体是一架会自己发动自己的机器：一架永动机的活生生的模型。"①西方生理学创始人缪勒的四个弟子，也是四位著名的生理学家，路德维希、杜布克·莱蒙、布吕克和赫尔姆霍茨，为了反对活力论(vitalism)，甚至庄严宣誓，一定要确立并迫使人们接受这样一个真理："有机体内除了一般的物理化学力在起作用外别无他力。"②需要说明的是，虽然西医认为人体是一架机器，但这并不意

① 拉·梅特里著、顾寿观译：《人是机器》，商务印书馆 1999 年版，第 20 页。

② E. G. Boring. *A History of Experimental Psychology* (2nd *edition*). New York: Appleton-Century-Crofts, Inc., 1950: 708.

味着人体就是一架机器，也不意味着在西医的临床实践中完完全全地把人就当成一架机器，更不能说西医的人体机器观在临床实践中就没有任何治疗作用。

如果说人体是一架机器，那么人的心灵又是什么呢？笛卡儿不但提出了著名的身心二元交感论，而且把灵变成了心：灵只能进行形而上学的思考，而心则可以进行科学研究，这为心理学的创立奠定了理论基础。英国经验主义者洛克进一步把心变成了经验，而经验是可以以实证的方式研究的。从洛克到贝克莱再到休谟，最后到詹姆斯·密尔，他们均斩钉截铁地说：心灵也是一架机器!① 心灵是一架机器就是整个现代西方心理学的理论基础。后来西方心理学发展的各个流派，从结构主义、功能主义、格式塔心理学、行为主义到今天的认知心理学，从精神分析到新精神分析再到人本主义心理学，无论其表现形态如何变化，但其心灵是一架机器的基本原则是不变的。

3. 分析还原原则。西方生理科学将人体分解为若干个系统，每一系统又分解成不同的器官，每一器官进一步分解成不同的组织，人体的组织是由细胞和细胞间质构成的，而细胞则是由细胞核、细胞质和细胞膜组成的，如此一路分析还原下去，直到目前的基因。可以说，西医的人体也是一个系统，其内部也是相互联系的，这个系统由于以具体的解剖—生理单位为基础，所以更重视具体的解剖—生理单位，因而由大到小逐渐分析还原下去。把人体分解再分解，最后还原成一个基本单位，也就是基因或其他更小的单位。

如果说西方生理科学以西方物理学为榜样，后者在寻找物质的基本单位，前者在寻求人体的基本单位，那么西方心理学也在寻求人的心理的基本单位。结构主义的目的就是把意识经验分解成其基本元素，以发现这些元素是如何连接的，并进而确定其规律。冯特发现的基本心理元素是感觉(sensation)和感受(feeling)，铁钦纳发

---

① D. Schultz. *A History of Modern Psychology* (3rd *edition*). Academic Press, 1981: 35.

现的心理元素是感觉(sensation)、意像(image)和情感(affection)。“几乎所有新的学派都是以反对冯特心理学这一或那一特征而建立的，我们可以欢迎这些学派但不能原谅其不满。在任何一个时代，一个科学仅仅是它的研究所产生的，而研究无非是有效的方法为其所创立的和时代准备好了的一些问题。”①功能主义的心理操作，行为主义的刺激—反应单位，精神分析的本我、自我和超我，人本主义心理学不同层次的需要，都是分析还原的产物。格式塔心理学虽然反对结构主义分析还原的思路，主张整体大于局部之和，其只不过是分析还原思路的一种反动，本质仍然是分析还原的。

4. 物我分离原则。即我和他人，人和自然是分离的。无论是西方生理科学还是西方心理学，研究者和被研究者是分离的，而且被研究者和周围的社会环境和自然环境也是完全分离的。这个原则在临床上的表现则是医患的分离，即医生把患者变成是一个和自己毫无关系的客观对象来对待。西方的实验要求观察者和被观察者绝对分离。“心理可以观察所有的现象就是不能观察它自己的……观察者和被观察者在这里是同一个东西，它的行动就不可能是纯粹和自然的。为了观察，人的心理必须停止活动；而正是这个活动是人想观察的。如果你不能停止，你就不能观察；如果你真的停止了，又没有任何东西可观察。这个方法的结果是和它的荒谬性成正比的，经过了两千年的心理学研究，没有一个满足其追随者的假设得以建立。”②

5. 线性思维原则。即以线性的单向的思维来理解生命现象，其数学表达则是 $y=f(x)$。可以说西方生理学、心理学和医学的一切研究和实践基本上都是以这种原则为范式的，也就是寻求生理现象和心理现象两个或多个变量之间的线性函数关系。心理学家艾宾浩斯的遗忘曲线是遗忘和时间之间的函数关系，行为主义的刺激—

---

① E. G. Boring. *A History of Experimental Psychology* (2nd *edition*). New York: Appleton-Century-Crofts, Inc., 1950: 343.

② D. Schultz. *A History of Modern Psychology* (3rd *edition*). Academic Press, 1981: 107.

反应模式是反应和刺激之间的函数关系。"西方文明的范式是什么？对这个问题各种观念的人一定有不同的说法，但是与其他文明(例如希腊)相比，可以表现出现代科学的本质特征就是把要处理的对象看作变量，看作是性质、位置上有变化的东西，找到变量之间的变化关系，而由此推出其性质(如拉普拉斯方程)。即使不能使用微积分，其他科学也在使用这个范式，把自己的对象变量化，并把找到变量之间的函数式作为主要任务。"①

6. 辩证法。由于历史的原因，辩证法在现代中国人的意识里仿佛是真理的化身。辩证法无非是西方人认识世界的一种图式，它起源于古希腊，但黑格尔集其大成，马克思又把它应用到社会和历史领域以解释人类社会发展的规律。西方人所谓的辩证法是其精神与物质、心灵与肉体二元对立假设的必然的认知图式，是精神与物质、心灵与肉体矛盾冲突的必然的逻辑过程。"辩证思维表现宇宙精神最深刻的本质，在这种思维中，宇宙精神认识自己的本质；在这种思维中，思维与存在、主体与客体、形势与内容是同一的。逻辑所展开的思维形式或范畴，和实在的形式是同一的：这种形式和范畴既有逻辑涵义，又有本体论的或形而上学的涵义。"②至于辩证法能否把握生命现象和心灵现象的本质，生命现象和心灵现象是否按照"表现宇宙精神最深刻的本质"的辩证思维在运行，这是一个有待讨论的问题。

(四)西方生理科学和心理学的诠释系统

科学是知识的诠释系统，这种诠释系统是由其文明预设和形而上学原理决定的。西方文明的实体性的形而上学原理和机械唯物的诠释原则决定了其实体科学的诠释系统，其在物理学上表现为物质—能量的诠释系统。也就是把宇宙看作一个实体，研究这个实体的基本组成及其功能，牛顿定律 $f=ma$ 就是这种物质—能量的诠释

---

① 郑刚:《中国人的命运》，广东旅游出版社 1995 年版，第 255 页。

② 梯利著、葛力译:《西方哲学史》(增补修订版)，1995 年版，第 514 页。

系统的典型表达。将这样的物质—能量的诠释系统应用到人的生命现象就是解剖—生理诠释系统，即西方生理科学是以某个实体的结构为基础来研究其生理功能的。实体的结构，可以是人体，也可以是人体的系统、器官和组织，也可以是细胞、亚细胞器，直到今天的基因。

将这样的物质—能量的诠释系统应用到人的心灵现象就是行为—心理诠释系统。西方心理学发展的主流从结构主义到机能主义再到行为主义，从新行为主义到今天的认知心理学，其内部斗争均十分激烈。新行为主义大家斯金纳认为人的一切包括思维、情感，都是行为。格式塔心理学是从现象学，即总体行为来研究人的心理；精神分析和新精神分析研究的是人的临床行为和社会行为；人本主义心理学则是从症候群，即群体行为来研究人的心理的。不管西方心理学各流派如何千差万别，也无论其内部斗争多么激烈，都是行为—心理诠释系统的不同表现而已。“从伽利略和牛顿开始，经过英国的经验主义者，到冯特和华生这样一条悠长的思想之路在斯金纳所设计的社会和他关于人的本性是一架机器的基本假设中达到了顶峰。‘如果我们在人类的事务中应用科学的方法，我们必须认定行为是有规律的和确定的——一个人所做的是各种条件的结果，一旦这种条件被发现，我们就能够预测而且在一定程度上决定他的行动。’被斯金纳的条件实验所强化的机械主义的、分析的和决定论的自然科学的方法，使行为主义者确信，人的行为通过正性强化的恰当应用是可以被控制，被引导，被改正，被塑造的。”①

将这样的物质—能量的诠释系统应用到人类的社会现象就是社会科学的社会行为—社会功能诠释系统，即西方社会科学是把一切社会组织看成是一种社会实体，通过观察它们的行为来研究其社会作用。马克思主义就是把牛顿力学应用到人类社会和历史的结果。只不过马克思把物质变成了经济，把原子变成了商品，把力变成了阶级斗争，把物理常数变成了人民群众。如果说牛顿定律阐述了物

---

① D. Schultz. *A History of Modern Psychology* (3rd *edition*). Academic Press, 1981: 266.

质及其运动即力的函数关系，发现了物理世界的普遍规律，那么马克思也穷其一生孜孜追求人类社会发展的普遍规律，即经济及其运动即阶级斗争之间的函数关系。《资本论》就是他艰苦卓绝探索和思考的结晶。“一个国家应该而且可以向其他国家学习。一个社会即使探索到了本身运动的自然规律——本书的最终目的就是揭示现代社会的经济运动规律（重点号为引者所加）——它还是既不能跳过也不能用法令取消自然的发展阶段，但是它能缩短和减轻分娩的痛苦。”①西方著名经济学家熊彼特在总结马克思的思想时说：“所有这一切我们可以用三个口号来概括：政治、政策、艺术、科学、宗教的和其他的信仰或创造，全都是社会经济结构的上层建筑；历史的进化是由经济的进化推动的；历史就是阶级斗争史。”②

五、中国古代生理学和心理学

（一）中国古代生理学和心理学的文明预设

中国传统文化的文明预设：(1)气生论，即宇宙是由原始的气演变而来；(2)宇宙是有生命活力的；(3)宇宙运行的机理是组合变换。中国文化的一切，包括儒家、道家、医家，都是从这三个预设推演出来的。这里指出一点，这里所谓的中国传统文化是指仅仅发生于中国本土的文明，即春秋战国文明，其起始于东周，终结于魏晋。唐宋文明是中国本土文明和佛教文明相互作用的结果，而元、明、清在文明上已经没有什么意义。从来不会有一种文明形态，现在是这样，过去是这样，将来永远是这样。

1. 气生论。相对于西方文明和印度文明，中国传统文明没有创世记，似乎也不重视创世记。先秦诸子百家中，似乎只有《老

① 马克思：《资本论》，载《马克思恩格斯选集》（第二卷），人民出版社1995年版，第101页。

② 约·熊皮特著、杨敬年译：《经济分析史》（第二卷），商务印书馆2005年版，第98页。

子》和《黄帝内经》谈到宇宙的起源，不但语焉不详，而且也没有放到头等重要的地位——无论是文本的安排还是义理的阐释。有趣的是，现代中国传统文明的学者，无论是国内还是国外，对这个问题似乎也没有给予应有的重视。先秦诸子百家对这个问题的“漠视”并不意味着这个问题不重要，也不意味着中国传统文明没有创世记，而是中国传统文明认为这个问题已经解决了。换句话说，中国传统文明的这个“创世记”是不言自明的，诸子百家就是创世记，创世记也就是诸子百家，这就是气生论。

和西方的神创论相比，气生论的特点一是没有一个创造者和被创造者的二元对立，就是一个自体自生的一元的东西谓之气。二是气的本质既不是物质也不是精神，当然也不存在精神和物质的二元对立，而是“物质、精神、能量与信息的统合”。① 三是神的作用是从无到有的创和造，而气的功能则是从一种状态到另一种状态的生和化。晚出的盘古开天地说只不过是气生论的历史回响，但其基本精神是一脉相承的。和西方的神创论一样，气生论是中国传统文明的基石，是中国传统社会运转的基点，也是中国传统人格和心灵建构的坐标点。中国传统文化的最高理想是“和”，在儒家表现为己群关系，即“仁”，在道家表现为天人关系，即“道”，在医家表现为心身关系，即“形神合一”，也就是阴阳平衡，即中和，都可以从气生论得到解释。

2. 有机论。宇宙是一个有生命活力的有机体。就西方的神创论而言，宇宙既然为上帝所创造，创造物只能为上帝所拥有，被创造的宇宙就只能是没有活力的机器。但是事实上，宇宙又是在运转，这种运动的能量又从何来？牛顿只好求助于上帝的“第一推动力”了。对于中国传统文明而言，宇宙是由气演化而来，而气本身是有生命活力的，因而宇宙也是有生命活力的。

3. 组合变换论。这是中国人所认识的宇宙运行的机理，也是中国人的逻辑范式和思维方式，即事物或其状态是以组合结构存在并发生变换的，而不是西方的动态的线性的方式交互作用的。王树

① 郭齐勇：《中国哲学智慧的探索》，中华书局 2008 年版，第 109 页。

人先生称之为“象思维”,① 萧汉明先生称之为“网络思维”。② “战国文明的意义的形式都是组合结构及其变换，希腊文明的意义的形式是几何结构，西方文明的意义的形式是变量及其函数关系。”“组合的变换不是无原则的思辨，不是不承认个体对象，也不是有机体，也不是生命哲学，变易是结构变易，因而是明确的和逻辑的。”“就连儒道两家的‘和’也不是一种思辨的模糊，而是杰出的聚合变换范式。和(乐)是一种变换方式，它将差别(礼、矛盾)消融，从而使主体和对象上升至一个新世界中去。这个新的世界是无差别，因而也是无结构的，但绝不是不明确的，它在孔子那里是确定的大同世界，是和(乐)将人带到的一个伟大的理想世界。老子则在消除差异中把人带到道的世界，因而更加明确。老子、孔子将礼、差别作为一般结构组合对象的世界，他们的和(乐)和道学方式是将它转化为另一世界的方式。这是组合变换的最高形式。”③《内经》把人体看成是心、肝、脾、肺、肾五大系统的组合变换，中国传统的政治社会是皇亲、外戚、宦官、文臣和武将五大政治力量组合变换的过程。《易传》是组合变换的思维范式的哲学表达。

(二)中国古代生理学和心理学的形而上学原理

1. 现实性。由于没有一个外在的精神偶像，中国人并不追求彼岸的世界，而是生活在现实的社会之中。也就是说，中国人的人生理想并不寄托在外在的精神偶像上，而是在现实的生活中展开。这在儒家修身齐家治国平天下的人生理想中表达得淋漓尽致。现实性并不意味着没有人生的崇高理想，也不意味着没有超越性，只是意味着人生理想和超越性是以现实为目的展开的(有的学者称之为

① 王树人:《中国的“象思维”及其原创性问题》，载《学术月刊》2006年第一期，第51~57页。

② 萧汉明:《论中医学的网络性思维》，载《传统哲学的魅力》，中华书局2008年版，第332~338页。

③ 郑刚:《中国人的命运》，广东旅游出版社1995年版，第256~257页。

内在的超越性）。这种人的超越性和西方神的超越性在量和质两方面都有本质的区别。

2. 主客合一性。“主客观浑然一体的认识论观念是对传统的主客截然二分的认识论观念的扬弃、超越。这种新的认识论观念，不仅承认主客体间的相对区分与界限，而且承认主客体间的相互渗透与融合。”①有意思的是，现代中国人对这个问题似乎缺少应有的自觉，倒是西方科学对这种主客合一的认识论提供了确凿的证据。心理学家马斯洛称之为道家科学，哲学家波兰尼称之为个人知识。

3. 功能性。西方哲学是实体哲学，即关于实体物质的形而上学；中国古代哲学是功能哲学，即关于某种功能状态的形而上学。并非西方哲学不研究功能，而是西方哲学认为世界的本原是物质，并以此为基点和原则来理解功能；亦非中国古代哲学不研究物质，而是中国古代哲学并不追求世界的物质或精神本原，且将世界变成是一种功能状态，并以此为基点和原则来研究物质和精神。儒家的“仁”，道家的“道”，医家的“气”，都是功能概念，而西方哲学的“物质”、“身体”都是实体概念。

（三）中国古代生理学和心理学的诠释原则

1. 形神一体原则，即形神合二为一。中医的心身一体观认为，血属阴，气属阳，血与气互根互用；精属阴，神属阳，精能化气生神。人的精神意识思维活动皆统属于心，并以五脏所藏之精为物质基础。故《素问 · 宣明五气》说“心藏神，肺藏魄，肝藏魂，脾藏意，肾藏志”，而《灵枢 · 本神》说“肝藏血，血舍魂……脾藏营，营舍意……心藏脉，脉舍神……肺藏气，气舍魄……肾藏精，精舍志”。这种五脏藏五神的“五神脏”观，一是五神活动以五脏功能活动为前提，二是五神状态可以视为五脏功能活动的表现，体现了“形神合一”的心身一体观。

2. 有机活力原则，即人体是一个有活力的生命体。中医是以

---

① 王贵友：《科学技术哲学导论》，人民出版社 2005 年版，第 103 页。

精气理论为基础来解释生命现象的。精气学说认为，精气是宇宙的本原，是构成天地万物包括人类的共同原始物质，是存在于宇宙中的生生不息的极细微物质。宇宙万物的生成和变化，包括人体的一切生命现象，都是精气运动变化的表现和结果。中医学的精，是指藏于脏腑中的液态精华物质，是构成人体和维持人体生命活动的最基本物质。其中来自父母遗传的生命物质称为先天之精，而后天获得的水谷营养，称为后天之精。精化而成气，中医的气是运动着的精，可以说是代谢着的能量，气的不断运动，维持和调控着脏腑的功能活动。

3. 整体系统原则，即人体是一个有机的整体。中医的藏象学说的主要特点是以五脏为中心的整体系统观。中医的心肝脾肺肾五脏，代表人体的五个生理系统，人体的一切组织结构都被包括在这五大系统中：心系统（心——小肠——脉——舌——面），肝系统（肝——胆——筋——目——爪），脾系统（脾——胃——肉——口——唇），肺系统（肺——大肠——皮——鼻——毛），肾系统（肾——膀胱——骨髓——耳——发）。人体以五脏为中心，通过经络系统内属于脏腑，外络于肢节，将六腑、五体、九窍、四肢、百骸等全身脏腑形态官窍连结成一个结构上不可分割，功能上相互为用，代谢上相关联系，病理上相互影响的极其复杂的有机整体。

4. 天人合一原则。中医天人合一的观点意指人与自然是一个统一的整体，人类与天地万物有着共同的生成本原。《素问·宝命全角论》说："天地合气，命之曰人"，"人以天地之气生，四时之法成"。《灵枢·岁露论》说："人与天地相参也，与日月相应也。"中医藏象学说以五行原理为基本框架，将自然界的五方、五时、五气等，与人体五大功能密切联系，勾画了一个内外相应的天人合一模式。以肾为例，肾属水，主冬季，应北方，通于寒气，在色为墨，为味为咸，在时为夜半等。

5. 象思维原则，即人体的各系统和器官之间是以组合变换的方式交互作用的。五行学说是组合结构及其变换思维在医学上的应用。有的学者将五行学说理解成西方的系统论，说它体现着整体性原则、动态原则、最优化原则、模型化原则、开放性、自相似性、自组织性等系统论特征，并指出它不是定量模型，各层次之间关系不足和带有主观臆测的色彩等缺点。① 五行学说是一个功能模型，也是系统论，但它更是组合结构及其变换思维的体现，它的相生、相克和制化，它的相乘、相侮和胜复并非简单的系统论所能解释的。

6. 阴阳原则。辩证法是西方人认识世界的图式，而阴阳原则则是中国人认识世界的图式，其内容包括阴阳的对立制约、互根互用、消长平衡和相互转化等。现代中国人将辩证法当成了真理，并以辩证法为标准来"判教"阴阳原则，认为阴阳原则是古代的、朴素的辩证法。但是阴阳原则中的阴中之阴，阳中之阳，阴中之阳，阳中之阴，是西方辩证法完全无法解释的。如果说阴阳原则是辩证法，那也是一种高级的辩证法。如果说西方的辩证法是物理世界的辩证法，那么阴阳原则就是生命世界的辩证法。

（四）中国古代生理学和心理学的诠释系统

如果说西方生理学和心理学分属两个不同的诠释系统，中国古代生理学和心理学则统一于一个系统，即"功能—形态诠释系统"，即以功能为基础来理解某种形态结构。西医的肾（kidney）就是一个具体的解剖—生理器官，西医有关肾的一切论述都是以这一具体的解剖—生理器官为基础展开的。而且在解剖和生理的关系上，更重视肾的解剖结构（逻辑上），因为只有肾具有了肾单位这样的物质结构，它才能行使泌尿这一生理功能。而中医的肾是一个功能—形态结构，它是行使藏精、主生长发育和生殖、主水和主纳气这样一组相关的人体功能的形态结构，包括西医的泌尿系统、生殖系统和

① 张其成：《中医'气—阴阳—五行'模型的阐释》，载《国际易学研究》，华夏出版社2005年版，第124~133页。

内分泌系统。① 中医的主水功能是西医的泌尿系统完成的，藏精和生殖是生殖系统完成的，主生长发育和主纳气是内分泌系统完成的。也就是说，中医肾的概念，逻辑上是以功能为基础建立起来的形态结构。对比中西医心、肝、脾、肺、肾等一切腑藏和器官的概念，虽然可能有某些解剖—生理器官和功能—形态结构完全重合，但理念上是两种完全不同的诠释系统。值得指出的是中医的“心”，居然“神明出焉”。其实中医的心包括西医的心脏和中枢神经系统（主要是大脑），而不仅仅是心脏。不但中医的藏象系统，而且其血气津液系统、经络系统都是功能—形态诠释系统。相对于西医的解剖—生理的诠释系统，中医的功能—形态诠释系统的特征，一是以功能为基础，二是其结构可能是一个器官，也可能是几个器官，而且是一个区域，三是生理和心理现象的一体化。如果以西医的解剖—生理的诠释系统为标准来“判教”，中医的功能—形态诠释系统则成了胡言乱语。

中国传统文化的科学、哲学、文学和艺术等一切文化形态，都是功能—形态诠释系统的表现，即使是构成中国传统文化基础的文字，也是功能—形态诠释系统的表现。中国传统文化的每一个文字，都是一个格式塔，而且是功能—形态的格式塔。中国文字并不是象形字，而是象神字。也就是说，中国文字并不重在物之形，而在物之神，在于表现和体现其神态和神韵。“马”字的形可以有多种，但“马”字却捕捉了马立蹄奔腾、昂首嘶鸣这一形态，而这一形态最能代表马的神韵。文言文则是功能—形态诠释系统在语言的表现和应用。文言文追求的是神韵，因而其表达简洁而典雅。“五四”新文化运动提倡白话文，废除文言文，结果是中国人的功能—

① 师领：《中西医肾及其系统的比较研究——兼论中西医学的诠释系统》，待发表。本人研究的领域包括：中医肾包括西医的肾、肾上腺皮质和内生殖器官（尤其是内生殖器官），这些器官及其相关区域的一切组织结构。但在 2012 年 6 月 21 日从广州至武昌的 K1296 次列车上，一位宁夏的女中医在闲聊中说：其实中医的肾是西医的内分泌系统。我立刻意识到这种观点的合理处，也意识到我以前研究的不足之处。那时也只有那时我才认定中医的肾是西医泌尿系统、生殖系统和内分泌系统的总和。

形态诠释系统转变成了实体—功能的诠释系统，这已经不是简单的语言问题了，这可能是当时的人们无论如何也没有意识到的，一个民族失去了其语言表达的高贵和典雅，就只能是“引车卖浆者流了”。

六、中医的现代危机

（一）中医的科学性何以成为一个问题

中医是由中国传统文化孕育出来的治疗体系，是中国传统文化对人的生理和心理现象的知识诠释系统及其在医学上的应用。它以精气学说为预设，以阴阳和五行学说为诠释原则，以藏象和经络理论为诠释系统，以望、闻、问、切为诊断方法，以辨证论治为治疗原则，以草药配伍、针灸推拿等为治疗方法，确保了中华民族千百年的健康与繁衍。如果说中华民族的精神健康（不仅是心理健康）依赖于儒、释、道互补的传统文化，身体健康（不仅是生理健康）则首赖中医和中药。既然同是科学的医疗体系，从理论上讲，中西医应该取长补短，平等相处。但现实的情况是，西医成了审判者，中医成了被审判者。中医的科学性受到了以科学自居的西医的挑战，中医的科学性成了中医挥之不去的梦魇，成了中医能否生存下去的理论判据。可以说中西医的冲突是围绕着中医的科学性展开的。中医的科学性也因此成了中医发展和走向世界的主要障碍。

中医的科学性之所以是一个问题，不是中医本身的问题，甚至不是中国传统文化本身的问题，而是由时代精神决定的。西方文明之所以领先于其他古典文明的原因，从知识层面上讲，一是对自然的研究和把握，即科学和技术，二是对社会和人性的研究和理解，即民主和自由。如果说民主和自由把西方人的社会潜能最大程度地发挥出来，那么科学和技术则把西方人的劳动生产力提高到前所未有的高度。正是凭借着科学——无论是自然科学还是社会科学，西方社会取得了前所未有的进步和天翻地覆的变化。两者之中，科学技术创造的一个又一个奇迹给人的震撼更为巨大、直观和具体，并和人类的生活息息相关。科学技术延长了人的寿命，增加了土壤的肥力，把黑夜变成白昼，在大小河流上架设了我们祖先所不知道的新型桥梁，把雷电从天空安全导入地面，消灭了距离从而便利了交往和通信，科学可以让人上九天揽月，也可让人下五洋捉鳖。科学技术不但成了社会发展的“决定因素”，而且似乎成了人类的主宰，成了上帝的化身。

正是凭借着先进的科学技术，西方人把西方文明血腥地推向了全世界。当中西文化第一次全面冲突和碰撞时，正是西方的“船坚炮利”给中国人留下了极其深刻的印象。如果说科学技术之于西方人只是社会生活的一部分，对于中国人而言则有了生死存亡的意义。中国人在亡族亡国的残酷的现实面前，不得不向西方人学习。中国人接受西方文明的过程，虽然始于技术，进而制度，终于理念，但其核心是一以贯之的，那就是科学。新文化运动在对民族文化、心理的追寻和鞭挞的过程中，要求或企图把西方的近代科学作为一种基本精神、基本态度、基本方法，来改造中国人，来注入中华民族的文化心理中。中国的“科学”拥护者们认为，中国传统文化及其主体价值观念，作为一种过时的事物，已无力促使国家富强。因此，他们全面攻击以儒学信仰为代表的中国传统文化价值观，将科学功能扩大到人生价值观，致力于以科学及其价值观来取代传统儒学在国人信仰体系中的位置。这种科学信仰的“精神姿态包括两个基本特点：一是认为科学万能，宇宙万物的所有奥秘都可通过科学方法来认识；相信可以把所有的实在都置于自然秩序之内，只有科学方法才能认识这种秩序的所有方面，包括生物、社会、物理或心理的诸多方面。二是赋予科学以价值判断，以为科学可以消除人类社会的弊端，为人类创造美好前景”。① 这里还必须强调一点，中国的科学信仰者们认为，只有西方才有科学，只有西方科学才配称科学。

---

① 参见张绪山：《论20世纪初中国社会的“科学信仰”——以归国留学生骨干为分析对象》，载《清华大学学报》(哲学社会科学版)2009年第二期，第83~108页。

当西医“狐假虎威”，代表“科学”“趾高气扬”地“东渐”时，中医也以它深厚的文化底蕴和精湛的医学技艺气宇轩昂地雄视着古老的华夏大地。历史决定了中西医之间短兵相接的遭遇战，中西医所代表的文化和所处的社会环境则决定了中西医不同的命运。胡适先生说：“有一个名词在国内几乎到了无上尊严的地位，无论懂与不懂的人，无论守旧与维新的人，都不敢公然对他表示轻视或戏侮的态度，那个名词就是‘科学’。这样几乎全国一致的崇信，究竟有无价值，那是另一个问题。我们至少可以说，自从中国讲变法维新以来，没有一个自命为新人物的人敢公然诽谤‘科学’的。”①在一个几乎举国把西方科学捧为真理和奉为信仰的时代，中国传统文化作为一个整体成了被批判和被改造的对象，中医作为传统文化的一部分，自然也在被批判和改造之列。如果承认中医也是科学，不但为作为一个整体的中国传统文化的合理性提供了依据，也威胁到西方科学的权威和神圣性——西方科学的真理性恰恰是“新文化”运动立论的根本。打倒和否定中医的最得力的武器就是质疑它的科学性——这就是中医科学性问题的由来。傅斯年先生的《再论所谓国医》一文，充满了对中医的歧视和诬蔑，认为“国医和近代科学不相容”，“和国医谈科学……皆所谓对驴弹琴，白费精神”。②西医废止中医之最重要的理由，乃为中医不合近代科学。在科学主义高扬的时代洪流中，只要中医理论在科学上没有根据，中医理论不能以科学来解释，也就无法得到科学的承认。得不到科学承认的中医，其存在的合理性、合法性便会受到怀疑。

（二）中医科学性被质疑所导致的后果

在中西医碰撞和交流中，以余岩为代表的废止中医论者，否定

---

① 参见张绪山：《论20世纪初中国社会的“科学信仰”——以归国留学生骨干为分析对象》，载《清华大学学报》（哲学社会科学版）2009年第二期，第83~108页。

② 甄志亚主编：《中国医学史》，人民卫生出版社1991年版，第430页。

中医的理论和疗效，认为阴阳、五行、十二经脉等都是不合事实的谎话，必须斩钉截铁地打破；以唐宗海、恽铁樵等为代表的中西医汇通论者认为，中西医各有特点和所长，中西医学可以汇通，而且汇通中应以中医为主，实践中主张中西药兼用；以丁福保、陆渊雷等为代表的中医科学化论者认为，中医经验可贵，理论不科学，因此应立足中医，吸收西医之精华，使中医科学化；中西医结合论者的观点是：应用现代科学(包括现代医学)理论知识和方法，加强中、西医结合的研究，继承发掘祖国医学遗产，取中、西医药之长，融会贯通，促进医学科学的繁荣和进步；中西医分流论者认为，中西医之间存在本质差别，实践中也许可以互补，但理念上不可能结合，中西医应该独自发展。

对于废止中医论者甚至中医科学化论者而言，中医的科学性不是问题，因为中医根本就不是科学。中西医汇通论者尤其是中西医结合论者，虽然承认了中医的独立地位，但汇通和“结合”的结果往往是以西医来解构和重组中医，中医里能由西医或西方科学正面解释的就被保留下来，不能纳入这个解释框架的就被视为反科学的或非科学的而遭剔除。中西医分流论者虽然坚持中医独立自主的发展道路，但在咄咄逼人的强势西医面前，分流只是一厢情愿的愿望。

中医“科学化”、“现代化”和“中西医结合”的后果是中医被彻底西医化。西医理念上以真理自居的“优越性”从根本上动摇甚至摧毁了中医赖以存在的科学理据，一方面，导致体制对中医外在的限制和逼迫：中西医医院仅在数量上的比例失调就达到了不可思议的地步，即使在数量有限的中医院，西医的成分也占到了相当甚至主导地位；另一方面而且更有害的是导致了中医内在生命力的衰退：中医学院学生以西医教学模式培养，中医学者和研究人员按照西医思路在实验室中做对象化、定量化和实证化研究，中医临床工作者不再根据传统方法而主要依赖实验诊断诊病；中药亦有丢弃辨证处方代之以批量生产中成药的倾向。中医现实存在的空间越来越逼仄，濒临临床上被西医彻底同化和存在主体性消失的危险的境地。

“中医在中国本土上遭到的各种蓄意的、彻头彻尾的破坏行为，我还一字未提呢。人们无需具有专业的历史知识就会感到，这种恶意破坏、荒唐自毁的极端行为，在人类历史上是绝无仅有的……让我做一个假设：假如中国境内的某个疯子为了减少中国的人口，向中国所有上千万人口的城市投放了核武器（当然这是不可能发生的假设）……那么，在仅仅50年内，中医在中国就几乎被毁之殆尽，这种事实可不可以和我上述荒唐的假设相比呢？完全可以！而且大有过之不及——它是一场名副其实的大灾难，它对这个地球上所有国家和社会所造成的恶劣影响，不仅是几个月、几年，而是几代、几个世纪。”①

当中医在自己的母国逐渐走向衰亡时，其却以“神奇的临床疗效”开始征服欧美，在欧美逐步得到介绍和推广的同时也引起欧美学者和医学界的重视和研究。西方学者以“西体中用”的态度，以西方科学固有的理路诠释中医理论，以西方生物医学研究方法检验中医的疗效，得出的结论常自相矛盾，有的学者坚信中医是独立的科学治疗体系，有的认为是伪科学，而西方主流医学界对中医中药仍持存疑态度。虽然越来越多的西方人到中医门诊求医问药，而且中医中药确实治愈了不计其数的西医无法治愈的重病和难病，但中医中药最终“因科学无法解释”而沦于主流医疗体系之外辅助治疗方法的境地。

（三）中医的未来

危险意味着机会。中医走向世界的机遇是什么？西医！中医走向世界的挑战是什么？还是西医！因为正是西医内在的固有的缺陷将成就中医并使之走向世界，但中医要走向世界，又必须明确地回答西医的挑战和质问：中医是科学吗？中医要摆脱目前所处的内外交困、生死存亡的困境，必须勇敢地站出来正面回答“中医是否科学的？”这一问题。如果中医不是科学的，它何以能够治病；如果

---

① 满晰博、周建平：《中医是一门成熟科学——满晰博谈中医》，载《中医哲学的时代使命》，中国中医药出版社2009年版，第97~104页。

肯定中医是科学的，包括西方医学在内的西方科学又当作何解释？中医的现实困境引起学术界就“中医的科学性”进行了“激烈的观点交锋，全方位的思想剖析”的大讨论，《医学与哲学》杂志连续两年开展了“中医的科学性”专论，中国哲学史学会中医哲学专业委员会等单位已两次主持召开有关中医药文化和中医哲学的高规格论坛和研讨会，深化了中医科学性的研究，产生了许多卓有成效的创见。由于学科交叉跨度太大，中医科学性的研究显得相对不足。因为缺乏现成的“第三者”客观的知识诠释系统，以西方知识诠释系统为参照系来诠释中医时，又有意或无意地以它为真理和标准而落入其思维的窠臼。最重要的是，中医科学性研究没有科学地揭示中医赖以建立的基础，即中国古代生理学和心理学的诠释系统，这是中医理论的“硬核”，如果它遭到质疑或否定，整个中医体系都将崩溃；如果这一基石没有奠定，所有中医科学性的论证都似空中楼阁。这也许是近百年来中医科学性论证“屡战屡败”，中医也因此“越战越败”甚至濒于消亡的根本原因。

在人类一体化的文明冲突的大背景下，中国传统文化现代化的主要问题就是中西文化的特质及其关系问题。在中国传统文化面临西方强势文化的挑战面前，中西医之争不可能是一个单纯的医学问题，可视为中西文明之争在医学上的表现。此点对于现在暂处弱势话语权的中国传统文化格外重要。作为中国传统文化科学的典范，其最有资格应战以科学理性自居的西方文明。能否守住这最后的文化阵地，并以此为基础重振华夏文明，不仅仅是中医的问题，亦是事关中国传统文化生死存亡的问题。因此中医所面临的问题不仅仅是中医本身的问题，而是涉及整个中国传统文化的特质及其和西方文化的关系问题；中医要回答的不仅仅是中医的科学性问题，而是中医整个科学体系重建的问题：其问题包括临床实践，科学（生物学、心理学和医学），具体的科学哲学（生命哲学、心灵哲学和医学哲学），科学哲学，形而上学原理、文明预设和中医文化诸方面和多层次的系统问题；其基本思路是人类一体化背景下的比较诠释，即以西医的诠释系统为参考系统（而不是标准），站在客观的立场，把中医放在中国传统文化框架内，就其对人的生理和心理现象固有的和内在的理路进行比较诠释，而不是中西相互对比，尤其不是中西对比中的以西比中；其基本方法是系统比较研究法，即以西医的解剖学、生理学、生物化学、免疫学和分子生物学等为参考知识，系统地诠释中医的生理解剖系统即脏象系统，中医的体液系统，中医的调节系统即经络系统，中医的代谢系统即气化系统，中医的防卫系统和排泄系统。以西方心理学为参考知识，诠释中医的神志系统。

中医的优势中也蕴含着缺陷和不足。由于它是功能医学，很难以现代科学的实证化来衡量；它讲究辨证论治，很难用现代科学进行定量化分析；它讲究药性而非药物成分分析。中医的不足自身无法克服，它只能借助于表面看起来是敌人实则是朋友的西医。中医和西医的冲突今天不论多么激烈，历史会证明，这不过是历史短暂的“误会”。中、西医是一个战壕里的战友，它们有一个共同的目标：人类的健康。德国汉学家满晰博三十多年前问他的导师，一个成功医生最重要的品质是什么，答案是“大气”！中医要发展，就必须大气和真诚地对待西医这位“不速之客”，正视并超越它，实现更高层次的融合，期待一种全新的、人的世界医学和健康观。那是浴火重生的中医，那是凤凰涅槃的中医，也一定是走向世界的中医。那将是天下所有为病痛折磨的人们怎样的福音啊！“我热切地希望中国人民及其政府能大气地克服不必要的畏惧和担心，以勇敢的创新精神，果断地处理中医危机。完成这一伟大使命，不仅意味着人类最荣耀、最宝贵遗产的复兴，而且表明中国从一个多世纪的创伤中全面恢复，回到其令人信服的真实的重心。”①

七、佛教心理学

（一）佛教的文明预设

1. 梵变论。即宇宙是由大梵变化而来。“太初，此世界唯独

① 满晰博、周建平：《中医是一门成熟科学——满晰博谈中医》，载《中医哲学的时代使命》，中国中医药出版社2009年版，第97~104页。

'自我'也。无有任何其他睒眼者。彼自思维：'我其创造世界夫！'彼遂创造此诸世界：洪洋也，光明也，死亡也，诸水也。"①和西方的神创论相比，印度的梵变论一是有一个创造者和被创造者，二是创造者是一精神实体，而被创造者是物质实体，三是创造者和被创造者之间没有截然的二元对立，梵的作用，既不是西方神的作用从无到有的创和造，也不是中国传统文化气的功能从一种状态到另一种状态的生和化，而是直接从梵到宇宙万物的变和化。和西方的神创论和中国传统文化的气生论一样，梵变论是印度传统文明的基石，是印度传统社会运转的基点，也是印度传统人格和心灵建构的坐标点。

2. 精神有机论。宇宙的本质是一有活力的精神实体，或者说宇宙是一有活力的精神实体的显现。"这就是梵，这就是因陀罗，这就是生主，一切诸天神，地水风火空五大，一切细微者、混合者，所有这或那的种子，卵生、胎生、湿生、热生、芽生，马牛人象。无论是有气息者、能走者、能飞者和不动者都安立在识之上，为识所指引。世界安立在识之上，为识所指引，识就是梵。"②

3. 组合聚合逻辑范式。"印度人具有高度概念能力，但他们所提出的种种概念，因为遮诠（模糊）和同一（特别是相分析）而变为思辨的：任一概念都可因需要包含任何对象，任一对象都可被论证为具有任一图式意义（通过组聚合、相分析）。"③和西方的变量函数关系和中国传统文化的组合变换论相比，印度的组合聚合论并不具有范式作用。"要把印度哲学看作一个由阶段组成的范式文明是不可能的，从奥义书以来，各种学派（包括佛教各派）都层出不穷地提出一群群概念实体，并发展了大致相同的思辨逻辑，它们之间是类推或接近地发展，没有范式性。"④

---

① 徐梵澄译：《五十奥义书》，中国社会科学出版社 2007 年版，第 16 页。

② R. E. Hume. *The Thirteen Principal Upanishads* (second edition). Oxford University Press, 1995: 301.

③ 郑刚：《中国人的命运》，广东旅游出版社 1995 年版，第 534 页。

④ 郑刚：《中国人的命运》，广东旅游出版社 1995 年版，第 535 页。

（二）佛教的形而上学原理

1. 现实超越性。西方的超越性只能在彼岸实现，西方的天国和现实之间横亘着一条不可跨越的鸿沟，中国的现实性意味着人生的价值存在于现实，而印度传统文化包括佛教的“彼岸”是现实的彼岸，是可以在现实中实现的。梵我同一和成佛作祖既是一种超越，又是一种现实，是现实的超越性。

2. 主观性。所谓诸法唯识，唯识无境，外境非有，内识非无，世界一切现象只是心识的变现，心外无独立的客观存在。由于心外无境，故普通人所谓的认识外界事物，实际上不过是由识分成认识的主体见分及认识的客体相分，然后由见分去认识相分，这种认识实际是在心识内部进行，而不是在认识器官和外界事物之间进行。正如西方的客观性并不意味着客观，印度传统文明的主观性并不意味着主观，更不意味着没有客观性。

3. 实体和功能的合一性。西方的实体性是二元对立的实体性，也即精神实体不可能转化为物质实体。中国传统文化的功能性是纯粹的功能性，从一种状态可以生化成另一种状态。印度传统文化的精神实体可以变化成物质实体，就精神和物质而言，它们具有实体性，但是又可以从一种状态变化成另一种状态，具有功能性，因而是实体和功能的同一。

（三）佛教的三法印

1. 空。并非中国人所谓的中空和无，也不是西方人的 nothingness 和虚无，而是世界上的一切事物依一定的条件而生，依一定的条件而亡，可以称之为条件原理，即所谓的因缘观。佛教的“空”相当于古希腊文明的“变”，西方文明的“相对论”和中国传统文化的“易”，可以说是不同的文明以不同的方式对宇宙本原的一个回答，而且他们的回答虽然语词不同但本质上惊人地一致。

2. 苦。宇宙一切为空，人是宇宙中的一员，人也是空，也即人的存在是有条件的，条件意味着逼迫，所以人生必苦。苦是生命的底色，是一个简单、普通的真实状态。佛教的八苦，“在母胎中，如囚牢狱，谓之生苦；力弱形枯，神衰智钝，谓之老苦；诸根痛患，坐卧不安，谓之病苦；四大分离，抽筋拆骨，谓之死苦；眷属恩爱，生离死别，谓之爱别离苦；事不称心，欲得偏失，谓之求不得苦；冤家会遇，如眼中钉，谓之怨憎会苦；五阴烦恼，如火炽热，焚烧身心，谓之五阴炽盛苦”。①

3. 涅槃。涅槃的含义是出离苦。如能按照佛教修持的方法达到心如如不动的程度就能够出离苦。涅槃是佛教全部修习之最高、最后目的，即是灭除烦恼、超越生死，不再生于三界六道之中。从心理学上来理解，涅槃是心灵的自我实现，也就是把人的心灵的潜能最大程度地发挥出来，人的心灵达到空明和湛然不动的如如不动的状态。这里所谓的“心灵的潜能最大程度地发挥出来”是内在的提升和超越，而不是西方外在的应用和活动。

（四）佛教的诠释原则

1. 心身关系配置论。西方人认为心身二元对立，而中国人认为形神一体，佛教认为无论心身二元还是一元，都是配置的结果。这心身关系是西方文明发展的主线，可以说整个西方文明都是围绕着心身关系展开的。和心身关系在西方文明中地位相当，中国传统文化中是仁仁和亲亲，佛教中是有和空。

2. 心灵活力原则。西方人认为人体甚至人的心理都是机器，就是说人体是物质的、没有活力的。中国传统文化认为人体是一个有生命活力的有机体。佛家认为人体的本质是灵魂的变现（这是一种宽泛的和不严格的说法，其实佛教是不主张人有灵魂的），这就不但意味着人的本质是灵魂，而且这个灵魂是有活力的。而西方人认为人体是一架机器，是一团死物质，人的心灵（心理）也是一架

① 这一段引文，因时隔多年，实在找不到出处了。其实可以删掉，但对八苦的解释太到位，还是保留，以待来日。

机器，是“死灵魂”。

3. 分析—整体原则。佛教对于心灵的探索，方法是分析的，但立足点是整体的。以心观心，第一个心是能动的和主体的心，这个心要行使“观”的功能，只能是一个整体的心；第二个心是被动的和被观察的心，所用的方法是分析的。但人只有一个心，只是由于所处的地位不同，既可以被分析，也可以是一个整体。

4. 依待原则。西方的人和自然处于二元对立的地位，中国传统文化的天人合一强调的是人和自然的相互作用，佛教认为宇宙万物都是由因缘而生，人是由因缘而生，自然也是由因缘而存在。人身是正报，而他所生活的环境则是依报，这样人和自然的关系就是相依相待的关系。相依是人和自然的相互依赖，相待是人和自然的相互对待。

5. 相分析原则。印度传统文化的组合聚合论在佛教的表现就是相分析：“佛教的法是相分析的具体体现。相分析是发展期文明方式的升华：通过组合和聚合可以自由地由一物过渡到另一物。因而此即彼，彼即此，因而一切皆虚幻。”①佛教的相分析在佛教发展中的作用和组合聚合论在印度传统文化中的作用一样，都不具有范式的规范功能。

6. 中观。如果说辩证法是西方人（包括古希腊人）认识世界的图式，阴阳原则是中国人认识世界的图式，那么中观就是印度人认识世界的图式。如果说西方的辩证法是物理世界的辩证法，阴阳原则是生命世界的辩证法，那么中观就是心灵世界的辩证法。《中论·观因缘品》颂云：“不生亦不灭，不常亦不断，不一亦不异，不来亦不出。”《心经》云：“色不异同空，空不异色；色即是空，空即是色。”

（五）佛教的诠释系统

佛教是一个博大精深的关于人的心灵的知识诠释系统，即灵

---

① 郑刚：《中国人的命运》，广东旅游出版社 1995 年版，第 534 页。

魂—心理的诠释系统。佛法把人的心灵分为心王和心所。《大乘百法明门论》将佛教的百法分为心法、心所有法、色法、不相应行法和无为法。心法即心王，是一切法的根本，包括眼、耳、鼻、舌、身、意前六识，第七末那识和第八阿赖耶识。“此第八识乃功能受称也。由具三藏义故，名为阿赖耶。真谛的体翻为无没。以真如随生死迁流而不失不坏，故云无没。奘师就义翻为藏识，谓能含藏诸法种故。藏有三义，谓能藏、所藏、我爱执藏。以能含藏善恶种子历劫不坏，约持种义边，名为能藏。又此识是前根、身、器界、善恶种子所藏之处，约受熏义边，名为所藏。又此藏识是末那坚执为自内我，故云我爱执藏。由斯三义，而得藏名。藏即识也，乃持业释。”①

由心王演变出心所有法，其实就是心的功能，包括遍行五：作意、触、受、想和思；别境五：欲、胜解、念、定和慧；善法十一：信、精进、惭、愧、无贪、无嗔、无痴、轻安、不放逸、行舍和不害；根本烦恼六：贪、嗔、痴、慢、疑和恶见；随烦恼二十：忿、恨、恼、覆、诳、谄、骄、害、嫉、悭、无惭、无愧、不信、懈怠、放逸、昏沉、掉举、失正念、不正知和散乱；不定四：悔、眠、寻和伺。色法十一偏重于生理功能，不相应行法二十四是物理现象，无为法六是对有为法的超越。佛教是以灵即阿赖耶识为基础来解释其功能即心所有法，所以是灵魂—心理的诠释系统。

八、未来医学原理

科学是知识的诠释系统，不同的文化有不同的知识诠释系统。西方医学仅仅是西方文明对人体生理、心理和病理的诠释系统，这就意味着西医神话的破灭(注意并非西方医学的破灭)。这种神话表现为西医真理论，唯西医论和西医万能论。打垮了西医在理念上的嚣张，也就为中医的发展清除了拦路虎。中医是中国传统文明对

---

① 匡山五乳、广益：《大乘百法明门论纂释》，资料复印于《大正藏》，但原书没有明确标记。

人体生理、心理和病理的诠释系统，这种诠释系统不但是科学，而且就人的生命现象而言，是更高级的科学，是一种新的研究生命现象的范式。

中西医之争其实是中西文明之争在医学上的表现。人类文明将一体化，中西医也将合二为一。但是中西医分属两种不同的知识体系，在理念上不可能结合，中西医的“结合”只能是在理念上的超越，即创造。如果西医是父亲，中医是母亲，两者的结合产生出一个婴儿，这个婴儿既继承了母体的优点，又有父体的长处，这个婴儿就是一个全新生成的创造物。他或她既非父亲，也非母亲，而是超越了父亲和母亲的集合。

这种新的医学可以称之为世界医学和人类医学，也可以称之为生命医学，以区别于西方的生物医学（其实是机械医学），其原理是：

1. 生命原理。人体是一个有活力的有机体，生命不但是身和心的整体，也是而且更是心和灵的整体，可以说是身、心和灵的格式塔，其中灵是人最为本质性的因素。就身和心的统一性而言，心的功能并不仅仅局限在人的大脑或中枢神经系统，而是人体的每一个细胞都参与了人的意识活动。对于人体的研究，要从立体的而非线性，组合变换的而非单向的来理解。主观、客观是相对的，实证的但非实证主义的，实验的但非实验主义的。患者不仅仅是一个被动的客体，更是一个有生命的个体，可以和医生进行双向的信息和情感交流以及治疗的互动。

2. 个体原理。每一种疾病，都是具有特定生理和心理的个体，对某种文化和某种社会的反应。同样的症状，可能是不同甚至完全相反的原因，因此不存在万能的灵丹妙药，对每一个病人的每一个症状只能辨证论治。任何一个或一组症状，并不仅仅是一个或一组躯体反应，而是生命个体对生活的整体反应，包含着许多身体、心理、社会和文化的信息。

3. 生活原理。生活是生命的存在形式，疾病是在生活中产生的，也要在生活中预防、治疗和恢复，生活就是健康，健康和生活一体化。医学的任务并不仅仅是诊断治疗而是而且更是预防，医学的目的并不仅仅是恢复，而是实现人的身体的自我实现(physical self-actualization)，也就是把人的身体的(physical)潜能最大程度地发挥出来。生活中疾病的预防并非只是“解剖—生理”的防卫机制的预防，也是而且更是“功能—形态”的防卫机制的预防，尤其是“心理—灵魂”的防卫机制的预防。

语言系统内外证据、分布及其他

——关于古书疑难词句释读方法的若干思考和若干案例

◎ 杨逢彬

上篇 楔 子

楔子一、关于“大道废，有仁义”释读的讨论

《老子》第十八章：“大道废，有仁义。智慧出，有大伪。”河上本、王弼本如此。而傅奕本作“大道废，焉有仁义。智慧出，焉有大伪”，出土的帛书本、竹简本作“大道废，安有仁义。智慧出，安有大伪”。因此，河上、王弼二本和傅奕、帛书、竹简本这两句的意义是相反的。晚出的河上本、王弼本与另外三个本子之不同，完全可以用刘笑敢先生在《〈老子〉古今》之《导论一》中所提出的“版本歧变与版本趋同理论”来解释。但刘先生说：“‘安’‘焉’放在句前，可作连词‘于是’，也可作疑问词‘哪里’‘如何’。……有人提出‘安’或当作‘哪里’解，则句意变为大道废弃，哪里还能有仁义之事呢？这样，老子之道与儒家仁义就是一致的概念。此说实有问题。如果老子之道与儒家仁义之道完全一致，那就没有道家思

想了。”①我们以为，以语言系统之外的思想作为唯一证据来判定语言系统内部的词义，是没有多少说服力的。情理、思想等语言系统之外的因素，可以引起怀疑从而作为研究的契入点是可以的，但不能以之作为唯一证据来进行辨伪。这里引出了一个系统内外的概念，我们将在后文详述。我们先看看解作“于是”能否可行。首先，安、焉有否“于是”义是值得商榷的。虽然《经传释词》等文言虚词书都列有安、焉的“于是”义，但能否可信是值得怀疑的。其中所举的多个例句都是可以作其他解释的。其次，退一步讲，就算这两个字有“于是”义，那么，该义有很大可能性是僻义。王力先生说：“从语言的社会性来看，语言的词汇所表达的，应该都是经常的意义，而不是偏僻的意义。一句话中用了僻词僻义，就在一定程度上妨碍了语言的交流，妨碍了交际；如果僻词僻义用得多了，就变成不可懂的语言，失掉语言的作用了。”②再次，再退一步讲，就算安、焉有“于是”义，而且是常义，这样，在“哪里”“如何”和“于是”这两义间将安所取乎？既然不能仅用语言系统之外的思想作为证据去取舍语言系统之内的词义，那么，根据意义不同，分布不同的原理，何不采取高邮王氏惯用的方法，来考察分布呢？这里又引出了一个意义不同，分布也不同的概念，我们也将在后文详述。具体到“安”加上“有”以及“焉”加上“有”，即“安有”“焉有”，先秦典籍中的绝大多数都表示“哪里”“如何”之义；只有王弼本《老子》十七章有“信不足，焉有不信焉”，但河上本《老子》这两句的第一个“焉”属上句，为“信不足焉”，除此未见一例表示“于是”的。所以，释为“于是”首先就过不了“分布”这道检验关。

这里引出了两个概念：

1. 语言系统内外证据的概念：语言系统内部的证据与语言外部的证据是不能等量齐观的。语言内部的证据是主要的，自足的，而语言外部的证据是次要的，非自足的，因此，语言外部的证据不

---

① 刘笑敢：《〈老子〉古今》，中国社会科学出版社 2006 年版，第 219 页。

② 王力：《训诂学上的一些问题》，载《王力语言学论文集》，商务印书馆 2000 年版，第 524 页。

能作为主要的，更不能作为唯一的证据。

2. 意义不同，分布也不同的概念：不同的两个词，分布一般不相同；一个词的各个义位，其分布各不相同。因此，要想知道句中某字到底是哪个词(一字可以是多个词)，考察其分布就可以了；要想知道句中某词是其本义和若干引申义中的哪一意义，考察其分布就可以了。实际上，考察“分布”是词义解释正确与否的一道检验大关。

楔子二、解决语言问题该从何着手

王力先生在谈到传统训诂学的局限时说：“假定这种研究方法不改变，我们试把十位学者隔离起来，分头研究同一篇比较难懂的古典文章，可能得到十种不同的结果。可能这十种意见都是新颖可喜的，但是不可能全是正确的。其中可能有一种解释是正确的，因为它是从语言出发去研究的；但是也可能十种解释全是错误的，因为都是先假设了一种新颖可喜的解释，然后再乞灵于‘一声之转’之类的‘证据’，那么，这些假设只能成为空中楼阁了。就一般情况说，这些新颖可喜的解释往往得不到普遍承认，聚讼纷纭，谁也说服不了谁。有时候，也有相反的情况，由于某一位学者的声望较高，他的新说得到了学术界多数人的同意，差不多成为定论了，但是这种情况并不一定是好事。我们追求的是真理，而不是简单地要求学术界对某一问题赶快作出结论。如果训诂学上没有充分的科学根据，所谓定论也是建筑在沙滩上的。”①

这里有三点值得注意：一是，不管某位或某些学者如何博学多才，德高望重，如果方法不正确，其研究的结论不论多么“新颖可喜”，“也是建筑在沙滩上的”。二是，这一错误的方法通常是，“先假设了一种新颖可喜的解释，然后再乞灵于‘一声之转’之类的‘证据’，那么，这些假设只能成为空中楼阁了”。三是，较为正确的解决语言内部问题的方法必须是“从语言出发去研究的”，而不

---

① 王力：《训诂学上的一些问题》，载《王力语言学论文集》，商务印书馆2000年版，第518页。

能"先主观地认为他必然有这种思想，从而引出结论说，他既然有这种思想，他这一句话也只能作这种解释了"。①

楔子三、关于科研成果的可重复性

有一类"经络敏感人"(为了避免后天知识的暗示或诱导，通常只在深山老林、穷乡僻壤且从未远行的文盲中去选取这类人)，当将银针刺中手指、脚趾的某一穴位时，他或她所叙述的麻胀感都是沿着古医书中所描绘的经络线路延伸，直至头顶的百会穴。这说明，中医学中的"经络"很可能是客观存在的。但在尸体解剖中从未发现有什么经络存在。于是，有人说是血管，有人说是神经，有人说是淋巴腺，还有人说是这几种的综合，聚讼纷纭，莫衷一是。20世纪50年代，朝鲜医科大学副教授金丰汉曾宣称他发现了经络的实质，是由他命名的"丰汉小体"组成的，他宣称这些"小体"就是经络的物质基础，并写成了实验报告，附以"丰汉小体"的照片。笔者就读医学院时，曾读到过这一报告的中译本。后来，他人照着金丰汉的实验报告去重做一遍时，却怎么也见不到所谓"丰汉小体"，这证明，"丰汉小体"实际上是子虚乌有。后来，因"发现"经络实质而刚刚晋升为教授的金丰汉自杀了。医学老师介绍完这一事例后总结说，一个科学的成果必须是具有可重复性的(Repeatability)的。例如，盘尼西林(青霉素)的发现者将如何从青霉菌培养液中提取含有青霉烷的分子的全过程写成实验报告，其他人在严格完成该报告中的各项步骤后，也能提取青霉烷，这就证明这一实验是成功的。推广之，一种科学的方法之所以科学，其指标之一是，使用该方法针对某一对象进行研究，不同的研究者在互不知情的状态下，会得出相同或近似的研究结果；而非上文所说的，"十位学者隔离起来，分头研究同一篇比较难懂的古典文章，可能得到十种不同的结果"。

---

① 王力:《训诂学上的一些问题》，载《王力语言学论文集》，商务印书馆2000年版，第518页。

楔子二和楔子三说明，研究成果的可信度不高，不完全是因为研究者的学养不够，而往往应当在研究方法上找原因。遵循一种研究方法，来研究某一问题，十个人却得出十种结论，这说明这一研究方法至少是不够精密周全的。反之，遵循一种研究方法，研究同一问题，不同的研究者能得出大致相同的结论，则说明这一方法是较为可取的。

楔子四、初步具备“可重复性”的一个案例

前几年，拜读了蒋绍愚先生的论文《读〈论语〉札记》。① 蒋先生文中讨论了《论语》中的7个词句问题，分别是：(1) 厩焚。子退朝，曰：“伤人乎?”不问马。(2) 子在齐闻《韶》，三月不知肉味，曰：“不图为乐之至于斯也!”(3) 子曰：“攻乎异端，斯害也已。”(4) 子罕言利与命与仁。(5) 子曰：“弗如也。吾与女弗如也。”(6) 孟武伯问孝。子曰：“父母唯其疾之忧。”(7) 子游问孝。子曰：“今之孝者，是谓能养。至于犬马，皆能有养。不敬，何以别乎?”这7个问题中，第2个，即“子在齐闻《韶》，三月不知肉味”一例，笔者此前没有专门研究。剩下6例中，第7例，即“子游问孝”一章，讨论的是“皆能有养”的“养”是被养还是养人。笔者研究的结论和蒋先生的不同。而这一章，恰恰是蒋先生和笔者都认为是把握不大的。蒋先生根据《经典释文》记载“养”的读音，认为这一章的“养”是养人的意思。文中说：“我们必须说明，陆德明的《经典释文》记的是六朝到唐代的读音，而不可能是先秦的读音。先秦时‘今之孝者，是谓能养。至于犬马，皆能有养’中的‘养’究竟怎样读，现在已无法知道了。”而笔者论证“养”为“被养”，书证则显得太少。只有《晏子春秋·内篇杂上》一例：“晏子曰：‘圣王见贤以乐贤，见不肖以哀不肖。今请求老弱之不养、鳏寡之无室者，论而共秩焉。’公曰：‘诺。’于是老弱有养，鳏寡有室。”以及

① 蒋绍愚：《读〈论语〉札记》，载《中国语言学》第四辑，北京大学出版社2010年版，第121~129页。

《礼记·礼运》一例："矜寡孤独废疾者，皆有所养。"而且，《礼记》一例时代靠后。除了这章论证不太充分外，其余5例，笔者的结论和蒋先生的全同。笔者的许多看法当时虽然没有发表，但从2001年起，在武汉大学国学班讲课时多次讲到。笔者进行研究的方法，和蒋先生的方法是近似的，即利用现代语法学词汇学知识来释读古书中的疑难词句。这一高度的吻合，结合上述"可重复性"的论述，从一个侧面，证明上述方法是较为科学的。

笔者在1993年前，对现代语言学只有一些基础知识，关注的重点是文字音韵训诂之学。自1993年跟随郭锡良先生，主修古代汉语语法，先生指示，必须打好理论语言学基础，于是重点听了徐通锵先生主讲的《理论语言学》。笔者以后的授课内容为三个方面：古代汉语、语言学概论、经典导读(《论语》《孟子》《老子》《庄子》《左传》《史记》)。其间讲授《论语》时，教材以杨伯峻先生的《〈论语〉译注》为主，旁及其他各本。久之，心有未惬，乃从2004年起，着手研究《论语》中一些古今聚讼纷纭仁智互见的词句，迄今九载。研究过程中，笔者发现有些字词句，有多种解读，莫衷一是。笔者乃结合语言学理论，思索其所以然。本文《中篇》实际上是笔者这一研究的总结性成果《〈论语〉新译注》一书的《导言》的改写，多半为上述思索的心得。因缘起于研究《论语》的词句，故其例证什九出自《论语》。而文中所说"本书"，即指《〈论语〉新译注》。①

中篇 关于解读古书疑难词句的若干思考

——以《论语》为例

一、《〈论语〉新译注》的宗旨

今天，《论语》已被译成几十种文字，它的总印数仅次于《圣经》，而高于其他任何一部畅销书。它是儒家思想的元典。有人认

① 该书或将于2014年由北京大学出版社出版。

为，儒家思想能救中国；有些人则认为，儒家思想延缓了中国进步的脚步。但无论赞同或反对儒家思想，都不能不读《论语》，不能不先弄清楚孔子到底说了些什么。本书重在解读自古以来见仁见智聚讼纷纭的词句问题，也即，重点回答孔子到底说了些什么。至于他为什么这样说，他这样说的背景，他所说的是对是错，不是本书关注的重点。顺便说一下，以前的《论语》注家中，有些人试图全面解决以上诸问题，或者说将以上问题混同在一起。我以为这样做的效果并不好。当今时代，术业有专攻。我以为，由语言学家来解决孔子到底说了些什么较好。这么说的背景及对错，应留待思想史家和哲学家来解决。下文中将详细论证这个问题，并在此基础上注释和今译，这样较之写一部纯学术形式的著作，能惠及更多的读者。

二、《〈论语〉新译注》采用的方法

本书主要采用的是杨树达先生倡导的文法训诂相结合的方法。杨树达先生说："凡读书者有二事焉，一曰明训诂，二曰通文法。"①又说："治国学者必明训诂，通文法。近则益觉此二事相须之重要焉。盖明训诂而不通文法，其训诂之学必不精；通文法而不明训诂，则其文法之学亦必不至也。"②同时，尽量兼采词汇学的分析方法，如义素分析法等。注重语言的历史性、系统性，尽量采纳穷尽统计的方法。

三、方法的重要性

顾颉刚认为，近三百年来治古典者以王念孙父子、王国维、杨

---

① 杨树达：《词诠·序例》，商务印书馆1931年版，第1页。

② 杨树达：《高等国文法·序例》，商务印书馆1984年版，第11页。

树达最为精湛。① 王国维有著名的“二重证据法”，我们不拟论述。杨树达先生采纳的是文法训诂相结合的方法，已见上文。解决古书中疑难词句最为成功的，是清代以“最博最精”著称的高邮王念孙、王引之父子。其《读书杂志》《经义述闻》，是解读先秦两汉古籍疑难词句的成功典范，这是学术界的共识。我们常说清代小学是以“段王”为代表，而王氏的成就更高于段氏，这也几乎是学术界的共识。我们知道，任何学问要取得新进展，端赖新方法的运用。即以如日中天的清代小学而言，其成就的取得，论者以为得益于古音学的巨大进展，学者可以突破字形的束缚，因声求义。那么，同样得益于古音学的进展，高邮王氏父子为何高出侪辈呢？王氏父子的独步千古，除了纯熟运用古音学，还采用了哪种方法呢？对此，杨树达先生给出了回答。他说：“凡读书者有二事焉，一曰明训诂，二曰通文法。训诂治其实，文法求其虚。清儒善说经者，首推高邮王氏。其所著书，如《广雅疏证》，征实之事也；《经传释词》，捣虚之事也。其《读书杂志》《经义述闻》，则交会虚实而成者也。呜呼！虚实交会，此王氏之所以卓绝一时，而独开百年来治学之风气也。”②先生又说：“其书虽未能成为系统整然之文法学，而文法学材料之丰富与精当，固未有过之者也。盖王氏父子文法观念之深，确为古人所未有，故其说多犁然有当于人心也。”③也即，“王氏之所以卓绝一时，而独开百年来治学之风气”，乃在于他们“虚实交会”，采纳了文法训诂相结合的方法。我们知道，王国维先生的卓越，“二重证据法”的提出与精湛运用是至为关键的。此处不拟深论。而为陈寅恪先生誉之为“当今文字训诂之学第一人”④的杨树达

---

① 顾颉刚：《顾颉刚学术文化随笔》，中国青年出版社 1998 年版，第 311~312 页。

② 杨树达：《词诠·序例》，商务印书馆 1931 年版，第 1 页。

③ 杨树达：《中国文法学小史》，载《积微居小学述林全编》，上海古籍出版社 2007 年版，第 631 页。

④ 杨逢彬整理：《积微居友朋书札》，湖南教育出版社 1986 年版，第 93 页。

先生，其成功的关键，当是自觉走文法训诂相结合的道路。我们想要强调的，一是，语法，是语言的组织结构；语法学，是探索语言组织结构规律的科学。不能了解语言组织结构规律，精读古书，正确地解释古今见仁见智的疑难词句是不可能的。二是，新方法的提出与成功运用，是超迈前修，提高学术水平的关键。结论是，走训诂语法相结合的道路，将能大大提高古籍整理，尤其是其中疑难词句释读的水平。

四、何以体现“王氏父子文法观念之深，确为古人所未有”？

何谓“文法学材料之丰富与精当”？何以体现“王氏父子文法观念之深，确为古人所未有”？和《中国文法学小史》紧排在一道的《训诂学小史》作了完整的诠释。文中总结王氏父子所以“独开百年来治学之风气”的缘故，乃有 4 点原因：(1)了彻音义相通之故。(2)能钩古义之沉。(3)审句例。(4)审词气。①

其中，除第一点“了彻音义相通之故”为清代以“段王”为代表的训诂学大师的共同特征，并非王氏所独有，所以并未举例之外，其余三点均可用于解释上述王氏父子之书“文法学材料之丰富与精当”，以及“王氏父子文法观念之深，确为古人所未有”。以上三点即使不说为王氏父子所独有，也是特别突出的，共举有七例。兹每点抄录一例。

1. 能钩古义之沉：

> 《荀子·臣道篇》云：“事圣君者有听从，无谏争；事中君者，有谏争，无谄谀；事暴君者，有补削，无挢拂。”杨倞注云：“补，谓弥补其阙；削，谓除去其恶。言不敢显谏，暗匡救之也。”王氏云：“杨分‘补’与‘削’为二义，非也。听从、

① 杨树达：《训诂学小史》，载《积微居小学述林全编》，上海古籍出版社 2007 年版，第 616~620 页。

> 谏争、谄谀、补削、挢拂，皆两字同义。补削，谓弥缝其阙也；削者，缝也。《韩非子·难篇》曰：‘管仲善制割，宾胥无善削缝，隰朋善纯缘。衣成，君举而服之。’制割、削缝、纯缘，亦两字同义。《吕氏春秋·行论篇》曰：‘庄王方削袂。’《燕策》曰：‘身自削甲扎，妻自组甲絣’，盖古者谓‘缝’为‘削’，而后世小学皆无此训，失其传久矣。”①

这一例是说听从、谏争、谄谀、挢拂、制割、削缝、纯缘等都是同义语素组成的联合结构的词，“补削”自不能例外，“削”的意义也是“补”，并以《吕氏春秋·行论篇》《战国策·燕策》的两例为证。

2. 审句例：

> 前人于训诂之学有一大病焉，则不审句例是也。大言之，一国之文字，必有一国之句例；小言之，一书之文字，必有一书之句例。然古人于此绝不留意，但随本文加以训诂，其于通例相合与否不之顾也。故往往郢书燕说，违失其真，至可惜也。王氏说经乃始注意及此，故往往据全书通例以说明一句之义，故往往泰山不移。②

王氏之外的训诂家，因不明句例，故“往往郢书燕说，违失其真”。其实，这也是今日许多训诂家的通病。所谓“句例”，就是“句式”。以下文为例，就是明了“终~且~”的句式，才能正确解读“终风且暴”：

> 《诗·终风篇》：“终风且暴。”《毛传》云“终日风为终风。”《韩诗》曰：“终风，西风也。”王氏云：“此皆缘词生训，非经

① （清）王念孙：《读书杂志》，江苏古籍出版社2000年版，第692页。

② 杨树达：《训诂学小史》，载《积微居小学述林全编》，上海古籍出版社2007年版，第618页。

文本义。'终'犹'既'也，言既风且暴也。"《燕燕》曰："终温且惠，淑慎其身。"《北门》曰："终窭且贫，莫知我艰。"《小雅·伐木》曰："神之听之，终和且平。"《甫田》曰："禾易长亩，终善且有。""终"字皆当训为"既"。①

3. 审词气：

《老子·三十一章》云："夫佳兵者不详之器，物或恶之，故有道者不处。"《释文》："佳，善也。河上云：饰也。"王氏云："善、饰二训皆于义未安。按'佳'当训'隹'，字之误也。隹，古'唯'字也。唯兵为不祥之器，故有道者不处。上言'夫唯'，下言'故'，文义正相承也。八章云：'夫唯不争，故无尤。'十五章云：'夫唯不可识，故强为之容。'又云：'夫唯不盈，故能蔽不新成。'二十二章云：'夫唯不争，故天下莫能与之争。'皆其证也。古钟鼎文'唯'字作'隹'，石鼓文亦然。"②

这一例其实也是通过总结出某一句式来解读古书。因为《老子》一书中有好些"夫唯……故……"句式的句子，又由于"佳"与"唯"的古体"隹"字形极为接近，故王氏断定"夫佳兵者"是"夫唯兵者"之误。

何以"王氏父子文法观念之深，确为古人所未有"？何以"其书虽未能成为系统整然之文法学，而文法学材料之丰富与精当，固未有过之者也"？通过以上例证，足以说明。"此王氏之所以卓绝一时，而独开百年来治学之风气也"！那么，我们今日解决古书中的疑难词句问题，该采取什么方法，不是呼之欲出了吗？

---

① （清）王引之：《经义述闻》，江苏古籍出版社2000年版，第122~123页。

② （清）王念孙：《读书杂志》，江苏古籍出版社2000年版，第1010页。

五、王氏父子具体是怎样做的？

让我们看看王氏具体是如何做的。王氏父子固然十分注意采纳故训(古代注家如何说，《说文》如何说，等等)，采纳因声求义的办法(例如释《老子》“行于大道，唯施是畏”的“施”为“迤”，意为“邪”)，以及采纳辨析字形，特别是通过出土文献辨析字形(如释《左传》隐公六年“从自及也”之“从”为“徒”；① 又如上引释《老子》“夫佳兵者”，为“夫唯兵者”，说“佳，古‘唯’字也……古钟鼎文‘唯’字作‘佳’，石鼓文亦然”)的办法。但是，综观王氏最为人所称道的若干名篇，其中起关键作用而不可或缺的是，征引大量的书证，特别是与被证词句同一句式的书证。本篇第四部分所引“审句例”“审词气”的释《诗经》“终风且暴”，释《老子》“夫佳兵者”两篇，都是因为引用同一时代同一句式的书证从而令人信服即为其例。前者以《诗经》中若干条“终～且～”句式的书证，正确解读了“终风且暴”的“终”为“语词”，是“既”的意思；后者以《老子》中若干“夫唯……故……”句式的书证，断定“夫佳兵者”是“夫唯兵者”之误。又如杨树达先生在《训诂学小史》之“审句例”所举王氏释《周易·大壮》“丧羊于易，无悔”的“易”，王氏认为不当如王弼释为“平易”，而应读为“疆场”之“场”。② 理由是《周易》中“同人于野”“同人于门”“同人于宗”“伏戎于莽”“同人于郊”“拂经于邱”“遇主于巷”“末一字皆实指其地”。可以说，考证古今众说纷纭仁智互见的词句，书证，特别是同一句式的书证，是不可或缺的。下文将要详述，它是确定词句考释是否成功必不可少的一道检验大关。当然，在王氏父子的时代，要做到这一点必须博闻强记，藏书丰富。

---

① (清)王引之:《经义述闻》，江苏古籍出版社 2000 年版，第 398 页。

② (清)王引之:《经义述闻》，江苏古籍出版社 2000 年版，第 24 页。

六、试用现代语言学原理分析王氏父子这样做何以成功

这当然不是区区几千字可以说清楚的，甚至足以写成一部皇皇巨著。这里只就本篇第五部分所说加以分析，即王氏最为人所称道的若干名篇，其中起关键作用而不可或缺的是，征引大量的书证，特别是与被证词句同一时代同一句式的书证。其原理可以简单归纳为：意义不同，分布也不同。也即，不同的两个词，分布一般不相同；一个词的各个义位，其分布各不相同。一个词内部某意义引申出另一意义，分布一般要改变，即后一意义的分布一般与前一意义的分布有所不同。一个词分化为两个或多个词，分布一般要改变，即这两个或几个词分布一般不同。何谓“分布”？它一是指词在句中所占据的语法位置，也即词所充当的句法成分，如主语、谓语、宾语、定语、状语，等等；二是指词的结合能力，即该词修饰何词，该词被何词修饰，等等。因此，要想知道句中某字到底是哪个词(一字可以是多个词)，考察其分布就可以了；要想知道句中某词是其本义和若干引申义中的哪一意义，考察其分布就可以了。本篇第四部分，杨树达先生总结王氏成功的“钩古义之沉”“审句例”“审词气”，所举3例其实都可视为考察分布。《荀子》一例论证与“补削”并列的都是同义语素组成的联合结构的词，“补削”自不能例外，“削”的意义也是“补”。《诗经》一例通过结合关系的考察，得出在“终~且~”的组合关系中，“终”都是类似“既”的意思。《老子》一例同样是通过结合关系来考察，通过对《老子》中多例“夫唯……故……”句式句子的归纳，从而得出“夫佳兵者”是“夫唯兵者”之误的结论。所以我们说，提供书证，也即分布的考察，是确定词句考释是否成功必不可少的一道检验大关。不通过这道检验关而得出的结论，往往失败。上篇楔子一所举《老子》第十八章：“大道废，焉有仁义。智慧出，焉有大伪”(傅奕本)，“大道废，安有仁义。智慧出，安有大伪”(帛书本、竹简本)。有人释“焉”“安”为“于是”，即其一例。

古代语言不是泥人张手里的泥巴，不能随心所欲，想怎么捏就怎么捏。以《泰伯》“民可使由之，不可使知之”为例，如果有不同于先前的读法，如断作“民可，使由之；不可，使知之”或“民可使，由之；不可使，知之”，那么，也该过一过“分布”这道检验关，即检验一下当时的语言有无这种表达法，而不是自己觉得“文从字顺”，就安之若素了。

宦懋庸《〈论语〉稽》说：“对于民，其可者使其自由之，而所不可者亦使知之。或曰，舆论所可者则使共由之，其不可者亦使共知之。”①如宦所言，就该读为“民可，使由之；不可，使知之”。杨伯峻先生评论道：“恐怕古人无此语法。”②我们认可杨先生的说法。我们在《论语》《左传》《国语》《孟子》里考察了全部共1683例“可”（《论语》156例、《左传》822例、《国语》447例、《孟子》258例），这4部典籍中罕见主语后直接接一“可”字作谓语者；即便有，如“赵衰曰：‘郄縠可’”（《左传》僖公二十七年）。也是说“郄縠这人可以（胜任）”，却没有一例主语直接接“可”字可以确定是表示某某同意某某认可的（即“以为可”，实际上是“可”的意动用法）。类似前者的还有一例：“对曰：‘午也可。’于是羊舌职死矣，晋侯曰：“孰可以代之?”对曰：‘赤也可。’”（襄公三年）主语直接接“可”的否定形式表示某某不同意，某某不认可，在这4部典籍中并不罕见，如“子良不可”（《左传》宣公四年），“公赂之，请缓师，文子不可”（成公八年），“公若欲使余，余不可而抶余”（昭公二十五年），“赵孟不可”（定公十三年），“白公欲以子闾为王，子闾不可”（哀公十六年）。以上5例“不可”都是“不同意”的意思。但主语直接接“可”字表示某某同意某某认可的，却似乎只有《孟子》中一例“百官族人可，谓曰知”。“百官族人可”似乎是“百官族人赞同认可”之意。但从赵岐《注》、朱熹《集注》到焦循《正义》均语焉不详，说不清楚；而且也均未在“可”下读断，而作“百官族人可谓曰知”。朱熹且说“‘可谓曰知’，疑有阙误”。杨伯峻先生《〈孟子〉译

① 参见程树德：《〈论语〉集释》，中华书局1990年版，第532页。

② 杨伯峻：《〈论语〉译注》，中华书局1980年版，第81页。

注》虽然在“可”下逗开，也只是说“他(指朱熹)也不甚了解，赵岐《注》也没说明白，暂且以我们的意思译出”。可见，将“民可”点断，理解为“民以为可”，是不可靠的。与此相反，“民可使由之”的读法，在孔子时代的语言中，却是带有普遍性的。如：“由也，千乘之国，可使治其赋也……求也，千室之邑，百乘之家，可使为之宰也……赤也，束带立于朝，可使与宾客言也”(《公冶长》)，“雍也，可使南面”(《雍也》)，“仲由可使从政也与？……赐也可使从政也与？……求也可使从政也与”(《雍也》)，“求也为之，比及三年，可使足民”(《先进》)，“吾兄弟比以安，尨也可使无吠”(《左传》昭公元年)，“今夫水，搏而跃之，可使过颡；激而行之，可使在山”(《孟子·告子上》)，“不揣其本，而齐其末，方寸之木可使高于岑楼”(《告子下》)。即使将范围缩小到以“民”为主语，我们也可找到诸如“易其田畴，薄其税敛，民可使富也”(《孟子·尽心上》)，“明王之务，在于强本事，去无用，然后民可使富；论贤人，用有能，而民可使治；薄税敛，毋苟于民，待以忠爱，而民可使亲”(《管子·五辅》)，“明君审居处之教，而民可使居治、战胜、守固者也”(《管子·君臣下》)这样的例子。至于下句“不可使知之”，与《左传》庄公十六年“不可使共叔无后于郑”类似的例子在那一时代的典籍中也并不少见，这里就不多说了。

至于读作“民可使，由之；不可使，知之”的，同样过不了检验关，即那一时代的语言中未见此一表达法；因为在先秦典籍中，从未见有“由之”“知之”单独成句的。

在介绍完“分布不同，意义也不同”之后，有必要简介一下所谓“奥卡姆剃刀原理”，即如无必要，勿增实体(Pluralitas non est ponenda sine necessitate，避繁逐简，或 Frustra fit per plura quod potest fieri per pauciora，以简御繁)。简单地说，就是如果能用一种简单的理论，或原理，或定理，就尽量不要用繁复的。或者说，当有两个处于竞争地位的理论能得出同样的结论，那么简单的那个更好。① “分布不同，意义也不同”，实在是比较简单的。

---

① 参见王鑫：《一分钟的奥卡姆剃刀》，中国城市出版社 2005 年版。

同时，我们注意到，本篇第四部分所举王氏用以论证的书证，都是同一时代的。《诗经》《老子》两例，书证全出自同书，时代相同，自不待言；而《荀子》一例，书证乃出自《韩非子》《吕氏春秋》与《战国策》，时代也相同或相近，难道出自偶然？语言学的一条基本原理是，语言是变化的，此之谓语言的历史性。因此，论证某一时代的语言现象，用以论证的书证，其时代必须相同或相近。王氏之所为，正符合这一原理。

七、受王氏的启示，我们今天应当怎样做？

凡事要取得成功，需要扬长避短。那么，我们不妨先分析一下古人的长处和短处，今人的长处和短处，如此才能扬长而避短。

古代大师的长处是：从小记诵，从而博闻强记，语感绝佳；精通文字音韵训诂版本目录校勘之学，以之整理文献，长年累月浸染其中而乐此不疲，往往能揭示出若干规律，再将其运用于文献整理的实践。王氏的许多名篇如上举释“终风且暴”“夫佳兵者”，体现了这一点；俞樾《古书疑义举例》所揭示的许多规律，同样体现了这一点。

古代大师的短处是：浩如烟海的文献，难以穷尽，因而只能依赖记诵及藏书，无语法学等现代语言学作理论指导。如前文所言，语法，是语言的组织结构；语法学，是探索语言组织结构规律的科学。不了解语言组织结构规律，想精读古书，正确地解释古今见仁见智的疑难词句是不可能的。虽然古代大师长期沉浸其中，往往能抽绎勾勒总结出一些规律性的东西，如上举王氏父子之所为，又如俞樾《古书疑义举例》所举诸现象，但毕竟是零星的，不完整的。今天的学者限于各种主客观条件，不能如古代大师那样长期浸染其中，如果还拒绝采纳现代语言学方法，想要缩短与古代大师的差距，从而在疑难词句的解读上做出精湛的考证，可能性是不大的。

今人的短处正是古人的长处：语感不如古人，记诵不如古人，文字音韵训诂之学的运用不如古人等。

今人的长处正是古人的短处：电脑检索，浩如烟海的文献转瞬即到眼前。有语言学理论例如语法学的指导。

明了今人的短处和长处，扬长避短就有路可循了。

整理古籍包括解读古今见仁见智的疑难词句，有几条路可走，第一条路，有一整套理论方法，即文字音韵训诂，版本目录校勘之学，但今人早则大学才开始受系统训练（如古典文献学专业、国学专业本科生），迟则到硕士生、博士生阶段以及更后的阶段，因而古文的记诵与理解跟不上，更别说很强的语感了。第二条路，用现代语言学的方法解读古书，特别是释读古书中的疑难词句，虽然这方面早有若干论文，却未见以此方法注释某部古籍的专著。因此，说这是一条新路，似不为过。用这一方法释读古书，在一些方面还没有现成的经验，还须深入探索。第三条路，有杨树达先生导夫先路，即传统训诂学与现代语法学相结合的方法。沿着这条路，继续开拓，大约是较为稳妥可行的。《〈论语〉新译注》就是沿着这条路前进的探索之作。

杨树达先生的《积微居小学述林全编》中有两篇紧挨着的文章《训诂学小史》《中国文法学小史》，后一篇说王氏父子"其书虽未能成为系统整然之文法学，而文法学材料之丰富与精当，固未有过之者也。盖王氏父子文法观念之深，确为古人所未有，故其说多犁然有当于人心也"。前一篇则总结王氏父子所以"独开百年来治学之风气"的缘故，乃是因为：(1)了彻音义相通之故。(2)能钩古义之沉。(3)审句例。(4)审词气。如上文第5点所言，(2)(3)(4)三点在训诂学的框架内说明"王氏父子文法观念之深，确为古人所未有"。一方面，不了解语言组织结构规律不能精读古书，因此整理古籍者有必要加强语法学素养。另一方面，训诂学是一个庞杂而开放的学术体系，其边界并不是十分清楚，这就决定了它可以容纳语法学的若干内容。对照杨树达先生的上述《训诂学小史》《中国文法学小史》两篇文章，不难发现他正是这样做的，所谓"旧瓶装新酒"是也。王氏父子的若干精湛的考证之作，也证明了这一点。这同时也是第三方面，古代大师长期浸染于典籍之中，往往能抽绎勾勒总结出一些规律化的东西，也就是杨树达先生所谓"文法观念之深"。我们可以设想，如果没有国门洞开，西学东渐，从而没有《马氏文通》的问世，也许经过数代学者继踵王氏父子的步伐，在训诂学的体系内，汉语语法学也能发芽成长为参天大树。这样设想的目的，无非是为了说明，探索语言组织结构规律的语法学，对于古籍整理，尤其是其中的疑难词句释读，是不可或缺的。

近现代以来，新学科如雨后春笋，不断涌现；老学科则旧邦新命，得以升华。不必一一赘举。这就决定了在古书疑难词句的释读方面，我们必须扬长避短，接近古人，赶上古人，进而超越古人。但这是一个长期的任务。在这一漫长的进军中，本人愿意成为日出前的爝火，给漫漫征途送去些微光明。笔者即将奉献给读者的这部《〈论语〉新译注》就是默默耕耘9年之后的阶段性成果。

如前所言，古代大师长期浸染于典籍之中，往往能抽绎勾勒总结出一些规律性的东西。今人限于主客观条件，不能自幼熟读古书，如果还不主动采用语法这一利器，可以断言，其解读古书疑难词句的水平绝对不如古人。反之，今人如能扬长避短，虽然文献训诂水平难以企及古代大师，但失之东隅收之桑榆，有理论的指导，有电脑技术的运用，也能做出与古代大师同样精湛的考据成果，而又避免古人的失误。今人聪明才智不在古人之下，而科学昌明，远过昔年。所以，做出超越古人的成果，实在是必然趋势。只是千里之行始于足下，现在必须踏踏实实地起步。

理想的做法是运用现代语言学理论（包括语言学理论的各方面——语法学、词汇学、音系学、历史语言学的基本方法），以之和传统小学方法（文字音韵训诂，版本目录校勘）相结合，同时运用电脑检索，当对某一古今见仁见智聚讼纷纭的词句进行考察时，对同一时期该词句可能出现的典籍作穷尽性的考察。试举一例：

《论语·八佾》："子曰：'君子无所争。必也射乎！揖让而升下而饮。其争也君子。'""揖让而升下而饮"7字断句有歧异，一为何晏《集解》引王肃说："射于堂，升及下皆揖让而相饮"，则当断为"揖让而升下，而饮"，皇侃《义疏》以及《经典释文》皆从之；一为郑玄之注《诗经·小雅·宾之初筵》："故《论语》曰：'下而饮，其争也君子。"按《礼记·少仪》："仆于君子，君子升下则授绥"，似可证成王说；但《祭统》："夫大尝禘，升歌《清庙》，下而管

《象》"(《明堂位》《仲尼燕居》有类似文字)，又可证成郑注。持上述两说者正是用以上《礼记》文字互相辩难的。① 其实，"君子升下则授绥"是说君子"升"和"下"，仆者都要"授绥"，②《少仪》的所谓"'升''下'连文"实在不能证明本章之句。我们从郑玄说。因为，遍搜《左传》(3104 个)、《论语》(354 个)、《国语》(1506 个)、《孟子》(772 个)中 5736 个"而"，未见其有"揖让而升下，而饮"这种"……而……而……"的用法；如果要表达如此标点后这句话的意思，通常应作"揖让而升下，且饮"。类似句子如："若使大子主曲沃，而重耳、夷吾主蒲与屈，则可以威民而惧戎，且旌君伐。"(《左传》庄公二十八年，又见《国语·晋语一》)"宫之奇之为人也，懦而不能强谏，且少长于君。"(《左传》僖公二年)"好勇而狂，且恶臾骈之佐上军也。"(文公十二年)"师老而劳，且有归志，必大克之。"(襄公九年)"使圉人驾，寺人御而出，且曰：'崔氏有福，止余犹可。'"(襄公二十七年)"士皆释甲束马而饮酒，且观优。"(襄公二十八年)"不义而富且贵，于我如浮云。"(《论语·述而》)以上句子可以归纳为"……而……且……"这一格式。而如果从郑玄说断作"揖让而升，下而饮"，则类似例子不胜枚举，仅举《论语》中数例："道千乘之国，敬事而信，节用而爱人。"(《学而》)"述而不作，信而好古，窃比于我老彭。"(《述而》)"说而不绎，从而不改，吾末如之何也已矣。"(《子罕》)"博学而笃志，切问而近思，仁在其中矣。"(《子张》)两相比较，结论已不待言。

4 部同时代典籍中 5736 个"而"的用法证明，连词"而"连接谓词性结构时，必须双肩挑，而不能只顾一头。"……而……且……"这一格式的存在，用语言系统性的观点解释，就大大排除了"……而……而……"格式存在的可能性。

我们在释读《里仁》"劳而不怨"的"劳"不当如《经义述闻》之释"劳，忧也"，就运用了词汇学研究中常用的义素分析法，"《王力

① 参见程树德：《〈论语〉集释》，中华书局 1990 年版，第 153~155 页。

② (汉)郑玄注，(唐)孔颖达疏：《〈礼记〉正义》，北京大学出版社 1999 年版，第 1032 页。

古汉语字典》'忧'的第一个义位是'忧虑''忧伤'，而'忧虑'这一义位大致可以分析为[操劳]+[心(脑)]+[坏心情]，'劳心'正是'操劳其心'。这样看来，将'劳心'理解或翻译为'忧'是可以的；但'劳心'的'劳'，其词意义并无本质上的改变。换言之，'劳心'可以理解为'忧'，但'劳'不能理解为'忧'"。参见本文下篇第4例。

如果暂时达不到理想的状态，至少也要以语法和训诂相结合，同时尽量运用电脑检索，尽量对同一时期的典籍中的被考察词句作穷尽性研究。如前文所言，语法学，是探索语言组织结构规律的科学。不了解语言组织结构规律，欲精读古书，正确地解释古今见仁见智的疑难词句是不可能的。我们之释读《论语》，固然有如同上文所引解释"劳而不怨"的"劳"那样运用词汇学中的义素分析法的地方，但书中这些地方并不多见，所以，笔者即将面世的释读《论语》著作实在未达到理想状态。

必须强调，今人要想达到上述两种状态中的任何一种，一定的语感，一定的记诵是必不可少的。电脑检索并不是万能的，有时还得首先要靠记诵和语感。例如我们对《子张》"子夏之门人小子当洒扫应对进退则可矣"之"门人小子"是否断开的考证，就是如此：

此4字古来连读。清代武亿《经读考异》认为当在"门人"后点断，清人潘维城《论语古注集笺》云："'小子'即'门人'，经文复出，无谓矣。"程树德《〈论语〉集释》云："此小子即门人也。古人无此累赘重复文法。"他们都主张在"小子"后点断，而作"子夏之门人，小子当洒扫应对进退"。① 按，古人有此文法，且并非"累赘重复"，而是一种修辞手法，可加强表达效果。如："志士仁人，无求生以害仁，有杀身以成仁。"(《卫灵公》)"凶年饥岁，君之民老弱转乎沟壑，壮者散而之四方者，几千人矣。"(《孟子·梁惠王下》，又《公孙丑下》)"尔为尔，我为我，虽袒裼裸裎于我侧，尔焉能浼我哉?"(《公孙丑上》)"夫为弟子后生，其师，必修其言，法其行，力不足，知弗及而后已。"(《墨子·非儒下》)古书中，"志

① 程树德:《〈论语〉集释》，中华书局1990年版，第1318页。

士仁人”“凶年饥岁”“祖裼裸裎”“弟子后生”都是所谓“经文复出”。如赵岐注“言往者遭凶年之阨，民困如是”云云，并未言及“饥岁”，可知“饥岁”即“凶年”；焦循《正义》考证“裸裎”大致同“袒裼”；孙贻让《墨子闲诂》云：“后生亦弟子也。”均可证。类似例证又如：“夫尧既已黥汝以仁义，而劓汝以是非矣，汝将何以游夫遥荡恣睢转徙之途乎?”(《庄子·大宗师》)“遥荡恣睢转徙之途”也并非什么“经文复出”或“累赘重复”。

以上用来论证的关键证据“志士仁人”“凶年饥岁”“祖裼裸裎”“遥荡恣睢转徙”都无法通过“子夏之门人小子当洒扫应对进退则可矣”中提供的关键词来检索出来，这一考证，完全靠平时的积累、记诵，当然也包括语感才得以完成。

八、我们的具体做法

这是笔者在实践过程中摸索出的若干经验，产生出的若干心得，不敢称之为“原则”，但笔者在后来的实践中是将其视同“原则”的。

1. 首先分为证伪和证实两个步骤，即在证明己说正确之前先必须证明他说之不正确。所谓仅仅谓己说“可备一说”而不去证伪是不值得提倡的。

2. 所有证据首先区分为语言系统内部的和语言系统外部的两大类。语言内部的证据是主要的、自足的，而语言外部的证据是次要的、非自足的，因此，语言外部的证据不能作为主要的，更不能作为唯一的证据。这一原则必须贯彻到证伪和证实两个步骤上。

3. 比较特殊的是文字(指字形)的证据。虽然文字不是语言的内部构成要素，但由于古汉语没有录音，完全是依靠汉字记录下来的，因此，虽然我们固然可以将文字的证据视为语言外证据中最重要的证据，但将其视为(或处理为)语言内部的证据可能更好。

4. 语言内部的证据中，以下二者必居其一：一是语言内部规律，二是同一时代同一句式的书证。即使运用前者，书证也不可或缺，只是不必像后者那么多；后者其实是自己总结规律。因此，相较而言，同一句式的书证可能更为重要。

5. 语言外部的证据中，历史事实等比较重要，最不可靠的、最不靠谱的是所谓思想，所谓情理。

6. 汉晋诸家之说，其可靠性从概率上看，大大高于考据学兴盛时期的清儒之说；尤其是当后者从语言外部着手证伪时，其结论基本上是不会正确的，但结论仍须论证。所以，当无确证证实汉儒之说，而清儒无坚强证据推翻汉儒成说时，暂从汉儒。

7. 某词语有 2 个或 2 个以上义位，优先考虑常义，尽量避免使用僻义。

以上各点中，第 2 点是理论基础，而第 4 点是释读疑难词句最为关键的步骤。先说第 2 点。

证据学的原理告诉我们，证据与被证之间必须具有关联性，关联性越强，越有可证性。而系统学的基本原理是：任何系统，其内部各要素之间联系是较为直接的，频繁的，紧密的，而内部与外部(环境)之间的联系是间接的，稀少的，疏松的。也即，系统内部各要素之间的关联性强，系统内部与系统外部之间的关联性较弱。根据关联性越强，越有可证性的原理，求证系统内部的问题应当主要依赖该系统内部的证据。证据学的原理又认为，间接证据不能单独证明被证，必须组成各证据互相支持而非互相矛盾的证据链来证明被证才有价值。而系统外部的证据无疑都是间接证据。这些，几乎是一切自然科学和社会科学的常识。语言学的基本常识告诉我们，语言是一个系统，因此，语言系统内部的证据与语言外部的证据决不能等量齐观，它们所占的权重是相差巨大的。虽然语言系统的边界仍有待厘清，但有些东西如思想、情理等不属于语言系统则是无疑的。在训诂实践的证伪环节中，经常有人仅仅依靠诸如“不符合孔子思想”“不合情理”等，即以之推翻旧说。这些做法是没有多大说服力的。因此，我们认为，语言内部的证据是主要的，自足的，而语言外部的证据是次要的、非自足的，因此，语言外部的证据不能作为主要的，更不能作为唯一的证据。我们作这种区分，其必要性在于，虽然语言内外的证据有时是互相支持的，但很多情况下却是互相矛盾的。

退一步说，即便语言系统外部的证据是自足的，依据证据学原理，当缺乏直接证据(略等同于系统内部证据)而不得不全部采纳间接证据(略等同于系统外部证据)时，这一间接证据必须组成一个互相支持的证据链，而决不能是孤证。因此，仅仅依靠思想、情理就来证伪，是绝不可靠的。

如果不是从语言系统内部进行证伪，从而建立新说，即使由以"最博最精"著称于世的王氏父子建立的新说，也往往会千虑一失。如对《雍也》第一章"雍也可使南面"之"南面"的解释。

南面，多有歧解：刘向《说苑·修文篇》云："当孔子之时，上无明天子也。故言'雍也可使南面'，南面者，天子也。"何晏《集解》引包咸说："可使南面者，言任诸侯治。"①唐写本《论语》郑玄注云："可使南面者，言任诸侯治国之政。"②皇侃《义疏》云："南面，谓为诸侯也。孔子言冉雍之德可使为诸侯。"③此外，邢昺《注疏》及朱熹《集注》等均主此说。刘宝楠《正义》则以为指天子、诸侯"要皆通也"。④ 王引之《经义述闻》则云："南面，有谓天子及诸侯者，有谓卿大夫者。雍之可使南面，谓可使为卿大夫也。《大戴礼·子张问入官篇》：'君子南面临官。'《史记·樗里子传》：'请必言于卫君，使子为南面。'盖卿大夫有临民之权，临民者无不南面。仲弓之德可为卿大夫以临民，故曰'可使南面'也。《〈论语〉摘辅像》曰：'仲弓淑明清理，可以为卿。'为卿则南面临民矣。而包咸《〈论语〉注》乃以为'任诸侯'，皇《疏》亦云'冉雍之德可使为诸侯'，非也。身为布衣，安得僭拟于人君乎？《盐铁论·殊路篇》：'皆诸侯卿相之才，可南面者数人。'亦误以'南面'为诸侯之位。《说苑·修文篇》：'孔子言"雍也可使南面"，"南面"者，天子

---

① 参见程树德：《〈论语〉集释》，中华书局1990年版，第362页。

② 王素：《唐写本〈论语〉郑氏注及其研究》，文物出版社1991年版，第56页。

③ 参见黄怀信：《〈论语〉汇校集释》，上海古籍出版社2008年版，第464页。

④ (清)刘宝楠：《〈论语〉正义》，中华书局1990年版，第209~210页。

也'。又误以'南面'为天子之位。"①我们认为，王引之此说是不大可信的。(1)王引之此处证伪的理由十分勉强而不可据。其唯一所据者，乃"身为布衣，安得僭拟于人君"。此明、清皇权至上时期观念，郑玄、包咸、皇侃、朱熹固未受此观念影响，即同为清人之刘宝楠，亦不主此说。若果为"僭越"，郑、包、皇、朱、刘等能熟视无睹乎？王氏于此所据者，自然难以令人信服。《吕氏春秋·士容论》云："士不偏不党。……执固横敢而不可辱害，临患涉难而处义不越，南面称寡而不以侈大。"《盐铁论·殊路篇》："七十子躬受圣人之术，有名列于孔子之门，皆诸侯卿相之才，可南面者数人。"正反映了那一时代的观念。(2)再看王氏是如何建立新说的。历史事实或卿大夫可以南面临民，但语言表达则是另一码事。若将两者混淆，未免无形中偷换概念。所谓"卿大夫有临民之权，临民者无不南面。仲弓之德可为卿大夫以临民"为历史事实，而非语言表达，亦即非语言内部的证据。(3)语言内部之证据，端赖书证；王氏文中仅有汉代之《大戴礼》与《史记》两条证据，加上谶书一条证据；较之乃父之释《终风篇》用《诗经》内多条"终~且~"书证之严整，逊色多矣。先秦典籍中支持"天子说"与"诸侯说"之书证至多，且均较王氏所提供书证为早。以上3点，足证王氏之说不足推翻旧说。但当今之注《论语》者，多从其说，如杨伯峻先生《译注》、李泽厚《今读》、孙钦善《本解》。不从其说者，有杨树达先生《疏证》("古之人君乡明而治，天子诸侯皆南面，不独天子也")，钱穆《新解》，李零《丧家狗》等。我们倾向于刘向之说，即所谓"南面者，天子也"。论证如下：见于先秦典籍之"南面"，其义有二：一为面朝南方，如："《书》曰：'汤一征，自葛始。'天下信之，东面而征，西夷怨；南面而征，北狄怨。"(《孟子·梁惠王下》，又见《滕文公下》《尽心下》)一为特指天子诸侯面朝南方。除《雍也》此章的"南面"尚待讨论外，我们在先秦典籍中找到此类书证23例，其中"南面"用以表示天子的17例，用以表示诸侯的6例，未见一例用于卿大夫的。例如："无为而治者，其舜也与？夫何为哉？恭

① (清)王引之：《经义述闻》，江苏古籍出版社2000年版，第741页。

己正南面而已矣。”(《论语·卫灵公》)“舜南面而立，尧帅诸侯北面而朝之，瞽瞍亦北面而朝之。”(《孟子·万章上》)“圣人南面而听天下，向明而治，盖取诸此也。”(《周易·说卦》)“天子之位，负斧依，南面立。”(《逸周书·明堂解》)“成周之会，墠上张赤帟阴羽，天子南面立，絻无繁露，朝服，八十物缙珽。”(《王会解》)“是故圣人……南面听天下，而无骄色。如此，而后可以为天下王。”(《管子·戒》)“天子者……南面而听天下。”(《荀子·正论》)“尧、舜，至天下之善教化者也。南面而听天下，生民之属莫不振动从服以化顺之。”(同上)“大人哉舜！南面而立万物备。”(《成相》)“圣人南面而立，以爱利民为心，号令未出，而天下皆延颈举踵矣。”(《吕氏春秋·季秋纪》)“是故圣王之德……今日南面，百邪自正，而天下皆反其情。”(《吕氏春秋·审分览》)“尧教于隶属而民不听，至于南面而王天下，令则行，禁则止。”(《韩非子·难势》)“今桀、纣南面而王天下，以天子之威为之云雾，而天下不免乎大乱者，桀、纣之材薄也。”(同上)“桀、纣为高台深池以尽民力，为炮烙以伤民性，桀、纣得乘四行者，南面之威为之翼也。”(同上)以上为“南面”用以表示天子的。用以表示诸侯的如：“哀公异日以告闵子曰：‘始也吾以南面而君天下，执民之纪而忧其死，吾自以为至通矣。’”(《庄子·内篇·德充符》)“凡人有此一德者，足以南面称孤矣。”(《杂篇·盗跖》)“而君发其明府之法瑞以稽之，立三阶之上，南面而受要。”(《管子·君臣上》)“景公……被发乱首，南面而立，傲然。”(《晏子春秋·内篇谏下》)“士不偏不党。……南面称寡而不以侈大。”(《吕氏春秋·士容论》)“鲁哀公，下主也，南面君国，境内之民莫敢不臣。”(《韩非子·五蠹》)以上6例，除《庄子·内篇》1例外，其他都见载于较晚的文献。而《庄子·内篇》1例虽然主语是“哀公”，但他说“南面而君天下”，显然以天子自居。上引《吕氏春秋·士容论》虽说“士不偏不党”，但只有诸侯才能“称寡”。由以上举例可知，一是较早的文献，如《论语》《孟子》，未见“南面”用于诸侯者；二是凡儒家文献，如《论语》《孟子》《荀子》，“南面”都用于天子。刘宝楠《正义》引《孟子·万章上》“匹夫而有天下者，德必若舜禹，而又有天子荐之者，故仲尼不有天下”；引《荀子·非十二子》“圣人之不得埶(势)者也，仲尼、子弓是也。……圣人之得埶(势)者，舜、禹是也”,① 可见子弓和孔子一样，可列“圣人”之列，可以南面为天子。综上，我们认为，此章的“南面”不是指卿大夫。在天子和诸侯之间，我们认为是指天子。但是，何以后汉的包咸、郑玄均以为“南面”是指诸侯呢？这与“南面”一词到汉代以后的词义变化有关。《史记》中，“南面”除了指一般的面向南方外，特指天子诸侯卿大夫面南而治的有22例，其中用于诸侯的有16例，用于天子的5例，用于卿大夫的只有1例(即王引之所引者)，包、郑等正是基于当时的语感，才说“南面”指称诸侯。语言有着一定的惯性，也即语言反映已经改变的社会现实时有一定的滞后性。西周时，天子即“王”。自楚子僭称王起，到战国时群雄俱称王，有一个过程；与“天子”，也即“王”相对应的词语“南面”，随着“王”地位的下降，即诸侯都可称“王”，它的逐渐指称诸侯，有一定必然性，但要滞后一些。《论语》成书时，楚君已僭称王，但在与《论语》成书时间差不多的《左传》中，“楚王”只有8次出现，且都是在对话中，“楚子”却出现233次。也就是说，当时公认的“王”仍是“天王”，即周天子。因此，与“王”相对应的词语“南面”，那时也不可能用于诸侯。到了汉代，诸侯已普遍称“王”，“南面”也自然可用于诸侯；所以那时的学者，犯了“以今律古”的常见病，也就以为《论语》此章的“南面”指的是诸侯了。

在这一例证中，王引之用来证伪的，仅仅“身为布衣，安得僭拟于人君乎”一条语言外的情理证据。正由于受这一“情理”的误导，王引之才对先秦典籍中大量存在的“南面”表示天子、诸侯的书证视而不见，仅仅凭借晚至汉代的《大戴礼》与《史记》两条证据，加上谶书一条证据来支持己说。当抛弃了从语言系统内部着手而仅仅依据“情理”立说时，就走向谬误。“最博最精”的王氏父子之一的王引之尚且如此，他人如此，又将如何呢？

但很多论证，虽然是系统外部的，却为何能使人信服呢？原

① (清)刘宝楠:《〈论语〉正义》，中华书局1990年版，第209~210页。

来，论证大致分为两种，一种为逻辑论证，一种为修辞论证。前者是基于学理的论证，后者是基于使受众信服的论证。某一论证，最好的效果当然是逻辑论证修辞论证俱佳。如果二者不可兼得，为了求真，当然应当有较好的逻辑论证。但为了符合学理，论证有时难免深奥，受众不一定都容易接受；而修辞效果较好而学理不足的论证，却往往较易打动受众，所谓"虽愚夫愚妇，可以与知，不啻人人意中所欲出"，"犁然有当于人心"；也即，大多数人是很容易相信修辞论证的。这就是为何好的逻辑论证往往难以被接受的缘由。

这里要强调的是，词语解释，也就是俗称"字面上"的解释，属于语言系统内部的问题，主要从语言内部找证据来解决；字面之后蕴藏的思想、哲学、言下之意等，就不属于语言系统内部的问题，因而也就不必从语言内部找证据来解决了。语言内部的问题，由语言学家来解决效果较好；语言外部的问题，如果是字面后面蕴藏的思想哲学问题，当然由研究思想史的学者、研究中国哲学的学者来解决效果较好。

再说第 4 点。即释读疑难词句最为关键的步骤。因为，语言内部规律，如瞬间动词持续动词、自主动词非自主动词的划分，实际上也是探讨分布的规律；而同一时代同一句式的书证，是从微观上归纳某一词语的某一义位分布特征之不可或缺的步骤。这一切又基于以下这一原理：多义词在上下文中实际上只具备其诸多义位中的一个，也即，语境锁定了某个义位。我们不一定确知其究为哪一义位，但是，依据我们本篇第六部分中所谈到的义位不同分布也不同的原理，通过考察其分布(运用语言规律，或考察包含被考察词语的同一句式的诸多例句)，就可能较为准确确定其究为哪一义位；或者考察出该词语的尚未被正确认识的义位。这一做法既有学理的依据，也为公认"最博最精"的清代高邮王氏的代表作品如释《诗经》"终风且暴"、释《老子》"夫佳兵者"诸篇所证明是行之有效的。在实际操作中，即使以已经明了的语言内部证据来论证，书证一般也不能缺位。这些，在本篇第六部分已经详述，这里就不多说了。这里必须再次强调，用以论证的书证，必须是同一时代或时代相近的。要注意语言的历史性，因为语言是变化的。

除了第2点、第4点，其余各点简要论述如下：

第1点不需多说。第3点。我们在本篇第五部分"王氏父子具体是怎样做的"已经说到，王氏父子十分注意采纳辨析字形，特别是通过出土文献辨析字形的办法。如释《左传》隐公六年"从自及也"之"从"为"徒"；又如上引释《老子》"夫佳兵者"，为"夫唯兵者"，说"佳，古'唯'字也……古钟鼎文'唯'字作'佳'，石鼓文亦然"。

第5点。为什么说历史事实等比较重要？因为历史事实较之思想、情理等，较为客观。它有时可以帮助我们做出语言上的判断。例如我们主要依据语言内部的证据，考证出《论语·公冶长》的"未知，焉得仁"是因果复句或条件复句。但到底是因果复句还是条件复句，若没有历史事实为依据，很难判断，因为《论语》时代的语言中，经常缺乏表因果或条件的标记，"未知，焉得仁"就是如此。好在《左传》僖公二十七、二十八年记载，楚国令尹子文举子玉自代，结果"败而丧其众"，是为"未知(智)"，我们据此判断"未知，焉得仁"为一因果复句。详见本文下篇第7例。关于思想、情理，一个最常见因而最典型的错误做法是，完全不考察"分布"，而是随便拎出多义词诸个意义中的一个，甚至拎出的是该词并不存在的意义，然后说只有解释为这一意义，才符合某人的思想，才符合情理云云。关于这点，王力先生在《训诂学上的一些问题》的第二部分《从思想上去体会还是从语言上去说明》已初步指出其谬。王先生说："古人已经死了，我们只能通过他的语言去了解他的思想；我们不能反过来，先主观地认为他必然有这种思想，从而引出结论说，他既然有这种思想，他这一句话也只能作这种解释了。后一种做法有陷于主观臆测的危险。"①依据思想、情理等，怀疑词句可能误释，以此作为研究的契入点是可以的。但以之作为证伪的唯一证据是否可行？上文说到，思想、情理对于语言系统来说，是系统之外的因素，因而只能作为间接证据。即使因无系统内部的证据而不

① 王力：《训诂学上的一些问题》，载《王力语言学论文集》，商务印书馆2000年版，第518页。

得不用系统外部的证据即间接证据时，必须具备一条证据链，或者叫作“完整的证明体系”，孤证是不行的。① 经常出现的情况是，并非缺乏系统内部的证据尤其是书证，而是很多考证者根本没有意识到需要像高邮王氏父子那样寻求书证，即通过“分布”来证明。比如《论语·阳货》“唯女子与小人为难养也，近之则不孙，远之则怨”，有好些学者认为孔子孝顺母亲，因而不可能说“女子难养”，于是对整句话别作解释。有说“女子”是“你的儿子”的，有读“女子与”为“你这位先生说得好”的，还有将“唯女子与小人”理解为“唯女子如小人者”，即“像小人一样的女子”的。问题是，即使你认为孔子不可能讲这样的话，那么你可以怀疑这话的出处，为何一定要将这话别作解释呢？退一步说，即使要别作解释，也应该从语言内部，尤其是提供同句式的书证先证明这句话理解为“只有女子和小人是难得同他们共处的”在那时的语言中讲不通；然后再从语言内部，尤其是提供同句式的书证来证明你的理解是正确的，就如同王念孙证明“终风且暴”当理解为“既风且暴”一样；或者探讨孔子说这话的特殊语境，或者从版本变迁上来求证。为什么偏偏用情理这一与语言内部八竿子打不着的孤证来证明不能理解为“只有女子和小人是难得同他们共处的”呢？这些，上文已经详述，这里就不多说了。

第 6 点。王力先生说：“古代的经生们抱残守缺，墨守故训，这是一个缺点。但是我们只是不要墨守故训，却不可以一般地否定故训。训诂学的主要价值，正是在于把故训传授下来。汉儒去古未远，经生们所说的故训往往是口耳相传的，可信的程度较高。汉儒读先秦古籍，就时间的距离说，略等于我们读宋代的古文。我们现代的人读宋文容易懂呢？还是千年后的人读宋文容易懂呢？大家都会肯定是前者。因此，我们应当相信汉代的人对先秦古籍的语言比我们懂得多些，至少不会把后代产生的意义加在先秦的词汇上。”②

---

① 陈一云主编：《证据学》，中国人民大学出版社 2010 年版，第 129 页。

② 王力：《训诂学上的一些问题》，载《王力语言学论文集》，商务印书馆 2000 年版，第 530 页。

我们自己进行穷尽性统计之后的考证也证明，当汉儒之说和清儒及现代诸家之说不同时，正确的往往是汉儒；尤其当清儒及现代诸家是用语言系统外部的证据进行证伪时，几乎百分之百错误。上举“子曰：‘雍也可使南面’”，乃其一例。试再举一例：

《子罕》：“子欲居九夷。或曰：‘陋，如之何?’子曰：‘君子居之，何陋之有?’”马融注：“君子所居则化。”皇《疏》引孙绰云：“九夷所以为‘陋’者，以无礼仪也。”①朱熹《集注》：“君子所居则化，何陋之有?”②如马、皇、孙、朱所解为真，则“陋”为僻陋、鄙陋。而杨伯峻先生释此章之“陋”为“简陋”，③ 孙钦善先生释之为“粗陋”，④ 故有辨析的必要。我们穷尽考察了《左传》(5 个)、《国语》(1 个)、《逸周书》(1 个)、《晏子春秋》(2 个)、《管子》(2 个)、《荀子》(17 个)、《吕氏春秋》(4 个)、《韩非子》(6 个)共 8 部先秦古籍中的 38 例“陋”(《论语》中《雍也》《子罕》的 3 例“陋”、《孟子·离娄下》1 例“陋巷”待考证，不算)，只见到“僻陋”“愚陋”两义，未见一例用为“简陋”义者。因此我们认为上引马、皇、孙、朱所解是正确的。《左传》文公十二年载：“不有君子，其能国乎？国无陋矣。”意谓没有君子，能叫作国家吗？秦国有了君子，所以不鄙陋。大意与本章同。《左传》成公八年记载，晋侯的使者经过莒国，对莒君说：“城墙已经败坏了。”莒君却说：“僻陋在夷，其孰以我为虞?”意谓我国僻陋，处在蛮夷之地，谁会打我们的主意呢？第二年果然被楚国攻下。成公九年载：“莒恃其陋，而不修城郭，浃辰之间(十二天之内)，而楚克其三都，无备也夫!”“恃陋”意谓仗着自己处在边远之地。彼言“僻陋在夷”，此言“子欲居九夷。或曰：‘陋，如之何’”？可见此章之“陋”也是鄙陋、僻陋之意。又昭公十九年载：“晋之伯也，迩于诸夏，而楚僻陋，故弗能与争。”楚国被各国视为蛮夷，故而僻陋；而九夷亦远在楚国，自

---

① 参见程树德：《〈论语〉集释》，中华书局 1990 年版，第 605~606 页。
② (宋)朱熹：《四书章句集注》，中华书局 1983 年版，第 113 页。
③ 杨伯峻：《〈论语〉译注》，中华书局 1980 年版，第 91 页。
④ 孙钦善：《〈论语〉本解》，三联书店 2009 年版，第 111 页。

然更僻陋了。《左传》昭公四年的一段文字亦可与成公九年之“莒恃其陋”互相印证：“(晋侯)曰：‘晋有三不殆，其何敌之有？国险而多马，齐、楚多难。有是三者，何乡而不济？’(司马侯)对曰：‘恃险与马，而虞邻国之难，是三殆也。四岳、三涂、阳城、大室、荆山、中南，九州之险也，是不一姓。冀之北土，马之所生，无兴国焉。恃险与马，不可以为固也，从古以然。”“恃险与马”与“莒恃其陋”适相互证，可见后者的“陋”是边远僻陋的意思，因为如果是“简陋”，便不足“恃”，一击则破；这也可间接证明“君子居之，何陋之有”的“陋”也是“边远僻陋”之意。

这一例中，古代注家马融、皇侃、孙绰、朱熹的解释是对的，现代注家用以后产生的“简陋”义来解释“陋”，不如古代注家准确。

第7点。王力先生说：“从语言的社会性来看，语言的词汇所表达的，应该都是经常的意义，而不是偏僻的意义。一句话中用了僻词僻义，就在一定程度上妨碍了语言的交流，妨碍了交际；如果僻词僻义用得多了，就变成不可懂的语言，失掉语言的作用了。”①为什么要尽量避免使用僻义？一是僻义从出现概率上说较低；二是僻义往往是随文释义的结果，或者是不完全论证的结果，往往不太可靠，也即，它是该词无中生有的“意义”。

九、对近来《论语》诸注本的评价

我们通过上述各部分的总结，得出第九部分的若干心得，并以此作为自己的原则，整理了一部《〈论语〉新译注》，重点在考证部分。下面，我们依据上述原则，对近几十年来的对《论语》的影响较大的译注类书籍(潘重规先生书有注而无译，较为特殊)作一述评。同时，有的著作，虽不是注本，但该著作中有着大量的词句考释，如赵纪彬《〈论语〉新探》,② 我们也予以述评。

---

① 王力：《训诂学上的一些问题》，载《王力语言学论文集》，商务印书馆2000年版，第524页。

② 赵纪彬：《〈论语〉新探》，人民出版社1976年版。

如前所述，本书重在疑难词句的解释。因此，对同类著作的评价也一律以疑难词句的解释是否正确为依归。即，疑难词句的解释较为准确的，评价高；疑难词句的解释不大准确的，评价低。而评定解释正确与否的标准，即上文所阐述的几点。因此，认同笔者的考释，以及第九部分所阐述的几点，是同意笔者评骘诸书的基础。牛泽群《〈论语〉札记》①对注《论》诸书逐一进行了评价，李零《丧家狗——我读〈论语〉》②的《导读》的第四部分以牛书为契入点评骘现代注《论》诸书，我们不妨也以李书为契入点来点评。当然，我们评骘的，也有少数李书并未论及，包括李书本身以及以北京大学哲学系 1970 级工农兵学员名义编著的《〈论语〉批注》。③ 其顺序，不妨按李书的顺序来，然后大体依照初版的时间顺序将《〈论语〉批注》放在钱穆《〈论语〉新解》④之后，将潘重规《〈论语〉今注》⑤和《丧家狗——我读〈论语〉》放在李泽厚《〈论语〉今读》⑥之后。

1.《〈论语〉新探》

李零说："'文革'版，当然有时代烙印，很多人以政治原因，弃而不读，但其研究水平实远出于时下的流行新作，很多细节考证，至今仍有参考价值。"⑦《〈论语〉新探》确实在考据上下了大工夫，引用了大量语料，也多从语言内部着手考证。应当说，较之纯粹从语言外部着手论证来说，该书的做法是较为高明的。但是，赵书似乎是先有结论，然后又带着倾向性找证据，因而其结论往往是靠不住的。例如，《释"人""民"》一文开篇即说："我们归纳全书，发现一件颇为有趣而意义亦相当重大的事实，即孔门所说的'人'

---

① 牛泽群：《〈论语〉札记》，燕山出版社 2003 年版。

② 李零：《丧家狗——我读〈论语〉》，山西人民出版社 2003 年版。

③ 北京大学哲学系 1970 级工农兵学员：《〈论语〉批注》，中华书局 1974 年版。

④ 钱穆：《〈论语〉新解》，巴蜀书社 1985 年版。

⑤ 潘重规：《〈论语〉今注》，里仁书局 2000 年版。

⑥ 李泽厚：《〈论语〉今读》，安徽文艺出版社 1998 年版。

⑦ 李零：《丧家狗——我读〈论语〉》，山西人民出版社 2003 年版，第 41 页。

'民'，是指春秋时期相互对立的两个阶级；两者在生产关系中是剥削与被剥削的关系，在政治领域中有统治与被统治的区别，因而其物质生活及精神生活的内容与形式，亦复互不相同。"①文末又说："总结以上各方面的考察，足证《论语》所说的'人'与'民'，相当于一般奴隶社会的两大阶级：'民'是奴隶阶级，'人'是奴隶主阶级。……就《论语》语法来看，如此确定，于全书章句，似乎尚无不合。孔门言'诲'，系以'人'为对象；孔门的政论，亦系为'人'的阶级服务。因此，我们认为：孔丘所创立的古代前期儒家，是春秋时期'人'的阶级的学派。"②又例如："总而言之，《论语》'有教无类'的'教'字，乃是奴隶主贵族对于所域之民施行的教化，发布的教令，以及军事技能的强制性教练。但是，不论政治经济上的教化、教令，或军事战阵上的技能教练，全为上施下效的强制性措施，目的在于将奴隶主贵族所需要的精神绳索强加于民，迫之必从，而与在'人'的内部进行'诲知'的教育，有严格的阶级界限，不容混同。"③(见《"有教无类"解》)在我们的研究中，已经证明赵说无据。我们证明，《论语》时代语言中"人""民"的解释为，"人"表个体，"民"表群体，"民"涵盖了"人"。《论语》成书时代的语料中，大量证据显示：贵族也是"民"；"民"与"君"相对而言；"民"与"人"却并非相对而言，"民"涵盖了"人"；"民"可祭祀，而且为"民"制定禄位。我们又证明，"教""诲"绝非如赵氏所云"有严格的阶级界限"。如，"教"的宾语经常是国君、贵族。"诲"的宾语也常为"民"或指代"民"的。④《〈论语〉新探》初看证据如排山倒海而来，令人目不暇接，但大多经不起仔细推敲。

2. 杨伯峻《〈论语〉译注》

李零评述《〈论语〉译注》说："牛泽群对此书有四点批评，

---

① 赵纪彬：《〈论语〉新探》，人民出版社1976年版，第1页。

② 赵纪彬：《〈论语〉新探》，人民出版社1976年版，第26页。

③ 赵纪彬：《〈论语〉新探》，人民出版社1976年版，第81页。

④ 杨逢彬：《也谈《论语》中的"人"与"民"》，载《学鉴》第4辑，武汉大学出版社2011年版。

‘一、通俗性强，研究性弱；二、摭旧说多，采新成果少；三、明显硬伤性错误时见；四、着力不够，用功不多’。这四点，除第三点，恐怕重了一些，我大体同意。我的印象中，此书注释太少太简，寡而失要，有时该注不注，不该注反而注，于疑难问题，也缺乏考证，并无多少心见，远不如他的《〈春秋左传〉注》，但总的说起来，还比较平实可靠。”我们认为，第一点所谓“通俗性强，研究性弱”，以及第四点所谓“着力不够，用功不多”很大程度上是由该书的体例决定的。牛说的第二点，从词句考释的准确度角度看，清人对汉晋旧说的颠覆，成功者寥寥，民国以来诸人对旧说的颠覆，成功者更是罕见。所以，这一点与其说是杨书的缺点，毋宁说是优点。我们在本篇第九部分第6点引用了王力先生所说不可轻易否定故训的观点也是这个意思。因此，杨书尽量摭取汉晋旧说，较之滥取后人新说，相对来说是比较保险的。尽管如此，杨书时有采撷清人及近人的新成果，实践证明却大多采错了。如“雍也可使南面”之采王引之《经义述闻》，否定“南面”指天子或诸侯，而是指卿大夫，就是不成功的范例。对于这些不成功之处，我们在《〈论语〉新译注》一书中尽可能作了纠正。但也必须承认，杨书的这一缺点，并不严重，也是事实。张政烺先生说：“在今注中确有极高的学术价值的，可以达到雅俗共赏的境地。杨伯峻的《〈论语〉译注》《〈孟子〉译注》《〈春秋左传〉注》就是其中的佼佼者。《论语》《孟子》成书较早，杨注虽对于典章制度的注释小有不足，但其解决难点，疏通文意，都有独到之处。”①我们以为，张先生的评价大体是平实的。

3. 钱穆《〈论语〉新解》

李零评论这书说：“纯以义理为主，立说多依朱注，很多笔墨，都花在琢磨圣人心法上，牛泽群讥为‘最大的败笔’，一点不过分。”又说：“此书考据少而议论多，参考价值不大。”②钱穆名气

① 张政烺：《关于古籍今注今译》，载《张政烺文史论集》，中华书局2004年版，第831页。

② 李零：《丧家狗——我读〈论语〉》，山西人民出版社2003年版，第40页。

很大，正如在大陆杨伯峻先生《〈论语〉译注》影响很大一样，在台湾，此书影响很大。近年来，在中国大陆，该书的影响也日益增大。但就词语解释来说，此书虽不必说乏善可陈，但精彩处寥寥，也是事实。该书经常犯的一个错误是，一个词的两个义位(义项)同时出现在注释和译文中。我们知道，词在语境中不可能是多义的，只能是单义的。这是语言学的一个常识。例如“忍”有忍心、忍耐二义，对于《卫灵公》“小不忍则乱大谋”，钱穆的解释是“小事不能忍，如妇人之仁不能忍其爱，匹夫之勇不能忍其忿，足以乱大谋”。“妇人之仁”云云说的是忍心，“匹夫之勇”云云说的是忍耐。而他的今译是“小处不能忍，足以乱了大计谋”,① 干脆“忍”就不翻译了。《子罕》“有鄙夫问于我，空空如也”，也是二义兼取，译为“有鄙夫来问于我，他心空空，一无所知，只诚悫地来问”。② 又李零所说“很多笔墨，都花在琢磨圣人心法上”，这反映在词句解释上，就是以情理为证据。如《为政》“至于犬马皆能有养”，虽然结论大致正确，但所谓“且犬马由人役使，非自能服侍人”云云，是不足为据的。

但通过比较，至少在疑难词句释读的准确度上，钱书与《〈论语〉译注》互有参差；从整体上看，并不见得比后者差多少。我们随机抽查了30例有争议的词句，其中，与《〈论语〉译注》相同而正确者，有10例。如《为政》之“举直错诸枉，则民服”，译为“举用正直的，放置在邪曲的上面，民众便服了”。与《〈论语〉译注》相同而错误者，有7例。如《雍也》之“则吾必在汶上矣”，解作“凡言某水上，皆谓水之北”，乃囫囵吞枣从桂馥《札朴》之误说者。较《〈论语〉译注》准确者，有8例。如《雍也》之“劳而不怨”的“劳”，译为“操心忧劳”，较《〈论语〉译注》之译为“忧愁”为佳，但仍有上述二义兼取之弊。《〈论语〉译注》未错而此书错者，有5例。如《八佾》之“揖让而升，下而饮”，断作“揖让而升下，而饮”。以上粗略统计结果，表明钱书词句解释的正确率约同于《〈论语〉译注》。其原

---

① 钱穆:《〈论语〉新解》，巴蜀书社1985年版，第388页。

② 钱穆:《〈论语〉新解》，巴蜀书社1985年版，第214页。

因，即在于钱氏的保守上，即对于后世之说，一般不予采纳。而这正避免了犯更多错误。在采纳旧注上，钱氏比之杨伯峻先生更为彻底。如上所述，杨伯峻先生仍时有采撷新说而为之所误者。

该书有些看法还是很有见地的。如《述而》"窃比于我老彭"，钱穆解作"谓以我私比老彭"，译为"把我私比老彭吧"。① 这与定州汉墓竹简本《论语》之作"窃比我于老彭"暗合。

4. 北京大学哲学系1970级工农兵学员《〈论语〉批注》

其《说明》第二条云："词义的注释，根据当时历史背景和孔丘的反动政治路线，参考过去各家的旧注分析取舍而成。"由此可知，在注释中，不可能不留下时代的烙印。如解《学而》第一章"人不知而不愠"，"人"取赵纪彬《〈论语〉新探》说："一般指奴隶主阶级中的人，有时指当时的执政者。"②

翻译大体还平实，但也不可避免留下时代烙印。如《学而》"为人谋而不忠乎"，译为"为上层统治者出主意做事情，有没有不忠的地方呢?"③显然是受了《〈论语〉新探》的影响。

为了说明词句解释的准确度，我们随机抽查了32例有争议的地方，其中，《〈论语〉批注》与《〈论语〉译注》相同而正确者，有4例。如《公冶长》"伯夷、叔齐不念旧恶，怨是用希"，"怨"解为他人的怨恨，而非有些书所说伯夷叔齐的怨恨。与《〈论语〉译注》相同而错误者，有16例。如《公冶长》"子路有闻，未之能行，唯恐有闻"，此书和《〈论语〉译注》一样，释后一"有闻"为"又闻"。其实当时语言中"有闻"不带宾语，"又闻"一般带宾语，这里显然是前者。较《〈论语〉译注》准确者，有9例。如《学而》"贤贤易色"的"易"，此书解为"轻视"，而未如《〈论语〉译注》那样解为"交换"。《〈论语〉译注》未错而此书错者，只有3例。如《雍也》"不有祝鮀之

---

① 钱穆：《〈论语〉新解》，巴蜀书社1985年版，第156页。

② 北京大学哲学系1970级工农兵学员：《〈论语〉批注》，中华书局1974年版，第1页。

③ 北京大学哲学系1970级工农兵学员：《〈论语〉批注》，中华书局1974年版，第6页。

佞，而有宋朝之美"，用《经传释词》说解"而"为"与"，① 实误。又如《子罕》："子罕言利与命与仁。"此书断作"子罕言利，与命与仁。"释"与"为"赞成"，误。但此书较《〈论语〉译注》正确者多，可见，至少在词句注释上，《〈论语〉批注》应该算是做得相当好的。

5. 孙钦善《〈论语〉本解》

李零评论道，该书"优点是，注释比较精炼，也比较准确。特别是，它很注意辞语互见，常用《论语》本身解《论语》，对互见关系注得细，这对理解《论语》很重要"。我们以为，孙钦善的《〈论语〉注译》以及后来的完善本《〈论语〉本解》，虽然较杨伯峻《〈论语〉译注》晚出几十年，但至少就词句解释的准确性而言，较之后者，并没有显著提高。所谓"用《论语》本身解《论语》"，如果是从《论语》内找寻相似例句，当然是可取的。可惜，孙著经常仅仅从思想情理上"用《论语》本身解《论语》"，而不提出语言内部的证据，这就靠不住了。例如，《公冶长》："由也好勇过我，无所取材"。《经典释文》注曰："一读'过'字绝句"，也即"由也好勇过，我无所取材"。孙著云："此说可从。"理由是"孔子一贯反对'勇而无礼'或'勇而不仁'、'勇而无义'"。② 郭锡良先生说："训诂学上的'互文见义'用在词义训释上也有它的局限性，不能任意比附、阐发。"③因此，"很注意辞语互见……对互见关系注得细"，如果用在词句解释上，并不是该书的优点。孙著从语言内部论证并比较精彩的，还是有的。例如，《雍也》第六章"子谓仲弓曰"，孙注为："《论语》中凡'谓……曰'句型，都是'对……说'的意思。"并举了大量书证证明它，可谓信而有征。只是该书说"只有'子谓颜渊曰'例外"，④ 其实，这一例也未例外。唐写本郑玄注说："颜渊病，孔

① （清）王引之：《经传释词》，岳麓书社1984年版，第144页。

② 孙钦善：《〈论语〉本解》，三联书店2009年版，第48页。

③ 郭锡良：《关于系词"是"产生年代和来源论证的几点认识》，载《汉语史论集》，商务印书馆2005年版，第122页。

④ 孙钦善：《〈论语〉本解》，三联书店2009年版，第64页。

子往省之，故发此言，痛惜之甚。”①那么，这明明是颜渊病重孔子去探视他的时候说的。

6. 李泽厚《〈论语〉今读》

该书作者是哲学家，词句考释非其所擅长。因此，注释的部分，只能萧规曹随。这是没有办法的事，隔行如隔山。因此，该书常引证他人（特别是权威）之说而不加辨析。如《学而》之“贤贤易色”，引王念孙说：“易，如也。犹言好德如好色也。”②又常根据语言外的因素来解读词句。如《为政》之“父母唯其疾之忧”，说孟武子谥“武”，“可能一向勇猛，父母老怕他因此而惹是生非，遭难遇祸，所以孔子就这样回答他”云云，因此解此句为“使父母只担心子女的疾病”。③ 但总的说来，还算平实，不太离谱。

7. 潘重规《〈论语〉今注》

此书有注而无译，注释还算平实。词句注释的准确度与钱穆《〈论语〉新解》在伯仲之间。大致同一水平的注本还有钱逊《〈论语〉浅解》、④ 金良年《〈论语〉译注》、⑤ 杜道生《〈论语〉新注新译》⑥等。毛子水《〈论语〉今注今译》也有一定影响，⑦ 但其中一些所谓“新解”相当荒谬。

8. 李零《丧家狗——我读〈论语〉》

作者十分自信，但至少就词句注释的准确性来看，该书却并不高明。如《雍也》第六章，作者说：“‘子谓仲弓曰’，有两种断句，两种理解。一种断句是‘子谓仲弓曰’如何如何，下面是孔子讲给仲弓听的话；一种是‘子谓仲弓，曰’如何如何，下面是孔子评论

---

① 王素：《唐写本〈论语〉郑氏注及其研究》，文物出版社1991年版，第107页。

② 李泽厚：《〈论语〉今读》，安徽文艺出版社1998年版，第36页。

③ 李泽厚：《〈论语〉今读》，安徽文艺出版社1998年版，第55页。

④ 钱逊：《〈论语〉浅解》，北京古籍出版社1988年版。

⑤ 金良年：《〈论语〉译注》，上海古籍出版社2004年版。

⑥ 杜道生：《〈论语〉新注新译》，中华书局2011年版。

⑦ 毛子水：《〈论语〉今注今译》，台湾商务印书馆1975年版。

仲弓的话。第二种断句更好。"①说"第二种断句更好"，好在哪里？好的标准是什么？似乎"一言九鼎"，完全不用提供理由。实际上，"谓……"格式是评论某某，后面无须再赘一"曰"字；"谓……曰"格式是"对某某说"，二者判然不紊。因此，第二种断句实际上是错的。又如《为政》"父母唯其疾之忧"，到底是马融、朱熹说的父母担忧儿女生病，还是儿女担忧父母生病，作者赞同后者。不赞同前者的理由只有两个字："太绕。"②如上所述，单就词句注释的准确性而言，这书乏善可陈；原因也许是作者之撰作此书，志不在此吧。

十、关于《〈论语〉新译注》的未尽问题

《〈论语〉新译注》中，考证了古今仁智互见聚讼纷纭的词句问题150余个。但问题是，《论语》一书中这类词句问题远不止150余处，其他的问题怎么办？首先，我们必须说，有代表性的问题，虽然不能说已经一网打尽，但讨论了其中的八九成，这话还是敢说的。其次，《〈论语〉新译注》的写作目的，主要是针对《论语》之外的古籍中的这类问题，当然也包括150余篇考证之外的《论语》中的其他词句问题。对于这类词句问题，可以根据以上心得（笔者自己将其作为指导原则）以求得解决，其中许多一望之下即可大致解决。例如，清儒颠覆汉儒之说，而其证伪仅仅只是所谓情理或义理的，在证实过程中既未提供书证又未提供语言内部规律的，其结论大致即可知十有八九是错误的。当然，如果某一作者要明确指出其谬误，当然需要从语言内部提供证据，不可仅仅凭借上面两点即确定它是错误的。

---

① 李零：《丧家狗——我读〈论语〉》，山西人民出版社2003年版，第130页。

② 李零：《丧家狗——我读〈论语〉》，山西人民出版社2003年版，第76页。

下篇　考察《论语》疑难词句的若干案例

1.《学而》："有子曰：'礼之用，和为贵；先王之道，斯为美。小大由之，有所不行。知和而和，不以礼节之，亦不可行也。'"

这段话现今许多注本都这样标点："礼之用，和为贵。先王之道，斯为美；小大由之。有所不行，知和而和，不以礼节之，亦不可行也。"何晏《集解》引马融说："人知礼贵和，而每事从和，不以礼为节，亦不可行。"这似乎是当今诸多注本的依据，但皇侃《义疏》却认为"小大由之"应该下接"有所不行"。邢昺《疏》从之。我们从皇侃《义疏》，理由是，"不……亦不……"结构，一般是两个相互呼应的复句，而断句为"小大由之，有所不行。知和而和，不以礼节之，亦不可行也"，正是相互呼应的两个复句。论证如下：含有"亦不"的否定句，它的前面不一定非得有另一个否定句，如："我君景公引领西望曰：'庶抚我乎！'君亦不惠称盟，利吾有狄难。"(《左传》成公十三年)但是，一旦在其前面不远处有另外一个否定句，这两个否定句一般都是互相呼应的，形成一个"不(弗)……亦不……"的结构，也即两个互相呼应的复句。例如："过卫，卫文公不礼焉。……及郑，郑文公亦不礼焉。"(《左传》僖公二十三年)"郑僖公之为大子也，于成之十六年，与子罕适晋，不礼焉。又与子丰适楚，亦不礼焉"(襄公七年)"叔孙与庆封食，不敬。为赋《相鼠》，亦不知也。"(襄公二十七年)"子木与之言，弗能对。使叔向侍言焉，子木亦不能对也。"(同上)"天或者以陈氏为斧斤，既斫丧公室，而他人有之，不可知也。其使终飨之，亦不可知也。"(哀公十五年)"使君为藏奸者，不可不去也。臣违君命者，亦不可不杀也。"(《国语·鲁语上》)"丕郑曰：'吾闻事君者，从其义，不阿其惑。'里克曰：'我不佞，虽不识义，亦不阿惑，吾其静也。'"(《晋语一》)"过卫，卫文公有邢、狄之虞，不能礼焉。宁庄子言于公曰：……公弗听。自卫过曹，曹共公亦不礼焉。闻其骿胁，欲观其状，止其舍，谍其将浴，设微薄而观之。……公子过郑，郑文公亦不礼焉。"(《晋语四》)"四封之内，百姓之事，蠡不如种也。四封之外，敌国之制，立断之事，种亦不如蠡也。”(《越语下》)但是，为什么本章却前言“不行”而后言“不可行”呢？俞樾说：“上云‘有所不行’，此云‘亦不行也’，两‘不行’之义彼此贯通。‘亦’者亦上文而言，上无‘可’字，则此亦无‘可’字，盖涉马注而衍。马注云：‘不以礼为节，亦不可行。’此自用以足句，非其所据经文有‘可’字也。”①(卷三十)俞樾所说“两‘不行’之义彼此贯通”，正可谓一语中的，笔者十分赞同；但说“可”字是衍文，我们不能同意。诚然，有许多“不……亦不……”的句子上句、下句都无“可”字，如上引各句；或上句、下句都有“可”字，如：“一齐人傅之，众楚人咻之，虽日挞而求其齐也，不可得矣；引而置之庄岳之间数年，虽日挞而求其楚，亦不可得矣。”(《孟子·滕文公下》)“逮至人之众，不可胜计也。则其所谓义者，亦不可胜计。”(《墨子·尚同下》)“与其居处之不安，食饭之不时，饥饱之不节，百姓之道疾病而死者，不可胜数。丧师多不可胜数，丧师尽不可胜计，则是鬼神之丧其主后，亦不可胜数。”(《非攻中》)不过，并非千篇一律。例如：“君子不夺人之亲，亦不可夺亲也，此之谓乎？”(《礼记·曾子问》)“君子不夺人之丧，亦不可夺丧也。”(《杂记下》，又见《服问》)我们将此章标点为“小大由之，有所不行。知和而和，不以礼节之，亦不可行也”，正是互相呼应的两个复句；而标点为“……小大由之。有所不行，知和而和，不以礼节之，亦不可行也”，则与那时语言的句法不合。

我们这里的做法，即是本文中篇所涉及的“审句例”“审词气”，实际上也即考察“分布”。具体说来，与王念孙考察《老子》“夫佳兵者不祥之器”有些类似。《老子》一书中有好些“夫唯……故……”句式的句子，故王氏断定“夫佳兵者”是“夫唯兵者”之误。

2.《八佾》：“或问禘之说。子曰：‘不知也；知其说者之于天下也其如示诸斯乎！’指其掌。”

“示诸斯”，有两说，一为何晏《集解》引包咸说：“言知禘礼之说者，于天下之事如指示掌中之物，言其易了也。”一为《礼记·中

① (清)俞樾：《群经评议》，上海古籍出版社1995年版，第486页。

庸》"明乎郊社之礼、禘尝之义，治国其如示诸掌乎"之郑玄注："'示'读如'寘诸河干'之'寘'。寘，置也。物而在掌中，易为知力者也。"①我们以为前说较为可靠。"示诸斯"，就是"示之于斯"："诸"是"之于"的合音。"之"即包咸所说"掌中之物"。孔子时代的典籍中，"示之"较为常见。示之，就是将某物展示、指示给人看。所示于人的，也往往是人体的部位，如："费曰：'我奚御哉！'袒而示之背，信之。"(《左传》庄公八年)或比较小的东西，如："既入焉，而示之璧，曰：'活我，吾与女璧。'"(哀公十七年)正因为如此，其往往伴随着"指"的动作："戎人见暴布者而问之曰：'何以为之莽莽也？'指麻而示之。"(《吕氏春秋·先识览·知接》)"曾子指子游而示人曰……"(《礼记·檀弓上》)所以《尔雅·释言》说："观、指，示也。"这至少说明"示"和"指"两个动词的关系是密切的。由于"指"和"示"两个动词经常连用，后来成为连动结构："上目送之，召戚夫人指示四人者曰……"(《史记·留侯世家》)"然既已贵如负言，又何说饿死？指示我。"(《绛侯周勃世家》)"璧有瑕，请指示王。"(《廉颇蔺相如列传》)这大约是现代汉语"指示"一词的源头。郑玄所注的《礼记·中庸》："明乎郊社之礼、禘尝之义，治国其如示诸掌乎？"同书《孔子燕居》也有类似文字："明乎郊社之义，尝禘之礼，治国其如指诸掌而已乎。"一为"示诸掌"，一为"指诸掌"，可知《礼记》这两处文字分别对应《论语》此章的"示诸斯"和"指其掌"。因此，包咸所谓"言知禘礼之说者，于天下之事如指示掌中之物"，是有道理的。"寘诸"于《左传》中共 16 见，其他典籍罕见。其宾语多为处所，共 11 见。如"饰棺置诸堂阜"(文公十五年)、"姬置诸宫六日"(僖公四年)、"子罕置诸其里"(襄公十五年)、"晋人置诸戎车之殿"(襄公二十六年)、"置诸火所不及"(昭公十八年)、"置诸门"(昭公二十七年)等。还有指较大的容器，如"置诸橐以与之"(宣公二年)、"郑贾人有将置诸褚中以出"(成公三年)，还有一例为"股肱"："王曰：'除腹心之疾，而置诸股肱，何益？'"(哀公六年)。"寘"由其词义所限，它的宾语不能是面积

① 参见程树德：《〈论语〉集释》，中华书局 1990 年版，第 173 页。

体积较小的场所或物体，也即不大可能为“掌”。从“示”和“寘”带宾语的情况看，显然以“示”如字读更为恰当。

这例也是考察“分布”的。具体就是考察“示”“置”两个词的宾语。

3.《里仁》：“子曰：‘事父母几谏，见志不从，又敬不违，劳而不怨。’”

“劳而不怨”，大约相当于《左传》僖公二十九年的“勤而不怨”以及《孟子·尽心上》的“虽劳不怨”，即勤苦劳顿却不怨恨。王引之说：“劳，忧也。”不确。《经义述闻·礼记下》云：“劳，忧也。高诱注《淮南·精神篇》：‘劳，忧也。’凡《诗》言‘实劳我心’‘劳心忉忉’‘劳心慱慱’‘劳人草草’之类，皆谓‘忧’也。……‘劳而不怨’，即承上‘见志不从’而言。言谏而不入，恐其得罪于乡党州闾，孝子但忧之而不怨其亲也。”①王说为杨伯峻先生《〈论语〉译注》所采纳，影响很大。② 按，王所举 4 例中有 3 例“劳”以“心”为宾语。我们穷尽考察了《诗经》中的 33 例“劳”字(《大雅·民劳》的 5 例“民亦劳止”算作 1 例；4 例“实劳我心”，因其中 2 例见于《小雅·白华》，就只算作 3 例)，除去以“心”字作宾语的 9 例，以及“民劳草草”1 例，其余例中除了 3 例一般解作“慰劳”(莫我肯劳、职劳不来、召伯劳之)外，剩下的一般都作“辛劳”“劳苦”理解。如“棘心夭夭，母氏劬劳”(《邶风·凯风》)。“劳心”的“劳”即这一义位的使动用法。这和《国语·鲁语下》“君子劳心，小人劳力，先王之制也”以及《孟子·滕文公上》“或劳心，或劳力；劳心者治人，劳力者治于人”的“劳心”并无不同。又“劳心惨兮”(《陈风·月出》)和“惨惨劬劳”(《小雅·北山》)的“劳”也并无不同。“心之官则思”，思虑过度则为“劳心”，也即是“忧”。现试以义素分析法来解决这一问题：《王力古汉语字典》“忧”的第 1 个义位是“忧虑”“忧伤”，③ 而“忧虑”这一义位大致可以分析为[操劳]+[心(脑)]+

① (清)王引之：《经义述闻》，江苏古籍出版社 2000 年版，第 385 页。

② 杨伯峻：《〈论语〉译注》，中华书局 1980 年版，第 40 页。

③ 王力主编：《王力古汉语字典》，中华书局 2000 年版，第 330 页。

[坏心情]，而“劳心”正是“操劳其心”。这样看来，将“劳心”理解或翻译为“忧”是可以的；但“劳心”的“劳”，其词意义并无本质上的改变。换言之，“劳心”可以理解为“忧”，但“劳”不能理解为“忧”。至于将“劳人草草”的“劳”也解作“忧”，则是由于《毛传》说“草草，劳心也”，而《郑笺》说：“草草者，忧；将妄得罪也。”王氏乃运用“互文”的训诂方法将《毛传》的“劳心”与《郑笺》的“忧”联系起来。我们认为，说“劳”有“忧”义，是随文释义，并不可靠；《左传》中“劳”凡 63 见，而据杨伯峻先生《〈春秋左传〉词典》考察,① 并无一例可释作“忧”者。这就有违王引之自己所说的“揆之本文而协，验之他卷而通”,② 也即违反了语言的社会性原则。“劳而不怨”又见于《尧曰》“子张问”章，上文言“劳而不怨”，下文答曰“择可劳而劳之，又谁怨?”皇侃《义疏》：“择其可应劳役者而劳役之，则民各服其劳而不敢怨也。”③尤可证“劳”当训“劳动”“劳苦”而非“忧愁”。另外，《孟子·尽心上》：“以佚道使民，虽劳不怨。”杨伯峻先生《〈孟子〉译注》译为：“在求老百姓安逸的原则下来役使百姓，百姓虽然劳苦，也不怨恨。”④亦可证。这一例中运用了词汇学中的义素分析法。

4.《公冶长》：“子路有闻，未之能行，唯恐有闻。”

“唯恐有闻”，生怕有所耳闻。这一章 2 个“有闻”相同。何晏《集解》引孔安国说：“前所闻未及行，故恐后有闻不得并行也。”杨伯峻先生《〈论语〉译注》说后一“有闻”的“有”同“又”，不确。在《论语》时代，“闻”表示“听见”意义，作谓语时，除了下文将要讲到的几种特殊情况另当别论外，“闻”一般都必须带宾语，没有例外。以《论语》为例：“夫子至于是邦也，必闻其政。”(《学而》)“朝闻道，夕死可矣。”(《里仁》)“赐也何敢望回？回也闻一以知十，赐也闻一以知二。”(《公冶长》)“子路曰：‘愿闻子之志。’”(同上)

---

① 杨伯峻：《〈春秋左传〉词典》，中华书局 1985 年版，第 669 页。

② (清)王引之：《经传释词·自序》，岳麓书社 1984 年版，第 3 页。

③ 参见程树德：《〈论语〉集释》，中华书局 1990 年版，第 1372 页。

④ 杨伯峻：《〈孟子〉译注》，中华书局 1960 年版，第 305 页。

“吾闻之也：君子周急不继富。”(《雍也》)崔立斌《〈孟子〉词类研究》将“闻”归入及物感知动词，是正确的。① 此章后一“有闻”如果读作“又闻”，按照上述规律，则必须带宾语。几种特殊情况是：(1)联动结构中“闻”与后一谓语动词共享宾语：“郑伯闻而恶之，使盗诱之。”(《左传》僖公二十四年)“若汤，则闻而知之。”(《孟子·尽心下》)(2)与代词“所”结合成“所闻”，“所”其实可视为“闻”的宾语：“劳师以袭远，非所闻也。”(《左传》僖公三十三年)(3)或与副词“相”结合成“相闻”：“鸡鸣狗吠相闻，而达乎四境。”(《孟子·公孙丑上》)(4)“闻”前出现受事主语时：“召武子曰：‘季氏，而弗闻乎？’”(《左传》宣公十六年)“夫子之文章，可得而闻也；夫子之言性与天道，不可得而闻也。”(《论语·公冶长》)“齐桓、晋文之事，可得闻乎？”(《孟子·梁惠王上》)(5)当“闻”受否定副词“不”修饰为“不闻”时，有小部分不带宾语：“齐侯不及期，非疾也。君亦不闻，令龟有咎。”(《左传》文公十八年)“若曰无罪而惠免之，诸侯不闻，是逃命也。”(昭公十三年)(6)当“闻”与其他词结合成固定结构如“多闻”“无闻”时。此章的“有闻”先秦典籍中常见，也是一种固定结构，一般不带宾语：“三咽，然后耳有闻，目有见。”(《孟子·滕文公下》)“康子曰：‘虽然，肥愿有闻于主。’”(《国语·鲁语下》)“又闻”则不是固定结构，它是副词“又”修饰谓语动词“闻”，因为先秦典籍中仅仅见到3例，且都带宾语：“问一得三，闻《诗》，闻《礼》，又闻君子之远其子也。”(《季氏》)“君固无勇，而又闻是，弗能久矣。”(《左传》襄公十八年)“侨又闻之，内官不及同姓，其生不殖，美先尽矣，则相生疾，君子是以恶之。”(昭公元年)考虑到“闻”的带与不带宾语与否，所以本章第2个“有闻”还是如字读为妥。

这一例依然是考察“分布”。“闻”一般带有宾语，除了6种特殊情况。而“有闻”正属于这6种特殊情况之一。可见不当读为“又闻”，而当如字读为“有闻”。

5.《公冶长》：“子张问曰：‘令尹子文三仕为令尹，无喜色；

---

① 崔立斌：《〈孟子〉词类研究》，河南大学出版社2004年版，第65页。

三已之，无愠色。旧令尹之政，必以告新令尹。何如?'子曰：'忠矣。'曰：'仁矣乎?'曰：'未知，焉得仁?''崔子弑齐君，陈文子有马十乘，弃而违之。至于他邦，则曰："犹吾大夫崔子也。"违之。之一邦，则又曰："犹吾大夫崔子也。"违之。何如?'子曰：'清矣。'曰：'仁矣乎?'曰：'未知，焉得仁?'"

关于"未知焉得仁"，知、智二字既是古今字关系，又是通假字关系。何晏《集解》引孔安国说："但闻其忠事，未知其仁也。"①那么，此处"不知"不是真的"不知"，只是一种委婉的否定。但《经典释文·论语音义》此章"未知"下注以"如字，郑音'智'"，②即读作"知"，但郑玄读作"智"。唐写本《〈论语〉郑氏注》此章也作"未智焉得仁"。另外，《论衡·问孔》："子张问：'令尹子文三仕为令尹，无喜色；三已之，无愠色；旧令尹之政，必以告新令尹。何如?'子曰：'忠矣。'曰：'仁矣乎?'曰：'未知，焉得仁?'子文曾举楚子玉代己位而伐宋，以百乘败而丧其众，不知如此，安得为仁？问曰：子文举子玉，不知人也。智与仁，不相干也。有不知之性，何妨为仁之行？五常之道，仁、义、礼、智、信也。五者各别，不相须而成。故有智人、有仁人者，有礼人、有义人者。人有信者未必智，智者未必仁，仁者未必礼，礼者未必义。子文智蔽于子玉，其仁何毁？谓仁，焉得不可?"王充认为"仁"与"智"是不相干的两码事，是否仁或是否智都不以另一方为先决条件。可见王充和郑玄一样，将"知"读为"智"。这里的事实依据是，子文举子玉自代，结果"败而丧其众"，是为不智。又《里仁》："择不处仁，焉得知?"意谓选择居所，没有仁德，怎么能算聪明智慧呢？彼处不仁则不智，此章不智则不仁，适相对照。读为"智"的更为坚强的证据是：(1)我们全面调查了《论语》(1例)、《左传》(14例)、《国语》(2例)、《孟子》(2例)、《老子》(1例)、《庄子》(12例)、《墨子》(10例)、《管子》(5例)、《荀子》(3例)、《吕氏春秋》(8例)、《韩非子》(8例)共11部古籍中的全部66例"未知"，这66例中，

① 参见程树德：《〈论语〉集释》，中华书局1990年版，第334页。

② (唐)陆德明：《经典释文》，中华书局1983年版，第347页。

除了《荀子》中的2例外，其余64例“未知”全都带有宾语。例如：“未知生，焉知死？”(《论语·先进》)“寡人有子，未知其谁立焉。”(《左传》闵公二年)“今乘舆已驾矣，有司未知所之，敢请！”(《孟子·梁惠王上》)“若无所济，余未知死所，谁能与豺狼争食？”(《国语·晋语四》)。其中较为特别的是《吕氏春秋·似顺论》的一例：“以凡人之知，不昏乎其所已知，而昏乎其所未知，则人之易欺矣，可惶矣，可恐矣，可喜矣。”其中“所”是“已知”“未知”前置的宾语。《荀子》中未带宾语的两例：“养一之微，荣矣而未知。”(《解蔽》)“子贡问于孔子曰：‘赐为人下而未知也。’”(《尧问》)但这两例较《论语》时代为后，且与本章“未知”二字专作一句不同。由此可知，本章的“未知”应该读为“未智”。(2)“焉得”经常处于因果复句或条件复句的后一从句。我们在《论语》(2例)、《左传》(13例)、《国语》(3例)、《孟子》(2例)、《管子》(2例)、《吕氏春秋》(1例)、《韩非子》(10例)共7部古籍中找到33例“焉得”，除《孟子·滕文公下》(孟子曰：“是焉得为大丈夫乎？子未学礼乎？”)1例外，其余32例“焉得”全部处于因果、条件复句的后一从句。例如：“管仲有三归，官事不摄，焉得俭？”(《论语·八佾》——因果复句)“里仁为美。择不处仁，焉得知？”(《里仁》——条件复句)“晋、楚无信，我焉得有信。”(《左传》宣公十一年——条件复句)“犹有晋在，焉得定功？”(宣公十二年——因果复句)“书退！国有大任，焉得专之？”(成公十六年——因果复句)“若弗弃，则主焉得之？”(《国语·晋语九》——条件复句)“君子平其政，行辟人可也，焉得人人而济之？”(《孟子·离娄下》——条件复句)由于“知”是及物感知动词，“未知”通常要带宾语；“智”是性质形容词+抽象名词的兼类词，不带宾语；而两者字形可通，所以此章的“知”应读作“智”。又由于“焉得”往往处于因果复句或条件复句的后一从句，所以，我们认为“未知，焉得仁”应读为“未智，焉得仁”，是个因果复句(据子文举子玉自代，“败而丧其众”可知)。而且，当回答他人“我不知道”时，从《论语》时代直到战国末年，一般都作“不知也”或“不知”，从未见答以“未知”的。如：“或问禘之说。子曰：‘不知也。’”(《论语·八佾》)“孟武伯问子路仁乎？

子曰：'不知也。'"（《公冶长》）"'克、伐、怨、欲不行焉，可以为仁矣？'子曰：'可以为难矣，仁则吾不知也。'"（《宪问》）"越王勾践问焉，曰：'……请问战奚以而可？'包胥辞曰：'不知。'"（《国语·吴语》）"曰：'周公知其将畔而使之与？'曰：'不知也。'"（《孟子·公孙丑下》）"于是泰清问乎无穷曰：'子知道乎？'无穷曰：'吾不知。'"（《庄子·外篇·知北游》）"汤曰：'孰可？'曰：'吾不知也。'"（《杂篇·让王》）"子路问于孔子曰：'鲁大夫练而床，礼邪？'孔子曰：'吾不知也。'"（《荀子·子道》）。可见，这5个字只能解作"他未能做到'智'，怎么能够算'仁'呢"。《国语·吴语》中申包胥说："夫战，智为始，仁次之，勇次之。不智，则不知民之极，无以铨度天下之众寡；不仁，则不能与三军共饥劳之殃；不勇，则不能断疑以发大计。"虽然说的是战争，我们从中也可看出在当时观念中"智"于"仁"之不可或缺。

这处考证中既有语言系统内部的证据，又有语言系统外部的考证。显而易见，语言系统内部的考证是关键的。因为，无论郑玄怎么理解，王充如何理解，都不足以证明"知"一定读作"智"，也不足以证明"未知焉得仁"一定得理解为"他未能做到'智'，怎么能够算'仁'呢"。要证明这些，端赖大量书证提供的语言系统内部证据。同时，语言系统外部证据中，历史事实起到了重要作用，否则无法确知这究竟是个因果复句，还是条件复句。

6.《公冶长》："颜渊季路侍。子曰：'盍各言尔志？'子路曰：'愿车马衣轻裘与朋友共敝之而无憾。'颜渊曰：'愿无伐善，无施劳。'子路曰：'愿闻子之志。'子曰：'老者安之，朋友信之，少者怀之。'"

"愿车马衣轻裘与朋友共敝之而无憾"，这句的"轻"字是后人加上去的，很多证据表明较早的本子并没有这个字。见刘宝楠《〈论语〉正义》。① 但钱大昕说"轻"字是宋人所加则未必，因为唐写本《论语》此处也有"轻"字。这一句有两种读法。第一种从"共"字断句，把"共"字当作谓词。第二种作一句读，把"共"字当作状

① （清）刘宝楠：《〈论语〉正义》，中华书局1990年版，第204页。

语，修饰“敝”字。虽然两种读法所表现的意义没有明显区别，但能辨析清楚当然最好不过，只是意义差别不大，从魏晋人以串讲为形式的解释中看不出其倾向。如皇侃《义疏》云：“子路性决，言朋友有通财，车马衣裘共乘服而无所憾恨也；一家通云，而无憾者，言愿我既乘服朋友衣马而不惭憾也。”何晏《集解》则无说。① 我们以为，后一种读法较为妥当。因为，在《论语》时代的语言中，相较于“共”作谓语，它作状语的频率要高得多。如：“唯是桃弧、棘矢，以共御王事。”（《左传》昭公十二年）“昔我先君桓公……斩之蓬蒿藜藋，而共处之。”（昭公十六年）“今我王室之一二兄弟……体解节折而共饮食之。”（《国语·周语中》）像“与朋友共敝之”同样句型的句子也不鲜见。如：“君若辱在寡君，寡君与其二三臣共听两君之所欲，成其可知也。”（《左传》成公四年）“子教寡人和诸戎、狄而正诸华，于今八年，七合诸侯，寡人无不得志，请与子共乐之。”（《国语·晋语七》）“凡我父兄昆弟及国子姓，有能助寡人谋而退吴者，吾与之共知越国之政。”（《越语上》）“此语夏王桀之执有命也，汤与仲虺共非之。”（《墨子·非命中》）“民知其母，不知其父，与麋鹿共处。”（《庄子·杂篇·盗跖》）“夫韩以秦为不义，而与秦兄弟共苦天下。”（《韩非子·存韩》）如前所言，“共”作谓语较为少见。虽然使用频率的高低说服力不是很强，但作谓语的“共”一般都带有宾语，却很能说明问题。如：“三族共政，无相害也。”（《左传》哀公二十六年）“鲁有单豹者，岩居而水饮，不与民共利，行年七十而犹有婴儿之色。”（《庄子·外篇·达生》）“选材士有力者三十人共船。”（《墨子·备水》）“我寒而不我衣，我饥而不我食，而时使我与千人共其养，是众人畜我也。”（《吕氏春秋·季冬季》）“仁义者，与天下共其所有而同其利者也。”（《韩非子·外储说右上》）“夫以王良、造父之巧，共辔而御不能使马，人主安能与其臣共权以为治？以田连、成窍之巧，共琴而不能成曲，人主又安能与其臣共势以成功乎？”（《韩非子·外储说右下》）即使像“车马衣裘”这样的因为宾语较长而将它转换为受事主语的，或受

① 参见程树德：《〈论语〉集释》，中华书局1990年版，第355页。

事隔得较远而须转换的，或须强调宾语而转换的，“共”后面也通常有一“之”复指前面的受事主语。如：“三年之丧，斋疏之服，饘粥之食，自天子达于庶人，三代共之。”(《孟子·滕文公上》)“庶人有鱼炙之荐，笾豆、脯醢则上下共之。”(《国语·楚语上》)“孔子曰：‘丘，天之戮民也。虽然，吾与汝共之。’”(《庄子·内篇·大宗师》)“子变子言，则齐国吾与子共之。”(《晏子春秋·内篇杂上》，又见《吕氏春秋·恃君览》)“国虽小，请与客共之。”(《吕氏春秋·慎大览》)因此，如要表达前一种读法的意思，与“齐国吾与子共之”一样，应作“车马衣裘与朋友共之”。我们只见到一例类似前一种读法即“与朋友共”的句子：“故明主之治天下也，威势独在于主而不与臣共，法政独制于主而不从臣出。”(《管子·明法解》)这里未作“共之”，很可能是受后一句的影响。因为后一句的“出”只是在使动用法时才以“之”作宾语。如：“郑人入于井，倒戟而出之，获狂狡。”(《左传》宣公二年)其他情况下则不以“之”作宾语：“仁从中出，义从外作。”(《管子·戒》)由于古书在流传过程中后人往往会为了句式整齐而加以删改，所以这一单文孤证，我们不敢采信；况且这一孤证乃出自远较《论语》成书为晚的《管子》一书。综上，我们以为前一种读法，即从“共”后点断，是不大可信的，后一种读法则较为可信。唐写本《论语》此句作“愿车马衣轻裘与朋友敝之而无憾”，无“共”字，也可旁证后一种读法即一气读下是可信的。

这一例是考察“分布”的典型。“共”在句中究竟作谓语还是状语？通过“分布”的考察可知，“共”作谓语较少见，即使作谓语，也须带有宾语。即使像“车马衣裘”这样的因为宾语较长而将它转换为受事主语的，或受事隔得较远而须转换的，或须强调宾语而转换的，“共”后面也通常有一“之”复指前面的受事主语。只见到一例例外，也可以得到解释。

7.《雍也》：“子曰：‘贤哉，回也！一箪食，一瓢饮，在陋巷，人不堪其忧，回也不改其乐。贤哉，回也！’”

《论语》时代直到战国末年，“陋”只有两义，一为“僻陋”义，一为“愚陋”义。我们穷尽考察了从《左传》(5例)、《国语》(1例)、《逸周书》(1例)、《晏子春秋》(2例)、《管子》(2例)、《荀子》

(17 例)、《吕氏春秋》(4 例)、《韩非子》(6 例) 共 8 部先秦古籍中的 38 例"陋"(《论语》之《雍也》《子罕》的 3 例"陋"、《孟子·离娄下》1 例"陋巷"待考证，不算)，只见到"僻陋""愚陋"两义，未见一例用为"简陋"义者。值得玩味的是，"陋"的"简陋"义却见于《列子》："化人以为王之宫室卑陋而不可处，王之厨馔腥蝼而不可飨，王之嫔御膻恶而不可亲。"(《周穆王第三》) 这似乎可为《列子》伪书说又添一书证。巷，街巷。王引之《经义述闻·通说上》说此章的"巷"为"所居之宅"，不确。他说："家大人曰，古谓里中道为'巷'，亦谓所居之宅为'巷'。……《论语·雍也》：'在陋巷'，'陋巷'谓狭隘之居。即《儒行》所云'一亩之宫，环堵之室'也。故曰：'一箪食，一瓢饮，在陋巷'；《孟子·离娄》亦言颜子'居于陋巷'也。曹植《谏取诸国士息表》曰：'蓬户茅牖，原宪之室也；陋巷箪瓢，颜子之居也。'应璩《与尚书诸郎书》曰：'陋巷之居，无高密之宇，壁立之室，无旬朔之资。'则'陋巷'为狭隘之居明矣。《庄子·列御寇》：'处穷闾阨巷'，'闾'亦居也。故'穷闾'或曰'穷巷'。《秦策》曰'穷巷掘门，桑户棬枢之士'，《楚策》曰'堀穴穷巷'，《韩诗外传》曰'穷巷白屋'，《史记·陈丞相世家》曰'家乃负郭穷巷，以弊席为门'，则'巷'为所居之宅又明矣。今之说《论语》者以'巷'为街巷之'巷'，非也。""巷"为"里中道"，其两旁即为民居，故谓之"在陋巷""居于陋巷"。上引如"陋巷箪瓢，颜子之居"云云，不足以证明"巷"为"所居之宅"。所谓"穷巷"，乃寒士所居；与之对应者即为"达巷"，故达巷党人放言："大哉孔子，博学而无所成名。"《汉书·董仲舒传》："臣闻良玉不瑑，资质润美，不待刻瑑，此亡异于达巷党人不学而自知也。"《墨子·号令》："卒有惊事，中军疾击鼓者三，城上道路、里中巷街皆无得行，行者斩。……穷巷幽闲无人之处，奸民之所谋为外心，罪车裂。……其有知识、兄弟欲见之，为召，勿令入里巷中。"前言"城上道路、里中巷街皆无得行"，后言"勿令入里巷中"，而其中言"穷巷幽闲无人之处"，可知"穷巷"并非"所居之宅"。"阨巷"，即"隘巷"，《集韵》以"阨""隘"为一字。《战国策·中山》："中山之君所倾盖与车而朝穷闾隘巷之士者七十家。""穷闾隘巷"即王引之文所引《庄子·

列御寇》之“穷闾阨巷”。《诗经·大雅·生民》：“诞寘之隘巷，牛羊腓字之。”可见“隘巷”为狭窄的里巷，否则不能“牛羊腓字之”。《庄子·杂篇·让王》：“原宪居鲁，环堵之室，茨以生草；蓬户不完，桑以为枢；而瓮牖二室，褐以为塞；上漏下湿，匡坐而弦。子贡乘大马，中绀而表素，轩车不容巷，往见原宪。原宪华冠縰履，杖藜而应门。”“轩车不容巷”，即为“隘巷”的写照。

《子罕》：“子欲居九夷。或曰：‘陋，如之何？’子曰：‘君子居之，何陋之有？’”何晏《集解》引马融说：“君子所居则化。”皇侃《疏》引孙绰云：“九夷所以为‘陋’者，以无礼仪也。”朱熹《集注》：“君子所居则化，何陋之有？”如马、皇、孙、朱所解为真，则“陋”为僻陋、鄙陋。而杨伯峻先生《〈论语〉译注》释此章之“陋”为“简陋”，孙钦善先生《〈论语〉本解》释之为“粗陋”，故有辨析的必要。《左传》文公十二年：“不有君子，其能国乎？国无陋矣。”意谓没有君子，能叫国家吗？秦国有了君子，所以不鄙陋。大意与本章同。《左传》成公八年记载，晋侯的使者经过莒国，对莒君说：“城墙已经败坏了。”莒君却说：“僻陋在夷，其孰以我为虞？”意谓我国僻陋，处在蛮夷之地，谁会打我们的主意呢？第二年果然被楚国攻下。成公九年载：“莒恃其陋，而不修城郭，浃辰之间（十二天之内），而楚克其三都，无备也夫！”“恃陋”意谓仗着自己处在边远之地。彼言“僻陋在夷”，此言“子欲居九夷。或曰：‘陋，如之何’”？可证此章之“陋”也是鄙陋、僻陋之意。又昭公十九年载：“晋之伯也，迩于诸夏，而楚僻陋，故弗能与争。”楚国被各国视为蛮夷，故而僻陋；而九夷亦远在楚国，自然就更僻陋了。《左传》昭公四年的一段文字亦可与成公九年之“莒恃其陋”互相印证：“（晋侯）曰：‘晋有三不殆，其何敌之有？国险而多马，齐、楚多难。有是三者，何乡（向）而不济？’（司马侯）对曰：‘恃险与马，而虞邻国之难，是三殆也。四岳、三涂、阳城、大室、荆山、中南，九州之险也，是不一姓。冀之北土，马之所生，无兴国焉。恃险与马，不可以为固也，从古以然。”“恃险与马”与“莒恃其陋”可以互证，显示后者的“陋”是边远僻陋的意思，因为如果是“简陋”，便不足“恃”，一击则破；这也可间接证明“君子居之，何陋之有”

的“陋”也是“边远僻陋”之意。

这两例着眼于语言的历史性。因为通过穷尽考察，只见到“陋”的“僻陋”“愚陋”两义，未见一例用为“简陋”义者。另外，释为“僻陋”，既符合特定语境，又与马融、皇侃、孙绰、朱熹诸儒所解相符。

8.《乡党》：“狐貉之厚以居。”

何晏《集解》引郑玄说：“在家以接宾客也。”①皇侃《义疏》解释得更具体：“此谓在家接待宾客之裘也。”②然则，此句意为在家接待宾客穿着厚狐貉之裘。但刘宝楠《正义》所引凤韶《经说》却别出心裁：“《论语》：‘居，吾语女’，《孝经》：‘坐，吾语女’，《孟子》：‘坐，吾明语子’，居、坐互出，则‘居’字有‘坐’义。阎氏据此及《小戎》诗‘文茵’，谓‘狐貉之厚以居为坐褥’，良是。”刘宝楠谓：“凤说是也。古人加席于地面而坐其上，大夫再重。至冬时气寒，故夫子于所居处，用狐貉之厚者为之藉也。”③我们认为，“居”即使有“坐”的意义，但凤、刘并未能证明此处的“居”恰恰就是“坐”义，故并不可靠。但自杨伯峻先生《〈论语〉译注》起，包括钱穆《〈论语〉新解》、潘重规《〈论语〉今注》、李泽厚《〈论语〉今读》、孙钦善《〈论语〉本解》、李零《丧家狗——我读〈论语〉》，我们所见到的几乎所有《论语》的今注本都从“坐垫”之说，这就未免“太仓之粟陈陈相因”了。“居”的“家居”“平居”“平时”义在《论语》中也是常见的。如：“子之燕居，申申如也，夭夭如也。”(《述而》)“居处恭，执事敬，与人忠。虽之夷狄，不可弃也。”(《子路》)下面，我们来证明“狐貉之厚以居”的“居”是家居义。《礼记·服问》：“公为卿大夫，锡衰以居，出亦如之。”意谓国君为卿大夫服丧，日常居处时服锡衰，外出时亦如此。“狐貉之厚以居”和“锡衰以居”句式完全相同，“狐貉之厚”和“锡衰”都是介词“以”

---

① 参见程树德：《〈论语〉集释》，中华书局1990年版，第677页。

② 参见黄怀信：《〈论语〉汇校集释》，上海古籍出版社2008年版，第889页。

③ （清）刘宝楠：《〈论语〉正义》，中华书局1990年版，第397页。

的前置宾语。类似句子还有“王与大夫尽弁(礼帽)以启金縢之书”(《尚书·金縢》)。“羔裘逍遥，狐裘以朝。”(《诗经·桧风·羔裘》)“晏子相景公，布衣鹿裘以朝。”(《晏子春秋·外篇上》)“及期日质明，王麻衣以朝，朝中无采衣。”(《逸周书·大匡解》)“服衰以游，不可。”(《吕氏春秋·孝行览》)“祭之日，王皮弁以听祭报，示民严上也。”(《礼记·郊特牲》)“诸侯玄端以祭，裨冕以朝，皮弁以听朔于大庙，朝服以日视朝于内朝。”(《玉藻》)“君衣狐白裘，锦衣以裼之。……君子狐青裘豹褎，玄绡衣以裼之；麛裘青豻褎，绞衣以裼之；羔裘豹饰，缁衣以裼之。”(同上)“如筮，则史练冠长衣以筮。”(《杂记》)以上诸例都是“服饰+以+动词”(“服衰以游”稍不同，前面多一动词“服”)的格式，都是“穿戴着……干……”或“穿戴着……来……”的意思，服饰都是介词“以”的前置宾语。“狐貉之厚以居”正属于这一格式。“锡衰以居，出亦如之”是说家居时服锡衰，外出亦服锡衰；然则，“狐貉之厚以居”正是穿着厚狐貉裘家居(见客)的意思，可知郑注不误。

这一例也是通过对“分布”的考察，证明其实汉、晋注家之说不误。刘宝楠《正义》引凤韶《经说》说“居”为“坐”，也引了若干书证，为何并不成功？比较一下我们的书证和凤氏的书证可知，凤氏的书证只是证明了“居”有“坐”义，但却缺乏来自语言内部的书证来证明这一句的“居”必为“坐”义。刘宝楠所谓“凤说是也。古人加席于地面而坐其上，大夫再重”云云，仅仅是语言系统外部的历史事实，也并不足以证明这句的“居”必为“坐”。而我们的“考察分布”，乃是遍搜与“狐貉之厚以居”同一时代同一句式的书证，这是利用“意义不同，分布也不同”的原理做出的论证，与高邮王氏之论证“终风且暴”运用的是同一方法。

9.《宪问》：“公伯寮愬子路于季孙。子服景伯以告，曰：‘夫子固有惑志；于公伯寮，吾力犹能肆诸市朝。’”

夫子固有惑志……肆诸市朝：这一段断句有争议。何晏《集解》在“固有惑志”后出注，曰：“孔曰：‘季孙信谗，恚子路。’”可见《集解》是在“固有惑志”后断句。而朱熹《四书集注》在“肆诸市朝”后才出注，并言“夫子，指季孙，言其有疑于寮之言也”。后人依据“其有疑于寮之言”，则多断句为“夫子固有惑志于公伯寮”。①当今较好且较有影响的注本中，杨伯峻先生《〈论语〉译注》、钱穆《〈论语〉新解》、潘重规《〈论语〉今注》、李泽厚《〈论语〉今读》、杜道生《〈论语〉新注新译》等都以“夫子固有惑志于公伯寮”连读而不断开。杨伯峻先生译为：“他老人家已经被公伯寮所迷惑了。”在“固有惑志”后断句的只有孙钦善《〈论语〉本解》和李零《丧家狗——我读〈论语〉》。另外，分析《论语》句法的名著《〈论语〉二十篇句法研究》也是此十字连读。② 我们赞成断开之说，理由如下：(1)《史记·仲尼弟子列传》引子服景伯的话为“夫子固有惑志，寮也，吾力犹能肆诸市朝”。不但在“固有惑志”后点断，而且可以明显看出，“寮也”正是“于公伯寮”的改写。以下几点是语言内部的证据，更具说服力。(2)“有志”“有……志”的结构，一般其后都不接“于”字介宾结构。一般来说，动词谓语后接“于”字介宾结构在《论语》时代是很常见的。如：“以逞寡君之志，若何？……匹夫逞志于君而无讨，敢不自讨乎？”(《左传》僖公三十三年)前句为“逞寡君之志”，不带“于”字介宾结构；后句为“逞志于君”，带有“于”字介宾结构。又如：“若欲得志于鲁，请止行父而杀之。”(《左传》成公十六年)“尔死，我必得志。”(哀公十一年)前一例接“于”字介宾结构而后一例无之。我们统计《左传》中“得志”共计出现25次，其中12次后接“于”字介宾结构；5次后接“焉”字，如“苟得志焉，无恤其它”，而“焉”是“于之”的合音；只有8次后面无“于”字介宾结构。但是，“有……志”“有志”后接“于”字介宾结构却极为罕见。我们在《左传》《国语》《孟子》中共找到25例含有“有……志”“有志”的句子，其中只有《国语·吴语》的1例后接“于”字介宾结构：“孤将有大志于齐，吾将许越成，而无拂吾虑。”另有一例后接“焉”字：“右师视速而言疾，有异志焉。”(《左传》成公十五年)其余23例都不接“于”字介宾结构，也不接“焉”字。如

① (宋)朱熹：《四书章句集释》，中华书局1983年版，第158页。

② 许世瑛：《〈论语〉二十篇句法研究》，台湾开明书店1973年版，第260页。

“我以锐师宵加于鄍，鄍有虞心而恃其城，莫有斗志”(《左传》桓公十一年)。“子有四方之志，其闻之者吾杀之矣。”(僖公二十三年)“群臣不信，诸侯皆有贰志。”(宣公十七年)“晋师可击也，师老而劳，且有归志，必大克之。”(襄公九年)“诸侯有异志矣！”(襄公十六年)“崔子将有大志。”(襄公二十五年)“令尹似君矣！将有他志。”(襄公三十一年)“楚瓦不仁，其臣莫有死志，先伐之，其卒必奔。”(定公四年)“夫出昼，而王不予追也，予然后浩然有归志。”(《孟子·公孙丑下》)“于崇，吾得见王，退而有去志。”(同上)“故闻伯夷之风者，顽夫廉，懦夫有立志。”(《万章下》《尽心下》)“君其何德之布以怀柔之，使无有远志?”(《国语·周语中》)“古也有志：‘克己复礼，仁也。’”(《左传》昭公十二年)“宣王有志，而后效官。”(昭公二十六年)25例之外，另有两例“无……志”的例子，也不接“于”字介宾结构：“绛无贰志，事君不辟难，有罪不逃刑。”(《左传》襄公三年)“子家弗听，亦无悛志。”(襄公二十八年)综上，应以在“夫子固有惑志”后点断为宜。(3)根据上引各例句归纳，“志”的意义为“想法”。“惑志”即“迷乱的想法”“糊涂的想法”。有的古汉语词典“志”有“志向”义而无“想法”义，恐怕不妥。其实，“想法”是涵盖“志向”的。用“义素分析法”分析可知，志向=[想法]+[大的]+[坚定]，即“大的、坚定的想法。上引各例中，“大志”可以解释为“大的志向”，但贰志、归志、异志、他志、死志、去志等词组中的“志”很难理解为“志向”，而理解为“想法”，则滞碍顿消。以上各词组分别为“另外的想法”“回家的想法”“不同的想法”“其他的想法”“必死的想法”“离开的想法”。即使“大志”理解为“大的想法”，也不精准。王力先生等所编《古汉语常用字字典》中“志”的第一个义项为“心意”，近之。①(4)“诸”为“之于”二字的合音字，而代词“之”一般不指代谓语后的“于”字介宾结构的宾语。代词“之”指代前面出现过的成分时，一般指代主语、谓语动词的宾语，或整个句子所指的事物。我们未见“之”指代介词的宾语，至少在《论语》一书出现的几百例代词“之”中，未见此种用法。

---

① 王力：《古汉语常用字字典》，商务印书馆2005年版，第503页。

一般认为，介宾结构的宾语在句中不是表述的重点，不是强调的对象。这与我们未见“之”指代介词宾语，应该不会是偶然的巧合。而如果读为“夫子固有惑志于公伯寮，吾力犹能肆诸(之于)市朝”，“之”指代的又是“公伯寮”而非“夫子”，那就正好是指代介词宾语了。这与我们的考察是不相符的。正因为后句的“之”一般不指代处于非强调对象位置上的介词宾语，所以，从语感上看，“之”更像指代“夫子”，但子服景伯显然不会将“夫子”“肆诸市朝”。而将“于公伯寮”断开置于后句，则完全不同了。何乐士先生在《左传虚词研究》一书中得出结论，“于”字结构前置，“大都出现在表示强调的句子中”。① 如：“狄之广莫，于晋为都。晋之启土，不亦宜乎?”(《左传》庄公二十八年)“于文，皿虫为蛊。”(昭公元年)“许于郑，仇敌也。”(昭公十八年)“晋人曰：‘于姬姓，我为伯。’”(哀公十三年)正由于“表示强调”，所以“于”字结构可以单独为一句。“于公伯寮，吾力犹能肆诸市朝”正是这样的句子。正因如此，太史公才能将它改写为“寮也，吾力犹能肆诸市朝”。(5) 如果读为“夫子固有惑志于公伯寮”，从语法结构和词义上分析，也得不出“他老人家已经被公伯寮所迷惑了”的意思。如果要得出“夫子已经被公伯寮所迷惑了”的意思，介词“于”在此句只能用以引进施事者(行为的发出者)，同时也是被动句的标志。但是，一方面，介词“于”表被动一般都紧接动词，“于”和谓语动词之间没有宾语。我们常见到“劳心者治人，劳力者治于人；治于人者食人，治人者食于人”(《孟子·滕文公上》)之类“于”字紧接谓语动词的句子，罕见“劳力者治……于人”“治人者食……于人”之类句子；另一方面，若要引进施事者，充当谓语者必须是与主语、宾语可以建立广义施受关系的行为动词、关系动词、状态动词，“有”却是存在动词。张猛在《〈左传〉谓语动词研究》中说：“行为动词……通常主语是施事，宾语是受事。……表示动作的施事的成分如果要出现在行为动词的后面，必须通过介词‘于’引进。……关系动词在语义功能和

① 何乐士：《左传虚词研究》，商务印书馆2004年版，第83~85页。

结构形式上都与行为动词相似。"①而"夫子固有惑志于公伯寮"的"有"是存在动词，在存在动词作谓语的句子中，表示拥有者或存在者的成分通常处于主语的位置上，表示所拥有者或供其存在者的成分通常处于宾语或补语的位置上。也就是说，存在动词与主语宾语之间并非广义的施受关系，自然也就不可能通过介词"于"引进施事成分于动词之后。我们通过对《左传》中1206个存在动词"有"的全面考察，情形也确实如此。至此，我们可以明确地说，"夫子固有惑志于公伯寮"决不能译为"他老人家已经被公伯寮所迷惑了"。(6)有鉴于此，"夫子固有惑志于公伯寮"的"于"诚如许世瑛在《〈论语〉二十篇句法研究》中所分析的，只能"相当于白话的'对于'"。② 于是，"夫子固有惑志于公伯寮，吾力犹能肆诸市朝"译为现代汉语就是"他老人家固然对于公伯寮有糊涂想法，但我的力量还能把他的尸首在街头示众"。后句的"他"，如前文所说，在语感上，无论原文或译文，都是"夫子"而非"公伯寮"。但显然，子服景伯是不可能说出这种话的。要想表达"夫子固然已经被公伯寮所迷惑了"或类似意思，一般会写成"夫子固惑于公伯寮"，如"今谓君惑于我，必乱国"(《国语·晋语一》)。"名正分明，则民不惑于道。"(《管子·君臣上》)"'见侮不辱''圣人不爱己''杀盗非杀人也'，此惑于用名以乱名者也。"(《荀子·正名》)"丈人智惑于似其子者，而杀其真子。夫惑于似士者而失于真士，此黎丘丈人之智也。"(《吕氏春秋·慎行论》)因为"惑"属于状态动词，自然可以通过介词"于"引进施事。以上6点，足够证明在"固有惑志"后点断是正确的；"于公伯寮"则接于下句。

这一例从6个方面论证当在"夫子固有惑志"后面点断，除第1、第3点分别为引用其他经典论证以及运用义素分析法分析"志"的词义为"想法"外，其余4点，均为"分布"的考察。可知这一方法在疑难词句考证上面的重要性。

---

① 张猛:《〈左传〉谓语动词研究》，语文出版社2004年版，第24~25页。

② 许世瑛:《〈论语〉二十篇句法研究》，台湾开明书店1973年版，第260页。

10.《季氏》："孔子曰：'求！君子疾夫舍曰欲之而必为之辞。丘也闻有国有家者，不患寡而患不均，不患贫而患不安。盖均无贫，和无寡，安无倾。'"

"不患寡而患不均，不患贫而患不安"，目前各《论语》注本都认为这两句当为"不患贫而患不均，不患寡而患不安"。俞樾《群经平议》第三十一卷云："樾谨按，'寡''贫'二字传写互易。此本作'不患贫而患不均，不患寡而患不安'。'贫'以财言，'不均'亦以财言；财宜平均，不均则不如无财矣，故不患贫而患不均也。'寡'以人言，'不安'亦以人言；人宜乎安，不安则不如无人矣，故不患寡而患不安矣。下文云'均无贫'，此承上句言。又言'和无寡，安无倾'，此承下句言。观'均无贫'之一语，可知此文之误矣。《春秋繁露·度制篇》引孔子曰：'不患贫而患不均'，可据以订正。"①俞樾的意思是，"贫"和"均"是从财富着眼，下文"均无贫"可以为证；"寡"和"安"是从人民着眼，下文"和无寡"可以为证。又引《春秋繁露·度制篇》之异文为证，似乎铁证如山，实则没有多少说服力。德清俞氏之不如高邮王氏甚远，在于其论证多缺乏书证(指《群经平议》《诸子平议》而言)，也即缺乏"分布"的考察。即以所谓"'寡'以人言""'不均'以财言"而论证之，当时语言中，"寡"谓寡少，并非限于"以人言"；"不均"谓不平均，不公平，并非限于"以财言"。例如："多闻阙疑，慎言其余，则寡尤；多见阙殆，慎行其余，则寡悔。言寡尤，行寡悔，禄在其中矣。"(《论语·为政》)"以能问于不能，以多问于寡。"(《泰伯》)"夫子欲寡其过而未能也。"(《宪问》)"夫子之墙数仞，不得其门而入，不见宗庙之美，百官之富。得其门者或寡矣。"(《子张》)"君子无众寡，无小大，无敢慢，斯不亦泰而不骄乎？"(《尧曰》)"绞小而轻，轻则寡谋，请无扞采樵者以诱之。"(《左传》桓公十二年)"崇明祀，保小寡，周礼也。"(《左传》僖公二十一年)"彼众我寡，及其未既济也请击之。"(《左传》僖公二十二年)"轻则寡谋，无礼则脱。"(《左传》僖公三十三年)"缙云氏有不才子，贪于饮食，冒于

---

① (清)俞樾：《群经平议》，上海古籍出版社1995年版，第510~511页。

货贿，侵欲崇侈，不可盈厌，聚敛积实，不知纪极，不分孤寡，不恤穷匮，天下之民以比三凶，谓之饕餮。”(《左传》文公十八年)“华元曰：‘去之，夫其口众我寡。’”(《左传》宣公二年)“《诗》曰：‘文王既勤止。’文王犹勤，况寡德乎？”(《左传》宣公十一年)“无有众寡，其上一也。”(《左传》襄公二十四年)“鄢氏、费氏自以为王，专祸楚国，弱寡王室，蒙王与令尹以自利也。”(《左传》昭公二十七年)以上诸例，足证《论语》时代的语言中，“寡”的词义为“少”，且并不局限于形容“人少”。所以《王力古汉语字典》对它的解释是“少，与‘多’相对”。以下是“均”的例证(“均”字或作“钧”)：“故明神降之，观其政德而均布福焉。”(《国语·周语上》)“忠所以分也……忠分则均……分均无怨。”(同上)“昔我先王之有天下也，规方千里以为甸服……其余以均分公侯伯子男。”(《周语中》)“布德于民而平均其政事。”(《鲁语上》)“阜、陵、墐、井、田、畴均，则民不憾。”(《齐语》)“乃均其禄。”(《晋语八》)“食土不均，地之不修，内有辱于国，是子也。”(《吴语》)“经界不正，井地不钧，谷禄不平，是故暴君污吏必慢其经界。”(《孟子·滕文公上》)“分财不敢不均。”(《墨子·尚同中》)“轻重而发绝，不均也。”(《墨子·经说下》)“然而民听不钧，是以书多也。”(《贵义》)从以上例证看，“均”并非“以财言”。所以《礼记·杂记下》云：“众寡均而倍焉，君子耻之。”郑玄注：“众寡均，谓俱有役事，人数等也。倍焉，彼功倍己也。”“众寡均”恰恰能说明“不患寡而患不均”是不成问题的。俞文又引《春秋繁露·度制篇》之“孔子曰：‘不患贫而患不均。’故有所积重，则有所空虚矣”，说“可据以订正”。但同样成书于西汉的《盐铁论》云：“孔子曰：‘有国有家者，不患寡而患不均，不患贫而患不安。’”又《汉书·食货志》云：“不患寡而患不均，不患贫而患不安；盖均亡贫，和亡寡，安亡倾。”不独如此，定州汉墓竹简《论语》此章“不患寡而患不均”虽然只剩下一个“均”字，但“不患贫而患不安”却完整保留了下来。综上，俞樾的说法明显证据不足，不足以服人。“不患寡而患不均，不患贫而患不安”意谓不担心寡少而担心不平均，不担心贫穷而担心纷乱不安。至于所谓“下文云‘均无贫’，此承上句言。又言‘和无寡，安无倾’，此承下句言”云云，以俞氏自己的话可以回答：“古人行文不避疏略。”又杜道生《〈论语〉新注新译》云，“贫”与“均”押韵，“寡”与“安”押韵。① 其实，“寡”为鱼部字，“安”为元部字，两字是不押韵的。后句既不押韵，前句也不必押韵。可知以押韵证成俞说，并不成功。

俞樾的意思是，“贫”和“均”是从财富着眼，下文“均无贫”可以为证；“寡”和“安”是从人民着眼，下文“和无寡”可以为证。德清俞氏之不如高邮王氏甚远，在于其论证多缺乏书证。所凭者，多为情理；而书证的阙如，说明欠缺“分布”的考察，此为与高邮王氏之不同点。我们反此而为之，通过密集的书证来考察“分布”，证明俞氏的新说之无据。

11.《阳货》：“子曰：‘鄙夫可与事君也与哉？其未得之也，患得之。既得之，患失之。苟患失之，无所不至矣。’”

“患得之”，古今诸多学者认为“患得之”上脱去一“不”字。其证据一为王符《潜夫论·爱日篇》：“孔子疾夫未之得也，患不得之，既得之，患失之者。”并云据此可见东汉人的本子有“不”字。其二为《荀子·子道篇》：“孔子曰……小人者，其未得也，则忧不得；既已得之，又恐失之。”因此认为：“虽是述意，‘得’上也有‘不’字。宋人沈作喆《寓简》云：‘(苏)东坡解云，“患得之”当作“患不得之”’，可见宋人所见的本子已脱此‘不’字。”(杨伯峻先生《〈论语〉译注》，孙钦善《〈论语〉本解》说同)②按，《孔子家语》卷五：“小人则不然，其未得也，患弗得之；既得之，又恐失之。”看来，似乎脱去“不”字，已成铁案。所以，现行许多《论语》注本，此处都径行补上“不”字。作“其未得之也，患不得之。既得之，患失之”。我们以为，在以下两个问题未得以妥善解决之前，脱去“不”字之说，尚难以成为定论。(1)迄至战国晚期，文献中未见“不得之”。当“得”为“获得”“取得”义时，“得之”的否定形式都是

---

① 杜道生：《〈论语〉新注新译》，中华书局2011年版，第151页。

② 杨伯峻：《〈论语〉译注》，中华书局1980年版，第186~187页；孙钦善：《〈论语〉本解》，三联书店2009年版，第227页。

“不得”(或“弗得”)，而且往往和“得之”对言。如《左传》襄公二十八年：“求崔杼之尸，将戮之，不得。叔孙穆子曰：‘必得之。武王有乱臣十人，崔杼其有乎？不十人，不足以葬。’既，崔氏之臣曰：‘与我其拱璧，吾献其柩。’于是得之。”《孟子·公孙丑下》：“不得，不可以为悦；无财，不可以为悦。得之为有财，古之人皆用之，吾何为独不然?”《万章上》：“孔子进以礼，退以义，得之不得曰‘有命’。”《告子上》：“一箪食，一豆羹，得之则生，弗得则死。”同篇第十五章：“心之官则思，思则得之，不思则不得也。”《战国策·西周》：“今秦攻周而得之，则众必多伤矣……秦若攻周而不得，前有胜魏之劳，后有攻周之败，又必不攻魏。”不单动词“得”如此，还有一些动词，当宾语“之”不被强调时，其否定形式中“之”都不出现。如“知之为知之，不知为不知，是知也”(《论语·为政》)。“君子易事而难说也。说之不以道，不说也。”(《阳货》)“不取，必有天殃。取之，何如?”(《孟子·梁惠王下》)综上，既然“不得之”不可能出现在《论语》成书时代的典籍中，说“患得之”句中脱去“不”，恐怕很难成立。那怎么解释《孔子家语》《潜夫论》中的“不得之”呢？武汉大学古籍研究所于亭教授在详尽考察了玄应《一切经音义》的诸多藏本后得出结论说：“曾经存在着一个相当长的写本时期，‘作者’并不号称他拥有全然的‘著作权’，而书籍文本总是在读者/抄写者手中不断地改变形貌，每个人都有意无意地参与了‘创作’。”①我们注意到，“不得之”始见于较晚之《荀子》《韩非子》和《战国策》：“女庸安知吾不得之桑落之下!”(《荀子·宥坐》)“周主曰：‘吾之吏之不事事也。求簪三日不得之，吾令人求之，不移日而得之。’”(《韩非子·内储说上七术第三十》)“武安君为三公，君能为之下乎？虽欲无为之下，固不得之矣。”(《战国策·秦三》)既然从战国末期后，原来整齐划一的“得之”“不得”发生了变化而出现了若干“不得之”，那么以后的“创作者”依据他自己时代的语言表达习惯改写《论语》此章也就不足为奇了。

---

① 于亭：《玄应〈一切经音义〉研究》，社会科学出版社2009年版，第97~98页。

何况，《荀子》《潜夫论》并非照录《论语》此章呢？（2）连词“既”两边的成分具有一致性。既然后句为“既得之”，前句就不可能是“患不得之”，而只能是“患得之”。换言之，如果前句为“患不得之”，后句也必须为“既不得之”。连词“既”是由表示“已经”义的副词发展而来的，它仍然保留副词“既”的词义特征；因此，当“既”两边出现相同成分时，只能两边同为肯定，不能出现一边否定一边肯定的情形，如“……患不得之，既得之”。我们调查了《论语》时代4部古籍中348例“既”，其中《论语》13例（本章“既得之”的“既”不在内），《左传》203例，《国语》103例，《孟子》29例，均未见例外。如：“苟利于民，孤之利也。天生民而树之君，以利之也。民既利矣，孤必与焉。”（《左传》文公十三年）“子家还，及笙，坛帷，复命于介。既复命，袒、括发，即位哭，三踊而出。”（宣公十八年）“冬，葬曹宣公。既葬，子臧将亡，国人皆将从之。”（成公十三年）“是故启蛰而郊，郊而后耕。今既耕而卜郊，宜其不从也。”（襄公七年）“子固欲毁中军，既毁之矣，故告。”（昭公五年）“公曰：‘夫子将食。’既食，又奏。”（哀公十四年）“子曰：‘庶矣哉！’冉有曰：‘既庶矣，又何加焉？’曰：‘富之。’曰：‘既富矣，又何加焉？’曰：‘教之。’”（《论语·子路》）“夫如是，故远人不服，则修文德以来之；既来之，则安之。”（《季氏》）“子犯曰：‘天命也，君其飨之……’既飨，楚子问于公子曰……”（《国语·晋语四》）以上例句足以证明“既”两边的成分具有一致性。（3）将本章与《老子》十三章“何谓宠辱若惊？……得之若惊，失之若惊，是谓宠辱若惊”相比较，可知“患得患失”与“得之若惊，失之若惊”意义是相通的，这至少说明当时语言中是有着类似说法的，也即这种表达在当时语言中并无不通。有鉴于以上各点，我们认为，至少不能确定“患得之”中一定脱去了“不”字。

这一例也是通过考察“分布”，也即杨树达先生所谓“审句例”，证明“患得之”并非“患不得之”之误。第一，当时典籍中只有“得之”与“不得”，而无“不得之”这一表达方式。第二，当“既”两边出现相同成分时，只能两边同为肯定，不能出现一边否定一边肯定的情形，也即“……患不得之，既得之……”不可能出现在当时语言中。

12.《微子》:“齐景公待孔子曰:‘若季氏,则吾不能;以季孟之间待之。’曰:‘吾老矣,不能用也。’孔子行。”

“吾老矣,不能用也”,这句话有歧义。首先,是齐景公说的,还是孔子说的,有不同解释。其次,如果是齐景公说的,是景公说自己“不能用”,还是说不能用孔子,也有不同解释。我们先来论证这两句话到底是谁说的。何晏《集解》说:“以圣道难成,故云‘吾老,不能用’。”可见,何晏认为这两句话是孔子说的。孙钦善《〈论语〉本解》从之,说:“孔子不满齐景公给他的待遇,托辞年老而不接受。”并译为:“孔子说:‘我已经老了,不能做什么了。’”①但《史记·孔子世家》记载:“异日,景公止孔子曰:‘奉子以季氏,吾不能。’以季孟之间待之。齐大夫欲害孔子,孔子闻之。景公曰:‘吾老矣,弗能用也。’孔子遂行,反乎鲁。”杨伯峻先生《〈论语〉译注》从之,其译文为:“齐景公……说……不久,又说道:‘我老了,没有什么作为了。’”②我们认为《史记·孔子世家》所记载的是可靠的,“吾老矣,不能用也”确实是齐景公所说。理由如下:(1)《论语》的每一章,孔子所说的第一段话(直接引语,即用引号标出的),一般前面都有“子曰”,或“孔子曰”,例太多,不举。也有若干章,在孔子所说的第一段话之前,“子”和“曰”之间还有其他文字(这些文字中一般不能有其他作主语的人物,例外的是下举的 a、b 中的子路、从者),甚至可以断作 2 句或 3 句的。如:“子闻之曰”,“子闻之,谓门弟子曰”,“子在川上曰”,最长的是“子在齐闻《韶》,三月不知肉味,曰”。也有作“夫子曰”“夫子……曰”的。如“夫子矢之曰”,“夫子莞尔而笑曰”,“昔者由也闻诸夫子曰”。甚至还有没有“曰”字的:“闵子侍侧,訚訚如也;子路,行行如也;冉有、子贡,侃侃如也。子乐:‘若由也,不得其死然。’”当对话者是国君或季康子这样的权臣时,孔子的答话前都是“孔子对

---

① 程树德:《〈论语〉集释》,中华书局 1990 年版,第 1257 页;孙钦善:《〈论语〉本解》,三联书店 2009 年版,第 234 页。

② 杨伯峻:《〈论语〉译注》,中华书局 1980 年版,第 193 页。

曰”。如：“哀公问弟子孰为好学？孔子对曰：‘有颜回者好学，不迁怒，不贰过。’”“季康子问弟子孰为好学？孔子对曰：‘有颜回者好学，不幸短命死矣，今也则亡。’”“齐景公问政于孔子。孔子对曰：‘君君、臣臣、父父、子子。’”总之，每一章中，孔子所说的第1段话一般是有主语的。只有3处例外：“冉有曰：‘夫子为卫君乎？’子贡曰：‘诺，吾将问之。’人，曰：‘伯夷、叔齐何人也？’曰：‘古之贤人也。’”“子疾病，子路使门人为臣。病间，曰：‘久矣哉，由之行诈也！……’”(a)“颜渊死，子哭之恸。从者曰：‘子恸矣！’曰：‘有恸乎？非夫人之为恸而谁为？’”(b)但这3处例外中，“夫子”“子”都在前文中作为主语出现过，且根据前文都可以准确判断“曰”未出现的主语是谁。本章则不同。“孔子”既未作为主语出现，根据前后文也难以判断“吾老矣，不能用也”是谁说的。(2)《微子》第四章：“齐人归女乐，季桓子受之，三日不朝，孔子行。”第五章：“楚狂接舆歌而过孔子曰：‘凤兮凤兮，何德之衰？往者不可谏，来者犹可追。已而，已而！今之从政者殆而！’孔子下，欲与之言。”这两章“孔子行”“孔子下”前紧接着的文字的主语都是他人，当动作的发出者改变时，主语“孔子”便出现了。本章似乎也不能例外，即，本章“孔子行”前面的说话者并非孔子，而是他人。(3)与此相关，本章“曰”之前没有出现的主语若是孔子，依当时文法，应当不是“孔子行”，而是“遂行”或“乃行”。换言之，该处既然是“孔子行”，前文“曰”没有出现的主语，便不应该是孔子。也即，当说话者和紧接着的下文中“行”的主语是同一个人时，“行”的主语一般不出现；而当“行”的主语出现时，这一主语和前文的说话人一般不是同一人。以《论语》《左传》为例：“卫灵公问陈于孔子。孔子对曰：‘俎豆之事，则尝闻之矣；军旅之事，未之学也。’明日遂行。”(《论语·卫灵公》)“(蘧伯玉)对曰：‘君制其国，臣敢奸之？虽奸之，庸如愈乎？’遂行，从近关出。”(《左传》襄公十四年)“伯玉曰：‘瑗不得闻君之出，敢闻其入？’遂行，从近关出。”(襄公二十六年)“(大叔文子)对曰：‘臣知罪矣！臣不佞不能负羁绁以从扞牧圉，臣之罪一也。有出者，有居者。臣不能贰，通外内之言以事君，臣之罪二也。有二罪，敢忘其死？’乃行，从近关出。”(同上)“(石恶)且曰：‘受命矣。’乃行。”(襄公二十七年)“杜泄曰：‘卿丧自朝，鲁礼也。吾子为国政，未改礼，而又迁之。群臣惧死，不敢自也。’既葬而行。”(昭公五年)“子干曰：‘余不忍也。’子玉曰：‘人将忍子，吾不忍俟也。’乃行。”(昭公十三年)“公曰：‘余不忍也。’与臧孙如墓谋，遂行。”(昭公二十五年)“公子曰：‘事未可知，反，与壬也处。’戒之，遂行。”(哀公六年)“仲尼曰：‘胡簋之事，则尝学之矣；甲兵之事，未之闻也。’退，命驾而行。”(哀公十一年)以上各例中的说话者和“行”的主语都是同一人，“行”都没有主语。以下各例中的说话者和“行”的主语都不是同一人，“行”都有主语：“邓曼叹曰：‘王禄尽矣。……’王遂行，卒于樠木之下。”(《左传》庄公四年)“妇人曰：‘鸟兽犹不失俪，子将若何?’曰：‘吾不能死亡。’妇人遂行。”(成公十一年)“荣成伯曰：‘远图者，忠也。’公遂行。”(襄公二十八年)“仲几对曰：‘君若以社稷之故……臣不忍其死，君命只辱。’宋公遂行。”(昭公二十五年)只有出现下列两种情况之一的，上述规律才会打破。第一，包含“行”的句子和前面的引语之间还有其他句子；第二，“行”这一行为已经在上文中交代过，并非直接出现。例如：“(宫之奇)对曰：‘臣闻之，鬼神非人实亲，惟德是依。……若晋取虞而明德以荐馨香，神其吐之乎?’弗听，许晋使。宫之奇以其族行。”(《左传》僖公五年)这一例说话者和“以其族行”的主语都是宫之奇，但对话和“宫之奇以其族行”之间还有“弗听，许晋使”，而后者未出现的主语却是虢公；也即“宫之奇以其族行”并非“紧接着”前面的直接引语。又如：“使士会。士会辞曰：‘晋人，虎狼也，若背其言，臣死，妻子为戮，无益于君，不可悔也。’秦伯曰：‘若背其言，所不归尔帑者，有如何。’乃行。”(文公十三年)这一例“乃行”的主语不是秦伯而是士会，为何“士会”却没有出现在“乃行”前呢？这是因为上文已经交代“使士会”了。下面的诸例与之类似：“楚子使申舟聘于齐……申舟以孟诸之役恶宋，曰：‘郑昭宋聋，晋使不害，我则必死。’王曰：‘杀女，我伐之。’见犀而行。”(宣公十四年)这一例“见犀而行”的主语是申舟，却没有出现，是因为上文已经交待“楚子使申舟聘于齐”。“公谓乐祁曰：‘唯寡人说子之言，子必往。’陈寅曰：‘子立后而行，吾室亦不亡，唯君亦以我为知难而行也。’见溷而行。”(定公六年)这一例“见溷而行”的主语“乐祁”也未出现，也是因为上文已经交待了“子必往”。“子服景伯谓子贡曰：‘……今吴不行礼于卫，而藩其君舍以难之，子盍见大宰?’乃请束锦以行。语及卫故，大宰嚭曰……”(哀公十二年)这一例“乃请束锦以行”的主语“子贡”没有出现，是因为上文已经交待“子盍见大宰”，下文也交待了“大宰嚭曰”。如此，本章中既然动词“行”的主语是“孔子”，那么上文“曰”未出现的主语应当不是孔子，而是齐景公。

再来论证“吾老矣，不能用也”是景公说自己不能用，还是说不能用孔子。我们以为前一说是可信的。除了《史记》写得明明白白“齐大夫欲害孔子，孔子闻之。景公曰……”可以作为旁证之外，最有力的证据还是来自语言内部。当时语言中，如果是景公说不能用孔子，则“用”之后要带宾语。反之，如果“用”之后未带宾语，则“用”的受事(即“用”的是谁)都指“用”前面的受事主语，或前一句子出现的某人或某些人。当“用”的是“人”时，这一规律是适用的。例如：“子谓颜渊曰：‘用之则行，舍之则藏，唯我与尔有是夫!’”(《论语·述而》)“苟有用我者，期月而已可也，三年有成。”(《子路》)“危而不持，颠而不扶，则将焉用彼相矣?”(《季氏》)“如有用我者，吾其为东周乎!”(《阳货》)以上4例都是“用”后带宾语的。以下各例则是“用”后不带宾语的：“犁牛之子骍且角。虽欲勿用，山川其舍诸?”(《雍也》)“夫民让事乐和，爱亲哀丧而后可用也。”(《左传》庄公二十七年)“师老矣，若出于东方而遇敌，惧不可用也。”(僖公四年)“晋侯登有莘之虚以观师，曰：‘少长有礼，其可用也。’”(僖公二十八年)“婴之众不足用也，知无能谋也。”(襄公二十八年)“有子家羁，弗能用也。”(昭公五年)“夏四月己丑，孔丘卒。公诔之曰：‘旻天不吊，不慭遗一老。……呜呼哀哉！尼父。无自律。’子赣曰：‘……生不能用，死而诔之，非礼也。’”(哀公十六年)以上诸例中，第1例“勿用”，指的是上文出现的“犁牛之子”；第2例指“民”“可用”；第3例指“师”“不可用”；第4例指“师”“可用”；第5例指“婴之众”“不足用”；第6例指

“子家羁”“弗能用”；第7例指“孔丘”“生不能用”。以上诸例中“用”的对象都是上文出现的某人或某些人，如此，“吾老矣，不能用也”当然也是指“吾”“不能用也”。由此可知杨伯峻先生《〈论语〉译注》的译文是准确的。

顺便说一下。当“用”的宾语为“之”时，后者经常是指上文出现过的人或物。如：“先进于礼乐，野人也；后进于礼乐，君子也。如用之，则吾从先进。”(《论语·先进》)“君若以力，楚国方城以为城，汉水以为池，虽众，无所用之。”(《左传》僖公四年)前一例“之”指君子、野人，后一例指“众”。

俞樾《古书疑义举例》卷二有“一人之辞而加‘曰’字例”，开篇即举《论语·阳货》第一章为例：“‘来！予与尔言。’曰：‘怀其宝而迷其邦，可谓仁乎？’曰：‘不可。——好从事而亟失时，可谓知乎？’曰：‘不可。——日月逝矣，岁不我与。’”以上4段话都是阳货一人说的。文中在举了《宪问》第十二章“子曰：‘若臧武仲之知，公绰之不欲，卞庄子之勇，冉求之艺，文之以礼乐，亦可以为成人矣。’曰：‘今之成人者何必然？见利思义，见危授命，久要不忘平生之言，亦可以为成人矣’”为例之后，又以本章“吾老矣，不能用也”为例，然后说：“皆加‘曰’字，以别更端之语也。”今补充一例：“子曰：‘有恶，恶称人之恶者，恶居下流而讪上者，恶勇而无礼者，恶果敢而窒者。’曰：‘赐也，亦有恶乎？’”“一人之辞而加‘曰’字例”，限于篇幅，俞书所举仅有8例，实则古书中俯拾即是。因此，本章之第2个“曰”字，它未出现的主语是“齐景公”，这是不成问题的。

杨树达先生在《汉书窥管·自序》中谈到，《汉书·金日磾传》：“赏为奉车，建驸马都尉。”王念孙据荀悦《汉纪》和类书，于“奉车”下校增“都尉”二字。先生指出王念孙不知依《汉书》体例，此为探下省略，并举《儒林传》《王莽传》及《三国志·魏志·董卓传》之类似文字为证。《儒林传》云：“上于是出龚等补吏，龚为弘农，歆河内，凤九江太守。”“弘农”“河内”下各省“太守”二字。《王莽传》云：“又置师友祭酒及侍中谏议六经祭酒各一人，凡九祭酒。琅琊左咸为讲《春秋》，颍川满昌为讲《诗》，长安国由为讲《易》，平阳唐昌为讲《书》，沛郡陈咸为讲《礼》，崔发为讲《乐》祭酒。”讲《春秋》、讲《诗》、讲《易》、讲《书》、讲《礼》下各当有“祭酒”二字，因下“讲《乐》祭酒”字而省。① 这就是杨树达先生所说“审句例”中的“一书之文字，必有一书之句例”。② 高邮王氏之解《诗经》“终风且暴”、《老子》“夫佳兵者”，便是审一书之句例的典范。我们这里所做的，也未尝不可视为审《论语》“一书之句例”的尝试。

① 杨树达：《〈汉书〉窥管·自序》，上海古籍出版社 1984 年版，第 1～2 页。

② 杨树达：《训诂学小史》，载《积微居小学述林全编》，上海古籍出版社 2007 年版，第 618 页。

人文新论

学鉴

20世纪中国文化史经典精读(24则)

◎杨 华

陈登原:《中国文化史·叙意》

陈登原(1900—1975)是现代著名历史学家，长期从事历史学研究和教学工作。1926年，陈登原毕业于南京东南大学，先后在东南大学、宁波女校、金陵大学、之江大学、中山大学和西北大学等学校任教。陈登原对中国历史、古代哲学都用力甚勤，著述颇丰，有《荀子哲学》、《颜习斋哲学思想述》、《中国土地制度》、《中国田赋史》、《中国田制丛考》、《古今典籍聚散考》、《地赋丛钞》、《金圣叹传》等著作问世，而《国史旧闻》和《中国文化史》二书影响最大。

陈著《中国文化史》出版于1937年。在《后序》中，他述及自己的写作缘由时说："登原之意图草创《中国文化史》也，实以某氏之书于心未惬，忘思一奋庾公子斯之勇云。"庾公之典故出于《左传·襄公十四年》和《孟子·离娄》，指弟子以礼追射师傅而又不伤及师傅。陈登原1922年考入东南大学，此时为之讲授中国通史的正是柳诒徵，而柳氏的这部讲稿便是后来成书的《中国文化史》。柳著文化史出版后，获得一片好评。陈登原却觉得并未足善，他所指的“某氏之书”应当正是柳著《中国文化史》。

基于这种抱负，他所著《中国文化史》确实颇具特色，与乃师的同名著作不遑多让。在卷首的《叙意》中，陈登原就“中国文化史”的词义内涵、史料处理、研究态度以及中国文化在世界上的地位，作了理论阐发。

首先，他从语义学角度分析“中国”、“文化”、“史”这几个概念。他认为，文化就是从创造到变通、从变通到进步的“彰明昭著之美迹”。而文化史，就是记载我国民族创变穷通的历史。为此，需要史家归纳史料，判别是非，剪裁润色。他基本继承了梁启超、柳诒徵等人“大文化史”的概念。

其次，他提出如何运用史料研究中国文化史的一系列方法。中国的历史记载特别丰富，王世贞、章学诚都以史学概括一切学问，认为所有记载都是史料。陈登原认为，在历代正史、《通鉴》、政书之外，还应扩大史料的范围，如金石图画、考古发掘。他指出，在运用史料时，要有主、副之别。来源直接的、性质可靠的、作者持论平实的都是主要史料，反之就是“副”。他主张并不按史料的体例分类，只要能增加旧闻、实录可信、文不掩质的，都加以采信。对待史料，要有一番甄别，必须根据情理、事理、文理、物理而加以校雠、推理。他的这番说法，与梁启超《中国历史研究法》的相关论述有的相同，有些并不一致，大概都有所针对。

再次，陈登原指出，研究中国文化史要有三种态度。第一是推究因果，即承认历史事件之间具有因果律。因果有正负、有显隐，只不过是年代久远，追溯起来更加困难而已。从事件中总结事情的因果，归纳出规律，史料才不会是迂腐无用的断烂朝报。第二是承认进步，即承认历史的进化论，这从史文之由略至详、实物之由粗至精、经验之累积由少至多，便可知历史的进步（“今愈于古”）。第三是综观影响，在找出影响历史事件的直接原因之外，还要综合考虑其他的间接影响因素，例如，地理环境、历史故例、思想观念、学术门派、社会风俗等因素，都可以影响文化的走向，治史者不可不察。

陈登原所列举的研究中国文化史的三种态度，实际上也就是三种历史观、三种方法论。对此问题，梁启超早有论及。1922年发表的《中国历史研究法》对历史可归纳、历史有因果、历史进化论这三点都持肯定态度。但是一年之后，他在为南京金陵大学第一中学的演讲中(演讲题目为《研究文化史的几个重要问题》，副标题为《对于旧著〈中国历史研究法〉之修补及修正》)，对自己的旧说发生怀疑，作了修正。梁启超认为，人类的文化活动与自然界不尽相同，用归纳法不能完全加以解释，而且它不受因果律的支配。在此文中，他还对物质的进化和社会的进化也产生了部分怀疑。

对比二人的说法，可以看出，陈登原基本维护了梁启超在《中国历史研究法》中的老见解，并且拓展了关于“历史影响”的理论。他列举的这些间接影响因素，实际上也是另一种历史因果关系。

另外值得注意的是，陈登原把中国文化史分成了五个时期。这五个时期是：上古(有史至秦初)、中古(秦初至五代季)、近古(宋初至明季)、近代(明季至清季)和近世(清季至今)。这大致吸取了梁启超和柳诒徵两家的分期法，并有所细化。他将自己的分期标准归纳为，“文化用具之不同，思想学术之歧异，政治经济之变迁，人种社会之转易”。每一分期之首，他都对该时代的文化特点条分缕析，甚为精当。例如，他说宋代开始的近古文化，具有国力既衰又强、南方与北方同时得到开发、中古思想至此得到混合、新的科学出现、茶棉等实业兴起等特点。通过章节设置而体现出的这些独到见解，显示出作者对中国文化史的整体驾驭能力。

陈著没有突破当时中国文化史一般写法，还是以大量罗列史料，铺陈史事为主。不过，正如他在《后序》中所说，全书引证正史、“十通”等材料不够，而以笔记、文集等杂史材料为多，这部分史料的征引量之大，罕有能及，有些可与其《国史旧闻》互校对读。

陈寅恪：《论韩愈》

陈寅恪(1890—1969)是现代最富盛名的历史学家、语言学家。

他出身书香世家，自幼接受传统教育。13岁时东渡日本，先后留学于德国、瑞士、法国、美国，学习西方文化，精通多种语言文字。1925年回国后受聘于清华，是清华国学研究院四大导师之一。抗日战争爆发后，先后任教于西南联大、香港大学、广西大学、燕京大学。1948年当选为中央研究院院士。新中国成立后陈寅恪留守大陆，担任中山大学教授。陈寅恪一生博采中西，勤于治学，在历史学、宗教学、语言学、人类学、文字学、校勘学等方面都有研究，尤其是在魏晋南北朝史、隋唐史、蒙古史、唐代和清代文学以及佛教典籍等领域，取得了极大的成就，著有《唐代政治史述论稿》、《隋唐制度渊源略论稿》、《元白诗笺证稿》、《柳如是别传》、《寒柳堂集》、《金明馆丛稿初编》、《金明馆丛稿二编》等。

自唐代以来，对韩愈的评价和研究就一直未曾断绝，主要对象是韩愈的诗文、生平、思想乃至人品。概括而言，作为古文运动发起人的韩愈，其文学成就得到了普遍肯定，但对他的学识、思想、人品历代却各有论断。王安石、程颐、朱熹、王阳明等对他都有微词。

研究韩愈的主要方法，是辑佚、整理、评点韩愈的诗文。近代以来的韩愈研究，大略也没有脱离这种模式。马其昶的《韩昌黎文集校注》，钱基博的《韩愈志》和《韩愈文读》等都是韩愈研究的重要著述。陈寅恪的这篇文章，则将韩愈置于整个中国文化史的视野进行了全面研究。韩愈在中国历史上一直享有很高的地位，宋人认为韩愈可追配孟子，明人将他列为唐宋八大家之首。陈文深刻而全面地论证了韩愈得此盛名的原因。这篇文章发表之后，也引起讨论，如黄云眉的《读陈寅恪先生〈论韩愈〉》便对此文的观点提出了批评。学术争论时而有之，但《论韩愈》一文的重要性无可动摇。

陈寅恪在文中从六个方面论证了这一评价：其一，建立道统，证明传授之渊源；其二，直指人伦，扫除章句之繁琐；其三，排斥佛老，匡救政俗之弊害；其四，呵诋释迦，申明夷夏之大防；其五，改进文体，广收宣传之效用；其六，奖掖后进，期望学说之流传。

韩愈的“道统”之说源于孟子，但陈寅恪通过对韩愈生平的考证，认为他同时受到了新禅宗的影响，这是前人未发的新见。历来批评韩愈的焦点之一，就是他既反对佛教却又研究佛理，尤其是与大颠和尚的交往，常被宋儒诟病。陈寅恪将韩愈的“道统”之说置于宏观的文化背景之下，论证其学说与禅宗的关系。韩愈受禅宗“直指人心，见性成佛”之影响，“效禅侣之先河”，扫除南北朝以来章句之繁琐之病。新禅宗举《中庸》一篇沟通儒释心性之说的差异，韩愈则以《小戴礼记》中的《大学》一篇，将心性之说与经世济民融会贯通，奠定了宋代新儒学的基础，也是宋儒治经方法的发端。韩愈排斥佛老，前人已有许多研究。陈寅恪认为，在韩愈之前，唐代已有反佛的声音，但韩愈生逢佛教对国家危害最严重之时，因而他的言论更具有时代性；而于道教风头最盛之时历陈其害，其胆识和眼界可见一斑。

对于韩愈领导的“古文运动”，陈文认为其根源是安史之乱和藩镇割据，是对外来文化的反击，超越了同时代柳宗元、刘禹锡、元稹、白居易等古文倡导者。具体到“古文”的形式，韩愈是将先秦两汉文体与当时民间流行的小说结合，一扫六朝以来的骈体旧风，名为复古，实则通今，成为当时最便于宣传的文体。六朝时，佛经翻译就已经尝试“以文为诗”，但谈不上文雅优美，韩愈所倡导的“以文为诗”却能“韵散同体，诗文合一”。陈文称赞韩愈在文学上的成就“前无古人，后无来者”。

最后，陈寅恪从整个唐代文化史的高度来为韩愈定位。他认为唐代可以分为前后两期，“前期结束南北朝相承之旧局面，后期开启赵宋以降之新局面”，社会、经济、文化等莫不如此，而韩愈就是“唐代文化学术史上承先启后、转旧为新关捩点之人物”。实际上，如果从中国文化史的长河中来审视，韩愈通过《原道》《谏迎佛骨表》《师说》《劝学》等一系列申道排佛的古文，展示出他上接尧、舜、禹、汤、文、武、周公、孔、孟“道统”的历史承担，最终为阻止中国沦为一个佛教国家，重新回到儒家文化的轨道，起到力挽狂澜的作用。苏轼称其“文起八代之衰，道济天下之溺”，绝非过誉之辞。他岂止是唐代文化史的转折点，何尝不是整个中国文化史的转折点。

韩愈身后的一千多年来，对他的研究论著甚多，各家众说纷纭。陈寅恪此文，确如他所自言，发千年以来议论韩愈者“未能窥其蕴奥”之处，不仅是韩愈研究中的代表之作，也是中国文化史研究的经典。

邓嗣禹：《中国科举制度起源考》

邓嗣禹（1905—1988）是著名历史学家和文献学家，现代华裔海外汉学家的代表人物之一。他1932年毕业于燕京大学，后留学哈佛大学，追随著名汉学家费正清（John King Fairbank，1907—1991）教授。1942年获博士学位后留美任教，在多所美国大学教授中国近代史和远东历史。他著有《中国考试制度史》、《太平天国史新论》、《太平军起义史史学》、《太平天国宰相洪仁轩及其现代化计划》等书。邓翩禹与费正清亦师亦友，合作出版了《清代行政管理》、《中国对西方的反应：文献通考，1839—1923》、《中国对西方的反应：研究指南》等论著。他们共同提出了著名的“冲击—反应”理论，这是美国汉学界至今仍然流行的关于中国如何从“传统”走向“近代”的解释框架。

关于科举制度的起源时间，早在唐代就已形成分歧。隋代说和唐代说两种意见延续一千多年来，现代史学界的争论也主要集中在这两种意见上。邓嗣禹1934年发表的《中国科举制度起源考》，系统地梳理了隋唐时期的一些关键史料，提出科举制度“肇基于隋，确定于唐”的观点。

关于科举起源于唐代的史料很多。唐代李德裕的《进士论》、苏鹗的《苏氏演义》都认为，科举制度起始于唐高祖武德年间。其后唐末裴庭裕的《东观奏记》、五代时牛希济的《贡士论》也主张科举起于唐武德年间。

关于科举起源于隋代的史料也十分常见。唐代中期经学家赵匡在《选举议》里说，唐人“用隋之制”。唐代前期薛登的《改革选举疏》、唐代中期柳晁的《与权侍郎》都说，唐代以诗赋取士，是唐承隋法。薛氏等人认为，隋文帝有感于当时文风日靡，力主禁断浮词，炀帝继承此种做法，才开进士之科。另外，唐代中期杜佑的《通典》、唐末年王定保的《唐摭言》等文献，都说科举起于隋炀帝。朱熹《通鉴纲目》也认为科举起于隋朝大业二年(606)。

邓嗣禹在此文中极大地拓展了隋朝科举取士的史料范围。首先是地方志，如《吴县志》中的张损之、《祁阳县志》中的温彦博。其次是《全唐文》，其中记载有独孤及为张损之所撰的墓志铭，称张氏为隋大业年间“进士甲科”。再次是《旧唐书》，其中记载杨纂为大业中进士。他还据《旧唐书·房乔传》推测出，房氏为隋文帝开皇十七年(597)进士。邓嗣禹又引《通鉴》胡三省注，指出隋朝不仅有进士科，而且有明经科。《旧唐书》记载韦云起、孔颖达都是隋朝明经科所取。而且，隋朝还有秀才科，《旧唐书》所载杜正伦是隋时秀才，薛收在隋朝举秀才不应。他认为，《旧唐书·选举制》和《通典》说唐代选举之制“多因隋旧”是有道理的。

那么，起源于隋和起源于唐这两种说法的矛盾如何解释呢？邓文列举了《隋书》《全隋文》等文献中的大量史料，证明隋代虽有贤良、明经、孝悌廉洁诸科，有进士、秀才之别，但其人才来源仍然是征召和州郡荐举，其总的铨选原则是先看德行、后看文才，并无所谓考试。其唯一考试方式是策问，重视辩驳。这些办法，“皆与两汉取士之制相同，与唐宋考试之制迥异”。然而，隋朝选人，确有进士之名，也是在年终岁末集聚京师，即春而还，这与唐代科举制度相同。所以，邓文最后的结论是：“科举之制，肇基于隋，确定于唐。”邓文写成后，向张尔田、俞大纲两位同道征询意见，二人观点不同，张持隋代说，而俞则主唐代说。邓嗣禹也将此二信并附文末。

1936年，邓嗣禹出版了著名的《中国考试制度史》。著作内容分为绪言和本论两部分。在绪言中，他讨论了古代考试的起源、考试的动机以及科举制度之前的种种取士方法。在本论中，他按唐五代、宋、辽金元、明清的时代顺序叙述历代科举考试制度的沿革变迁，包括应试身份、考试科目、考试程序、八股制艺、进士待遇、科场规程、誊录题封，等等。在此书第一章中他重申了“肇基于隋，确定于唐”的论断。邓嗣禹极善于以详细的时间考察来揭示科举制度的演变脉络。例如，他把辽代科举制度的形成断定为"定于保宁，而成于统和"，把八股文取士的时间断定为"滥觞于宋，行于元而大定于明"。是书的出版，奠定了他作为中国科举制度理论研究奠基人和开拓者的地位。

邓嗣禹的研究，在其后得到深化。由于科举制度的界定标准不同，对其起源时间又有多种说法，产生了汉代说、南北朝说等观点。科举起源之因，科举的科目，科举与学校、与朋党、八股文、投卷的关系，唐宋科举制的异同等，都成为研究课题。

自从光绪三十一年（1905）废止科举考试以来，科举制度成为历史陈迹。20世纪的文化史研究，大部分都对科举制度持否定态度，认为它只重才能而不问德行，考试内容与实际效用脱节，八股取士束缚思想，败坏人才。这种思维直到1980年代才有较大改观。有识之士认识到，科举选士具有客观标准，相对公平；它消弭社会阶层界限，促进人才流动，具有开放性；它促进了国家政治大一统和文化凝聚。而早在《中国考试制度史》的结论部分，邓嗣禹就曾讨论过科举考试对中国古代政治、文化、社会风俗造成的影响。在他看来，科举考试利弊并存。科举考试有助于统一思想，堵塞了任用私人的渠道，但所取之士庸人多于异才。科举考试鼓励士人向上，打破了南北朝的身份扞格，造成新的士人阶层，成为普及文化和文化同化的工具，但也促使全社会趋向文弱之风，起到桎梏人心的副作用。

科举制度是中国文化对世界文明的一大贡献，它不仅对朝鲜半岛和日本、越南等东亚文化圈（或汉字文化圈）产生影响，而且对西方文官制度产生影响。早在1940年代，邓嗣禹就著有《中国考试制度西传考》，认为欧洲人1570年就已经知道中国的考试制度，法国文官考试制度的思想来源于中国公开的学术考试制度，欧美的现代文官制度都借鉴了中国的科举考试制度。

顾颉刚：《与钱玄同先生论古史书》

顾颉刚（1893—1980）是现代著名历史学家、文献学家、民间文艺学家，中国历史地理学科的创始人，古史辨学派的首倡者。他1913年考入北京大学预科，1916年考入北大文科中国哲学门，与傅斯年同窗，共同成立新潮社，积极参与新文化运动。先后在北京大学、厦门大学、中山大学、燕京大学、云南大学、齐鲁大学、中央大学、复旦大学等多所高校辗转任教，教授国学、上古史、历史地理等。1948年当选为中央研究院院士。后在中国社会科学院历史研究所任研究员。

除了授课外，顾颉刚还于1934年与谭其骧共同创办《禹贡》半月刊，1936年正式成立禹贡学会。新中国成立后，他先后主持《资治通鉴》、二十四史和《清史稿》的校点工作。顾颉刚一生著述极丰，有《秦汉的方士与儒生》、《尚书通检》、《中国疆域沿革史》、《史林杂识》、《中国上古史讲义》、《孟姜女故事研究》等数十种，皆收入《顾颉刚全集》。

顾颉刚一生最引人注目之处，便是编辑了《古史辨》。这是他与同道讨论古史的论文集，从1926年至1941年共出版七册(九本)。他亲自编辑了第一、二、三、五册，第四、六册由罗根泽编辑，第七册由吕思勉、童书业合编。该论文集共收入20世纪二三十年代研究中国古代史、考辨古代史料的文章350篇，计325万字。通过这一系列成果，在他身边形成了一个疑古学派(或称古史辨派)。他们的工作，为中国现代史学提供了一种新的历史观或方法论——疑古史观。这也是他对中国历史学最大的贡献。

疑古辨伪之学，宋明已肇其端，清代渐至高潮。阎若璩(《尚书古文疏证》)、崔述(《考信录》)将所疑之经、所辨之伪均一一揭驳，证为铁案。嘉庆之后，刘逢禄(《春秋左传考证》)、魏源(《诗古微》《书古微》)、邵懿辰(《礼经通论》)、廖平(《今古学考》《古学考》)、康有为(《新学伪经考》)、崔适(《史记探源》)等人从学派纷争的立场出发，进一步为疑古辨伪推波助澜。

顾颉刚一方面吸收了清人疑古辨伪的学术养分，另一方面又受到20世纪西方学术的启发，胡适在新文化运动中倡导的“整理国故”思想，对顾颉刚影响尤其深刻。再加之他个人从民间传说、戏曲故事中获得灵感，悟到历史人物和历史故事的抟成规律。1923

年，顾颉刚提出“层累地造成的中国古史观”，引发了一场古史大辩论；1926年，《古史辨》第一册出版，引起巨大轰动。

顾颉刚正式提出“层累地造成的中国古史观”，便是在这封与钱玄同的通信中。在信中，他对崔述《考信录》的贡献作了充分肯定(他晚年花了很大力气把《崔东壁遗书》整理出版)，同时也指出崔氏“经书即信史”的局限。然后，他提出自己“层累地造成的中国古史观”的著名三原则：第一，“时代愈后，传说的古史期愈长”；第二，“时代愈后，传说中的中心人物愈放愈大”；第三，“我们即不能知道某一事件的真确的状况，但可以知道某一件事在传说中的最早的状况，我们即不能知道东周时的东周史，但至少能知道战国时的东周史。我们即不能知道夏商时代的夏商史，也至少能知道东周时代的夏商史”。

在另一封与钱玄同的通信中，顾颉刚用其“层累地造成的中国古史观”对上古历史的某些细节作了简单梳理。他认为，西周至春秋初期人们心目中并没有太悠久的古史，各民族并没有一个共同的始祖。商人之祖只追溯至大禹，后稷在其后，当时人们还没有黄帝、尧舜的概念。禹与夏朝开始并没有发生联系。周上溯到商，商上溯到夏，这个统序是通过代代相传的九鼎来确立的。而九鼎具有“铸鼎象物”的特征，铸在上面的大禹图像，才使得大禹成为共同始祖。东周初年人们尊崇的最早的神是禹，而到东周末年所尊崇的神上推至尧舜。顾颉刚认为，由《论语》可知舜与禹有了君臣关系。从战国至西汉，人们在尧舜之前又加上其他古帝。在方士的鼓吹下，秦国又尊崇排在尧舜之前的黄帝。后来农家在黄帝之前加上神农氏，《周易·系辞》则又在神农之前加上庖犠氏(伏羲)。到了汉代，苗族人尊崇的盘古被导入中原，于是共同始祖又追溯至盘古。这种“譬如积薪，后来居上”的古史创造过程，正印证了“时代越后，知道的古史越前；文籍越无征，知道的古史越多”的抟史原则。

顾颉刚对上古史的这番妙论，在通信中并没有完全展开，这也为他后来遭到嘲讽和批评埋下了伏笔。在通信中，他引《说文》“禹，虫也”和“禸，兽足蹂地也”之说，认为铸在九鼎上的大禹形象，既是虫又能蹂地，大约是“蜥蜴之类”。这也是时人和后人将他的见解俗化为“大禹是一条虫”而加以批评的由来。

顾颉刚将这两封信收入《古史辨》第一册，足见他对此说的重视。事实上，他在信中归纳的三条原则，成为疑古学派的理论总纲，对20世纪的古史研究，产生了重大影响。这些原则和他辨别古史材料的路数，至今仍被视为科学的方法论。至于质疑顾颉刚疑古过勇而陷入历史虚无主义，那也是对他的误解。顾颉刚在疑古的同时，终生致力于释古，即重建古史系统，这从他数量惊人的著述中足以得到证明。

何炳松、牟宗三等：《中国文化宣言》(二篇)

何炳松(1890—1946)，现代著名史学家和教育家。其研究融会古今，学贯中西，曾被誉为“中国新史学派的领袖”。著有《历史研究法》、《通史新义》、《西洋史学》、《历史教学法》，编译有《中古欧洲史》、《近世欧洲史》等，其中不少被用作大学教材。

陶希圣(1899—1988)，现代著名学者，亦政亦学，其研究领域涉及中国政治、经济、社会法律等各方面，尤以中国社会经济史研究最为专精。他创办有《食货》半月刊，著有《中国政治思想史》、《两汉经济史》、《唐代经济史》、《中国中古时期的田赋制度》、《中国封建社会史》、《辩士与游侠》、《婚姻与家族》等。

萨孟武(1897—1984)，现代著名学者，亦政亦学，其研究领域涉及中国古代思想史、儒学、政治学，著有《新国家论》、《中国社会政治史》、《中国政治思想史》、《西洋政治思想史》、《儒家政论衍义》等。

牟宗三(1909—1995)，现代著名学者，新儒家的代表人物，长期在各大学教授逻辑学、中西方哲学，致力于儒家哲学与康德哲学的融通，力图重建儒家的“道德的形上学”，是现代为数不多的具有原创思想的哲学家之一。著有《才性与玄理》、《从陆象山到刘蕺山》、《佛性与般若》、《智的直觉与中国哲学》、《政道与治道》、《中国哲学的特质》、《康德的道德哲学》等。

徐复观(1903—1982)，现代著名学者，新儒家的代表人物。早年从政，后专心研究中国传统文化，在中国士人、儒家、经学、思想史等方面都有著述。著有《中国人性论史》、《中国艺术精神》、《周官成立之时代及其思想性格》、《中国经学史基础》、《公孙龙子讲疏》、《西汉思想史》、《学术与政治之间》等。

张君劢(1887—1965)，现代学者，亦政亦学，著有《儒家哲学之复兴》、《新儒家思想史》、《中西印哲学文集》、《新儒家哲学发展史》、《民族复兴之学术基础》等。

唐君毅(1909—1978)，现代学者，哲学家、哲学史家，现代新儒家的代表人物之一。著有《中西哲学思想之比较论文集》、《人生之体验》、《中国文化之精神价值》、《人文精神之重建》、《中国人文精神之发展》、《中华人文与当今世界》、《中国哲学原论》等。

在20世纪，中国出现了两篇著名的文化宣言，一是1935年1月由何炳松等十位教授联名发表的《中国本位的文化建设宣言》(又称《十教授宣言》、《一十宣言》)，二是1958年元旦由牟宗三、徐复观、张君劢、唐君毅四位教授联名发表的《为中国文化敬告世界人士宣言》。

1920年代中国思想界爆发的东西文化论战，主要争论中西文化孰优孰劣问题。结果，线性进化论和西方文化优胜论占了上风。随之而来的是，中国文化的走向即中国文化应当走何种道路，便自然而然成为关注的焦点。1929年，坚持西方文化优胜论的胡适在《中国基督教年鉴》上发表《文明的冲突》一文，指出中国对待西方文化有三种态度：一是抗拒，二是全盘接受，三是选择性采纳。他主张全盘西化(后来修改为“充分西化”)。1933年，陈序经在中山大学作了一场题为《中国文化之出路》的演讲，讲稿随后在《广州民国日报》发表。陈序经指出，当前中国文化的走向有三种：一是复古派，二是折中派，三是西洋派。他主张彻底西化。由之，掀起一场全国范围的文化大论战。

正是在这种背景下，王新命、何炳松、武堉干、孙寒冰、黄文山、陶希圣、陈高佣、萨孟武、樊仲云等十教授联合发表了《中国本位的文化建设宣言》。基于对中国本位文化丧失的担忧，该宣言开篇即称："在文化的领域中，我们看不见现在的中国了。"他们反对中国文化完全模仿英、美，也反对模仿德、意和苏俄，认为这都是轻视了中国在空间和时间上的特殊性。他们既不赞成所谓"抱着欧美传教士的脚"的西化主义，也不赞成"拼命钻进古人的坟墓"的复古主义，主张保存和发扬中国文化，从"此时此地的需要"出发，建设中国本位的文化。而这种建设是一种"迎头赶上去的创造"，以使中国最终能与别国文化并驾齐驱。

《一十宣言》文字很短，内容也比较空泛，而且又与国民党政治存在某些联系，所以发表后便引起思想文化界的多种批评。同年5月10日，十教授又发表了《我们的总答复》，以作补充说明。十教授再次强调，"此时此地的需要就是中国本位的基础"，而"不是抱残守缺的因袭，不是生吞活剥的模仿，不是中体西用的凑合"。所以既反对复古，也反对全盘西化；既反对守旧，也反对盲从。至于"此时此地的需要"究竟是什么，他们归结为"充实人民的生活，发展国民的生计，争取民族的生存"。《我们的总答复》还对中体西用论作了批判，认为体用不可分离，试图将中国的精神文明与西方的物质文明加以凑合，砌成一体，是行不通的。

虽然十教授一再声称反对复古，但在当时西化风气一边倒的情况下，这个宣言旗帜鲜明地主张中国文化的本位论，对于全盘西化论，对于否定中国传统的论调，无疑是一种矫正。事实上，他们的主张，与鲁迅的"拿来主义"、陈寅恪的"了解之同情"、钱穆的"温情和敬意"多少有些相通之处。很多批评者便把他们视为张之洞"中体西用"论和当时复古读经运动的同调。

时隔23年之后的1958年元旦，由牟宗三、张君劢、徐复观、唐君毅(起草人)四人联合署名发表了《为中国文化敬告世界人士宣言——我们对中国学术研究及中国文化与世界文化前途之共同认识》(以下简称《宣言》)。这份《宣言》发表背景已与上次大不相同。1949年后，国民党政权退居台湾，一批知识分子也随之去了台湾或海外。中国大陆把马克思主义尊为指导思想，苏俄文化流行，台湾则流行欧美文化，中国传统文化在海峡两岸都被排除在主流意识形态之外。1930年代大部分人主张的"西化"主张，从讨论变成了现实。所以，牟张徐唐四人在《宣言》中特别强调，中国文化是一种“客观的人类之精神生命之表现”；换言之，中国文化存在种种弊端，然而它却是“并未死亡”的“活的生命”。那种把中国文化视为“死的化石”的态度，极不客观，自然便缺乏“同情与敬意”。《宣言》指出，外国学者研究中国文化的动机有三：一是传教，二是文物考古的兴趣，三是现实政治的需要。所以，世界思想学术界对中国文化的认识存在种种误差。

《宣言》强调，中国文化中存在着“一本性”的道统。历代政治分合，从未影响到文化学术思想的大归趋；虽然有多种文化的侵入、融合，但中国文化的“统系”一脉相传，不容怀疑。这是中西方文化的根本不同所在。中国文化中的伦理道德精神也有宗教性的超越的一面，也重视人的道德人格的完善，超凡入圣。中国心性学中知行合一、天人合一的优点，值得未来加以发挥。中国文化内部也存有民主科学、实用技术的一面，只是后来有所偏废。

《宣言》委婉地批评道，西方文化将自己的理性、理想当作普遍真理，“贯注”到世界各地，而对亚洲、非洲的民族文化缺乏敬意与同情。进而指出，东方文化也有值得西方人学习的五点内容：一是“当下即是”的精神和“一切放下”的襟怀；二是“圆而神”的智慧；三是温润而悲悯之情；四是如何使文化悠久的智慧；五是“天下一家”的情怀。总之，《宣言》认为东方智慧有助于解决当下人类遇到的问题，以共同完善人类的理想。《宣言》同时呼吁东西方应当以平等眼光对待对方，“共同担负人类的艰难、苦病、缺点，然后才能开出人类的新路”。

牟宗三等四位教授的这份《宣言》在香港的《民主评论》发表后，引起很大反响，它被认为是当代新儒家的总纲领。现代新儒家，是接续先秦和两汉儒学、宋明理学之后的“儒学第三期”。而海外新儒家又是新儒家中特殊的一群，中国历史的大变局，使得他们流亡海外，四顾苍茫，在“四顾苍茫，一无凭借的心境情调之下”，抚今追昔。其言说的对象除了自我否定的中国人之外，还有带着文化优越感的西方人。他们主张将中国传统文化与西方科学民主进行对接，“内圣开出新外王”。这种努力，与1930年代的十教授们相比，更加富于悲壮和理想色彩，与现代世界思想学术的接轨也更深切。

十教授与四教授这两批学者，都具有这样三个共同特点：一是中学西学功底扎实，大都幼承庭训，而后到东洋、西洋留学，所以学术运思能够中西打通；二是亦政亦学，或先学后仕，或先仕后学，大都在政府中担任过职务，陶希圣是国民党宣传和理论权威，徐复观曾任蒋介石侍从室机要秘书，并被授予少将军衔；三是心系中国传统文化，积极推动祖国统一。

《中国本位的文化建设宣言》发表距今已近80年，《为中国文化敬告世界人士宣言》发表距今已55年。随着中国国力的提升，中国文化的自觉性和自信感也大大提升。对他们当年的忧患意识、担当精神和远见卓识，愈发心生敬佩。

胡适：《诸子不出于王官论》

胡适(1891—1962)，字适之。1910年赴美，后师从实用主义哲学家杜威，1917年获得哥伦比亚大学哲学博士学位后回国。归国后，任北京大学教授，并加入《新青年》编辑部，成为新文化运动的主将之一，参与“问题与主义”、“科学与玄学”等思想论战。抗战期间，曾一度出任中国驻美国大使、北京大学校长等职。1948年当选为中央研究院院士。新中国成立后，胡适常往来于台湾和美国之间，1957年还被任命为台湾“中央研究院院长”，而大陆同时期则正在掀起批判胡适的风潮。

胡适学识渊博，在哲学、文学、史学、佛学等诸多领域多开风气之先。《中国哲学史大纲(上卷)》(1919)，被蔡元培盛赞为中国“第一部新的哲学史”，称其有证明的方法、扼要的手段、平等的眼光及系统的研究等优点；而《文学改良刍议》(1917)、《尝试集》(1919)、《白话中国文学史(第一卷)》(1928)等同样具有开拓性的意义，在中国白话文运动史上占有重要地位。另外，胡适在《红楼梦》、《水经注》、禅宗等方面的研究也影响重大。胡适曾有“多研究些问题，少谈些主义”、“充分世界化与全盘西化”等主张，引起巨大争论。从新文化运动到“整理国故”运动，从北大到台湾，胡适始终是一个思想的先行者，其影响一直持续到现在。

关于先秦诸子学派的争论由来已久。在《史记·太史公自序》中载司马谈论六家要旨，将诸子分作六家。汉末刘歆《七略》在此基础上增益为九流十家，并且认为它们都是“六经之支与流裔”。班固继承刘说，观点详见《汉书·艺文志》。关于诸子的起源，向来就有“出于王官说”与“救世说”两大歧见，前者以《汉志》为代表，后者以《淮南子·要略》为代表。

晚清章太炎著《诸子学略说》，重申并证明《汉志》的“诸子出于王官说”观点。1917年，才26岁的胡适刚刚回国，便发表了《诸子不出于王官论》一文，批评《汉志》及章太炎的观点，认为这些观点都是“汉儒附会揣测之辞，其言全无凭据”。为了批评这种“先入之言”，他从四方面加以论证：

第一，他引证《庄子·天下》《荀子·非十二子》《淮南子·要略》，认为刘歆之前论周末诸子学派者，皆无此说。

第二，他举墨家和纵横家为例，说明《汉志》之说与逻辑和事实不符。

第三，他认为《汉志》将诸子分作九流，是汉儒陋说，未得诸家派别之实。他认为晏子、管子都安错了位置，是《汉志》强为分类所致。古无名家，名实论是所有学派的为学方法，不能成为一家。管子、韩非本应属道家，《吕览》不能成为一家。

第四，他批评章太炎《诸子学略说》之说难以成立，他说：“古者学在王官是一事，诸子之学是否出于王官又是一事。”他拿欧洲中世纪的教会与上古王官相比较，认为学术必为王官所不容：“教会之失败，欧洲学术之大幸也；王官之废绝，保氏之失守，先秦学术之大幸也。”

最终，他回到《淮南子·要略》的“救世之弊说”，认为诸子学的兴起，是“忧世之乱而思有以拯济之，故其学皆应时而生，与王官无涉”。诸子一旦产生，而后互相影响，互相吸收。胡适出版《中国哲学史大纲(上卷)》时，将此文附在其后，可见他对此文的重视。他身处新思潮的中心，提倡以“科学”的方法“再造文明”。

他对中国诸子学的批判，可以视为中国学术现代转型的一个缩影。

胡适的观点，得到不少学者的回应。例如梁启超著《中国古代学术流变研究》，就曾称引了胡适关于名家的见解。梁启超认为司马谈的六家要旨论还算公允，而《汉志》的分类殊为不妥，纵横无思想，不能与前六家并列；杂家既然谓之杂，当不复成家；小说不重内容，只从文体着手，分类标准不一。这些论断，与胡适有异曲同工之处。

不过，关于诸子之学的来源问题，不唯近代，即使今天也还没有定论。早在胡适此文发表前十年，刘师培就著有《古学出于史官论》(1905)、《补古学出于史官论》(1906)、《古学出于官守论》(1906)等文，把上古学术的产生归于一元，间接地支持了章太炎学说。而吕思勉《先秦学术概论》、谭戒甫《墨辩发微》，则持一种调和折中之论。

瞿同祖：《中国法律之儒家化》

瞿同祖(1910—2008)是现代著名历史学家、社会学家，也是中国法律史研究的学术泰斗。他早年丧父，从其叔父、国学大师瞿宣颖处受到极好的文史训练。在燕京大学主修社会学后，师从吴文藻、杨开道研治中国社会史，完成硕士论文《中国封建社会》(商务印书馆1937年出版)。十年后，其成名作《中国法律与中国社会》出版(商务印书馆1947年出版)，获得盛誉。1945年抵美，从事汉史研究，1965年回国。他另著有《汉代社会结构》、《清代地方政府》等著作。

瞿同祖的研究方法是将法律史与社会学结合起来，用现代社会学的眼光审视中国古代法律的生成过程、政治效用和社会影响。这与以往的历史研究和律文梳理大不相同，故而结论独到精绝，中外认同。《中国法律与中国社会》从家族、婚姻、阶级、巫术与宗教等几个方面证明，中国古代法律特别注重身份，法律明文规定：“生活方式因社会和法律身份不同而有差异”，“不同身份的人在法律上的待遇不同”。中国古代的法律自从被儒家化之后，家族主义和阶级概念便始终是其基本精神和主要特征，它们代表法律和道德、伦理所共同维护的社会制度和价值观念，亦即古人所谓“纲常名教”。所以，瞿同祖的研究绝不纯粹是狭义的法律史，而是一种广义的文化史。此书的英文版于1961年出版后，受到国际学术界广泛好评，被认为是关于中国法律研究最好的西文著作。该书的中、英文版均多次再版，是中国法律史、社会史研究的经典之作和必读参考书。

那么，中国古代法律的儒家化过程是如何完成的呢？在《中国法律与中国社会》的第六章《儒家思想与法家思想》中，作者已经初步作了回答。他认为，先秦法家主张法治，儒家主张礼制。但汉代以后儒法本体之争已然消弭，法律的制定者都是儒臣；儒臣虽仍以德治为口号，但已不再排斥法治，而且把刑罚视为辅教的工具。于是，汉代以后法典的内容已为礼所掺兑入，已为儒家的伦理思想所支配。例如，春秋决狱的传统自董仲舒之后，代有沿续。

《中国法律之儒家化》一文，是作者在《中国法律与中国社会》出版后，就其第六章《儒家思想与法家思想》而作的重申和补充。文章细化了原书的讨论，可以看作是对整部著作观点的一个浓缩。后来的《中国法律与中国社会》中英文版都将此文收录作为附录。

文章认为，礼治与法治之争，实际上就是“差别性行为规范”与“同一性行为规范”之间的争斗。“以礼入法”的过程，实际上就是“同一性的法律成为有差别性的法律”的过程。他将其演变过程分为三个阶段。

第一，秦汉之法律为法家所拟定，纯本于法家精神。春秋战国以降，以封建制度为背景的儒家政治思想逐渐落伍，与时代格格不入。法家则应运而生，为国君所重。当时各国法律多由此辈制定，汉律亦全袭秦旧。例如，那里没有“刑不上大夫”的实践。

第二，法律之儒家化在汉代已开其端。汉武帝标榜儒术以后，法家逐渐失势，儒家抬头，欲借政治、法律使儒家精华成为国家制度。自贾谊开始，儒生开始介入法律的制定和解释过程。王充就曾感慨：“法律之家亦为儒生。”而司法断案多引用儒家伦理，“引经决狱”成为普遍的司法活动，儒家思想在法律上一跃而为最高原则，与法理无异。

第三，儒家有系统地修改法律始自曹魏时期。曹魏而后每一新朝成立，必改订新法。法典的编制和修订落入儒臣之手，于是他们趁机尽量将儒家之礼杂糅到法律条文里。此种程序自魏、晋便已开始，而北魏尤为关键，北周律完全模仿《周礼》，其儒家化之努力最为积极。隋律“多采后齐之制”，又兼采魏、晋以来法律。唐代以后，便“一准乎礼”了。

最后，其结论归结为，“儒家以礼入法的企图始于汉代。……中国法律之儒家化可以说是始于魏、晋，成于北魏、北齐，隋、唐采用后便成为中国法律的正统”。

近三十年来出土的多批战国、秦、汉法律简牍，为研究中国法律史提供了新资料。有学者据之指出，战国和秦汉时期已局部呈现出“纳礼入律”的现象，秦汉律文中所蕴含的家族主义和等级观念，在秦汉王朝建立伊始就已经存在。不过，这并没有动摇瞿同祖“中国法律儒家化”的总结论，只是在时间线索上将溯源起点向上推移而已。

梁启超：《中国史叙论》

附：《原拟中国通史目录》《原拟中国文化史目录》

梁启超（1873—1929）是近代著名政治家、启蒙思想家，也是著名的文学家、历史学家。他与康有为领导的戊戌变法，不仅是中国近代史上一次著名的政治改良运动，也是一次重要的思想启蒙运动，西方的社会思想和学术理论，都在这次变法后得到大范围的推广。在领导政治运动的同时，梁启超也一直致力于学术研究和文化革新。他学识渊博，涉猎极广，不仅在传统的经、史、子、集、佛等方面深有造诣，而且在现代哲学、史学、文学、伦理学、宗教学等方面都有建树，成为“但开风气”的一代大师。作为清华国学院“四大导师”之一，他还培养了一批中国现代学术史上的领袖人物。梁启超一生勤于著述，极为丰产，除了各种政论之外，《中国历史研究法》、《中国近三百年学术史》、《先秦政治思想史》等多种论著成为传世名作。由后人编辑出版的《饮冰室合集》(1936)，共148卷，1000余万字。

20世纪初，社会巨变和新学传入，促使梁启超欲撰写一部新的中国通史，《中国史叙论》正是他这部未成书的中国通史的前言部分。在该文中，他对中国史的范围、名称、地理、人种、纪年、时代分期等关键问题，作了系统的理论阐发。

关于“史”的内涵，他批判中国传统史学，认为旧史学只记述权力者的兴亡隆替，只是一人一家的谱牒；而“近世史家”更注重说明这些事实之间的关联，要探查“国民全体”的经历及其相互关系。中国的旧史只是“王公年代记”，而新史学应是“国民发达史”。而且，中国的旧史只是政治史，对于智力、产业、美术、宗教之类都无涉及，他要在此之外寻找新的史料。

关于中国史的范围，他指出，世界文明的五个原初之地，有小亚细亚、埃及、中国、印度和中美。虽然他认为中国未来会左右世界，但主张中国史要与世界史区分开来(“中国史的范围，不得不在世界史以外”)。谈到中国史与东亚史的关系时，他认为中国是“泰东”史即东洋史的主动力，主张把两千年来亚洲各民族与中国交往的历史，都写入中国史。

关于国史的命名，梁启超主张，既不用诸夏、汉、唐朝代之名，也不用震旦、支那等外国人对我们的称呼，而沿用口语习惯，称之“中国史”。

关于地理范围，梁启超说，离开地理与人民，则无文明，无历史。他根据清朝的版图，认为中国史的所辖之地应当包括中国本部、新疆、青海、西藏、满洲五个部分。在描述中国的大山大河之后，他对我国地理环境与文明的关系作了创发性的解读。历代中国正史中虽然也有“地理志”等内容，但大都是政区沿革、物产、贡赋之类，像他这样指出地理环境与中国文明的产生、中国民族的性格、与政治经济发展之间的关系，则是历代史家未曾言及的全新认识。

关于人种，他认为中国人是黄种人，但并不限于蒙古人种，黄种人应包括苗、汉、图伯特(藏)、蒙古、匈奴等六种。

关于纪年，中国的古史，均以帝王年号纪年，如果写作新史，自然不能再用。对比希腊、罗马、回教、犹太、耶稣等几种纪年方法之后，梁启超认为，不能采用耶稣纪元，也不能采用黄帝、尧、禹、秦一统等纪元，而主张以孔子生年纪元。因为孔子的地位正可以与西方的耶稣匹敌，而且《史记》记事时也常以孔子为坐标。若纪元由孔子始，孔子之前的时代如何计算呢？他认为，中国的有史时代还是应该从黄帝算起。至于黄帝之前，他结合西方考古学知识和社会学知识指出，人类的起源远在洪水时代之前，中国的文明发达之早，远在他国之前，“足以自豪于世界”。

关于中国历史的时代划分，他主张打破旧史学中按朝代划分的断代史体例，借鉴西方上世、中世、近世的叙述方法，把中国史分为三大段。上世史，从黄帝到秦一统，这是“中国之中国”时期，即中国民族“自发达、自竞争、自团结”的时代，汉族人经营内部事务，没有外来文化；中世史，从秦一统至于清乾隆末年，其中又分三个小时代，这是“亚洲之中国”时期，即中国民族“与亚洲各民族交流、繁赜、竞争”最激烈的时代；近世史，从乾隆末年至于今日，这是“世界之中国”时期，即中国民族“合同亚洲民族与西人产涉、竞争”的时代。

梁启超1902年发表了著名的《新史学》，系统阐述现代史学与中国传统史学的不同，标志着中国现代史学的开端。然而，对比阅读他于1901年发表的《中国史叙论》，便发现他用现代史学眼光研究中国历史的核心理念，在一年前的《中国史叙论》中就已大体得到说明。20世纪初期，现代人文科学的文、史、哲等学科，基本上都在发生学术范式的转型。章太炎、陈黻宸、夏曾佑、刘师培、曾鲲化、黄节、汪荣宝等人也开始了新历史大纲的构建和新历史的写作。以《中国史叙论》为线索，可以体会出梁启超构建现代新史学的种种努力，有两点特别值得注意。

一是历史主体、研究对象、观照范围的变化。除了常被论及的由帝王史学变为民众史学、民族主义史学等问题之外，若比较他后来拟定的《原拟中国通史目录》、《中国文化史：社会组织篇》、《原拟中国文化史目录》，便可以发现，他最初构想的中国通史内容极其宽泛，实际上就是广义的中国文化史，民族、政制、地理、军事、财政、交通等内容俱在其中；而他拟定的《中国文化史目录》，多达25个专题，也是包罗万象的。他本人曾说过，“普遍史即一般之文化史”（《中国历史研究法》），要“以文化史代政治史”（《中学国史教本改造案并目录》）。他其后发表的《研究文化史的几个重要问题》，论述归纳法、进化论和因果律在历史研究中的运用，所采用的也是广义文化史的概念。

二是对中国文化史分期问题的创识。在后来发表的《地理及年代》一文中，梁启超不再坚持孔子纪年，主张改为世界通行的公历纪年，而且对中国史分期也略有变化，主张划为夏禹至春秋、秦汉至清、民国三个时段。不过，这并未减低他对中国文化史宏观创识的影响力，他关于“中国之中国”、“亚洲之中国”和“世界之中国”三大段落的思维，基本解释了中华民族的成长历程，也解释了中国在地域和文化上不断拓展，进而纳入世界体系的漫长道路，它与今天常用的古代史、近代史等概念也基本切合。

今天我们在叙述和研究中国文化史时，很多“常识”都来自梁启超，他是新旧转换、东西嫁接、导夫前路的一代大师。

梁思成：《我国伟大的建筑传统与遗产》

梁思成（1901—1972）是现代著名建筑学家、建筑教育家，是中国建筑史学科的开创者，也是我国古建筑保护的领袖。他1915—1923年就读于清华学校，1924—1927年就读于美国宾夕法尼亚大学建筑系，在其父梁启超的激励下，开始研究中国古代建筑，先后获学士、硕士学位。1927—1928年就读于哈佛大学研究院。1928年回国，在东北大学、清华大学创办了建筑系，曾任中国营造学社法式组主任。1948年当选为中央研究院院士。

梁思成毕生从事中国古代建筑的研究和教育事业，系统地调查、整理、研究中国古代文物建筑的理论和方法，为国家培养了多批建筑学人才，为北京古城的保护做出了巨大贡献，此外还主持或参与了人民英雄纪念碑、新中国国旗和国徽等重大设计工作。其代表著作有《中国建筑史》、《图像中国建筑史》、《中国雕塑史》、《中国建筑和艺术》、《城市计划大纲序》、《营造法式注释》，以及古建筑调查报告多种。后人编有《梁思成全集》十册。

《我国伟大的建筑传统与遗产》是梁思成在新中国成立初期发表的一篇通俗文章，主要介绍中国建筑的悠久历史、骨架结构法、建筑的“文法”、木结构和砖石结构的典型建筑、古代城市等。他指出，我国的建筑体系，与中华民族一样，古老长寿而未有中断，是丰富而伟大的文化遗产。中国传统建筑具有几个重要的特点和优点。

一是骨架结构法。中国古人用木材搭起房屋的框架，墙壁只用作间隔，门窗开设比较灵活，能够满足东亚各地区人民的生存需要。欧洲古建筑采用垒石构筑法，墙的安全需要限制了窗户的面积。欧洲直到近代才出现钢架结构法，中国的骨架结构（“梁架”）要远早于此。

二是建筑“文法”，即成熟的建筑规则和施工标准。中国古人根据木架结构的特点，发明了一种层层转移重压剪力的技术——斗栱，至迟到春秋时期，中国人就普遍应用斗栱了。它不仅符合力学原理，而且可以延伸屋檐向外挑出的长度，可以进行房屋装饰。至少到宋代，中国人已制定出斗栱结构的各种标准规格，据之可以进行千变万化的房屋建造。中国古人把梁架和斗栱进行规格化，方便运用，称之“大木作做法”。除此之外，还有“石作做法”、“小木作做法”、“彩画作做法”和“瓦作做法”等一系列建筑“文法”。

三是院落。在平面空间上，中国建筑通过院落将户外空间组织到建筑范围之内，满足了居住者对阳光、空气和花木等自然元素的要求，这是欧美建筑师最近才注意到的优点。

四是城市设计。他简述了古代城市的设计和规划，尤其对北京的中轴线、紫禁城、宫殿建筑群、绿色区都作了赞不绝口的介绍，认为这是中国古代都城建筑的典型，是世界上最先进的城市设计，只有中国这个最先进的民族才如此有计划地建造城市。

文中还介绍了古代木、石两种材质的代表性建筑，如五台山佛光寺、蓟县独乐寺、应县木塔、嵩山嵩岳寺砖塔、赵州桥等。他指出，塔的形制是中国古代接受外来文化并使之中国化的绝好结晶。

梁思成是运用近代科学方法研究中国古建筑的第一人，为此他另有系统的建筑史和理论文章（如《中国建筑的特征》《中国建筑发展的历史阶段》等）问世，《我国伟大的建筑传统与遗产》只是一篇比较粗放简略的建筑史介绍。然而，从中足以看出他对中国古代建筑的烂熟于胸，以及对中国建筑史这门学科的高瞻远瞩。他举重若轻、简略言及的内容，后来都成为建筑史学中专门的研究领域，乃至专门的研究学科。

梁思成对几千年来古代工匠传承下来的建筑遗产发出由衷的赞美，他赞美古人巧夺天工的设计，赞美古人就地取材的智慧。当"伟大光辉"、"最进步"、"没有第二个国家"、"没有第二个城市"这些夸张的字眼，从这个在西方受过系统训练的建筑学家笔端流露出来时，那些对祖国物质文化遗产习焉不察、日用不晓的读者，也不能不同生敬畏。梁氏此文发表在新中国成立之初的1951年，经过半个多世纪的历史沧桑，他文中提及并引以为傲的历史建筑还留存多少？

刘师培：《汉宋学术异同论》

刘师培（1884—1919）是近代国学大师。他出身于经学世家，父祖辈世代研习《春秋左氏传》。他幼受庭训，聪敏好学，诵习经史。早年结识章太炎、蔡元培等人，投身革命，为了"攘除清廷，光复汉室"，改名光汉。其"复汉"思想体现在学术上，便是对传统学术的精研深思，为此他在《国粹学报》等媒体发表了大量学术文章。1909年他从日本回国后成为两江总督端方的幕僚，端方藏书丰富，刘师培得以翻阅群书，校订诸子各书。1914年经阎锡山推荐，受命于袁世凯政府，后为"筹安会六君子"之一，为袁氏复辟作《君政复古论》。1917年受蔡元培之邀，他担任北京大学教授，讲授经学和历史，成为"国粹派"代表人物。

刘师培一生因其政治立场反复多变而备受诟病，但他对于传统学术深有造诣，毕生致力于传统文化研究，对弘扬国学的重大贡献不可埋没。除继承家学，对《春秋左氏传》具有精专研究之外，他还涉猎广博，在经学、小学、历史学、中古文学等领域多有创见。他对近代西方社会科学思想和方法，也多有吸收，可以说是晚清学术史上继往开来之人。他著有《经学教科书》、《中古文学史》、《春秋左氏传古例诠征》、《春秋左氏传例略》、《春秋左氏传答问》、《春秋左氏传时月日古例考》、《读左札记》、《汉宋学术异同论》等，校释有《管子》、《晏子春秋》、《老子》、《庄子》、《墨子》等。他用"春秋笔法"撰写的几篇学术史论文，如《汉宋学术异同论》、《清儒得失论》、《近儒学术统系论》等，论衡中国学术发展大势，笔调沉着，征引宏富，见解独到，堪称经典。其主要著作由南桂馨、钱玄同搜集整理，收录在《刘申叔先生遗书》中。

有清一代，朝廷提倡程朱理学作为意识形态，而乾嘉考据之学又是朝廷鼓励、学界盛行的学术主流，这本身就是一大矛盾。乾嘉之后，汉学家们只重考据、不问世事的弊端逐渐浮现，学界出现诸多反思。宋学家乘势兴起，挑战汉学独尊地位，汉宋之争一时充斥学界。江藩《汉学师承记》与方东树《汉学商兑》可以说是清代汉宋门户之争的代表作。江氏之书彪炳汉学，贬抑宋学，其书将无关小学、不纯于汉儒古训者一概不录；方氏于是作《汉学商兑》驳斥江藩，辩驳汉学家对宋学家的批评，指陈汉学的弊病。道咸之后，"汉宋调和论"兴起，汉学家、理学家纷纷调停二者，正如刘师培所言："道咸以来，治学之儒，多以汉学为破碎，于是调停汉宋，不名一家。"其中，"汉宋调和论"的主力陈浓所著的《汉儒通义》，对刘氏颇有影响。

刘师培的《汉宋学术异同论》即是在这种学术背景下写就的，其目的在于"荟萃汉宋之说，以类区别，稽析异同，讨论得失，以为研究国学者之一助焉"。刘师培的主要观点是"宋学源之于汉学"，他分别从义理学、章句学、象数学和小学四个方面加以揭示。

在义理学方面，他认为"宋儒之说多为汉儒所已言"。如周敦颐的无极、太极之说，"二程"的本原之性、气质之性，汉儒已说之在先。宋儒的觉悟说，始于《说文》。宋儒主张的去欲、主静、主一、体用之说，汉儒都曾开其先河。只不过是宋儒与汉儒的说法有所不同而已，如汉儒言理主分析，宋儒言理则以天理为浑全之物。宋儒言理，多“舍用言体”，这也与汉儒不同。

在章句学方面，他认为汉儒有家法和师承，胶于章句，曲注以解经；而宋儒说全凭己意，注重新义。汉儒说经轻信寡疑，而宋儒则轻易疑经，多属想像之辞。宋儒疑经，有时于真者疑其为伪，于伪者疑其为真。宋儒还轻易改经，治经不立准绳，独凭臆说，解经之书以新说相标，疏于考核。

在象数学方面，他认为汉儒信谶纬，宋儒信图书，都是诬民之学。谶纬源于方士，而宋儒笃信的太极图也出于方士。汉代以通谶纬为内学，宋代以通图书为道学。汉人言谶纬兼言灾异五行，宋人言图书兼言皇极经世。宋代的卦气、九宫、河洛之图、互体、太极阴阳等说法，也都源于汉儒。北宋易学家邵雍深受汉学影响，尤其推崇杨雄，其实仍是汉学一派；南宋朱熹治《易》，也主汉人的说法。

在小学方面，他认为汉儒深知字义寄于字音，故说字以声为本，宋儒不明古韵，不懂义起于声的规律，说字以义为本而略于字音。所以总的来说，声音训诂之学汉儒是而宋儒非。

刘师培此文尽管旨在“荟萃汉宋之说”，以区别异同，且文章之中也多次肯定宋学进步之处，然而，作为汉学家，其行文之中仍处处彰显汉学，尊汉贬宋之意甚为明显。在比较汉宋章句学异同时，刘师培批评宋儒不轨家法，错乱篇章，疏于考核，随意解经。而于小学一块，则认为宋儒不明古韵，舍声说义，乃至拘泥于会意一门，穿凿解字，精微之说湮灭不彰，因此不足为训。考其全文，刘氏在序论中已提到“上古之时，学必有律。汉人循律而治经，宋人舍律而论学，此则汉宋学术得失之大纲”，其褒贬态度已经非常明确。在对比汉宋异同时，又多写作“宋儒某说源于汉儒某说”，“宋儒某说与汉儒某说相同”，虽未深入论证，而态度甚为鲜明。

刘师培精于中国传统文化，同时对近代传入的西方科学文化颇有了解，这一点也在此文中有所体现。在论述宋儒象数学之得时，他将宋儒的学说与西方科学联系起来，肯定了宋学进步于汉学的地方。这正是其学术有别于传统经学的所在之处。

近代以来，学界对清学的研究与反思不少，章太炎、刘师培等都是学术道源于清学又反过来对清学进行总结评议的学者。在他们之后，也有不少研究清学史的大家，比如梁启超、钱穆等。尽管由于其政治立场的影响，刘师培多受诟病，但他的学术思想确实对后来梁启超、钱穆等清代学术史研究者产生了不小的影响。他的英年早逝，是中国传统学术传承的一大损失。

柳诒徵：《中国文化史·绪论》

附：《新版弁言》

柳诒徵(1880—1956)字翼谋，晚年号劬堂，是现代著名历史学家、图书馆学家，也是中国文化史学科的奠基人之一。1922年，柳诒徵与梅光迪、吴宓等七人，在国立东南大学发起创办了《学衡》杂志。柳诒徵曾在南京高等师范学校、清华大学、北京女子大学、东北大学、浙江大学、贵州大学、中央大学、南京大学等多所高校任教。柳诒徵素以“博雅宏通”闻名，尤其擅长经史之学，与在北方任教的陈垣齐名，一时有“北陈南柳”之称。1948年当选为中央研究院院士。柳诒徵一生著述甚丰，有《历代史略》《中国文化史》《国史要义》《中国教育史》《中国商业史》《国学图书馆总目》《东亚各国史》等。后人编辑有《柳诒徵史学论文集》《柳诒徵史学论文集续编》《柳诒徵说文化》等书。

五四运动之后，国内学者面对中西方文化的冲突，更多的是站在西方文化一边，大力批判中国传统文化，否定祖国本土文明的价值。与之针锋相对的，是围绕《学衡》杂志而形成的“学衡派”。“学衡派”引进美国学者欧文·白璧德(Irving Babbitt)的新人文主义理论，批判现实物欲，批评新文化思潮，珍视传统文化，维护人文精神。柳诒徵的《中国文化史》正是在这种背景下出现的。

这本《中国文化史》写于1919—1921年，最初是作为“中国通史”的讲义，发给南京高等师范学校的学生，后来在《学衡》杂志上连载，于1928年由中央大学出排印本，1932年正式印行。柳诒徵认为，虽然世界历史的发展具有“共同之轨辙”，但是中国的历史，有着“特殊的蜕变”。他写作《中国文化史》，正是要回答“中国文化为何，中国文化何在，中国文化异于印、欧者何在”这几个问题。当时陈独秀、李大钊、杜亚泉、胡适、张东荪、蒋梦麟等学者正在进行东西文化论战，柳诒徵所提出的这几个问题，以及他的这本文化史，无异于用实证研究和平实铺叙回应了西化派新潮的主张。

柳诒徵在《中国文化史·绪论》中指出，中国文化具有世界其他各国无与伦比的“特殊之性质”。他从三个方面加以说明。

首先是幅员广袤。英美各国在面积上远逊于中国，中国疆域自《尧典》、《禹贡》时期便已经非常辽阔，经过历朝历代的开拓以至此盛。他认为，历代如何开拓而形成今天的中国，这正是中国文化史应当研究的问题。

其次是种族复杂。中国号称五族共和，其实种族众多，远超过五种。最大一族汉族，也经历了数千年来的血统混杂。就连许多汉族的大姓，实际也是由异族改姓而来。与严格区分种族的欧洲诸国相比，虽然中国也存在“非我族类，其心必异”的理念，但是众多强悍的少数民族最终还是同化于汉族。中华民族的包容性和各族人民之间的沟通性，也是中国文化史的独特之处。

再次是历史悠久。在四大文明古国中，我国历史从未中断。三四千年来，政权虽然在汉族和少数民族之间转移，但国家却从来没有灭亡，是世界历史上的特例。

梁启超在《中国史叙论》和《新史学》中，曾批评中国历代旧史虽然卷帙浩繁，却大都是皇帝家谱，专记帝王嬗代和武人相斫，不能反映社会的变迁进步。柳诒徵对此提出批评，他认为民族社会的史料比比皆是，完全可以据之而撰写新的文化史。综观柳著《中国文化史》的体例，为了“祛此惑”，就特别删略了帝王朝代和国家战伐，反而为物产、建筑、衣裳、图画、雕刻、礼俗、乐舞、学术等内容专设章节，加以详述。这一方面间接回应了当时学人对于祖国旧史的轻蔑和无知，另一方面也体现了他所谓“文化”的内涵和外延。

编撰《中国文化史》，时代分期问题不可回避。在这篇《绪论》

中，他开宗明义地指出，全书分为三编：第一编，从邃古到两汉，是我国民族由部落到国家，独立建构自己文化的时期；第二编，从东汉到明朝末年，是印度文化输入中国并与我国文化发生关系的时期；第三编，由明末到当今，是西方文化输入并与我国文化发生关系的时期。这三个时段的划分，大致沿用了梁启超的总体思路，但又胜于梁说。他将印度文化、西方文化作为本国文化发展史的参照坐标，并且用“由抵牾而融合”、“相激相荡至卒相合”来概括外来文化与中国文化的关系，不仅完善了梁启超“亚洲之中国”、“世界之中国”的说法，而且更具有世界文化史的视野。

总体而言，柳著《中国文化史》更具有“文化”的意味。正如柳诒徵在1947年版的《弁言》中所说，是书刊布后，梁启超也要写一部通论性的《中国文化史》，可惜梁氏这部“纵断之论”只完成了《社会组织篇》(共8章6万余字)，所以柳著便成为成书最早、学术性最强的中国文化史。胡适称许柳著《中国文化史》为“中国文化史的开山之作”，并非过誉。

潘光旦：《人文选择与中华民族——两个制度的讨论》

潘光旦(1899—1967)是现代著名社会学家、民族学家、优生学家和教育家。他1922年毕业于清华大学，1922—1926年留学美国。回国后在多所大学任教，主讲心理学、优生学、家庭问题、进化论、遗传学、西洋社会思想史、中国社会思想史、人才论等课程。1952年，院系调整，社会系学科被撤销，潘光旦遂调入中央民族学院，主要从事少数民族历史的研究，参与了民族甄别工作。

潘光旦打通了自然科学、人文科学和社会科学的界限，在社会思想史、家庭制度、优生学、性心理学、人才学、家谱学、民族历史、教育思想等众多领域都有很深的造诣。在教育理念上，潘光旦较早发现专业化教育的弊端，提倡通才教育，提倡“自然一体”、“世界一家”、“人文一史”的新人文史观，主张培养“气象宏大的学问”。潘光旦一生勤于著述，有《优生学》《优生原理》《人文生物学论丛》《中国之家族制度》《民族特性与民族卫生》《冯小青》《中国之家庭问题》《明清两代嘉兴之望族》《湘西北的中国"土家"与古代的巴人》《性心理学》(译著)等，均收入《潘光旦文集》(14卷)中。

《人文选择与中华民族——两个制度的讨论》是潘光旦以其优生学理论研究中国传统文化的重要文章之一。作者认为，中华民族之所以能够绵延不辍，没有步希腊、罗马、犹太、印度文明的后尘，出现中断，是因为有两种文化力量起了作用，这可以视为中华民族的人文选择。

第一是家族单位主义和家庭制度。他认为，如果没有家族制度，中华民族自身也许早就解体了。"不孝有三，无后为大"的观念，为种族绵延起到效用。家族制度中的尊祖、敬宗的功能固然重要，但"收族"的功能更大。他为此提出了改革家族制度的方法，一是家庭单位越小越好，每家笼罩的代数越多越好；二是将以前的"慎终追远"观念，改为"敬始怀来"，即少向祖宗看，多向未来和子孙看。

第二是选举制度。他认为，选举制度使优秀人才和领袖得到更多的生存、生殖的保障，这也是罗马帝国不及中国而致灭亡的文化原因。魏晋六朝的九品官人法产生了门第主义，大族之间互相通婚，带来文化的发达和延续，如王羲之家族前后出书法家九人，卫觊家族前后出书法家八九人。而门第婚姻的另一个贡献是，对人的品貌长相、谈吐的选择，使得人才品貌健美、雅擅谈吐。而科举制度盛行之后，专以文辞、经义取士，时间一久，"大多数将如出模铸"，反不利于人才的品性提升。他没有言及的是，科举制度下任职之前也要从身、言、书、判四方面加以选拔，脱颖而出的仍然是生物基因优秀之人。

最后他认为，家族制度和选举制度都是孔儒的社会哲学，它讲亲亲有别、尊贤有等，与近代人文生物学有暗合之处，所以儒家的社会哲学应予以重新评价。他在文章中关注的生育制度、家族制度、选举制度等，也是同时或其后费孝通等学者的研究重点。

潘光旦很早就创立了他独特的社会学理论，他把社会学中的Adjustment或Adaptation译作"位育"。此二字来自《中庸》首章的"致中和，天地位焉，万物育焉"，仅从译名即可知道，该理论与他深厚的国学学养分不开。他特别关注当代和古代中国人是“位育适当”，抑或是“位育失当”，这无疑已经突破社会学的框架，进入文化和文化史的范畴。他专门撰有《文化的生物学观》，研究“人文选择”(即他所谓“社会选择”或“文化选择”)对于中华民族历史演进的作用。他认为，日本明治维新前的封建制度有利于保障人才，从封建文化转变到工业文化更容易，而中国从以家族为中心的农村文化进入工业文化，反而更困难。

潘光旦的学术关怀一直落在当下。他在该文中说，自然选择难于控制，而文化选择却可有所作为，“如何运用现存的文化势力，使中华民族中比较优秀的分子可以取得婚姻与生产的保障？或者提高婚姻与生产的效率”？文中还多次提到“种族改良”问题，这是清末以来精英知识分子针对国家积贫积弱而提出的生物学反思，与之相应的便是国民性问题的讨论。事实上，这正是潘光旦学术研究的一个重要领域。

钱穆：《刘向歆父子年谱·自序》

附《两汉经学今古文平议·自序》

钱穆(1895—1990)，字宾四，是现代著名历史学家，国学大师。他自幼接受旧式私塾教育，熟悉传统典籍，对中国历史文化饱含深情。辛亥革命后辍学，曾长期在家乡中小学任教，后受顾颉刚等人推荐，至大学任教。历任燕京大学、北京大学、清华大学、四川大学、齐鲁大学、西南联大、江南大学等高校教授，1949年迁居香港，创办新亚书院。1966年，钱穆移居台湾台北市，在“中国文化书院”(今“中国文化大学”)任职，被聘为台湾“中央研究院”院士。

钱穆学问范围非常广泛，对中国传统的经、史、子、集四部学问无所不究，一生著述既多又精。1949年前出版有《先秦诸子系年》、《中国近三百年学术史》、《国史大纲》、《中国文化史导论》等文化史著作，奠定其国学大师地位。1949年在香港新亚书院期间，出版《庄老通辨》、《两汉经学今古文平议》、《论语新解》等多部经学著作。定居台北后，他又完成《朱子新学案》、《中国学术思想史论丛》、《晚学盲言》等思想学术史巨作。

《刘向歆父子年谱》是钱穆的成名作。文章起源于他对晚清以来今文学派的不满。清代道光、咸丰以下，学人各持门户，互争是非，其中经今文学最为昌炽。而在此基础上兴起的疑古学，在讨论上古学术时也不无牵强附会之举。对此，钱穆认为他们都没有脱离门户之见。针对康有为《新学伪经考》指斥西汉古文诸经全部出于刘歆伪造，本不欲介入争论的钱穆说："此则断断必争之事也。"

《刘向歆父子年谱》是一部争论之作，但他完全采用实证的方法，为刘向、刘歆父子逐年立谱，按其任事年月依次排列，梳理史实，回环考证，来说明古文诸经并非刘氏伪作。通过这项工作，他将康有为《新学伪经考》的错误曲解，归纳为"不可通者二十有八端"。若再简略概括，他所谓二十八条"不可通"处，无非是：第一，作伪在时间上不可能；第二，作伪没有同时代和稍后时代的证人；第三，刘歆没有作伪的动机；第四，作伪在逻辑上不合情理；第五，作伪不合事实，如刘歆之父刘向及其他群儒就曾引过《左传》，不必待刘歆来造伪，等等。而钱穆所用的材料，基本来自《汉书》，尤其是刘向、刘歆、王莽等人的本传，以及人皆熟悉的《儒林传》等，足见其功力之深、史识之强。

《刘向歆父子年谱》解决了长期以来的经学悬案，基本成为定谳。此文一出，康有为和今文学派的迂曲应世之论从此失去了信众，钱穆也因此而名声大噪。除了此文外，钱穆后来又撰有其他几篇批驳今文学派的文章，都分别有所针对。据其所述，今文学派称《周官》晚出，于是他撰《周官著作时代考》(1932)，认定其成书于战国晚年而非西汉末年；清代学术自号为"汉学"，钱穆于是撰《孔子与春秋》(1954)，说明清学是独自成学，未必得汉代学术真相。

《刘向歆父子年谱》撰于1929年，最初发表在1930年《燕京学报》第七期上。此时距康有为去世已过去3年(康于1927年去世)，钱穆争论的对手已转为沿袭经今文学思路、持疑古思想的顾颉刚和钱玄同等人。不过，此时的争论已经不完全是经学流派之争，而成为史学研究之争。钱穆一再强调，经学上的问题就是史学上的问题，治经学不能不通史学，他希望排除门户意气之非，而重在发现古人学术的真相，即“于史学立场，而为经学显真是”。这标志着，传统旧经学向现代新史学的转变，在他们这一代学者身上已经基本完成。

任继愈：《儒家与儒教》

任继愈（1916—2009）是现代著名哲学家、宗教学家和历史学家。他1939年考取北京大学文科研究所第一批研究生，师从汤用彤、贺麟学习中国哲学史和佛教史，1941年毕业后在北京大学哲学系任教。他领导建立了中国社会科学院宗教研究所，晚年担任国家图书馆馆长。其主要著作有《汉唐佛教思想论集》《佛教史》《中国哲学史论》《墨子与墨家》《老子今译》《天人之际》《佛教与东方文化》《任继愈学术论著自选集》等，主编有《中国哲学史》《中国佛教史》《宗教大辞典》《佛教大辞典》等。

任继愈最大的学术贡献之一，就是提出了“儒教是教说”之论。这一论断涉及对中国传统文化的根本认识，它还“直接关系到我们现代化的命运”，所以这一见解被认为是意义非凡的基础性理论建树。

历代都将儒、释、道三教并提，儒教被视为宗教，并无异议。明朝后期利玛窦来华，为了传教的方便，坚称儒教不是宗教。在近代，张之洞《劝学篇》将儒教与基督教、婆罗门教等视。康有为也持“儒教是教说”，但受到弟子梁启超的反对。新文化运动中，蔡元培、陈独秀等人为了批判传统，宣扬民主和科学，大倡“儒教非教说”。此后中国学术界一直沿为定论。

1978年，在中国无神论学会成立大会上，任继愈提出“儒教是教说”之论，这既是新论，也是前人观点的重申。两年后他发表了《论儒教的形成》一文，被认为是“儒教是教说”的第一篇文献。随后，任继愈又相继发表了《儒家与儒教》《儒教的再评价》《朱熹与宗教》《论白鹿洞书院学规》《从程门立雪看儒教》等文章，从各个角度论述儒教的形成、宗教特征及其在中国历史上的地位与作用。

《儒家与儒教》一文原载于《中国哲学》1980年第3辑。文章先简单梳理了汉代之前儒家的学术面貌，认为儒家并非创自孔子。战国时期尽管儒门分派严重，但都主张与宗法制度相一致的忠孝仁义。秦汉帝国政治统一，必然伴随着思想统一的要求，秦汉帝国经过七十多年的探索，终于建成了思想统一的工具，即儒家。儒家成为维护政权的工具，孔子被尊奉，王权与神权相结合，三纲五常被儒家说成万古不变的规范。由于封建宗法制度未变，所以魏晋南北朝三纲五常也没变。

任继愈认为，隋唐时期三教共弘，儒教也与佛教、道教一样，都被看作宗教。宗教必然具有教主、教义、教规、经典，会形成教派，也会产生“异端”。佛教、道教具备这些要素，儒家在汉武帝独尊儒术之后便具备宗教雏形，但部分特征还有待完善。经历了隋唐的三教合一，以儒家伦理为核心，吸取了佛教、道教的一些宗教修行方法，宋明理学的建立，标志着中国儒教的完成，也具备了宗教的各个要素。

儒教成功地吸收了佛教，所以宋明理学兴起，而佛教衰落。宋明理学关心的几个核心问题，如“定性”、义理之性与气质之性、孔颜乐处、主敬与主静、致良知、理一分殊等，就是中世纪经院神学的实质和修养方法。在宋明以降，孔子被奉为教主，具有半人半神的地位，三纲五常是儒教教条，孝道也有宗教性质。中国儒教高度地政教合一，政教不分，政教一体。皇帝兼教皇，政权、神权不分。历代以儒教为国教。儒教没有入教仪式，没有明确的信徒数目，但在中国社会各阶层都有大量信徒。其教义和信奉对象是“天地君亲师”，其宗教组织即中央国学和各地的州学、府学和县学，学官是儒教的专职神职人员。儒教与佛教、道教一样，论证了大一统王朝中央集权的合理性，而儒教的教化也为维护大一统帝国起到作用。科举普及了儒教信仰。宋代的陈亮，明代的王廷相和李贽，清代的王夫之、颜元、戴震等人，都是儒教的异端。

在《儒教的特点及其发展阶段》一文中，任继愈把儒教的发展概括为六个阶段，即前儒教时期(秦汉以前)，准儒教时期(两汉)，三教并立时期(魏晋、隋唐)，儒教形成时期(北宋，张、程)，儒教完成时期(南宋，朱熹)，儒教凝固时期(明清)。他指出，在汉代和宋代儒教发生了两次大改造。经过汉代董仲舒等人的改造，儒家成为适合统治者需要的宗教思想。儒家的第二次改造可从宋代上溯至韩愈，他用儒家的道统代替佛教的法统。宋代佛教把僧侣变成俗人，而儒教则把俗人变成僧侣。中国没有欧洲中世纪那样的异端裁判所，但儒教"以理杀人"，精神桎梏超过物质镣铐。

儒家不讲出世，没有来世的天国，这是"儒家非教"论的重点。任继愈说，禅宗也主张极乐世界不在彼岸而在此岸，不在现实生活之外，就在现实生活之中。儒教虽无来世之说，但将彼岸世界视为主观精神境界，儒教的精神境界偏重于封建道德修养。这与新儒家学者们所讲的"内在超越"大致相同。

任继愈的"儒教是教说"提出后，引起学界激烈争论。张岱年、季羡林、蔡尚思等老一代学者也各抒己见，赖永海、李申、何光沪、卓新平、方广锠、谢谦等学者支持任说，而牟钟鉴、郭豫适、苗润田等学者则反对任说。具体讨论观点可见《儒教问题争论集》。

沈从文:《中国古代服饰研究·引言》

沈从文(1902—1988)是现代著名作家。他只上过两年私塾，正规教育仅及小学，然而丰富的民间生活经历和敏感细腻的写作才华，使他写出一大批沁人心脾、流传后世的文学佳作。以《边城》为代表的湘西文学系列作品，将中国乡土文学推至新高峰。沈从文创作相当勤奋，各类作品共结集 80 多部。新中国成立后，由于种种原因，他停止了文学创作，转向古代文物研究，对陶瓷、漆器、铜镜、扇子、丝绸、玉器等物质文化史都有深究，尤其在中国古代丝绸、服饰文化方面，取得巨大成就。他历时 15 年撰写而成的专著《中国古代服饰研究》于 1981 年出版，成为该领域的开山之作。

《左传·定公十年》孔疏谓："中国有礼仪之大，故称夏；有服章之美，谓之华。"服饰成为华夏文明的外在象征。服饰之美绝不仅仅在于其色彩艳丽、剪裁得体，而是由于它承载了华夏文明的礼仪制度和价值理念，这就是"郁郁乎文哉"的"文"。随着时代的演变，历朝服饰也大有不同。历代正史中大都设有《舆服志》，专门记载本朝的官民服饰和礼仪规制。这也成为古代礼学家的研究对象，前人有多种礼图可资参考。然而，文献记载毕竟有限，而且历代史料在叙述时往往多有附会，扬己抑他，造成考证的混乱。

要复原古代的服饰细节，必须将考古实物与文献记载相互参证。沈从文采取的就是这种方法。他长期在博物馆工作，与服饰相关的文物经其手者不计其数，所以他从服饰实物、图像、壁画、墓俑等资料入手，“采用一个以图像为主，结合文献进行比较探索、综合分析的方法，得到些新的认识理解，根据它提出些新的问题”。这种方法，正是历史研究中的“二重证据”法。

他在《引言》中按时间顺序简述了历代服饰的主要特点。他指出，春秋战国打破“珠玉锦绣不鬻于市”的规制，服饰商品化导致各国衣着文采缤纷，迎来衣着材料和服饰图像方面的“百花齐放”。“绕衿谓之裙”，是从大襟至胁间向后旋绕而下，有的绕到背后甚至绕回前方，他断定这种剪裁方式从战国一直流行至晋代。三国时期流行绦巾。他根据唐墓壁画，认为唐朝的“胡服”可分为前后二期，前期主要受到西域、高昌、龟兹的影响，甚至间接受到波斯的影响；后期则受吐蕃影响较大。唐代妇女戴花冠，宋代妇女亦承袭为之，但宋人以罗帛仿制而成，皆高髻大梳。

他的服饰研究不纯粹是衣料演变和流行样式的梳理，而是放在整个中国古代文化史的框架下进行的，从中可以看出中国文化史的诸多内涵。例如，他根据男子官服的冠式，认定传世国画《洛神赋图》不可能早于元魏定都洛阳之前，并非如相传的那样是顾恺之所绘。他指出，宋、辽、金、元都流行“叉手示敬”之礼，而著名的《韩熙载夜宴图》中有多人呈现出此种姿式且衣着绿色，于是他认定此画必产生在南唐政权倾覆之后、宋代淳化二年之前(991)，因为在淳化二年北宋朝廷曾下令将南唐降官服绿的礼制改为照原官服朱紫。他对这种以文化史信息、服饰信息来为绘画断代的方法颇为自信：“历来鉴定画迹时代的专家，多习惯于以帝王题跋、流传有绪和名家收藏三大原则作为尺度，当然未可厚非，可最易忽略事物制度的时代特征。”他把服饰史研究视为与中国古代技术发展史、美术史、美学史、文化史相关联的学科。与其他学者所著的系统的服饰史相比，沈从文此书算不得尽善尽美，但他的方法和视角却值得学习。

他自谦说，他在此书中对服饰图像的解释说明缺少统一性，总的印象是“虽具有一个长篇小说的规模，内容却近似风格不一、分章叙事的散文”。然而事实是，沈著《中国古代服饰研究》中25万字的解释文字和900余幅图片，绝非随意为之，所选取的都是时代关节点上的服饰图像，极具典型意义。以之为线索，可以俯瞰整个服饰文化史，可以概览中国古代的礼仪文明。沈著此书多次作为国礼赠送外国友人。

沈从文在中国古代物质文化史方面的成就还有很多，集中展现在《沈从文全集》第28卷至32卷。

太虚：《佛教对于中国文化之影响》

太虚（1890—1947）是近代著名高僧，中国佛教史上的革新者。俗姓吕，原籍浙江崇德（今浙江桐乡），生于浙江海宁长安镇，1904年剃度出家，法名唯心，后由奘年和尚为其取法号太虚。辛亥革命后，太虚“从佛教本身改革，以建立新佛教为事”，对佛教提出教制、教理、教产的三种革命，主张建立人间佛教，力图“揭破”佛教神怪、奸盗、闲隐、朽弃的“烟幕”（太虚：《怎样来建设人间佛教》），倡导“积极救世的精神”（太虚：《听讲〈中国现代佛教〉之后》）。太虚精研佛学，融会新知，致力于弘扬佛法，革新佛教。1947年3月，他圆寂于上海玉佛寺。

佛教自东汉传入以来，给中国古代经济、社会、文化带来深刻影响，中古时期达到高峰。宋明以来，佛教虽与中国本土文化相结合开出了理学的新果，但就宗派发展、佛理阐发、坛场建设、高僧涌现等方面而言，宋代至晚清佛教都处于衰微时期。正如太虚所言：“中国佛教的破产，也如中华民族的文化一样，支离破碎，空疏荒芜，似这样溃烂的中国佛教，似乎无有可代表中国从东汉到唐以来，中经几百年所结晶的中国佛教的特质了。”（《汉藏教理融会谈》)近代中国的积贫积弱和社会腐败，也使得勇猛精进的高僧以救世救心自任。正是在这种背景下，出现了近代佛教复兴的潮流。也正是在这种背景下，全面认识并且正确评价佛教对中国文明的贡献，便显得十分必要了。在这方面，太虚大师的努力是无可替代的。

《佛教对于中国文化之影响》一文于1931年10月在西安高级中学宣讲，后收入《太虚大师全书》中。文章全面论述了佛教对于中国文化深刻而广泛的影响。太虚认为，佛教对于中国文化的一般影响在于其未参与政治治乱，唯在使人转恶向善，趋于安宁，对中国的学术和风俗起到了补偏救弊之用。在此论断的基础上，文章从艺术、文学、科学、风俗、哲学思想等方面，展开佛教对中国文化的具体影响。每一方面之下，又分论若干领域，比如谈佛教对于中国艺术的影响，就涉及建筑、塑铸、雕刻、图画、音乐、印刷、戏剧七个领域；谈佛教对于中国文学的影响，就涉及切音、文法、名词、文体、诗歌、语录、小说传奇杂记七个领域。所谈内容极其广博，每一方面、每一领域都可作无数研究、撰无数论著才能有所揭示，然而太虚大师举重若轻，提纲挈领，信手拈来，非有极深厚的学养是做不到的。

在晚清以来的佛教复兴运动中，太虚大倡“人间佛教”，即希望通过“多注意现生的问题”，“研究宇宙人生真相以指导世界人类向上发达而进步”，来建立“适合今时今地的佛教”。这也就是他强调的中国文化本位的佛教。他痛心地说：“吾尝怪今之汉人种性沦丧，随一习学异域异文即倾倒崇奉，极度自鄙自弃。不惟普通留学东西洋者如此，而近年学于藏、学于日、学于锡兰之佛徒亦然”(太虚：《阅〈藏密或问〉》)。对此，他极力倡导建设所谓“新佛教”。他的佛教之新，即“中国佛教本位的新”，而“不同于一般人倾倒于西化、麻醉于日本，推翻千百年中国佛教的所谓新”(太虚：《新与融贯》)。他希望以中国佛教文化为载体，通过佛教的振兴，来复兴中国文化乃至东方文化，以此弥补近代西方文化的缺陷，纾解世界文明的困境。

美国学者韦尔慈认为，如果杨文会的事业展现了中国近代佛教复兴的早期阶段，那么太虚的事业则展示了它的中、晚期阶段。正如太虚在文中所说：“欲使中国文化传播于世界，非先发扬佛教不可；而佛教于中国文化之关系，亦为国人应知之常识。”而推动佛教的复兴首先就需要重新树立人们对于佛教的信心，让人们认识什么是佛教，并了解佛教的历史地位及其作用。《佛教对于中国文化之影响》一文可以说正是对这一问题的回答和阐发。佛教在中国流传、发展二千年，为中国人留下了丰富绚丽的文化遗产，准确地说，它已深深渗透到中国传统文化中，成为中国传统文化的重要组成部分，要在一场演讲中说清楚佛教的多种内涵、历史地位及作用，殊非易事。此文以“佛教与中国文化具体形态的关系”为主要内容，只是静态的常识叙述，而没有触及文化交流的具体历史动态，然而，由于作者与写作时代背景的特殊性，该文已具有超越文本本身的价值。

谭其骧：《中国文化的时代差异和地区差异》

谭其骧(1911—1992)是著名的历史地理学家，也是我国历史地理学科的主要奠基人和开拓者之一。20世纪30年代，他师从顾颉刚，并与顾氏共同发起成立研究历史地理的学术团体禹贡学会。该学会编辑出版半月刊《禹贡》杂志，刊发中国地理沿革、边疆民族史地方面的学术论文和调查报告，推动了中国传统舆地之学向现代历史地理学的转变。新中国成立后，谭其骧主编出版了《中国历史地图集》。该图集超越了历代的舆地图绘，融汇了历史学、考古学、地理学及其他自然科学方面的研究成果，成为新中国成立后最具标志性的学术成就之一。谭其骧出版有《长水集》(上、下)、《长水集续编》、《长水粹编》等著作。

思想史和文化史本非谭其骧专攻，但他晚年的文章《中国文化的时代差异和地区差异》对于研究中国文化史具有重要的学术价值。

从一个历史地理学家的学术视野，谭其骧认为，进行中国文化研究和中外文化比较时，必须特别注意具体的时间和空间，不能笼统而论。具体而言，他认为研究中国文化时应当注意五种差异：第一，中国文化不应当专指中国封建时代的文化；第二，中国文化也不应当专指汉族文化，而应当包括其他少数民族文化；第三，中国文化有其发展阶段性和时代性，不能笼统地谈中国文化；第四，中国文化存在着地区性差别，历代王朝疆域内都存在着好些不同的文化区，不能笼统视之；第五，中国文化不仅仅指孔子思想和儒家学说，历史上汉族以外的兄弟民族并没有普遍接受儒家传统。

谭文重点论证的是，历代中原王朝内没有形成以儒学、礼教作为占统治地位的思想文化，由于几千年来汉文化的时代差异，同一王朝内文化的地区差异，所以，“不存在一种整个历史时期或整个封建时代全民族一致的、共同的文化”。他认为，儒家思想始终没有成为任何一个时期的唯一的统治思想。一方面，由于时代的流变，学术思想和意识形态代有不同：先秦时期原始儒家未曾取得支配地位，两汉经学是以阴阳五行附会儒术，魏晋玄学融汇了释、道，南北朝隋唐佛、道盛行，宋明理学更是以儒为表、以释道为里的三教共融；另一方面，社会上存在上层文化与下层文化的差别，表面上儒家文化占统治地位，骨子里下层社会则更崇拜菩萨、神仙及各种迷信。

他根据历代地理志、风俗志、艺文志等史料的统计，将这一结论推向极致：“姑且不讲全中国，即使专讲秦汉以来的历代中原王朝，专讲汉族地区，二千年来既没有一种纵贯各时代的同一文化，更没有一种广被各地区的同一文化。虽然儒家学说一直是二千年来中国文化的一个重要组成部分，却从没有建立起它的一统天下……好儒尚礼的地区一般只占王朝版图的一小部分，很难到得了一半。”

谭其骧此文发表于1986年1月于上海举行的“首届国际中国文化学术讨论会”上。新中国成立后的三十年间，文化和文化史研究在中国大陆地区近乎匿迹；80年代重新开启的中国文化研究，是以批判和否定传统为基调的。谭文一方面继承了古史辨派的怀疑精神，另一方面也难免带有时代的印迹。

中国版图广大，地域辽阔，东西南北自然环境差异明显，造成人民生活方式和文化形态复杂多样，正所谓“百里不同风，千里不同俗”(《汉书·王吉传》)。为了整齐风俗，统一文化，历代统治者都进行了不懈努力。汉武帝“独尊儒术”以降，这种文化一统工作的思想武器，一般来说都是儒家学说，这是不可否认的事实。历代学术虽然各有风貌，但对华夏文明的认同却概莫能外，即使是少数民族入主中原，也竭力以华夏文明的传承者自居。与之相类的是，先秦诗骚、汉赋、唐诗、宋词、元曲、明清小说等文学样式，虽然形式不同，但前后继承性毋庸置疑。历代文学所载之“道”从来都是一以贯之的，况且，诗词文赋虽然在历代各有所胜，但并非独步文场，其他体裁在一个时代也是同时并存的。至于精英文化与民间文化的差别或并行，这是世界任何民族都存在的共有现象。研究表明，在战火频仍和朝代更迭中，草根阶层对于中国传统文化的传承作用甚至更大。总之，如果彻底否定中国传统文化的继承性和连续性，中国文化的传承将无从谈起，最终会陷入历史虚无主义。

正如谭其骧在文末所说，他强调中国文化的时代差异和地区差异，并不等于否定中国文化的共同性。他认为这种共同性，就是其包容性、开放性。这种包容性和开放性，使得历朝历代政治上实现了集权大一统，但文化上并不严格限制其臣民的思想文化倾向和宗教信仰，并没有实现思想统一，“这是中国文化的主要优良传统”。还应当指出的是，正是由于中国文化的开放性和包容性，具有广纳百川、兼收并蓄的品格，才使之成为五千年来未曾中绝的连续性文化的典型。

由谭其骧开创的中国历史地理学，后来分作历史人文地理和历史自然地理两支。其中，历史人文地理之下的历史文化地理，与区域文化研究大致差不多，都关注某一区域的方言、风俗、文脉、学术、思想、宗教等内容，这些也是一般文化史研究的题中应有之义。

汤用彤:《魏晋思想的发展》

汤用彤(1893—1964)是现代著名的哲学家、佛学家、教育家。

他1911年考入清华大学，1918年赴美，1920年转入哈佛大学研究院学习梵文、巴利文。1922年回国，历任东南大学、中央大学、北京大学、西南联大等校哲学教授。1948年当选为中央研究院院士。新中国成立后，出任北京大学校务委员会主席，并长期担任北京大学副校长，1955年当选为中国科学院哲学社会科学部学部委员。

汤用彤是中国现代学术史上少有的几位能会通中西、接通华梵、熔铸古今的大学者之一。他精通国内外经典，接受过严格的西方哲学、语言训练，在印度哲学、中国佛教史、中国哲学史、西方哲学史等领域，均有重大贡献。严谨、求实的治学风格和广博的学术视野，令其文章著述至今仍被国内外学术界公认为权威性经典著作，享有崇高的学术地位。在佛学方面，他著有《汉魏两晋南北朝佛教史》、《隋唐佛教史稿》、《印度哲学史略》、《印度哲学讲义》、《汉文佛经中的印度哲学史料》等。在魏晋玄学方面，著有《魏晋玄学论稿》等。其主要作品皆收入《汤用彤全集》。

《魏晋思想的发展》是汤用彤的一次演讲稿，1962年《魏晋玄学论稿》出版时演讲稿收到书尾，作为附录。该文对魏晋玄学的产生、玄学与佛教的关系问题，用极通俗、极精炼的语言作了总结性回答，可以看作是他《魏晋玄学论稿》与《汉魏两晋南北朝佛教史》著作中相关思想的浓缩表达。

对玄学的产生，汤用彤有一番独到见解。魏晋玄学相对于两汉经学可说是“新学”。新学的出现有两大因素：一是人物政治方面的思想，如形名论；二是研究《周易》《太玄》等发展出的“天道观”。形名论与汉代的察举有关，即通过名实之辨来设官分职、量才授官。为了知人善任，“人物论”一类的相人之术大为流行，而相人术“可以意会，不得言传”，这就促进了“言意关系”的讨论。王弼用“寄言出意”的理论作根据，鄙视汉代“象数之学”，抛弃阴阳五行等旧学传统，从而奠定了后来魏晋新学（玄学）的基础，使得中国学术思想出现新变化。形名之学衍生出的形上形下之辨、天人之辨、君臣之辨，又自然而然演变成体用之辨、有无之辨、自然与名教之辨等，儒、法、道家都打通了。

据之，他认为玄学的产生与佛学无关，玄学是中华固有学术自然演进而产生的“新义”，“佛教非玄学生长之正因”。反之，他认为“佛教倒是先受玄学的洗礼，这种外来思想才能为我国人士所接受”，魏晋佛学也可以说就是玄学的一部分。

此文将魏晋思想的发展分为四期：一是正始时期，以何晏、王弼为代表，重《周易》《老子》，是并不主张彻底废弃名教的“温和派”；二是元康时期，学术人士思想上多受《庄子》的影响，是主张彻底废弃名教的“激烈派”；三是永嘉时期，上承正始时期“温和派”思想，可以称为“新庄学”，以向秀、郭象为代表。四是东晋时期，即佛学时期。

关于魏晋玄学与佛教的关系，历来存在不同见解。汤用彤在《言意之辨》《读〈人物志〉》《魏晋玄学流别略论》等文中已有详细论述，其总的见解是，玄学是中国本土文化的必然产物，并非外来文化的输入品。这与他一贯秉持的对祖国文明的敬意和温情有关，他与《学衡》派其他同道差不多，要以精湛的学术表达“保守”的思想，正如他自称的那样，“不愿意说什么好东西都是从外国来的”。

唐长孺：《读〈抱朴子〉推论南北学风的异同》

唐长孺(1911—1994)是现代著名历史学家，先后在上海光华大学、湖南蓝田国立师范学院、武汉大学等学校任教。唐长孺学识渊博、精通文史，于魏晋南北朝隋唐史、古籍整理、敦煌吐鲁番文书整理与研究等领域都有卓越贡献，被海内外学术界公认为20世纪杰出的史学大家之一。1955年出版《魏晋南北朝史论丛》，该书在海内外学术界引起重要反响，是魏晋南北朝隋唐史学研究领域的名著之一，也由此奠定了唐长孺在中国中古史诸领域的学术地位。后来他又相继出版《三至六世纪江南大土地所有制的发展》(1957)、《唐书兵志笺正》(1957)、《魏晋南北朝史论丛续编》(1959)、《魏晋南北朝史论拾遗》(1983)、《山居存稿》(1989)等著作。唐长孺晚年在目疾加重、身患癌症的情况下，以惊人的毅力完成了极具理论性的《魏晋南北朝隋唐史三论》(1992)的写作。唐长孺在传世古籍和出土文献的整理研究方面也贡献卓著，他主持“北朝四史”的点校，主编《吐鲁番出土文书》、《敦煌吐鲁番文书初探》(1983)、《敦煌吐鲁番文书初探二编》(1990)等书。唐长孺还致力于中国古代史教材建设与相关工具书的探索和研究。他一生笔耕不辍，著述宏富，在诸多领域皆有建树。

本文为《魏晋南北朝史论丛》中的一篇，主要探讨魏晋南北朝时期南北学风的不同及其演变缘由。文章开始从《抱朴子·讥惑篇》中讨论的四件事说起，即吴亡之后江南与北方在书法、语言、哀哭、居丧上的不同，由之引申至南北学风的不同。北方书法的南流，书艺中心由洛阳转移到了建康，改变了吴人“朴质古情”的形制，唐长孺推测可能是指新起行书得以推广，与篆隶(八分)正书并列。北方哀哭时采用一种“常声”以便“冶饰其音”，唐长孺考证即是《世说新语》中揭示的唤“穷”，《颜氏家训》中的呼“痛深”，与南方人哭丧时有声调的“哀诉”不同。

唐文指出，从《世说新语·文学篇》所载褚褒与孙盛的对话中可知，魏晋时人所指的南北学风差异，乃是黄河之南北，而非长江之南北。魏晋新学风的兴起，所谓南人学问只能指以洛阳为中心的河南，而大河以北及江南地区继承的还是汉儒旧学传统。魏晋期间江南学问是比较保守的，这从江南地区的儒学经说、天体论等方面，可以看出江南学风仍近于汉代。

到了东晋以后，京洛学风随着士人南渡而流入江南，老庄之学在江南缺乏基础，江南士人对玄学还是很难接受。尤其是南方土著与侨人学风的差异比较明显，即使江南名士不少已经接受了新学风，且南朝玄礼双修已成风气，但在礼学、易学等经学传统上还是遵守汉人治学的途径，江南土著之学还是以儒家经典注释见长，而葛洪更是“汉代遗风的继承人”。当然，侨人和南方土著间在学风上的互相影响，也分明可见。

魏晋南北朝时期，天下分裂，政治割据造成文化上也呈现较大的南北差异。对于这种差异，赵翼、皮锡瑞、刘师培、陈寅恪、汤用彤、蒙文通等前辈学者均有所揭示。唐长孺此文的贡献在于，从微观切入，大胆推论，详密考证，对这一时期的南北学风作了深入浅出的说明和解释，从全新的角度为读者展示了一幅学术史、文化史画卷，其研究方法和学术观点均堪称经典。

吴承仕：《中国社会研究者对于丧服应认识的几个根本观念》

吴承仕(1884—1939)是现代著名经学家、教育家。他与黄侃、钱玄同等学者同为国学大师章太炎的入室弟子，具有极其深厚的国学功底，在古文字学、音韵学、训诂学等领域做出杰出成就。他著有《经学通论》、《国故概要》、《三礼名物》、《经籍旧音辨证》、《经典释文序录疏证》、《淮南旧注校理》、《吴承仕文录》等。

所谓“丧服制度”，指居丧期间的服饰制度。根据与死者关系的亲疏远近、等级差别，服丧者穿着的服饰样式各有不同，同时，穿戴的时间有久暂之别，丧服的质地有精粗不同。基本的丧服分为斩衰三年、齐衰期(一年)、大功九月、小功五月、缌麻三月五个等级，所以常常又称“五服”。丧服制度的本义，是为了表达对死者的悼念和居丧者失去亲人的悲痛心情，但在实际生活中，它成为伦理关系、财产继承和法律判决的基本依据，成为影响中国古代社会、经济、思想道德乃至政治运作最根本的原则之一。可以说，不了解丧服制度，便无法理解中国传统文化。

丧服制度最早最系统的记载，是儒家文献《仪礼·丧服》篇，据说它传自孔门弟子子夏。在《仪礼》的《士丧》《特牲馈食》等篇，《礼记》的《曲礼》《檀弓》《问丧》《服问》《间传》《丧服四则》《丧服小记》等篇中，对丧服细节和丧服原则都有说明。通过儒门师弟之间的讨论，大致可以复原上古的丧服制度。为此，历代经学家、礼学家围绕丧服问题，形成了一门专门的学问。

吴承仕此文发表于1934年，此时中国废除经学已30年，经学转入史学，传统的礼学研究转变为制度史、社会史研究。一些受过经学和礼学训练的学者用新人文学的视角来重新审视中国古代社会，如李安宅《〈仪礼〉与〈礼记〉之社会学的研究》(1930)，陶希圣《中国社会之史的分析》(1929)、《婚姻与家庭》(1933)，吴文藻

《中国丧礼沿革》(1941)，柳诒徵《从〈周官〉观其时社会》(1947)，等等。其中，吴承仕无疑是在传统礼学方面学养最深的学者之一。

吴承仕在文中指出，在先秦时期久已盛行的丧服制度是研究古代亲属伦理的钥匙，它起到法律的作用，这是宗法制度与封建制度相辅为用、统治社会的结果。历代统治者根据时代需要和个人意志，对“五服”制度进行废除、增加、修改等工作。他根据《礼记·丧服小记》等礼学文献，发现古代丧服时间有长有短，是以期(一年)为基本单位的，即在一年的基础上进行增减。这是极具创识的论断。一年之丧的持有者是三至亲(父子、兄弟和夫妻)，实行“至亲期断”的原则。在至亲一年丧的基础上，实行上杀、下杀、旁杀，这就是“亲亲”。臣为君服丧，实际上是对血缘宗法关系的一种模拟或比附，这就是“尊尊”。父子、夫妻、君臣，本来应当按照“期断”的原则互相服一年之丧，但是由于这三种关系的绝对不平等，所以子为父、妻为夫、臣为君都升格(加隆)为三年斩衰，这就是“三纲服”。此文还指出，丧服制度有正服、加服和名服的区别。按照情理和礼制等级而应当服的丧服，谓之“正服”；外亲是异姓，本来只服缌麻一级，但因有母系亲情，故加服一级至小功，谓之“加服”；有些本非骨肉之亲，但因各种名义而不得不为之服丧，谓之“名服”。文末，他根据自己对丧礼的理解，对陶希圣《婚姻与家庭》一书中的部分观点提出批评，指出陶著对于历代丧服的某些演变细节理解不够精确。

吴承仕是经学和礼学名家，其见解之精深本不足为奇，最为重要的是，他对于传统礼制对中国古代社会的影响，也理解得十分深刻。他在文中说：“讲《丧服》无异于讲法律。”这对于传统经学、传统礼学向中国文化史和中国社会史研究的转换，无疑具有方法论意义。

徐复观：《中国画与诗的融合》

附：陈衡恪《文人画之价值》

徐复观(1903—1982)，名秉常，字佛观，是现代著名学者、新儒家的代表人物。他1926年进入湖北省国学馆学习，1928年留学日本。1931年“九一八”事变之后，因秘密从事抗日活动被遣送回国。抗战期间曾参与多场战斗，担任蒋介石侍从室机要秘书，授少将军衔。1944年至勉仁书院谒师熊十力，遂决定潜心于中国传统文化研究。1949年后，移居台湾，与唐君毅、牟宗三等学者一起推动儒学现代化研究，成为第二代新儒家的代表人物。徐复观对儒家思想、中国经学、中国士人、中国美学、古代艺术等问题都有独到研究，出版有《中国艺术精神》、《中国人性论史》、《两汉思想史》、《公孙龙子讲疏》、《儒家政治思想与民主自由人权》、《学术与政治(甲、乙集)》等著作十余种。

《中国画与诗的融合》是徐复观在台湾东海大学建校十周年纪念时的演讲稿，作为附录收录在其代表著作《中国艺术精神》之后。文章主旨是讨论中国古代文人画中的诗与画，就二者融合的历史过程、美学基础作系统揭示。

文章首先指出，中国画中常见有在画面空白处题诗的习惯，诗用以“咏叹画的意境”，而诗本身又构成画面的一部分，诗画互解，相映成趣。其问题是，诗这种“感的艺术”(感觉艺术)，如何与画这种“见的艺术”(视觉艺术)达成统一？换言之，诗与画的融合是如何形成的？作者认为，这种融合经历了三个步骤，亦即三个阶段。

第一，因画而写诗，即题画诗。这种现象在唐开元前就存在，杜甫、李白都有题画之诗，但都没有写在画面上，连诗画兼工，被苏轼称为“画中有诗，诗中有画”的王维，也没有在自己的画上题诗。第二，因诗而作画，即将诗作为作画的题材。晋明帝有《毛诗图豳诗七月图》；到唐末，画家以诗为题的情形已经出现；宋代，郭熙有意识地在古诗中发掘画画的题材。第三，以作诗的方法作画。宋代李公麟“深得杜甫作诗体制，而移于画”，诗与画互相启发。苏轼和黄庭坚都是自觉将诗画合一的理论家。王维被奉为文人画的鼻祖，但经苏轼的一番阐发后才显名后世；黄庭坚更是“事诗如画”的实践家。宋代宫廷画院以诗为题取士，表明诗画融合达到公认的程度。

徐复观指出，诗与画融合的历程还可透过三部画史体现出来。唐代张彦远《历代名画记》仅有三处提到诗，北宋郭若虚《图画见闻志》有十四处提到诗，且二书均为偶然触及，无关轻重。到南宋邓椿《画继》一书，提到诗的地方，已经给人以“诗与画已结为不解缘”的感觉了。真正在创作形式上将画与诗融为一体的，是宋徽宗的《蜡梅山禽图》和《文会图》。画面题诗的风气由元代开始大盛，赵孟頫(松雪)及元末四大家都是其代表人物。元以后便成为寻常格式了。

最后，作者认为魏晋玄学时期对自然的新发现，成为诗与画结合的连接点。魏晋时期，始出现山水文学，并用山水画来表达高妙玄远的意境。其时宗炳、王微的山水画，比西方约早一千二百年。到唐代，既通画又工诗且长于书法的文人出现，才真正达成诗与画在形式上的统一。诗由感而见，便是诗中有画；画由见而感，便是画中有诗。在中国画家那里，没有自然对人的压迫感，二者和谐一体。

徐复观本非书画名家，但他对中国画独特的审美趣味和表现张力作了历史的梳理，时间纵横千年，史料信手拈来，这是那些善诗者、工画者所不能做到的。

徐复观没有说到的是，诗与画的融合，与文人画的流行有关；而文人画的流行，又与文人士大夫这个阶层的出现有关。自中世纪门阀贵族阶层瓦解之后，科举制度兴起，主导中国传统社会后半段的，是由地主、官僚、乡绅、文人合而为一的士大夫阶层，这批文人士大夫主导了唐宋以来的审美趣味。他们不一定追求绘画技术的高超，却追求一种特别的“雅趣”。绘画之外，书法、篆刻、音乐、园艺、茶道、棋道等今人视为中国文化符号性的内容，均可作如是观。

另，文人画指含有文人雅趣、流露文人思想的绘画，以别于民间画匠和宫廷职业画师的作品，其品种包括山水、花鸟和人物画三类，尤以山水画最能代表文人雅趣。近代画家、艺术通才陈衡恪(1876—1923，字师曾)的《文人画之价值》一文，或可有助于理解中国文化中这独特的一支。

杨联陞:《国史诸朝兴衰刍论》

附:《朝代间的比赛》

杨联陞(1914—1990),字莲生,是现代著名历史学家、华裔汉学家。他1933年进入清华大学经济系,但偏爱文史,在陈寅恪指导下完成毕业论文《租庸调到两税法》。1940年赴美,在哈佛大学获得硕士和博士学位后,留该校远东语文系任教三十余年,培养了多批汉学俊才。杨联陞学问渊博,涉猎领域甚广,上起先秦,下至明清,无所不究,法国汉学家戴密微说他“继承中国百科全书式学问的优良传统”。他在中国经济社会史、宗教史、汉语言文字等领域造诣尤深,其论著范围之广、考订之精,在海外汉学界堪称无双。此外他还撰写了大量的书评,有“汉学警察”之称。其代表作有《中国货币与信贷简史》(英文)、《中国制度史研究》(英文)、《汉学散策》(英文)等,大陆出版有《国史探微》、《中国现代学术经典(洪业、杨联陞卷)》、《中国制度史研究》、《杨联陞论文集》等。

《国史诸朝兴衰刍论》要回答的问题是,如何看待中国的“朝代循环”?各个朝代间的差别何在?中国历史是进步了,还是退步了?

在回答这些问题之前,他要厘清三个问题:哪些朝代在研究的范围之内?朝代的起点和终点应从哪里算起?衡量各朝代优劣的标准是什么?

对于各朝代的具体形态,如长短不一、偏安一隅、强迫禅让、政权并立等现象,他都以具体史实加以举证,说明朝代比较之难。尤其是判断朝代优劣的标准,他认为一个朝代的武功(统一、扩张)与文治(和平、繁荣)往往构成矛盾,若以武功之盛为优,则文治不一定繁荣。如果以文化成就为标准来衡量某个朝代兴盛,他认为也存在困难,因为每个朝代都有自己达至高峰的文化门类。一个时代的文化“游艺”发挥到极致时,这种文化门类便会没落,他称之“能事已竭”(顾炎武、王国维都有类似见解),所以朝代之间很难比较。如果专看文化成就的量而不是质，那么文化的顶峰可能与该朝代的鼎盛是有关联的。

接着，他按照以上的理论来检视各朝代之间的优劣强弱。首先是正史的本纪中，史家都会对本朝帝王的功业加以评论和比较；其次，皇帝去世后大臣们会为之议谥，帝王在位时间长，其功业可能会更显著，达至朝代的高峰。历代史家会把享国之久暂与气数、运数联系在一起。他认为，在讨论朝代之兴衰、优劣、成败时，仅仅把目光放在皇帝身上也不公允。

为此，他提出一个“多重检查”的方法，来判断朝代的兴衰、优劣。这包括领土，内外战争的次数、频度与结果，人口，已耕地，水利工程，通货，物价水准，自然灾害的频数和应付这些挑战的各种努力，科举考试及格与落第者的人数，等等。他认为，只有以此类标准做完多重检查之后，才会看出各朝代之间是重复着同样的循环，还是展开着不同的循环。

杨联陞为什么要写这么一篇文章？在五年后发表的另一篇文章《朝代间的比赛》中，他谈到，中国古代有今不如古、追念黄金三代的观念，这导致外国学者常常把中国历史定格为静止的“朝代循环”。他为此专门撰文指出，中国虽有崇古思想，但是时代进步的说法也非常普遍。他从古人的笔记、文集中梳理出很多古人自以为“超胜前朝”的说法。他指出，古人朝代之间进行“比赛”，有时比较皇帝的个人成绩，有时也比较整个朝代的成绩。根据他个人的研究，明代的生产消费总量肯定要超过宋代。魏源等人已经认识到“后世之事，胜于三代”，梁启超也曾有专文指出，中国专制政治的进化十分明显，在此基础上，杨联陞指出，中国古代在思想、学术、文学、艺术等方面的进化应当与专制政治的进化同步。在这篇文章中，杨联陞再次重申了“能事已竭”的说法，认为唐宋诗词达至最高峰，后代莫及，然而从数量上来说，明清未必逊于唐宋。

在占有史料的广度、甄别史料的精度和分析史料的深度方面，这两篇文章展示了杨联陞一贯的学术水准，堪称经典。然而更重要的是，这两篇文章触及了中国文化史的核心问题，即如何理解中国几千年的古老传统？如何理解中国古代的历史观？换言之，中国古代是退化论占上风，还是进化论占上风？再进一步，当西方近代文明进入中国时，中国是以何种姿态面对的？

很久以来，西方汉学家形成了一种思维定式，认为当近代西方文明进入中国时，古老的中华帝国基本处于静止状态，它被迫以其封闭、懒惰、迟滞的节奏面对来自活力十足的近代工业文明的挑战。这就是费正清、赖肖尔等人的“冲击—反应模式”理论，而“朝代循环论”无疑是支撑这个理论的史学基础。杨联陞对之发出质疑，其学术旨趣和故国情怀是不言自明的。

从梁启超开始，柳诒徵、陈登原、钱穆等学者在论述中国古代文明时，没有人否定过中国文明的进化。然而，后来“中国封建社会长期停滞不前”、“冲击—反应模式”、“超稳定结构”等理论，竟成为表述中国文明演变史的主流话语，面对这些理论，杨联陞的实证研究算是一个巧妙的回应。

张岱年：《中国传统文化的形成演变及其发展规律》

张岱年（1909—2004）是现代著名哲学家、哲学史家。他幼承家学，在其长兄著名哲学家张崧年（1893—1986，字申府）的指导下，诵习儒家经典，开始接触中国哲学。1933 年从北京师范大学毕业后，他先后在清华大学、私立中国大学、北京大学等高校担任教授，1980 年后长期担任中国哲学史学会会长。

张岱年的学术研究，主要集中在哲学理论、中国哲学史、中国文化三个方面。其学问以中国传统文化为根基，融会中西，贯通古今，终成一代大家。出版有《中国哲学大纲》、《哲学思维论》、《中国哲学发微》、《中国伦理思想研究》、《中国哲学史史料学》、《中国哲学史方法论发凡》、《中国古典哲学概念范畴要论》等著作。后人编辑有《张岱年文集》（8 册）。

张岱年成名很早。1930 年代，在思想文化界展开了一场关于中国文化建设的大讨论，张岱年为此发表了《关于中国本位的文化建设》和《西化与创造》两篇文章，批判全盘西化论和东方文化优越论，提出在选择东西方文化优长的基础上“创造的综合”观点。此后，他一生秉持中国文化的“综合创新论”。

本文作于1988年，是张岱年晚年关于中国文化研究的代表作之一。

中国文化应当包括哪些内容，从梁启超、柳诒徵，到陈登原、王云五，基本都使用广义的文化概念。至1980年代，学者们对文化的内涵和外延渐趋清晰。正如张岱年在文中所说，广义的文化指人类创造的一切，最狭义的文化专指文学艺术，一般意义上的文化则指意识形态及其物化成果，包括哲学宗教、科学技术、文学艺术等。他这个说法是至为清晰的。张岱年在本文中采用的是一般意义上的文化，而他据以立论的又只以哲学思想为主。如果把文化划分为物质、制度、行为、思想四个层次的话，他讨论的是最核心的层次。

文章的前半部分，主要概述中国传统文化的演变历程。他认为，殷周时期是中华文化的形成期，春秋战国时代是中国文化史上的辉煌昌盛时代。秦帝国实行中国历史上第一次文化专制主义，汉武帝开始了儒家经学占统治地位的“经学时代”。魏晋南北朝时代，中国传统文化处于动荡之中，玄学盛行，是对汉代经学的反抗，是一次相对的思想解放。佛教开始兴盛起来，标志着印度文化输入中国。佛教传入，道教兴起，隋唐时期三教合一。唐代韩愈批判佛老，复兴儒学，但还没有建立超载佛老的理论体系，到北宋理学兴起，才恢复儒学的权威。

文章特别对宋明理学展开了详细讨论，从三个方面分析了理学的特点。其一，宋明儒家继承了先秦儒学的特点，肯定人的基本价值，不轻视、贬低人类。其二，理学不是“阳儒阴释”，其基本思想还是与孔孟一致的。其三，理学增强了民族的凝聚力，同时促进了礼教的强化，起到束缚自由思想的不良作用，其历史作用功过交参。

明朝后期，西学东渐开始，儒学也西传并引起西方注意，16—18世纪中西文化曾有一段交流过程。明清之际，涌现出一些进步思想家，使中国传统哲学达到一个新高峰。1840年，鸦片战争失败，西学再次输入。经过辛亥革命到五四运动，“新文化”兴起。于是儒学、经学、理学三位一体居于主导地位的传统文化基本结束了。

在文章的后半部分，张岱年总结道，三千多年的中国传统文化，有四条值得注意的发展规律。其一，思想自由与文化发展有必然联系，春秋战国、魏晋、北宋、明清这四个时期，是思想活跃、学术繁荣的时期，因为其时政治控制比较松弛，思想相对自由。其二，人的自觉的提高是文化发展的核心，中国古代哲学自孔子以来便强调对独立人格的尊重，中国传统文化并不缺乏"对个人人格的承认与尊重"。其三，文化开放与文化发展有直接联系，中国文化史上曾有印度佛教入华和西学东渐两次开放，都没有遭到本土文化的拒斥，说中国文化具有"封闭性"并不符合历史实际。其四，中国文化的民族精神，就是《周易大传》中的"自强不息"和"厚德载物"这两句话，它随着时代变迁而有消有长，有进有退。民族精神发扬充盛时，民族文化就发展前进；反之，民族文化就处于停滞状态。

全文看似平淡，其实在平实的叙述中透露出作者一些独到见解。例如，他对中国文化"封闭论"、儒家"非人性论"都提出了尖锐批评；他还正面回答了儒家是否为宗教的问题，认为隋唐时代儒、释、道三教并称，但这是教化、教导之教，不能因此而将儒学视为宗教。这些观点无疑蕴含着作者对中国传统文化的敬畏之心和现实关怀，也与其"综合创新论"表里相契。

新中国成立后，文化研究和文化讨论在很长一段时间内淡出学术视野，1980年代，在周谷城、冯友兰、张岱年等学者的推动下，重新出现了"文化史研究热"和"文化热"。在这场文化热中，刚刚从"文革"中苏醒过来的很多学者延续"五四"话语，对祖国文化遗产进行否定批判，而张岱年等文化耆宿以其深厚学养和历史眼光，秉持着中正平和、客观公允的文化观，促进了这场学术热潮的健康发展。

朱谦之：《欧洲文艺复兴与中国文明》

朱谦之(1899—1972)是现代著名历史学家、哲学家、东方学家，被誉为"百科全书式的学者"。他以全省第一名成绩考取北京高等师范学校(北京师范大学前身)，后又转入北大哲学系。1929年东渡日本，潜心西方历史哲学的研究。回国后在暨南大学、中山大学、北京大学等校任教，后在中国科学院世界宗教研究所任研究员。

朱谦之学涉东西，十分广博，在中国哲学史、中外关系史和东方哲学三个方面的研究尤为深入，贡献最大。他对中外文化交流史的研究举世瞩目，郭沫若曾说朱谦之和向达是我国治中外交通史最杰出的学者。朱谦之一生著述极丰，计有专著42部，译著2部，论文100余篇，代表作包括《中国哲学对于欧洲的影响》、《中国音乐文学史》、《中国古代乐律对希腊之影响》、《扶桑国考》、《日本的朱子学》、《哥伦布前一千年中国僧人发现美洲考》、《中国景教：中国古代基督教研究》等，其中多部著作都是相关领域的拓荒之作。

《中国哲学对于欧洲的影响》是朱谦之研究中西文化交流史的名著，这部跨学科研究的力作也是研究“东学西渐”的开山之作。该书原名《中国思想对于欧洲文化之影响》，于1940年由商务印书馆出版，引起学术界重视。作者后来对原著加以补充修改，改名《中国哲学对于欧洲的影响》，于1985年由福建人民出版社重新出版。这里选取的即是该书的前论部分。

作为全书的前论，《欧洲文艺复兴与中国文明》主要讨论欧洲文艺复兴与中国文明的关系，以及18世纪中欧文化的交流，这可视为中国哲学影响西方文明的历史背景。文章从四个方面展开：其一，文艺复兴之物质条件，论述了13—16世纪中国四大发明(造纸、印刷术、火药、罗盘针)经蒙古人、阿拉伯人传入欧洲，并对欧洲社会产生影响，说明中国文明给予欧洲文艺复兴创造了物质和技术条件；其二，文艺复兴时期西方人对中国的认识，教士、商人、外交使者、游客、工程师等各类人等，在13世纪蒙古帝国勃兴时代成为东西两大文明交流的中介；其三，《马哥波罗游记》之影响，它引起欧洲人对东方物质生活的向往和对自由研究的兴趣；其四，文艺复兴之中国题材，即中国文明为欧洲的绘画、文学和科学界提供了中国题材。

全文脉络清晰，条分缕析，内容充实，每一类下均简略举证相关文献资料，不作空疏之言。据之，他总结说："欧洲的文艺复兴，借助于阿拉伯人，输入了中国的重大发明，造成了极端有利的技术条件。所以平心而论，中国对于文艺复兴还是贡献不少，这种贡献在欧洲一旦生了根，就也'为十八世纪的唯物主义作了准备'。"在《经济学手稿》中，马克思把中国火药、指南针、印刷术视为"预告资产阶级社会到来的三大发明"——"火药把骑士阶层炸得粉碎，指南针打开世界市场并建立殖民地，而印刷术变成新教的工具。总的来说，变成科学复兴的手段，变成对精神发展创造必要前提的最强大的杠杆。"朱谦之的研究，更加实证地说明，中国对欧洲近代社会的到来，不仅提供了物质基础，实际上也提供了精神准备。

由于近代以来东方与西方在物质实力上存在着先进与落后之差，所以中外文化交流史研究中，大都顺着"西学东渐"的过程来进行描述，而朱谦之则采取逆向的视野。他循着"东学西渐"的轨迹，用扎实的史料证明东方文明对西方历史的影响。他的某些讨论可能还有瑕疵，但从总体上已经建立了一个框架，循着这个纲目再作细致爬梳已非难事。朱谦之的研究以东方思想文化对西方的影响为主，而李约瑟的系列工作，则以东方科学技术对西方的影响为主，从某种意义上说，二者算是殊途同归、百虑一致。

编后随想

我们的同仁刊物《学鉴》第6辑，由我连缀，都为一编，终于在2013年罕见的热浪中吭哧吭哧地接近完成了。当此之际，本应效仿时贤及诸位仁兄，写一篇堂而皇之的跋语或后记，殿于卷末，以为善始善终之计。无奈弱弩之末，定不能穿鲁缟，只好写点随想交差，乞同人诸兄谅之！

几十年来，我一直在想，我们为什么要做学问？能有智商有毅力做学问坚持到如今这一步如我等者，果能挟此智商和毅力投身商海或政界，也许能腰缠万贯，或被人前呼后拥了吧？选择这一行（如果这也算是一行当的话），当然是兴趣使然，所谓乐在其中也。既如此，就应一往无前，略无旁骛。目前在高校的同行，与我一样秉此初衷的，想必也不在少数。在初始，想必都认同陈寅恪先生"假手功名，因得表见"者与夫"持短笔，照孤灯，先后著书高数尺"者"肥瘠荣悴，固不相同，而孰难孰易，孰得孰失，天下后世当有能辨之者"的表述，所谓"屈平辞赋悬明月，楚王台榭空山丘"是也。只是，光阴如梭，岁月摧折，未能秉持初衷而"异化"者，大约也不乏其人吧？

花费做十部一般著作的时间精力，去完成一部能藏诸名山纳于大麓的学术名著，就学术价值及对全人类的贡献而言，无疑是值得的，也是应当鼓励的，这无疑应当是一个学者念兹在兹的最高目标。或许你一辈子也无法完成这一目标，因为这实在是可遇而不可强求之事，但不能不心向往之！只要你抱定此目标持之以恒，纵然穷其一生也完成不了一部学术名著，但其著作是高水平的却毋庸置疑。只是如今要想这样做，必须作好牺牲许多许多的心理准备。等你完成一部名著时，套用一句大白话：黄花菜都凉了！也许许多资源就与你擦肩而过了。所以，对于无车无房无职称尚在为柴米油盐操心的高校“三无”人员，我实在不忍心鼓励他们这样做，尽管他们不得不填那总也填不完的表，不断申报那往往石沉大海的课题，应付那没完没了的各类检查。我担心的是，当做完了这些，成了教授、博导，当对这些劳什子已经习惯成自然，便把沉浸于学问这事看淡了，学问的乐趣也随之如烟逝去。有资金的注入，对做学问本是如虎添翼。谁说做学问就该是苦行僧？做学问而为苦行僧，会使后来者驻足不前，从而不利于学术的发展。我之忧虑者，在于本末倒置——仅仅热衷于表面光鲜，却忽略于学问本身。叹天下英雄，有多少，入此彀中？惟其如此，我对我的同仁才充满了深深敬意。当2000年我们这一读书会初发轫时，大家都还是“三无人员”；时至如今，不管境况如何，不管有无课题经费的挹注，七人仍一如既往，秉持初衷，不投机取巧，老老实实做学问。这种精神和作风之所以可贵，是因为这样做除了苦和累，往往会在一时和长远，失去许多：晋升的机会，获得项目的机会，获奖的机会，教授评级的机会，等等；进而影响到“荣誉”“地位”“金钱”，等等。这种扎硬寨打死战一心向学，与名誉地位成反比的境况，各校间或多或少地存在着；虽在武大这所有着优良学术传统的老校，相较于他校而言，这一“怪现状”要轻许多。总之，老校也不是象牙塔，一门心思埋首学问总是有点吃亏的。这时候就看“定力”了。又回到了开篇那句话，我们为什么要做学问？不就是为了求真求实而乐在其中吗？不是为了“三不朽”中的“立言”吗？既然求的是万世名，而非一时的名和利，暂时与名利绝缘又何妨？至于在下，不过因为自己是个懒散的人，不堪繁剧，不能四面出击，从而放弃许多——填表、评奖、项目、开会——罢了。但我对学问行政双肩挑而呕心沥血的学者则充满了敬意，同时，怀着最真诚爱戴的一颗心，希望他们呵护自己的身体。

杨树达先生在给学生郭晋稀的信中说："千金之躯，何等重要！来到人世一次，岂可毫无成就而去？如因儿女子事自隳，真值不得也！"问人世多少光阴可无端虚掷？日暮途远，盘点行囊，珍珠屈指可数，岂容搔首彷徨。记得朗费罗《人生颂》中的一段：

伟人的生平启示我们：
我们能够生活得高尚，
而当告别人世的时候，
留下脚印在时间的沙上。

以此自勉，并勉励诸同仁。

杨逢彬

癸巳立秋日于北京皂君庙